高瑞泉作品系列

中国观念史的
视域与方法

高瑞泉 著

广西师范大学出版社

·桂林·

图书在版编目(CIP)数据

中国观念史的视域与方法／高瑞泉著. —桂林：广西
师范大学出版社，2024.8
（高瑞泉作品系列）
ISBN 978 – 7 – 5598 – 6785 – 8

Ⅰ．①中… Ⅱ．①高… Ⅲ．①哲学史－中国－文集
Ⅳ．①B2 – 53

中国国家版本馆 CIP 数据核字(2024)第 029021 号

中国观念史的视域与方法
ZHONGGUO GUANNIANSHI DE SHIYU YU FANGFA

出 品 人：刘广汉
策划编辑：刘孝霞
责任编辑：刘孝霞　　吕解颐
装帧设计：李婷婷

广西师范大学出版社出版发行

（广西桂林市五里店路 9 号　　邮政编码：541004）
（网址：http://www.bbtpress.com ）

出版人：黄轩庄

全国新华书店经销

销售热线：021 – 65200318　　021 – 31260822 – 898

山东韵杰文化科技有限公司印刷

（山东省淄博市桓台县桓台大道西首　　邮政编码：256401）

开本：690 mm × 960 mm　　1/16
印张：21.5　　　　　　　字数：329 千
2024 年 8 月第 1 版　　　2024 年 8 月第 1 次印刷
定价：98.00 元

如发现印装质量问题，影响阅读，请与出版社发行部门联系调换。

序

中国观念史作为一项哲学作业，晚近才渐渐引起人们的兴趣。考虑到哲学学科和中国哲学史的名目，在中国也仅有百余年的历史，再考虑到西方观念史著述也远远晚于"哲学史"的诞生，观念史在中国学术界的后起，就似乎是颇为自然的事情。不过，如果我们认为观念史不过是哲学史的一种特殊形态，或者说是从常见的哲学史分化出来的著述形态，也可以追溯其前史。简言之，百余年来的中国哲学研究，除了前赴后继的通史撰写以外，还有一个从通史、经范畴史，到观念史的学脉流程。

中国哲学学科，因胡适的《中国哲学史》教科书的出版而独立。迄今为止，以各种方式编撰出版的中国哲学通史已有多种。哲学史研究历来重视体系哲学胜过那些不乏创见却未成体系的哲学著述，重视对体系哲学中命题、概念和范畴的研究。前辈学者中张岱年先生有专著《中国古典哲学概念范畴要论》，也有《略论中国哲学范畴的演变》等论文，都可以视为中国哲学范畴史。张先生自述，20世纪30年代以来，他研究中国哲学史，"比较注意对于中国古典哲学概念范畴的意义的考察与分析。1935年撰写了《中国哲学大纲》，以问题为纲叙述中国古典哲学的发展演变，对于中国哲学的基本概念范畴作了一定的探索和诠释。但是此书重点在于讲述中国哲学问题的条理体系，还不是专门论述概念范畴的演变，1955年撰写一篇论文《中国古典哲学中若干基本概念范畴的演变》，仅仅论列了几个范畴而已"①。直到 1987 年才完成了《中国古典哲学概念范畴要论》，从历代哲学家的著述中抉发出有创见且被后人反复使用和讨论的名相，分中国古典哲学的概念范畴为自然哲学、人生论和认识论三类，共计单一范畴 78，对偶范畴 48。张岱年先生通常概念和范畴并用，对概念和观念则有所区别，即观念未必是概念，并主张予以分析："对于哲学的概念和观念，要分析其理论意义和阶级意义。"不过他在后面的行文中只论述了如何分析概念，却没有讨论如何分析观念。② 这一时期，还有若干种与之相似的研究古代哲学范畴的著述面世。对范畴（通常的解释是"认识之网上的纽结"）的重视，是与在此阶段，中国哲学史研究处于西方哲学认识论转向或认识论中心的语境分不开的。20 世纪 80 年代冯契先生的《中国古代哲学的逻辑发展》，包含了别具特色的中国哲学范畴史研究。不过与张岱年先生广加搜罗、巨细无遗，分类平列成范畴表不同，冯契先生是用历史和逻辑统一的方法去叙述哲学史，他的哲学史与《逻辑思维的辩证法》是有机联系的，后者是以"类""故""理"的次序作安排的辩证思维范畴体系，中国哲学的范畴在广义认识论的逻辑结构中各得其位置，数量则远少于张岱年先生所收。

20 世纪 80 年代，中国现代化进入了经济起飞的历史阶段，百余年来社会历史文化包括哲学的变革成为学术研究的热点。为应对"三千年未有之大变局"，源自社会结构的转变，和古今中西诸种思潮的冲突、交汇和融合，中国人的观念世界发生了剧烈的变动，中国哲学也从古典走向现代。张岱年在其论中国哲学范畴的专著中强调"古典"的范围，明确说不收近现代哲学的概念范畴，尽管这一时期的新概念很丰富。冯契先生的《中国近代哲学的革命进程》则一改古代哲学范畴史的写法，着重研究近代哲学家在观念的新陈代谢中提供何等新贡献，实际上开启了观念史研究的新路径。③

哲学研究从范畴史到观念史的转变有其现实的根据，它与历史学者从思想史到观念史的转变之缘由是共同的，都是正视一个潮流：近现代以来随

---

① 张岱年：《中国古典哲学概念范畴要论》，载《张岱年全集》第四卷，石家庄：河北人民出版社，1996 年，第 449 页。

② 张岱年：《中国哲学方法论发凡》，载《张岱年全集》第四卷，第 153—154 页。

③ 冯契：《中国近代哲学的革命进程·后记》，载《冯契文集》（增订版）第七卷，上海：华东师范大学出版社，2016 年，第 655 页。

着诸多社会思潮的起落消长，中国人的观念世界开始从古典进入现代。这是从总趋势而言，更恰当的描述是，在发展高度不平衡的中国，现代的和古典的，乃至后现代的诸种观念交错重叠。这时候追问我是谁、我从哪里来、我到哪里去等问题，一定不能避开追问今日诸观念之来世今生。都说哲学的任务是认识世界和认识自己，真正认识自己就不能不认识自己的观念世界，而认识世界不仅认识自然，也包括认识社会，特定时代的社会生活与其观念世界不仅是内在相关的，而且前者常常是被该时代人们拥有的基本观念界定和改变的，它的意义以及意义世界的诸神之争，无一不是因重大观念之生而起，应重大观念之变而变。换言之，在后形而上学时代，观念的新陈代谢陡然频繁起来，它与社会生活的联系更直接、内容更丰厚，当然也更复杂。大时代的价值冲突，包括价值与历史的冲突，价值失序和重建，都使得观念史研究可以更正面回应现实关怀，更直接显现时代的自我意识。

当然，洛夫乔伊、伯林和斯金纳等人的域外观念史译著，也给我们不少启发，不过在中国学术界，似乎思想史和政治哲学圈的学人对它们更有兴趣。严苛的专业主义分科方式和以学院体制为生的人们远离现实的风气互相交织，也对观念史研究提出挑战。它又反转为对观念史研究自身的追问，包括：如何给观念史学科定位，我自述从事的是"解释的或批判的观念史"研究，那么它和一般哲学史或思想史有何关系与区别？正如哲学史一定先要回答"什么是哲学"，知识论或逻辑学有"概念论"，观念史自然要先追问"何谓观念"。进而思考：观念史的目标是什么？哲学追求大写的真理，观念史如何通过追求真观念来认识我们自己？和形而上学对现实生活的作用方式不同，我们时代的基本观念尤其是核心价值观念，在干预现实生活时如何实现其力量？近代以来那些深刻影响社会变迁的观念几乎都是重大社会思潮的遗存物，因而多半是思潮争论的平台；形式上，它们又都表现为新词汇的出现和频繁使用。正如中国哲学史需要训诂学、历史学和哲学分析的综合运用，观念史的新词探源需要语言学、历史学和哲学语义学的合作。被视为"基本观念"的词汇通常为多学科、多派别所共享，最后落实到的又是思想家个人的观念，由此涉及如何处理其中的"一与多"。在纵向的线条（特别是在某一派哲学的演化）中，一个观念的历史几近家谱；在同时代的横向块面上，它可以呈现为光谱。无论"家谱"还是"光谱"，都是分析的结果，由此确证其意义的统一性和连续性。但是观念史从不缺乏观念的变异、断裂和位移，此时对"内在理路"的分析不敷其用，需要辅之以"外在理路"的清理，广谱的知识社会学可以提供必要的工具。推而言之，观念史的基本根据是什么？与哲学史主要研究哲学经典不同，观念史是多学科、跨学科的作业，和社会史的联系尤其密切，此种特性可以推动在经典世界和生活世界之际，去挖掘观念史的发生学根据，进而探究中国哲学史可能有的另类叙事。

在研究平等观念史的过程中，我对上述理论问题产生了兴趣；该项研究起于我对"平等"这个现代社会的基本观念的关切：现代社会开始于平等（以及其他）的追求，也为新的不平等和消除不平等的理想之冲突所困扰。不过真正理解一个观念，就得理解它的历史。在做这项研究的过程中，前述理论问题渐次出现，并得到了初步探讨。这在访谈《观念史的视域》中有所体现。接着我做的工作，是围绕社会哲学的观念双焦"动力 VS 秩序"，重述20 世纪中国哲学史，这本书（《动力与秩序》）虽然与专门研究观念个案不同，但是仍取观念史的视角。书稿印行以后，方才陆续把对观念史研究一般理论问题的思考写作成章，它们构成了本书的上篇。

下篇诸章，主要是在此前后陆续写出的关于平等的论文，作为观念史的个案研究，有我从事研究的"做法"。与庄子笔下的庖丁，仅靠得心应手的刀法就足以解牛不同，理论研究的"做法"蕴含方法，将较为成熟的"做法"有条理地陈述出来为"方法"，若组织成系统且得到必要的理论辩护，方得以成为"方法论"。本书所述，体现了我在上篇中所思考的问题，延伸到研究观念史的方法。但在观念史这样年轻的学科中，我是学而思、思而学，至今尚在"做法"到"方法"的途中，且这些做法／方法是否普遍有效，亦未能遽然断定。故本书以《中国观念史的视域与方法》为题，只提"方法"而未用"方法论"，无他，终不敢以为绣花金针在手故也。

是为序。

高瑞泉

甲辰年小满识于沪上寓所

目　录

上　篇

下 篇

上　篇

第一章　中国观念史的学科自觉

　　观念史作为一种哲学研究的形态，在中外著述界都是比较晚起的。但是在最近十数年间，不仅西方观念史著述的译品增多，汉语观念史的论著，也渐趋繁荣，尽管出于种种缘由，有些并未直接标以"观念史"的名目。回溯过往，数十年前以"中国哲学范畴史""知行观""人性论史"等题目面世的作品，究其实，也是未以"观念史"张目的观念史研究。再则，由于观念史研究通常涉及不同的学科，与之密切相关的便有"概念史""思想史""哲学史"等多种。随着观念史研究活动的进展，诸如此类的问题凸显出来：何谓观念史？为什么研究观念史？特别是如果我们将观念史视为哲学活动的一项作业，那么与中国哲学史和一般思想史相比较，它是否有自己独特的对象和学科定位？上述问题实际上关系到中国观念史研究的学科自觉，故有必要做一番讨论。

一

　　总体上从属于哲学研究的中国观念史，其学科意识是与"有没有'中国哲学'"或者"中国哲学的合法性"的争论有关联的，从某种意义上说，它是这场持续已久的争论所激发起来的副产品之一。

　　二十多年前学术界有过一场"中国哲学的合法性"的讨论，它是 20 世纪 30 年代关于"哲学在中国"还是"中国的哲学"的讨论的继续，参与讨论的人数则大为增加。两次讨论的问题其实是一致的，就是"有没有'中国哲学'"。这场讨论和以往一样，既未达成高度的共识，也没有改变人们在"中国哲学史"学科中的继续作业。基于细密的分析，荷兰莱文大学的汉学家戴卡琳（Carine Defoort）对于争论及其结果给出一种"同情的理解"。作为一个西方汉学家，她对于这个问题的"敏感性"十分敏感："如果完全否定中国哲学的存在，不但意味着彻底否定了一千多位研究中国哲学的学者存在的合理性，而且也意味着打破了中华民族的自豪感。另外，坚持认为'哲学概论'课程应该包括其他一些文化的哲学传统，这肯定也会使研究这一领域的西方同事感到不安。"①戴氏观察到的几乎是不言自明的事实，人们已经习惯于"哲学是时代精神的精华"，或者"哲学是文化的核心"之类的信念，如果中国原本没有哲学，中国文化怎么称得上博大精深？再则，"研究中国思想的学者往往对中国的思想传统——不管它是否被称作哲学——比对哲学更感到自豪"②。

　　正如 20 世纪上半叶"中国的哲学 VS 哲学在中国"的疑问没有获得确定的解答一样，最近的"中国哲学的合法性"的讨论，就知性活动的结果而言，很难说有何明晰的结论。③讨论过程激发出一些耀眼的口号，最耀眼的莫过于"以中国讲中国"了。我们可以意识到它包含着回归民族文化之本根，反对简单套用西方哲学作为分析中国思想的概念框架的意向。但是，它也进一步揭橥了戴卡琳所谓的此问题的"敏感性"。由于西方世界的文化沙文主义与"极度敏感的中国学者的自我坚持"之间的对峙，在"中国哲学"

———————

　　①　戴卡琳：《究竟有无"中国哲学"——隐含的争论中的观点》，杨民、李薇译，《中国哲学史》2006 年第 2 期。

　　②　戴卡琳：《"中国哲学"的正名之辩》，刘丰译，载复旦大学上海儒学院编《中国哲学合法性与儒学世界化》，北京：商务印书馆，2020 年，第 47 页。

　　③　戴卡琳的解决方案是引入维特根斯坦的"家族相似性"（family resemblances）的概念，用"哲学"如同家族的"姓氏"，中国思想是一个进入这个家族的"被收养者"，并在有争议的条件下享有该姓氏的方式来调解这个争议。这个争议包括对如下困境的理解——即使在西方，对什么是哲学，哲学家们也没有一致的答案："我们和哲学紧密相连，为哲学而自豪，对哲学感恩戴德，但是对哲学我们偏偏又没有什么决定性的结论。真正的问题在于，无论选择什么样的方式，都无法提供一个愉快、完美而又和谐的家园。"参见戴卡琳《究竟有无"中国哲学"——隐含的争论中的观点》，《中国哲学史》2006 年第 2 期。

的概念中，"中国"虽然是"定语"，但是其意义如果不是重于"哲学"的话，至少不比"哲学"轻。由此，它实际上将另一个问题叠加到前一个问题中，即"何谓中国"。其实，只要稍加考察，就会明白，解答这个问题一点也不比"何谓哲学"容易。由此突出了"有没有'中国哲学'"实际上是中国历史文化自我意识的一部分，后者是哲学和历史学必定有所交集的问题。不过我们看到，历史学家在这方面获得许多建设性的进展，并未与上述口号发生多大共鸣。

说"中国哲学的合法性"讨论没有在知性上达成广泛的共识，不等于它没有任何实践上的效果：这场讨论之后，中国哲学的研究方式发生了某些新的变化。当然，这些变化是在诸多条件共同作用下发生的。举其大端有四：第一，继"两个对子"的公式被搁置以后，"中国哲学史"著述的主流回归冯友兰的方式——以儒学为正宗的哲学史。继港台儒学成为热门以后，内地儒学进一步复兴，众多学者认为儒家哲学才代表了中国哲学的正统，其激进的一脉则以回归经学为正途。第二，在复兴传统文化的大潮流下，除了儒学在复兴，对儒家以外的诸子学的哲学研究也有新的成果。第三，有哲学抱负的学者，以广义的经典解释为基础，提倡"'做'中国哲学"。第四，观念史研究有自己相对独立的形态，又与上述三者都可能有所交集。上述四种走向，除了少数严格的宗经论者，原则上并不排斥跨文化或比较哲学的视野和方法，差距只在是否融贯和善巧而已。这表明当代学人的文化自信与文明互鉴的眼光，并非注定互相排斥。

上文所说前三项不在我们讨论的范围内，这里专门讨论第四项：观念史研究的新兴趣。

"有没有'中国哲学'"这个问题，最早是随着"中国哲学史"学科的诞生而产生的。黑格尔断言孔子等中国先贤，由于自由意识的限度和虽然"也达到了对于纯粹思想的意识，但并不深入"，所以只提供了"一种特别的完全散文式的理智"。① 这是黑格尔 1816 年在海德堡大学开讲哲学史时几乎

---

① ［德］黑格尔：《哲学史讲演录》第一卷，贺麟、王太庆译，北京：商务印书馆，1983 年，第 118—132 页。

附带地提到的。过了一个多世纪，在中国现代哲学家胡适、冯友兰等在大学开设"中国哲学史"课程，并开始尝试自己的哲学体系的创造时，金岳霖、冯友兰等才用"中国的哲学 VS 哲学在中国"的论式做出了回应。恰恰在如此知性的风气中，作为特殊的哲学史研究的观念史路径，开始被提示出来。我们不妨在这里做一次简要的回顾。

像许多对西方文化沙文主义抱有强烈反感的儒家学者一样，牟宗三不同意将"哲学"等同于希腊哲学及其后裔，主张对于"哲学"，"我们现在把它当一通名使用"。而且说："中国有没有哲学，这问题甚易澄清。什么是哲学？凡是对人性的活动所及，以理智及观念加以反省说明的，便是哲学。"①这是与他将中国哲学界定为"生命的学问"相应的。但是，在另一次讲演中，牟宗三做了某种修订："儒家在以前并不是当哲学讲，但是我们可以方便地把它当哲学讲，来看看这个系统的形态是个什么样的形态。"又说："我们要了解一个系统的性格当然要了解它的主要问题和主要观念。由这些主要问题、观念，它当然成一个系统。"②那么，儒家的核心观念是什么呢？

> 如中国哲学由尧舜夏商周开始，模糊地能发出一些观念，这些观念就有相当的普遍性。由游离不明确的观念（idea），而至转成确定的概念（concept），就有其普遍性。观念大都是不十分明确的，明确化就成概念，一成概念就有普遍性。但此种普遍性，就中国而言，由尧舜夏商周开始就有其特殊性。换言之，中华民族的活动有一个观念在指导，有观念就有普遍性，但这个观念却要通过具体的生命来表现，也即由中华民族这个特殊的民族生命来表现。③

牟宗三是在中西比较的视角中讨论中国哲学的起源和特点的，在他看来，中西哲学是分别围绕着两个不同的"领导观念"而展开的义理系统：

---

① 牟宗三:《中国哲学的特质》，上海：上海古籍出版社，1997 年，第 1—5 页。
② 牟宗三:《中国哲学十九讲》，上海：上海古籍出版社，1997 年，第 67 页。
③ 牟宗三:《中西哲学之会通十四讲》，上海：上海古籍出版社，1997 年，第 3—4 页。

对中西哲学传统的长期发展加以反省，我们可以用两个名词来表示。我们可以说两个哲学传统的领导观念，一个是生命，另一个是自然。中国文化之开端，哲学观念之呈现，着眼点在生命，故中国文化所关心的是"生命"，而西方文化的重点，其所关心的是"自然"或"外在的对象"（natura or external object），这就是领导线索。①

将中国哲学的中心视为"生命"的观念，并非自牟宗三始，这一点我们后面会有所论及。现在先要提示的是，牟宗三所谓的"领导观念"与洛夫乔伊的"单元–观念"或"基本观念"（unit ideas）高度相似，因而牟宗三对于"有没有'中国哲学'"的回答，在这里变得更有弹性了。这同时也暗示了，同样是儒学内部，"'做'中国哲学"可以有两种方式：一种是像牟宗三那样，从此类问题出发，把古代经典中围绕"生命"这个"领导观念"的一系列观念，如"心""性""命""天"等，借与西方哲学的架构之比较，演绎成概念化的理论体系，因而其重心在体系的创制。另一种则是那些核心观念如何在指导民族生活的过程中"体现"出来，将对其的诠释作一种历史的展示，即观念史的路径。其重点不在对理论系统的阐释，而在对相关观念的资料进行广泛收集的基础上，将它与更具有现实性和普遍意义的课题联系起来展现其演化史。譬如徐复观的《中国人性论史》，重点在研究传统儒家的人性观念及其现代意义。② 不过两者的要旨相同，都在于证明在"人的问题"

---

①　牟宗三：《中西哲学之会通十四讲》，第 11 页。牟宗三认为：西方哲学关心的是"自然"，把苏格拉底以来的伦理学传统撇开了；说中国哲学关心生命，同时把对"天道"的关注也省略了。

②　囿于儒家的立场，他们没有把同样古老的如"道""自然"等道家更重视的观念视为学术研究的起点，而 20 世纪以来的中国哲学学者，围绕这类观念，无论在哲学建构向度还是观念史研究向度上，都有许多值得注意的成果。另外，随着考古发现的新出土文献受到学术界的关注，像"太一"这样被 20 世纪中国哲学史家视为"元学观念"的语词，也因为郭店一号楚墓新出土文献"太一生水"和《礼记·礼运》的"夫礼必本于太一，分而为天地，转而为阴阳，变而为四时，则而为鬼神，其降曰命，其官于天地"互相印证，更证实了它在先秦的观念世界中确有源头。因而，如果说中国哲学在源头上有"领导观念"（"基本观念"）的话，那是否只是"生命"的观念，就不是毫无争论余地的了，至少像金岳霖就认为"道"才是中国文化的"原动力"，赞成这点的学者想必不在少数。而《周易》的"变"的观念对中国哲学的重要性更是毋庸置疑。诸如此类观念之所以被忽略，我们固且将之归因于牟宗三所论并非一部精心结撰的专著。

上，儒家哲学是中国人安身立命之根本；而且在回应现代性的挑战方面，儒家哲学无疑比西方哲学更擅胜场。

二

以观念史的形态研究中国哲学的路径，在美国汉学家艾尔曼（Benjamin A. Elman）看来，其历史起点更早，可以追溯到 20 世纪初，中国哲学史学科诞生之际，梁启超、胡适等受德国人的"精神史"和美国人洛夫乔伊的观念史（尤其是他的《存在巨链》）的影响，开始"独取观念的内在开展，作为阐明传统中国思想和概念的方法论框架"①。

梁启超和胡适是否以及在多大程度上受到阿瑟·O.洛夫乔伊的影响，艾尔曼并未提供更多的说明。② 受实用主义包括进化论的影响，胡适在撰写第

---

① 艾尔曼说："如果我们只就中国文化史的领域来谈，我们会发现迄今所谓的'中国思想史'，通常只是较为浅显的'中国哲学史'。无疑除了某些重要的例外，中国思想史以儒家马首是瞻是有其主观因素的。我这里所谓的'中国哲学史'，是指师法早期研究中国思想的先驱如梁启超和胡适等人的'观念史'角度的研究，那辈人受到德国人以'精神史'（Geistsgeschichte）研究哲学史，或是美国的哲学研究之影响。后来，亚瑟·洛夫乔（Arthur Lovejoy）的'观念史'取向在哈佛发展成他的《存在的伟大链结》（*The Great Chain of Being*），对于受美国训练的中国思想史学者开始有影响力，他们独取观念的内在开展，作为阐明传统中国思想和概念的方法论框架。"（［美］班雅明·艾尔曼：《中国文化史的新方向：一些有待讨论的意见》，载贺照田主编《学术思想评论》第三辑，沈阳：辽宁大学出版社，1999 年，第 425 页）此段文字中的"亚瑟·洛夫乔"即阿瑟·O. 洛夫乔伊，《存在的伟大链结》即《存在巨链》。

② 这里至少有些因为两方面出现时间先后而引起的疑问：洛夫乔伊的《存在巨链：对一个观念的历史的研究》出版于 1936 年，更早的观念史著述《反叛的二元论》和《古代尚古主义及其相关观念》分别出版于 1930 年和 1935 年，后来同样重要的《观念史论文集》出版于 1948 年。而胡适的《中国哲学史》和梁启超的《儒家哲学》都比它们出版的时间要早。当然，洛夫乔伊从 1902 年就开始发表零星论文了，胡适是否在留美期间读过这些论文？梁启超在 20 世纪初的十几年内，注意力集中于政治，而且他的英文程度也比较有限，效法洛氏而作的可能性似乎更小。一种解释是：艾尔曼在这里很可能指的是梁启超、胡适之后余英时等一脉的学者。艾尔曼也说过，"虽然最近余英时在他著名的关于中国商人的宗教价值的研究里，步韦伯模式做了值得鼓励的转向，洛夫乔伊根源于早期'精神史'的观念史立场，依然居于主流，使得中国思想史大体上还是与社会、政治与经济的脉络脱节。余英时的一位学生甚至声称，外在历史对观念的内在史没什么助益"。王汎森有一篇文章《当代西方思想史流派及（转下页）

一部中国哲学史时，希望勾勒出古代中国思想家进化观念的历史，这在当时显得新鲜，但是过于生硬。他对墨子和墨经的重视，也与他经过实证主义的洗礼有关。至于梁启超，除了在墨子和墨经研究过程中与胡适互相呼应外，他晚年在其《儒家哲学》中说，西方哲学是求知识的学问，中国学问是"行为的学问"，"philosophy 其涵义实不适于中国，若勉强借用，只能在上头加上个形容词，称为人生哲学。中国哲学以研究人类为出发点，最主要的是人之所以为人道，怎样才算一个人，人与人相互有什么关系"。① 梁启超所谓中国人重在"人生哲学"或者"行为的学问"，与牟宗三所谓"生命的学问"并无大的差别，而他比较详细讲解的也只是儒家三个核心观念的历史："性"、"天 / 命"和"心"，这同样接近牟宗三的概括，都近乎"取观念的内在开展"阐明中国传统思想的观念史进路。不过，同样是处理这些基本观念，梁启超在实证研究方面不如倡导历史语言学的傅斯年（有《性命古训辨证》）周详，在哲学分析能力上则逊色于王国维（有《论性》《原命》诸论）；而胡适、冯友兰的中国哲学史都是适应大学教材而作，能够满足一般读者对中国哲学史的全貌获得整体、简明的认知的要求，因而传播更广。梁启超的观念史研究还停留在讲演和单篇论文上，近乎偶然的作业，自然难以引起后人足够的重视。但是我们在讨论观念史研究的学术自觉时，回看梁任公以及同时代的王国维、傅斯年等的贡献，可以认为，作为一项现代学术形态，中国观念史研究实由此发轫。②

　　在最近的一场"中国哲学的合法性"讨论之后，另一位海外中国哲学史

（接上页）其批评》，开头就说到洛夫乔伊，并说《存在巨链》在"西方人文社科的学生中，应该是教授和学生人手一本的"。可见像他们那样在美国受过训练的学者知晓洛夫乔伊是正常的。不过，后来余英时虽然研究儒学，却区分钱穆和牟宗三、唐君毅，对现代新儒家的哲学路向有所批评；他的学术路径继承的是文史传统。更多专做儒家观念史的也并非这一脉的学者，应该是被称作港台新儒家的群体，尤其是徐复观。如果搁置具体的历史细节，我们还应该承认艾尔曼确有所见。这与中国大陆学者（无论是专治西方哲学还是中国哲学）的主流群体对洛夫乔伊不尽重视形成了反差。

　　① 梁启超：《儒家哲学》，载《饮冰室合集》第十二册，北京：中华书局，1989 年，第 2 页。

　　② 这里讨论的是作为现代学术形态的观念史研究，如果从"词汇"出发，研究如何由字 / 词通道，则观念史在中国传统学术中有更源远流长的先导，最切近的学问根基是清代的朴学。关于这方面的问题，本书上篇第五章将有讨论。

家信广来（Kwong-loi Shun），在悬置"有没有'中国哲学'"的结论以后，重新提出了观念史研究的可能空间：

> 我在使用"中国思想"这一词时作出了一些假设，即在中国的历史发展中的确存在一系列包含着具有一致性和可理解性的观念的文本，这使得它们具备独立的研究价值。当我说到中国思想研究时，我所指的就是对这些观念的研究，这其中的假设是这些文本内的确包含着具备这些特点的观念。这些文本及其所包含的观念可以被不同的学科以不同的方式来研究，而上文提到对中国思想的哲学研究，仅仅是其中的一种方式。这些文本和观念可以是文本研究的对象，即透过训诂考证及文本分析以尽量接近文本中所包含的观念为目的来研究文本。同样地，它们也可以作为思想史的研究对象，思想史特别关注特定的观念在社会和政治背景下以及在特定历史时期的思想氛围中是以何种方式演进的。文本研究和历史研究同样着眼于过去，致力于尽量接近过去文本中所包含的观念，同时理解它们在特定历史时期的演进方式。而对中国思想的哲学研究却相反地更加着眼于当下。虽然以来自过去的观念作为其出发点，哲学研究却以一种勾连当下哲学思维并同时激活其当下关切性的方式来对它进行研究。因为这种研究的基础乃是过去的观念，因此对中国思想的哲学研究便首先依赖于文本研究和历史研究。①

这样的解决方案，是以我们的先贤早就提出了人类某些共同的也近乎是永恒的问题——我们把这类问题称作"哲学问题"——为前提的，它们萌发在某些中国人独创的观念形态之中，这些观念"具有一致性和可理解性"，并且渗透到各个学科中；也就是说，虽然形式上与希腊哲学不同，它们依然可以满足系统性、创造性和学科分支的要求，倘若我们带有足够强的现实感和理智的分析能力，并能以此对治观念的历史的话。这层意思，最早参与

---

① 信广来：《中国思想的哲学研究》，马栋予译，《杭州师范大学学报》（社会科学版）2015年第6期。

"有没有'中国哲学'"讨论的金岳霖先生，也有所论述。在知识论研究中，金先生曾经区别"概念"和"观念"："意念（这是金岳霖对英语idea的汉译——引者注）与概念底分别，从心理状态说，是前者比较模糊，后者比较清楚。从思议底内在的结构说，前者可以有矛盾虽然不必有矛盾，后者不能有矛盾。"① 从认识论和逻辑学视角看，与"概念"相比这两项似乎是"观念"的弱点，在我看来，这恰恰为"观念"单独成为学术研究的对象提供了理由，因为我们的精神生活离不开那些核心"观念"，尽管它们可能有矛盾和似乎显得模糊。而发现其矛盾、解释其所以然，以及探讨我们是否可能澄清其"模糊"之处，不正是哲学家的本分吗？事实上，金先生在另一个地方，又承认对于观念，我们依然可以施之以哲学分析：

> 意念如何形成和它们是何等样子的意念是不同的两个问题。……我们在了解了一个意念是如何形成以后，还要面对它是什么样的意念这个课题。这有诸多问题需要解决。比如，它是否真实，它是否融贯一致，或当它在真假未定时是否也能够立足，或在其被信受的情况下，它是否富有（实际）成果，或在智慧方面会带来什么结果。②

"意念"（idea）的生成和该"意念"的内涵及意义是否可能完全分开，自然大有讨论余地，因为一个活的"意念"——生活中须臾不可离开却又是"百姓日用而不知"的那种观念，绝不是一旦生成就一成不变的，而是

---

① 金岳霖：《知识论》，北京：商务印书馆，1983年，第335页。

② 金岳霖："Tao, Nature and Man"，载金岳霖学术基金会编《金岳霖全集》第五卷，北京：人民出版社，2013年，第171—172页。原文为"How ideas come to be is quite different from what they are ... Gave the history of low an idea has come to be, we have yet to face to problem as to what it is. Quite a large number of ways dealing with remains. There is for instance a question of its truth or falsehood, its consistency or inconsistency, or its tenability when no decision can be arrived at concerning its truth or falsehood, or else its fruitfulness or wisdom when judged in terms of what consequences there may be when the ideas is seriously entertained"，发表于《道、自然与人——金岳霖英文论著全译》（北京：生活·读书·新知三联书店，2005年，第148页）的译文颇有些不妥，特别把"idea"一词时而译为"观念"，时而译为"意念"。我的翻译有所改动，包括按照金岳霖先生自己的译法，将"ideas"统一翻译为"意念"。

会发生复杂演化的。但是，金先生提示的观念之真假、人们在运用观念时是否遵守同一律、在其真假未卜时是否能"立足"，即最低程度上是否能做到言之成理持之有故，以及该观念被人们信受以后的效用如何，包括它是具有行动的驱力，还是有助于我们通达智慧，诸如此类，都是观念史的哲学作业部分。

如果说，作为一个重分析的哲学家，金岳霖谈论对"观念"的哲学分析，似乎是一种偶然的话，那么观念史家洛夫乔伊就自觉地将一种"哲学语义学"（philosophical semantics）引入观念的哲学分析：

> 这种哲学语义学也就是对一个时期或一种运动中的神圣语词和短语的一种研究，用某种观点去清除它们的模糊性，列举出它们各种各样的含意，考察在其中由模糊性所产生的混乱结合的方式，这些模糊性曾影响到各种学说的发展，或者加速某一流行的思想由一个向另一个，或许正好是向其反面而不知不觉地转化。由于其模糊性，单纯的语词很有可能作为历史上的力量而产生某种独立的活动。一个专名，一个用语，一个公式，因为它诸多意义中的一个意义，或者它所暗示的思想中的一种思想，与某一时代流行的信仰、价值标准以及口味相投而得以流行或被人们所接受。由于这些专名、短语、公式中的别的意思，或者暗示的言外之意，并没有为运用它的人们清晰地区分开来，而逐渐成为其意义中的起支配作用的成分，它们也就可能有助于改变信仰、价值标准以及口味。①

虽然研究这些观念与研究哲学史一样离不开文本，但是此处与一般哲学史的区别在于它不是着眼于哲学体系，或者说并不以哲学体系为研究单位，而是强调"这种研究的基础乃是过去的观念"。这些"过去的观念"在不同的义理系统中的地位有高低、释义有差别，还可能被哲学、文学、史学文本

---

① ［美］阿瑟·O.洛夫乔伊：《存在巨链：对一个观念的历史的研究》，张传友、高秉江译，北京：商务印书馆，2015年，第18—19页。

共享。所以批判的观念史虽然以特殊的哲学史来自我定位，但是其"特殊性"又包含了下列理想：第一，在它研究的特定观念中，它把任何与此观念相关的哲学史叙事都视为构成该观念史谱系的一部分，并不承认任何哲学门派（哪怕它居于强势的话语地位）是唯一正确的。第二，它可以是一种跨学科的研究，甚至认为只有在跨学科、多学科的研究中，观念的真实面貌及其意义才得以具体呈现。第三，它承认自己的一大来源是生活世界，所以不但愿意与社会史和解，而且在解释观念的历史性断裂之时，更注重从社会史中去寻求答案。

三

不过，上述讨论中几乎不可避免地遇到了"观念史"与"哲学"、"哲学史"、"思想"、"思想史"的纠缠。可采用洛夫乔伊式的界说，把解释的或批判的"观念史"定位为："与哲学史相比较，它既更加特殊一些又范围更为宽泛一些，它主要是借助那些与它自身相关的单元的特征使自己区分开来。"① 这大致让"观念史"与一般的"哲学史"有所区别，但是观念史和思想史的关系尚需厘清。思想史与哲学史有着天然的联系。当然，人们心目中的"天然"关系，常常又最不容易厘清。按照我们现在的学科分类，哲学史通常是哲学系的二级学科之一，笔者的本专业是"中国哲学"，我的同行大多从事中国哲学史的研究。但是哲学史只是思想史之一种，恰如社会思想

---

① ［美］阿瑟·O. 洛夫乔伊：《存在巨链——对一个观念的历史的研究》，第 5 页。与洛夫乔伊将自己的观念史作品视为特殊的哲学史不同，中国学者容易将其视为思想史的一种。譬如张灏很早就说过："大约而言，思想史有两种，一种是观念发展式的思想（history of ideas）。这种思想史的着眼点是观念的历史发展，它的主要目的是看观念如何在不同时代以不同的面貌出现，从而分析这些观念间的衍生与逻辑关系，探讨这些观念与其他观念之间所产生的紧张性和激荡性。西方史家鲁佛觉（Arthur Lovejoy）的《存在的链锁》（The Great Chain of Being）和莱根（Anders Nygren）论'爱'这一观念在西方传统历代演变（Agape and Eros）都是这一类思想史的典范之作。用这种思想史来处理哲学史或思想史上的重要观念有其特殊的价值。"（张灏：《烈士精神与批判意识——谭嗣同思想的分析》，崔志海、葛夫平译，北京：新星出版社，2006 年，第 215—216 页）

史、经济思想史、政治思想史等从属于思想史一样。另一方面，思想史现在只是历史学中二级学科专门史中的一项。结果，"思想史"的范围变得大小由之了。如果我们把"观念史"视为"history of ideas"的汉译的话，这一英文术语有时又被汉译为"思想史"。因而，给观念史作学科定位，必定涉及它与"思想史"的关系，以及"何谓思想"的问题。

"思想"可以有宽的释义。柯林武德就把思想视为人类精神的所有意识行为。总括地说不能满足我们的认知需求，故还需要加以分析地说：按照金岳霖的分析，"思想两个字本来是合用的，这是从两个字底用法着想，思与想在事实上是分不开的，这是从事实着想。可是它们虽然分不开，然而我们仍不能不分开来讨论"，"思与想底分别何在呢？这分别最好从内容和对象着想。我们以后会叫思为思议，叫想为想象，现在即可以引用这名称。想象底内容是象，即此前所说的意象；思议的内容是意念或概念。想象底对象是具体的个体的特殊的东西，思议底对象是普遍的抽象的对象"。[①] 从状态上分析，思想有动静的区别。动的思想是金岳霖所谓殊相生灭的过程，说某某人的思想是如何如何，则是静的思想，"这所谓思想不是历程而是所思的结构。静的思想没有时间上的历程，只有条理上的秩序"。哲学家通常关心的不是思想的历程而是思想的结构，思想史家通常比较重视思想的历程。从观念史研究的视角看，我们既关心一个观念是否完成其思议的历程达致完整的结构，又关心这个思议历程本身，甚至它未能完成其历程而"是否能够立足"，也是值得研究的内容。我们说某人的思想是如何形成的，就是说它形成我们所分析的那个结构，是经历了一个过程的。一个时代或某个派别的思想常常有其传承和生灭，也自有各自的根据和原因，尤其是社会史的条件。这种知识社会学或哲学社会学的路径，承认哲学的发展有赖于其他门类的思想发展，尤其是有赖于科学思想和广义的政治思想的进展。自觉到与思想史的联系，更进而注意到社会史的基础意义，将"思议"与"想象"整合为"思想"，有利于哲学之思达到具体真理，克服所谓"哲学的傲慢"。

---

① 金岳霖：《知识论》，载《金岳霖文集》第三卷，兰州：甘肃人民出版社，1988 年，第263 页。

通常我们说一个人有思想，是指他有一些自觉的理论，提出了某种新的命题（在社会政治领域通常包含了某种现实的诉求）并有起码的论证，或者是对习惯或传统观念做出了某种新的解释与发挥，包括有说服力的反驳；而不是说他只会沿用习惯的观念、人云亦云。换言之，"思想"包含了智力活动的创新性要求。思想史研究可以有不同的侧重或倾向，有些倾向于"思想"，有些倾向于"史"。前者的目标是分析那些理论的内在结构，或者对于历史上的流行观念做逻辑的重构，甚至借题发挥。后者的兴趣在于研究对象的产生、根源、传播、流变和影响。从这个意义上说，思想史研究，尤其是那些偏向"思想"而不是偏向"史"的研究，已经是思想的思想，是对历史上的思想加以反思的结果。在这个方式下著述，有些著名的"思想史"的著作就接近于哲学史。那么，我们应如何界定思想史与（作为一种特殊的哲学史的）观念史的关系呢？美国著名汉学家史华兹提供了一种有价值的分析方式：

> 我之所以使用思想史（history of thought）一词，而不是观念史（history of ideas）或知性思想史（intellectual history），乃是由于思想（thought）这个词语的语义边界是不确定的，它可以包含认知、推理、意向性、想象力、情感、惊叹、困惑以及不能够在计算机上轻易编程模拟的意识生活的许多其他方面的内容。此外，它还有其他一些模糊的含义。既可以指思维过程（process of thinking），也可能指诸如观念（ideas）、心态（mentalities）或内在态度（inner attitudes）之类固定化的思想产品。①

这里对"思想"本身做了内容上的界定，而后"思想史"成为诸学科的共名。所谓"思想"，按照史华兹的看法，作为人类的知识生产活动，从动态的"被设想为积极的思维过程"而言，是从已知进入未知之域的冒险活动。

---

① ［美］本杰明·史华兹：《古代中国的思想世界》，程钢译，南京：江苏人民出版社，2004年，第14页。

　　把史华兹和金岳霖的相关论述结合起来，可以对思想史、哲学史和观念史做一个简明的区分：哲学史是特殊的"知性思想史"，重视的是概念化安排的系统理论，所以我们现在看到一般的哲学史通常都是历史上的哲学体系的前后更替。而观念史重视的是"观念"本身。它的直接对象不是体系性的理论，而是观念世界中最重要的"观念"，即人类精神活动中最基本的"固定化的思想产品"之一"观念"的产生、发展和演化的过程。同样是"固定化的思想产品"，在哲学的论域看，观念和概念有什么不同？观念与那些可以指称具体实物的"名"之间的区别自然很清楚，我们不会把"汽车"这类词语称作"观念"，也不会将"感觉"这类在认识论和心理学上可以精确厘定的词语称为"观念"。但是观念与另一类词语如"正义""平等"等具有更高普遍性和抽象性的"名"的区别就不那么容易确定。按照金岳霖的提示，把思议走到极致完成其结构的"名"称为概念，而把从理智分析的角度看较为"模糊"、尚未（也未必需要）形成固定结构，同时从内容上看，除了认知意义外还带有更多情感、意欲、主体诉求和驱动力量的"名"称为"观念"。它们的区别不是决然二分的，我们可以将它们视为近亲，某些"名"甚至是双面神祇。只是从知识论或价值论的不同视角视之，它呈现出不同的面相。对此，不妨按照意义即用法的原则来区别它们。"国家""民族""自由"等作为政治术语被研究时，我们说它们是"概念"；假如从主体信受的视角看，我们则说某某的"国家观念""民族观念""自由观念"如何如何。而在说到"价值观念"的时候，人们通常不会说"价值概念"。近现代主要的中国哲学史家的著述，与在讨论认识论和逻辑学时有专门的"概念论"不同，在哲学通史的著述中，"概念"（"范畴"）和"观念"常常混用。我在第三章中将对诸位前辈如何不同程度地混用"概念"与"观念"的情形，有更详细的说明。这种现象可以用中国传统哲学的"关键词"大多带有很强的价值意味来解释。

　　对于同样的对象，又可以因目标和研究方法的差别而有所分疏，用它们的旨趣或风格来区分，观念史的"做法"，可以偏向历史，也可以偏向哲学。但是它们的共同点是关注史华兹所谓作为"固定化的思想产品"的"观念"（ideas）的产生、演变和转化。主要关心如何确定与相关术语联结的"观念"

之历史因而偏向历史学的，尽管由于研究者的志趣有差异，这类研究中思想的成色会有厚薄之分，但由于其强调史料考辨和实证方法，故可谓实证的观念史；而主要倾向于用一种更具哲学分析意味的方式，研究蕴含在相关术语及其用法中的"观念"的意义之生成、分化与演变，并将其与普遍的哲学问题相联结的，谓之解释的或批判的观念史，是一种特殊的哲学史。解释的或批判的观念史并不拒绝实证的观念史的成果，在撰写某一观念的谱系时多半可以将后者列为其中之一支。尤其是在数字技术越来越渗透进人文社会科学研究的时代，"数字人文"可以为实证研究提供更有力的支持；但是它对观念的哲学分析的旨趣决定它自然要超出实证研究。最后，无论是实证的观念史，还是解释的或批判的观念史，实际上都牵涉到社会文化史的研究。换言之，总体上从属于思想史的观念史研究应该在哲学史与社会文化史之间获得其自身的定位，下图可以大致表示此意：

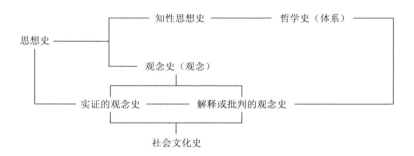

上述区划表明，我们可以通过扩张洛夫乔伊式的观念史的定义，把解释的或批判的观念史的学科定位表达得更清晰一些：就其主要关注点不在于历史上前后更替的哲学体系，而在于那些体系中共同探讨的核心观念及其与相关观念之间的关系，或者说研究某种思想特征或风格何以出现而言，它只是关注一种哲学或一个时代思想的一部分，观念史是一种比较"窄"的哲学史；当今这样思想表达被高度专门化的时代，任何重要的"观念"事实上必定为不同的学科所共享，"相同的观念常常出现（而且有时相当隐蔽）在理智世界最多种多样的领域之中"，对它的哲学反思就决定了观念史的论域会比一般哲学史的论域更"宽"。由此决定了，观念史不但应该打破"学院哲

学"与"通俗哲学"的界限，而且自觉地在经典世界与生活世界之际从事研究有其必要性。

　　明确观念史的学科定位与意识到观念史研究的兴趣之由来是互相关联的：观念史在形式上通常研究的是"过去的观念"，但是引起我们研究兴趣的，则是这些"过去的观念"与"现在的我们"及我们"现在的观念"之间的关系。换言之，观念史的兴趣根本上依然是哲学性的，它是"认识世界和认识自己"中不可或缺的环节。因为"认识自己"作为一场反思性的活动，无疑应该包括认识主体的观念世界之具体内容，更何况人们的观念还形塑了社会实在。我们心灵中的核心观念——在处理现实问题时几乎须臾不可离开的观念——的来龙去脉，包含着"我是谁？""我从哪里来？""我到哪里去？"这些哲学之问的具体答案。今天的哲学研究者在给出自己的方案时不妨有自己的哲学理论，即可以有自己独特的概念框架去安置这些观念，但是研究活动的核心依然是如何呈现那些真实的观念。换言之，在从事中国观念史研究时，如果我们承认中华民族有若干核心观念支撑着中国人的观念世界，围绕着这组核心观念的义理之争，演化出历代学术复杂的谱系，而且当代哲学依然在以不同的方式不断回归原点重新出发的话，那固然一方面表现了传统观念的生命力，另一方面也意味着我们对中国文化的核心观念的认知并未完成。这和"现在的我们"与我们"现在的观念"同处变动之中——引起视角的转移——有关。因而观念史在从事观念的历史研究的同时，必然转变为研究观念乃至观念主体自身。在"三千年未有之大变局"中，中国人经历了并将继续经历持续进行的社会转型和观念世界的变迁，如何认识今天中国人的观念世界及其由来，如何看待经济现代化的飞跃给国人观念世界的冲击，以及如何从观念史的视野中透过文明互鉴认识中国，都关系到中国知识的重构。它既是传统的创造性转化和创新性发展的基础，又是其长远的目标。

第二章　释"观念"

　　我们把解释的或批判的观念史与一般哲学史的最主要的区别归结为，后者关注体系哲学演变的历史和逻辑，前者的焦点集中于作为"固定化的'思想产品'"（史华兹）之观念的解释及其历史开展。这一点也使"观念史"与一般思想史得以区别。因为所谓"思想"，从动态的"被设想为积极的思维过程"而言，思想史研究的对象意义显然更宽。[①] 换言之，观念史得以将自身与相邻学科区别的最重要特征，就是其研究对象集中于以关键词或核心术语现身的"观念"。更何况，如果我们将解释的或批判的观念史视为哲学史书写的一部分，被其集中关注的"观念"本身便应该是一个哲学词（术语）。如此说来，就需要回答一个无法绕开的问题：什么是"观念"？是否如某些概念史研究者所认为的那样，思想达到清晰的结果时形成的是"概念"，含糊不清时的就称作"观念"？我们先前把"观念"界定为"固定化的'思想产品'"，那是为了区别观念史与一般哲学史或"知性思想史"，这是我们在前面关于观念史如何在哲学史、思想史和概念史之间获得定位的那节文字中讨论过的。但毕竟是简约的，需要对它做进一步的分析，尤其是现代汉语中"观念"一词之生成，包含了"古今中西"的交融历程。下面的讨论将表明，通过追溯这一术语的生成史，发掘其中在历史中沉淀的含义，来尽可能厘清

---

　　① ［美］本杰明·史华兹：《古代中国的思想世界》，第14页。

"观念"的复杂构成，不但有助于观念史研究的学术自觉，而且可能因为恢复其历史语境，涉及汉语"观念"一词的自身规定性及其蕴藏着可能被激发的哲学意涵，进而影响到中国观念史研究的深度和宽度。

一

通常认为，"观念"作为现代汉语的一个常用词或术语，与近代日本学者用汉字翻译西文 idea 有关，根据冯天瑜《新语探源：中西日文化互动与近代汉字术语生成》提示的线索，前辈学者如王力先生等将其归为"来自西洋，路过日本"的新语①，即"观念"属于那类先由日本学人以汉字意译（部分音译）西语词汇，随后中国人将其引进改造而成现代汉语的外来词。上述过程最便捷的路径是："观念"源自日语的 kannen，后者又译自英语的 idea。这个断语画出了"观念"一词生成的初步轨迹，但是并没有使"观念"之所指展示出更具体的规定。因此，从事中国观念史研究的人们，多半要对自己的研究对象"观念"有所界定。譬如金观涛、刘青峰说：

> 所谓观念史就是去研究一个个观念的出现以及其意义演变过程。但是观念（idea）又是甚么呢？"观念"一词最早源于希腊的"观看"和"理解"，在西方十五世纪就用该词表达事物和价值的理想类型（ideal

---

① 冯天瑜的《新语探源：中西日文化互动与近代汉字术语生成》（北京：中华书局，2004年）并没有详细谈及作为现代汉语外来词的"观念"（idea）一词如何被引入汉语的具体过程。据查，该书提及"观念"（idea）一词的地方共有三处。（1）在第444页，引王力《汉语史稿》（北京：中华书局，1980年）。此书将"观念"（idea）归入"来自西洋，路过日本"的新语。（2）在第452页和第454页，引余又荪《日译学术名词沿革》（《文化与教育旬刊》，1935年，第69、70期）。此文分为甲（学科名目）、乙（学术名词）、丙（论理学名词）三部。其中，乙部将 idea/idee 译为"观念"；丙部将 idea 译作"想念"。（3）在第482页，引高名凯、刘正埮《现代汉语外来词研究》（北京：文字改革出版社，1958年）。此书将入华日语新词分为三类，其中第三类指的是先由日本人以汉字的配合去意译或部分音译欧美语词，随后中国人将其引进改造而成现代汉语的外来词。"观念"属第三类外来词，源自日语的 kannen，后者又译自英语的 idea。

type），也指人对事物形态外观之认识：十七世纪后涉及构思过程。其实，只要驱除西方柏拉图主义（Platonism）和德国观念论（German Idealism）给它蒙上的神秘外衣，"观念"并不难定义。简单说来，观念是指人用某一个（或几个）关键词所表达的思想。细一点讲，观念可以用关键词或含关键词的句子来表达。人们通过它们来表达某种意义，进行思考、会话和写作文本，并与他人沟通，使其社会化，形成公认的普遍意义，建立复杂的言说和思想体系。①

这是把汉语"观念"视为与西文 idea 等价的译词，并基于雷蒙·威廉斯（Raymond Williams）在《关键词：文化与社会的词汇》一书中给出的定义加以发挥。他们认为"观念"与一般"思想"相比，由于用固定的关键词表达，故比"思想更确定，可以有更明确的价值方向"，因而与社会行动的关系比"思想"更直接。

上述界定大致是基于对"观念"的语用现象的一般观察，如果我们进一步考察就会发现，作为现代汉语重要的学术术语之一，"观念"的来历以及由此给汉语学术界带来的释义的多样性，实际上要复杂得多。即使仅仅认定它是来自西语的翻译，也曾经至少有过两种以上不同的译名：金岳霖先生基于英国经验论的传统，把 idea 翻译成"意念"；研究希腊哲学的专家，将来自柏拉图的 idea 翻译为"理念"、"理型"乃至"相"。②除了在专门研究柏拉图的著述中，后面几种翻译各有沿用者外，只有"观念"一词不但被哲学界

---

① 金观涛、刘青峰：《观念史研究：中国现代重要政治术语的形成》，香港：香港中文大学出版社，2008 年，第 3 页。雷蒙·威廉斯对"观念"（idea）的讨论要比金观涛所复述的更复杂些，他是从观念论（idealism）的角度追溯 idea 的哲学意涵的，而观念论"这种哲学强调：观念（ideas）是用来强化或形塑所有的实体或实在（reality）"。其"重要的意涵可以追溯到希腊思想，尤其是柏拉图的思想；英文词 idea 从 15 世纪中叶起便具有这方面的意涵（虽然在 16 世纪末之前，比较普遍的词一直是 idee）。可追溯的最早词源为希腊文 idea，这个希腊文源自动词 to see（观看、理解），其意涵涵盖范围从 appearance（表象）、form（形式）到 type（类型）、model（模型）。idea 包含三层意涵：（一）ideal type（理想类型）——15 世纪其便很普遍；（二）figure（形态、外观）——16 世纪起；（三）thought or belief（思想或信仰）——17 世纪起"（［英］威廉斯：《关键词：文化与社会的词汇》，刘建基译，北京：生活·读书·新知三联书店，2005 年，第 214—215 页）。

② 汪子嵩等：《希腊哲学史》第二卷，北京：人民出版社，1993 年，第 653—661 页。

普遍采用，而且在日常生活中也最为流行。这种似乎是约定俗成的选择中，可能蕴含着某些微妙的事理。

当代中国学者一边享用着前辈学人艰辛的翻译成果，一边也不断有所质疑。"观念"作为一个术语，亦未能例外。与现今有些学者因为现代汉语的学术术语多半出于日本人的传译而颇有微词不同，王国维对于日本学者先我而定之新术语的成就总体上是肯定的，并认为中国学者沿用之并非出于不智。不过对于用"观念"来翻译 idea，王国维以为它还不够精确：

> 试以吾心之现象言之如 idea 为观念，intuition 之为直观其一例也。夫 intuition 者，谓吾心直觉五官之感觉，故听嗅尝触苟于五官之作用外加心之作用皆谓之 intuition，不独目之所观而已。观念亦然。观念者，谓直观之事物，其物既去而其象留于心者。则但谓之观，亦有未妥然。在原语亦有此病，不独译语而已。Intuition 之语，源出于拉丁之 in 及 tuitus 二语。Tuitus 者观之意味也。盖观之作用于五官中为最要。故悉取由他官之知觉而以其最要之名名之也。Idea 之语源出于希腊语之 idea 及 idein，亦观之意也。以其源来自五官，故谓之观。以其所观之物既去，而象尚存，故谓之念。或有谓之想念者，然考张湛《列子注序》所谓"想念以著物自表"者，则想念二字，乃伦理学上之语而非心理学上之语。其劣于观念也审矣。至之为概念，苟用中国古语，则谓之共名亦可（《荀子·正名篇》）。然一为名学上之语，一为文法上之语。苟混此二者，此灭名学与文法之区别也。①

王国维从经验论的角度判定"观念"一词，可以表示我们心灵中保留了感觉经验的印象，但是对其中的视觉中心主义有所批评，这不但与他把"念"等同于"象"（印象）有关（这与通常的解释有一定的距离。《说文解字》："念，

---

① 王国维：《静安文集》，载《王国维遗书》第三册，上海：上海书店出版社，1983 年，第 532 页。

常思也，从心今声。"①"念"因而是更广义的思维活动）；而且与他把"观"界定为"看"或"视"这一常识性的意义是有关系的。后者在《说文解字》中可以寻找到基本的根据："观，谛视也。从见雚声。"②又见《小雅·采绿》传曰："观，多也。此亦引申之义，物多而后可观，故曰观多也，犹灌木之为聚木也。"③古代文字学家认为"观"的基本义就是"看/见"，这与现在我们的日常用语大致相同。

王国维对"观念"的界定在心理学上可以说是对"象"之"观"或由"观"而得之"象"。但是从希腊哲学柏拉图一系而来的"观念"，却是对"理"的"观"，或由"观"而得之纯粹的"理"或形式。它面对的不是"可见世界"，而是"可知世界"中抽象的形而上之道，无关乎经验之知。牟宗三关于"观念"（idea）的西语来源的讨论，使得这方面的意义得到部分澄清。牟宗三说：

> 贝克莱之 idea 非心理学的观念，英文之 idea 有许多意义。idea 有心理学的意义，如对一件事有何想法、意见，此时就谓之观念。但贝克莱使用 idea 不是这个意思，而是指一个客观而具体的存在。此具有现实的（actural）、具体的（concrete）、特殊的（particular）三种性质……故贝克莱之 subjective idealism，严格讲应译为"主观觉象论"，觉象即知觉现象，相当于罗素所说的 precepts。贝克莱用 idea 一词是根据希腊文原来的意思，希腊文之原意是可看见的相，可呈现的相状。海德格尔批评柏拉图使用 idea 乃违反当时希腊文的原意，因 idea 本来是可以看见的相，但柏拉图把它倒转过来变成超离的实在，故此非希腊文之原意。……但其实柏拉图也可反辩说他并未违反一般使用该字的原义，因一般使用 idea 意谓可见之相，但他也可以意谓它是可见之相，只是他用心眼来看的。……故柏拉图所用之 idea，依一般译为理型较好。柏拉图理型也是

---

① 许慎：《说文解字》，北京：中华书局，1963 年，第 216 页。
② 同上书，第 177 页。
③ 同上书，第 408 页。

> 可见之相，是个 form，而且可以见得很准，不过非以肉眼来看，乃是以心眼来看，即以清净之灵魂就可以看见 idea，而且看得很清楚。而且希腊文 idea 一词的含义本来就很笼统广泛，不一定只限于感性的，也可以用于超感性的，故其实柏拉图也未必错。①

牟宗三为柏拉图的辩护，意味着不但"念"并非"象"而是"相"，这比较符合传统的文字学释义；而且"观"也并非局限于感官之一的视觉，因为人们既可以"眼观"，也可以"心观"。这样就为"观念"的释义在经验论之外增加了实在论的意义。这与接受了新实在论的冯友兰发生了共鸣。冯友兰引用邵康节的说法：

> 夫所以谓之观物者，非以目观物也。非观之以目，而观之以心也；非观之以心，而观之以理也。（《观物篇》）

依照冯友兰对邵雍的引义，所谓"观"，其路径乃"心观"，其态度乃"静观"；则其"观"所得，并非"象"而是"理"。"理"即为共相，共相是实在的。② 所以他虽然也说"观念"是哲学研究的对象之一，但是他的"观念"本身并不带有经验内容，哲学观念与命题、推论一样，只是纯形式的，是逻辑工具，并不增进我们实际的知识。

上述几位哲学家对汉语术语"观念"的解释，大致上形成三种路径：王国维、金岳霖是经验论的，冯友兰是唯理论的，而牟宗三兼容了二者。换言之，前辈哲学家基于他们各自的西学路径，揭示了"观念"由西语 idea 翻译为汉语后所形成的释义的多样性。

作为对学术界使用哲学术语的综括，《辞海·哲学分册》在"观念"一条下，除了给出了我们日常理解的"看法"、"思想"和"表象"的意义外，也特意指出，译自 idea 的"观念"在西方各派哲学中有不同的意义：

---

① 牟宗三：《中西哲学之会通十四讲》，第45—46页。
② 冯友兰：《新理学》，载《贞元六书》上，上海：华东师范大学出版社，1996年，第14—15页。

（1）在客观唯心主义哲学中，常译作"理念"、"相"或"客观理念"，亦有译为"理式"的。柏拉图用以指永恒不变而为现实世界之根源的独立存在的、非物质的实体。在康德、黑格尔等人的哲学中，理性领域内的概念。康德称观念为纯粹理性的概念。指从知性产生而超越经验可能性的概念，如"上帝"、"自由"、"灵魂不朽"等。黑格尔认为观念是"自在而自为的真理——概念和客观性的绝对统一"。（2）在主观唯心主义哲学中，通常被归结为主体的感觉与印象或产生世界的创造本原，它是事物的"涵义"或"本质"。（3）在英国经验派的哲学中，指人类意识或思维的对象，即感觉与知觉。唯物主义的经验论者洛克认为观念来自对外界事物或内心活动的观察；唯心主义的经验论者贝克莱认为外界事物是"观念的集合"或"感觉的组合"。（4）在休谟哲学中，指回忆起来的印象或想象到的印象。①

尼古拉斯·布宁和余纪元编著的《西方哲学英汉对照辞典》(*Dictionary of Western Philosophy: English-Chinese* ）在"Idea"一条下的释义大致也是如此，唯对柏拉图对其的解释中，给牟宗三和冯友兰的"心/观"的观点，提供了进一步的理据："柏拉图不加区分地使用形相（idea）和形式（eidos）来表示那超感性的、不变的、永恒的、普遍的、绝对的实在。这些真正的实在是知识的源泉，是可感事物得出其存在性的模型。他认为，这些在上的实在是事物的本质或内在的结构。将'形相'一词从'外部相貌或形状'转变成'内在结构'是通过一个隐喻。如果你用眼睛看，你看到的是外在的形状；但如果你用灵魂的眼睛'看'（即想），你所得到的是本质或共同的特征。"②

由此看来，"来自西洋，路过日本"，"观念"作为一个由 idea 移译而来

---

① 辞海编辑委员会编：《辞海》，上海：上海辞书出版社，1989 年，第 1306 页。

② ［英］尼古拉斯·布宁、余纪元编著：《西方哲学英汉对照辞典》，北京：人民出版社，2001 年，第 459—467 页。

的汉语术语，"路过"日本所带的痕迹并不甚深，带入的主要还是西方源语言中的要素，它们使汉语"观念"一词构成复杂的概念，在其最宽泛的界定"思想的固定化产品"里面，包容了多个向度的意蕴。换言之，现代中国哲学家在使用"观念"一词时，采用了过河拆桥的方式；"观念"本身亦并非一个薄的概念，它的意义可能随使用者的哲学成见而层次不一、方向有异。故中国观念史所处理的"观念"可以有丰厚的哲学意义。认识到这一点，也使我们对下列情形获得新的理解：近现代中国哲学史家在著述中，在论述中国哲学的术语时，何以常常间杂地使用"概念"和"观念"（这种情况是普遍的，其中以张岱年、劳思光等人的著作最为突出）。

二

我们前面描述"观念"这一术语，是由西文 idea—日文 kannen—汉语"观念"而来的轨迹，可能给人一种印象，似乎现习用的"观念"完全是利用汉字新造的一个现代汉语词语。在 20 世纪初，这类新词确实曾经大量涌现，其方式主要是利用单个汉字造成两字词，现代汉语的大量新词包括绝大部分哲学术语，都是通过这个方式流行起来的。但是，进一步的考索表明，汉语"观念"一词，其实古已有之，而非日本学人新造。换言之，它尽管形式上是通过翻译而来的，然而其本身却并不是完全独创的新词，而是袭用了古代汉语中既有的语词原形，因而可以说是一种二度"移译"。在近现代中国的语言变化中，这种情形并不罕见，有些词语尽管可能早就存在，但在古代不占有"关键词"的地位，甚至一度处于消隐状态，到了近现代才被重新发现。这种借古喻新的词语当然也有不同的情形：有些是古文中出现频率并不太低的；有些则可能只出现在比较专门的论域，以至于容易被现代学人忽略。"观念"大致属于后者。因而我们需要对汉语"观念"一词本身进行一场"知识考古"。

我们尚不清楚"观念"一词最早出现的确定时间，但是至少在东汉时期高僧安世高翻译之《四谛经》中已经出现，它和安世高所属部派在宗教修行方面特别重视"禅观"相关。① "观念"在魏晋时期译出的《中阿含经》中出现得更多。如：

> 念相善相应时生不善念，观念恶患时亦生不善念。……若比丘相善相应时不生恶念，观念恶念时亦不生恶念，不念念时亦不生恶念，若以思行渐减时亦不生恶念，以心修心，受持降服时亦不生恶念者，便得自在。②

检索"中华电子佛典协会"（CBETA）电子佛典数据库，得"观念"之数多可逾千。这与先前其他汉语文献大不相同。因此我们可知，从一开始"观念"就是一个佛教术语，同时因为佛教对中国文化的深刻影响，后来也间或出现在文人的诗文中。③ 民国时期著名佛学家丁福保编的《佛学大辞典》（初版于 1922 年）列出了"观念"及其相关的词条：

【观念】（术语）观察思念真理及佛体也。

【观念法门】（书名）一卷，唐善导著。卷首之题为观经阿弥陀佛和

---

① 任继愈说："关于安世高的译经，道安说'其所敷宣，专务禅观'（《祐录》卷六、《阴持入经序》）。"而所谓"禅观"，"是说通过禅定静虑，领悟佛教的人生观和世界观，以期达到神秘的涅槃精神境界"（任继愈主编：《中国佛教史》第一卷，北京：中国社会科学出版社，1981年，第143页）。

② 瞿昙僧伽提婆译：《中阿含经》，"中华电子佛典协会"（CBETA）电子佛典数据库版（0589a03）。

③ 晁福林提出：汉语"观念"一词出现于佛教传入之后。不过他没有注意佛经翻译的早期历史，以至于推迟了"观念"的出现时间，认为"唐朝时人始用以说明对于佛理论的观察思考"。他列举的主要是唐以后诗文中"观念"的资料。譬如，唐庆州刺史魏静称赞无相禅师"物物斯安，观念相续，心心靡同"（《永嘉集·序》，民国《永嘉诗人祠堂丛刻》本）。宋之问《游法华寺》："观念幸相续，庶几最后明。"（《全唐诗》卷五十一）唐天成年间来唐的日僧圆仁述其所见大花岩寺众佛壁画云："或举手悲哭之形，或闭目观念之貌。"（［日］圆仁：《入唐求法巡礼行记》卷二，顾承甫、何泉达点校，上海：上海古籍出版社，1986年，第108页）元代诗人戴良《游大慈山》谓："谒祠慨乡相，寻僧叩禅宗。契理已无像，观念岂有穷。"（《元诗选》二集）明代人仍循旧说来使用"观念"一词，如高濂《遵生八笺》引朱陶父说谓："经乘妙理，依宿德以参求；观念净因，访高人而精进。"（《遵生八笺·清修妙论笺》下册，北京：人民卫生出版社，2007年，第73页）见晁福林《观念史研究的一个标本——清华简〈保训〉补释》，《文史哲》2015年第3期。

海三味功德法门一卷，卷末之题为观念阿弥陀佛相海三味功德法门经一卷，明观佛三味念佛三味之法门者。五部九卷之一。

【观念念佛】（术语）对于口称念佛而言。观察忆念阿弥陀佛也。①

以此对勘现代哲学术语的"观念"，我们会发现有些值得深入研究的地方。

以观念史研究的对象而论"观念"，如果以借汉语现成的词语翻译西文 idea 的概念视之，"观念"是一个复合词，观与念之间是并列的组合，即使要把它视为偏正结构，重点也似乎在"念"，"观"则表示"念"所得之方式，故所谓"观念"乃侧重在由"观"而得之"念"。而在佛学中，"观"和"念"都可以表示独立的心理活动及其成果，由此联合起来成为一个动词"观念"。它可以表示一种佛教修持实践活动（其更大众化的方式是与"念佛"联系在一起，形成"观念念佛"），目标则是佛教解脱的真理和成佛。另一方面，"观"和"念"又可以表示思维活动之内容以及其所得之成果。此外，我们还可以把"观 / 念"视为动宾结构的短语，则其重点在对"念"之"观"。"观"并非一般意义上的观看，而是以正智为出发点的思维。表现于比较综合或集中的程度时我们可以说某某观，佛教的禅定讲究"观法"，如"不净观""四谛观"等禅观，甚至直接表示智慧；"念"则在佛学中有复杂的分类：善念、恶念、正念、妄念等；"观"是直观和总括性的；"念"在佛教心理学中则同时是意识之流。这样两个词性非常灵活的单字组合成的"观念"，后来又转变为"观心"。"观心"自然是以心观心，此词既为佛学所用，后来则也为宋明理学家所分享，它关涉古代的意识哲学，尤其意指涵养乃至追求成圣之实践。②

---

① 丁福保编：《佛学大辞典》，上海：上海书店出版社，1991 年，第 2983—2984 页。

② 圣凯的新作《佛教观念史的方法论传统与建构意义》，中间对"观念"一词的佛学起源之构词方式说明道："'观'和'念'在佛经翻译中有两种组合：其一，'念'是历时性运动，'观'是对心念的反思性'审视''谛视'，如《中阿含经》卷二五说：'念相善相应时，生不善念，观念恶患时，复生不善念，彼比丘不应念此念，令生恶不善念故。''观'是对心念善恶的道德审视与反思，修道者在此基础上对心念进行控制。其二，'观'与'念'分别指反思和意念集中，如《无量寿经义疏》卷一说：'谛谓审谛，深思谛观，念佛法海，故触得（转下页）

　　事实上，在早期佛教典籍中，"观念"就是一种通达智慧的修持实践。《中阿含经》和《杂阿含经》等中多处出现的"观念"大多指示人如何修持，如"若比丘身身观念处，心缘身正念住调服、止息、寂静，一心增进"①。通过以"正智"控制的观念活动，以思行渐减念时复生不善念。后来的众多佛教经论在论述作为修持活动的"观念"的具体操作方式时，也有"观念众生为彼重任""当观念诸有情身""先观念身本从何来""观念我身"，乃至"观念地狱一切众生，彼地狱众生皆得解脱，由此观行皆得生极乐世界"②，等等。但是主流的和中心的意识内容是佛，即"观念本尊""以心观念本尊""观念诸佛常见目前""观念诸佛求胜境界""以敬仰心观念诸尊如对目前"，其中当然包含了某种形象乃至想象；而对具体形象之意识，只是过渡或中介，最终的目标是"如上观念当入一切如来三摩地门甚深方广不思议地，是正念处，是正真如，是正解脱"③。换言之，即进达佛教的真理而获得解脱。这表示"观念"一词，在古今之间，发生了观念的位移，两者之间的意义是有断裂的："观念"与"idea"，不是直接对接，而是经过了"嫁（借、假）接"。

　　但是，如果进一步深究，尽管尚无法确切地描述出最初翻译者在利用古文"观念"来翻译西文"idea"时思考的细节，我们还是应该更仔细地探寻这一"嫁（借、假）接"（译）的微妙之处：它是否以及如何让"观念"在古文中的某些重要意蕴得以保留，并与西文"idea"的意义互相交融。

　　古人视"六书"为造字之本，其中包括"转注"和"假借"两目。前者指文字（词汇）随社会生活的复杂化而"孳乳渐多"的繁衍："这样产生的新词，必定是由某个语源派生的，也就必定沿袭其音读，因此，在语言上有

（接上页）证。'观'是一种冷静的远离对象的反思，'念'则是对佛法义理的集中思维。"见《清华大学学报》（哲学社会科学版）2021年第6期。

　　①　求那跋陀罗译：《杂阿含经》，"中华电子佛典协会"（CBETA）电子佛典数据库版（0139b18）。

　　②　不空译：《大宝广博楼阁善住秘密陀罗尼经》，"中华电子佛典协会"（CBETA）电子佛典数据库版（0631a12）。

　　③　金刚智述：《念诵结护法普通诸部》，"中华电子佛典协会"（CBETA）电子佛典数据库版（0905c09）。

同一语根派生若干新词的现象。"后者指文字虽然日日增生又不能无限繁衍，必须加以节制，于是可利用（借）旧词赋予新意。"新的词产生了，但是义有引申，音相切合，可以利用旧有的词和字而赋予新的词义，不再制造新字。这样做，虽然没造新词、新字，也同样可以适应词汇发展的需要。从造字来讲，这就是'假借'的法则。章炳麟先生说：'转注者，繁而不杀，恣文字之孳乳者也。假借者，志而如晦，节文字之孳乳者也。二者消息相殊，正负相待，造字者以为繁省大例。'（《国故论衡·转注假借说》）"① 近代以来汉语新词大量增加，与反映现代社会巨变、翻译西方著述以引介新知有密切的关联。虽然现代汉语中大量出现的二字词不能简单等同于古人之造字，但是通过同一语根派生若干新词和利用旧词赋予新意，这两种互相消息的法则依然是有效的。如此看来，利用古文中的"观念"来翻译西文"idea"，可以说既有"转注"的成分，又有"假借"的成分。现代汉语的"观念"和古文在字形上毫无二致，因而可以说是"借"。但是前面说过，古今的"观念"的结构却不同。古文"观念"并非现代汉语中的用如名词，而是一个动宾结构的短语，可以写成"观-念"，或者"观/念"；它表示一种宗教修持活动和状态。它既是同样的语根"观"与"念"联合而成的新词，又是古文"观-念"的词义引申，因此它是一种"转注"。由此就存在着这样的可能性：古文"观""念"和"观/念"的复杂意涵与西语"idea"的多方向释义互相交织，给以"观念"为对象的观念史研究，敞开了多种可能方向。换言之，我们应该从多层面上考察"观念"在以"观/念"为存在形态时，其来自语根"观"和"念"的诸多因素，而在其内部沉淀下来的复杂意蕴。

三

为此，我们需要对"观"和"念"的意义分别做一点讨论，然后看其组合而成的"观念"在不同的语境下的意义之差异。

---

①　陆宗达：《说文解字通论》，北京：中华书局，2015 年，第 52 页。

汉语历史词汇学告诉我们，在表示"观看"的语义场中，现代汉语的常用词要大大少于古代汉语；"与此相应，'视'是古代汉语中表示'观看'的语义场中使用频率最高、构词能力最强的一个词，而在现代汉语中，它把这种地位让给了'看'，在通常情况下，'视'很少单独使用了。'观'和'视'一样，在现代汉语中虽然还存在，但一般不单独使用了"①。这给许慎将"观"解释为"谛视"的合理性给出了一定程度的解释，在此意义上，或者说在通俗的流行意义上，无论是在古代汉语还是现代汉语中，"观"主要只是以视觉为中心的感知意义，它的指向是外在的。但是，据丁福保编的《佛学大辞典》，古代佛学所云"观"本是一个来自梵文的译名：

> 【观】（术语）观察妄惑之谓，又达观真理也。即智之别名。梵文 Vipaśyanā（毗婆舍那）又 Vidarśanā 也。观净境影疏曰："观者，系念思察，说以为观。"大乘义章二曰："粗思名觉，细思名观。"净名经三观玄义上曰："观以观穿为义，亦是观达为能。观穿者即是观穿见思恒沙无明之惑。故名观穿也。达者，达三谛之理。"游心法界记曰："言观者观智，是法离诸情计故名为观也。"止观五曰："法界洞朗，咸皆大明，名之为观。"②

所以，在汉传佛教的语境中，"观"已经不同于《说文解字》所界定的那样，不限于笼统地指称视觉（即使包括了仔细地查看、审视），其对象也非外在的客体。佛教所云"观"主要是指向佛教的玄理，其要点从对外物的观看，转为向内的"观心"（以及"观法""观自在""观自身""观不思议""观因缘"等）而获得解脱。因此，佛学中的"观"，在比较浅的层次上暗喻对

---

① 蒋绍愚：《古汉语词汇纲要》，北京：商务印书馆，2015 年，第 275 页。

② 丁福保编：《佛学大辞典》，第 2979 页。高振农另有一个解释："'观'，梵文 Vipaśyanā 的意译，音译'毗钵舍那'、'毗婆舍那'等。也是智慧的另一称谓。泛指一切思维观察活动，特指在佛教'正智'指导下对特定对象或义理的观察思维活动。"见真谛译，高振农校释《大乘起信论校释》，北京：中华书局，1992 年，第 168 页。

某方面理论的综合①，终极的目标则指向形上智慧。譬如"隋唐时代天台宗提倡'止观双修'，也称'定慧双修'，作为佛教的修习方法，'止'，是止息妄念，专心一境，不分散注意力，也就是禅定的意思；'观'是观照，即智慧的意思。'止观'就是禅定和智慧的并称"②。更早的空宗慧远大师虽然也讲"观法"，宗旨却在"观性空"，或者直接就是"观空"：

> 沤和般若者，大慧之称也。见法实相，谓之般若，能不形证，沤和功也。适化众生，谓之沤和，不染尘累，般若力也。然则般若之门观空，沤和之门涉有。涉有未始迷虚，故常处而不染。不厌有而观空，故观空而不证。是谓一念之力，权慧俱矣，好思历然可解。③

无论是"观法"还是"观空"，在僧肇那里都是达到缘起性空的佛教真理的途径，"观"的指向是形上智慧。

在从《大乘起信论》到继承其基本学理的禅宗慧能一系的诸多文献中，"观"同样有其特殊的乃至超越的意味。《大乘起信论》有道："云何修行止观门？所言止者，谓止一切境界相，随顺奢摩他观义故。所言观者，谓分别因缘生灭相，随顺毗钵舍那观义故。"④

与此相应，佛学中"念"的意涵既有我们一般思念、想念、记忆等的意思，也与现代汉语的通常用法有所不同。大乘瑜伽行派把"念"和"失念"都归结为五十一"心所法"——随心王（心法）所起的心理现象——之一：其中"念"是五种"别境"（包括欲、胜解、念、定、慧）之一，即记忆；"失念"则是二十"随烦恼"之一，包括对于所修善法不能铭记在心。⑤但是，

---

① 这一点在现代汉语中也延续下来了，所以我们有最常见的"世界观""人生观""宇宙观""价值观"等组词方式，表示的是对"世界""人生""宇宙"的统一的、整体性的综合见解，是和哲学在同一个层面的学问。至于"民族观"和"国家观"等可以是"民族观念"和"国家观念"的缩写，但是也可以表示相关问题的理论和"观点"。

② 方立天：《佛教哲学》，北京：中国人民大学出版社，1986年，第96页。

③ 僧肇著，张春波校释：《肇论校释》，北京：中华书局，2010年，第6页。

④ 真谛译，高振农校释：《大乘起信论校释》，第167页。

⑤ 方立天：《佛教哲学》，第118—124页。

对于心理现象的"念"在质性上的认定，使得佛教之所谓"念"除了记忆之外，还有另一层意义。佛教讲"诸行无常"，包括"一期无常"和"念念无常"。"念念无常，'念'是梵文'刹那'的意译。'念念'就是刹那刹那。一切事物不仅有一期无常，而且在某一期间内又有刹那刹那生、住、异、灭的无常。也就是说，在没有坏灭之前，刹那刹那，念念之间，迁流不息，不得停住。……无常迅速，念念迁移，石火冈灯，逝波残照，露华电影，都不足以喻万物的念念无常。"①

简言之，佛教对"念"的多种用法，包含了一般思维活动的意思，故可以有"正念""真念""妄念""杂念"诸种，认为人心是"念念不住"，人类的意识永远处于流动之中，思维活动就是川流不息的意识之流。与现代知识论把知觉、印象视为静态的结构不同，佛教将"念"视为刹那刹那生灭的过程。"观念"就是依靠正智修持、观照自心，求得妄念俱灭，达到"无念"（无著），即正念获得解脱。因此，佛学论域中的"观念"具有一项明显特征，即它的反思性；佛学所谓"观念"包含了在反思性的修行实践中追求智慧的意蕴。

四

当我们把"观念"视为一个哲学术语的时候，从词汇的历史看，"观念"的出现始于佛教经典的翻译。那么，佛学的"观念"是否完全是佛经翻译者的创造？即使是译经者的一种创造，使用汉字"观"移译梵文 Vipaśyanā（毗婆舍那），是否能离开中国哲学的语境？具体地说，佛经翻译过程中把"观"和"念"合成一个术语时，它们的语义是完全不同于此前的汉语的字义，还是袭取了某些意蕴而成？

在解释古文"观"字的时候，我们通常把许慎《说文解字》"观，谛视也。从见雚声。古文观从囧"②作为其基本的含义。"谛视"，表示它是一种严

---

① 方立天：《佛教哲学》，第 100—101 页。
② 许慎：《说文解字》，第 177 页。

肃认真的视觉行为，其中蕴含的视觉内容主要是形象，而在义理上的肯定并不明显，因而它是一个价值中性的动词。不过，许慎作《说文解字》，大致循的是古文经学的路径，其收取的字体首先就是古文："许慎所谓'古文'，就是汉代所发掘出的古文经典中的字体。"① 尤其是孔子所书"六经"和《左传》，尽管也引了秦以前的其他古籍如《老子》《孟子》等，但是对于"观"的解释，似乎局限于日常生活的语言而过于简略。换言之，《说文解字》所界定的尚不足以表达古典文献中"观"的复杂的尤其是带有哲学性的意蕴。

近年来，先秦以来的古代文献中的"观"，因其可能具有的哲学意蕴，已经引起研究者的兴趣。② 大略言之，至少在《周易》经传中，"观"已经指一种哲学思维方式，有非常丰富的意蕴。简要说来，就《周易》中"观"的用法而言，至少在三个方面明示了它的特殊性。

第一，《周易》来自圣人"观物取象"，自然有对外部事物的观察，但是同时包括了对自身的反思：

> 古者包羲氏之王天下也，仰则观象于天，俯则观法于地，观鸟兽之文与地之宜。近取诸身，远取诸物。于是始作八卦。以通神明之德，以类万物之情。(《周易系辞传下》)

---

① 陆宗达：《说文解字通论》，第 21—23 页。

② 这方面的研究，成中英有《论"观"的哲学涵义——论作为方法论和本体论的本体诠释学的统一》(成中英主编：《本体诠释学》第二辑，北京：北京大学出版社，2002 年)，该文借对《周易》"观"的解释来服务于其"本体诠释学"的建构。成中英甚至说："'观'是一个无穷丰富的概念，不能把它等同于单一的观察活动，因为这种观察是在许多层次上对许多维度的观察。""可以把'观'公正地称为'沉思的观察'"，"也可以把'观'比作海德格尔的'沉思'，在海德格尔的这个概念中，它暗含了'存在'的一种普遍观点……为了清楚地说明'观'的全部意义，我们可以得出结论说，'观'是一种普遍的、沉思的、创造性的观察"。成中英把对"观"的解读，与其本体诠释学联结起来，这固然是个人的旨趣所向，但它的解释方案的有效性可以继续讨论。张丰乾有《"观"的哲学》(《中国社会科学院研究生院学报》2016 年第 1 期)，该文较为宽广地收录了古代文献中可从哲学视角研究的"观"的文本。陈少明也讨论了"观"的哲学含义，与其他表示视觉的语词有所区别，"观"不仅指对有形事物的看(观物)，而且延伸出更抽象的含义，突出观看的成果，进而观心、观道。"因此，'观'是需要修养出来的能力。"见陈少明《梦觉之间》，北京：生活·读书·新知三联书店，2021 年，第 1—6 页。

这里的"观",既是"远取诸物",又要"近取诸身",所以认识世界和认识自己是统一的,而且"观物取象"仅仅是其第一步,要通过"观"使得世界符号化,即从现象世界上升到观念世界。

第二,《周易》在"临"卦以后继之以"观"卦。"观"卦的卦辞是"观,盥而不荐,有孚顺若"。"是说九五的君主主持大祭,从洗手开始就非常庄重严肃精诚专一,显示出不轻易自用的威仪,不待奉献祭品就使在下仰望的群臣(喻四阴)信服他是有道的明君,无不被其所感化。此所谓行不言之教,有不言而信之妙。"① 易学家解卦义并不局限于字义,按照《象传》的解说,观卦卦义为,上观示于下,下观视于上,上下相观而决定进退。故"观"既有呈现义,又有关注义。无论是呈现还是关注,都意味着在神圣性的活动中,贯穿着诚意专一之精神。

第三,此处的"观"要"以通神明之德,以类万物之情"。"观"之所得不是局部的经验的知识,而是具有相当程度的普遍性,因而是"通观"或者"观通":

> 圣人有以见天下之赜,而拟诸其形容,象其物宜,是故谓之象。圣人有以见天下之动,而观其会通,以行其典礼,系辞焉以断其吉凶,是故谓之爻。(《周易系辞传》)

此"观"从大的论域说是必欲达到"会通"的境界,其成果是具有一定普遍性的"思想的'固定化产品'"。同时要能深入事物最精微的层面("天下之赜"),故其对象不仅是粗放的形而下之器,而且应该是形而上之道。后一层义理当然大大超出了《说文解字》所规定的意义域。

具有哲学意蕴的"观"不仅仅在《周易》一书中存有,在比《周易》更早的《老子》一书中,"观"之语义,亦有类似的特点。在观看的意义上,《老子》中有"观"有"视",但是两者的作用是不同的:

---

① 徐志锐:《周易大传新注》,济南:齐鲁书社,1986 年,第 134 页。

> 　　道可道，非常道。名可名，非常名。无名，天地之始；有名，万物
> 之母。常无，欲以观其妙；常有，欲以观其徼。此两者同出而异名，同
> 谓之玄。玄之又玄，众妙之门。(《道德经》第一章)
>
> 　　致虚极，守静笃。万物并作，吾以观复。夫物芸芸，各复归其根。归根
> 曰静，是曰复命。复命曰常，知常曰明。不知常，妄作，凶。知常容，容乃
> 公，公乃王，王乃天，天乃道，道乃久，没身不殆。(《道德经》第十六章)

"观"指在保持高度静心的状态下，可以透过万物并起之象，回复到世界的
本根——道。在这层意义上区别了"观"与"视"：认识"道"的正确方式
只有"观"，而非"视"——一般意义的眼看：

> 　　视之不见，名曰夷，听之不闻，名曰希，搏之不得，名曰微，此三
> 者，不可致诘，故混为一。(《道德经》第十四章)
>
> 　　执大象，天下往。往而不害，安平泰。乐而饵，过客止。道之出
> 口，淡乎其无味，视之不足见，听之不足闻，用之不足既。(《道德经》
> 第三十五章)

这与老子哲学拒斥感性认识乃至拒斥知性的价值是贯通的：我们的感官不
能通达玄妙的大道。所以老子主张闭目塞听，对于普通的感性知识持遮拨
的态度，认为只有借助正确的"观"，方能透过幽明之际抵达微妙的真理之
域，从这个意义上老子是非视觉中心主义的。当然我们也可以说老子主张的
"观"其实属于神秘的直觉，拥有了它我们方可以通达大道。

　　同属道家的庄子，则同样在认识义理（价值）的层面上使用"观"：

> 　　自我观之，仁义之端，是非之涂，樊然殽乱，吾恶能知其辩！(《庄
> 子·齐物论》)
>
> 　　以道观之，物无贵贱；以物观之，自贵而相贱；以俗观之，贵贱不
> 在己。(《庄子·秋水》)

无论是"是非"还是"贵贱",都是最基本的价值区分,在对此类问题的认识上庄子用"观"。而"以道观之"即前述冯友兰所谓"观之以理(道)"。"以物观之"和"以俗观之",则是以不同的出发点或标准"观物",并达到区分贵贱的结果。所以都不是有形的感知,而是超越形象的认识;对于不同的价值意味的评价,也需要通过"观"来获得。庄子还借孔子的口说道:

> 故君子远使之而观其忠,近使之而观其敬,烦使之而观其能,卒然问之而观其知,急与之期而观其信,委之以财而观其仁,告之以危而观其节,醉之以酒而观其侧,杂之以处而观其色。九征至,不肖人得也。(《庄子·列御寇》)

凡"忠""敬""能""知(智)""信""仁""节"等,均为具体的德性,对此的考察也需要通过"观"。所有这些,与人们对具体事物的"观看"只是普通的以眼睛看,还是不同的,故依旧是依靠"心观"(思考)而后得。

上述不尽全面的概述只是说明,古文中的"观"既可以一般意义的观看来理解,又在其对象和内容上有特殊性。根据蒋绍愚的研究,在同为表示"观看"的语义场中,古汉语的常用词除了视以外,还有睎、望、目、窥、觇、观、觑、看、觌、睥、睨、眄、睐、瞰、睇、矍、瞻、觎、省、眙、盼、览、瞟、瞥、相等二十多个。① 为何佛经翻译的先驱独独选择汉字"观"移译梵文 Vipaśyanā(毗婆舍那)?我们不妨推测,这很大程度上是因为佛教传入中国以前,中国哲学已经有其辉煌的成就,翻译佛经不可能脱离中国哲学的语境。说得更明确一些,《老子》、《庄子》和《周易》等经典中,"观"已指示了超出通过观看外物获得感知的方式,去通达价值之知乃至形上智慧。前面我们曾经论述过,近代日本人在利用古汉语中的"观念"来翻译西文"idea"时,既有"转注"的成分,又有"假借"的成分;现在我们说佛经翻译中的"观念"一词与更早的汉语语词之间也既有"假借"又有"转注":他们"转注"了"观","假借"了"念",并把它们创造性地组合成二

---

① 蒋绍愚:《古汉语词汇纲要》,第 274 页。

字词"观念"。

　　综上所述，梵-汉、英-汉两次移译所发生的观念的位移，有不同的跨文化语境，第一次是佛教传入中国，借中国玄学的话语方式表达佛学之信念，"观念"虽然生成而未进入主流话语，经过漫长的路程以后，才以改变了形态的"观心"与主流的哲学话语宋明理学共享；第二次是近代以降西学大规模进入中国，而此时之西学主要指经过认识论转向后的西方哲学，中国学人受到自然科学和实证主义的洗礼，"观念"的主要内涵则侧重于认识论的论域，佛学"观念"的智慧和修持实践活动意蕴很大程度上被遗忘了。换言之，作为现代哲学术语的"观念"局限于基于"观物"而得到的经验知识，与古代"观念"一词之间存有某种语义上的断裂。

　　由此观之，现代汉语哲学词"观念"经过了"双重借用"，这同时也表示它有足够的柔软性来适应不同的语境，容纳丰富的内容。今日我们回望"观念"的两次移译的过程，从长时段中揭示了它的语境变迁，同时就开启了观念史研究的新视域，使其可能在不同的层次和向度上向我们敞开。从"观物"到"观念"，观的词义作了引申、扩大，因此古文"观念"的词义不同于"观-念"的简单叠加。但是如今我们从事汉语观念史的研究，不妨在"观念"的释义中将此二者兼收并蓄：从反映论的基础层面说，它包含了某种认知成果；从主体性的角度说它是反思性的活动，尤其指向了价值之域。由此解释了"观念"何以在日常语用中几乎天然地与"价值"相连，表示观念史研究的重点不是个体观念——在逻辑学上表现为"私名"的"小一"，而是那些具有价值意味的观念，那类观念一定要超越个体（"小一"）而具有普遍性，而普遍性之证成必有待于系统哲学的创造，所以观念史并不自外于哲学史，其研究在价值观念领域大有可为；观念史研究同样通向智慧的追求，因为最高的价值——自由——与智慧相连。"智慧由元学观念（那用玄名来表达的意念）组成。""元学观念生于一种混成的认识，这认识与其成果，都可称为智慧。"①

---

　　①　冯契：《智慧》，载《冯契文集》（增订本）第九卷，上海：华东师范大学出版社，2016年，第21—24页。

第三章　观念史研究求真

　　以认识世界和认识人类自己为目标的哲学，需要认识康德所谓"全部的心灵能力"，则自然需要认识我们所拥有的观念，尤其要研究我们精神变迁中某些核心观念的生成与发展。这给观念史研究规定了"求真"的目标，这是与哲学追求大写的真理的目标是一致的。我之所以将我从事的这项作业称为"解释的或批判的观念史"，缘由也在于此。本章将就此展开讨论。

一

　　为了讨论观念史如何求真，我们不但分列了实证的观念史与解释的或批判的观念史的不同，而且对汉语"观念"一词作了一番知识考古，揭示出经过"梵-汉"和"汉-西"两层移译，已经发生了观念的位移。这部分地回答了"观念"在哲学著述中的界定何以不甚清晰的问题。现代汉语"观念"（idea），与英文 concept 的中文译名"概念"，虽然同样表示意识的形式，但在使用上有所不同。我们把概念界定在理性思维的形式上，它通常是认识论和逻辑学研究的对象；而观念的用法要宽泛得多，可以表示概念，也可以泛泛而论地表示意见、思想、观点、看法等。与"观念"一词相关的，还有一个"观"。我们常常见到的"某某观"的说法，如人生观、价值观、历史观和世界观，都是"观"非常常见的用法。"观"可以指系统的理论形态的学说，也可以指比较零散的、未必经过充分反思的看法（观点）或看法（观点）的综合。

作为哲学概念的 idea 在西方哲学家那里也有多种多样的理解。

强调它的抽象性而被看作客观唯心论的是柏拉图的哲学（Theory of Ideas），idea 在柏拉图哲学中是超感性的、永恒不变的、普遍的和绝对的实在。它比抽象的意象更真实，是真正的实在，是我们的知识的源泉。中文的翻译有观念、理念、概念、理性。老一辈的希腊哲学专家陈康先生主张翻译为"相"①，而现在西方人比较倾向于将柏拉图的哲学叫作"Theory of Forms"。所以一般说来，在普通的语用中，"观念"并不单单指那些纯粹抽象的概念，虽然它经常可以同时包含概念。

按照陈康先生的说法，英文 idea 本来是英国经验主义哲学家的术语之一，譬如休谟说：

> 进入心灵时最强最猛的那些知觉，我们可以称之为印象（impressions）。在印象这个名词中间，我包括了我们所有初次出现在灵魂中的我们的一切感觉、情感和情绪。至于观念（idea）这个名词，我用来指我们的感觉、情感和情绪在思维和推理中的微弱的意象。②

对于英文 idea 的汉译，在中国现代哲学家那里一直颇费斟酌。金岳霖先生当初曾经把休谟的 idea 翻译为"意象"，因为上述引文足以说明，休谟的 idea 是类似具体的，而不承认有抽象的意念。③ 所以冯契先生也说："休谟讲的 idea，主要是模糊的印象，实际上也就是意象。而不是抽象的概念。"④ 按照金先生的翻译，idea 应该翻为"意念"⑤。

---

① 汪子嵩等：《希腊哲学史》（第二卷），第 653—675 页。
② ［英］休谟：《人性论》，关文运译，北京：商务印书馆，1994 年，第 1 页。
③ 金岳霖：《知识论》，第 298 页。
④ 冯契：《认识世界和认识自己》，上海：华东师范大学出版社，1996 年，第 169 页。
⑤ 这与罗素的说法颇不相同，后来罗素顺着休谟的理路，把"观念"归结为意识的诸形式中的比较狭义的"思想"："这里的'观念'不是柏拉图所说的观念，而是洛克、巴克（转下页）

不过，在理解中国人的观念史中的"观念"一词的时候，参考翻译史的经验虽然是必要的，但是并不表示我们所用的汉语"观念"一词一定要与西文的某个语词对应。因为经过差不多一个世纪，汉语"观念"已经是一个中国哲学所熟用的语词或概念了，所以对"观念"一词的释义更多地应该从汉语的语用中去确认。我们不妨检索几部著名的中国哲学史著作，看看汉语著述中"观念"的使用与意义。

张岱年先生继20世纪30年代在《中国哲学大纲》中对于中国哲学的概念范畴进行了讨论之后，20世纪80年代又撰写了《中国古典哲学概念范畴要论》一书，分自然哲学、人生哲学和知识论三大类，讨论中国哲学的概念和范畴。对于概念和范畴他有所界定："概念是表示事物类别的思想格式。而范畴则指基本的普遍性的概念，即表示事物基本类型的思想格式。"① 在另一个地方，他给概念的定义是："概念是对客观事物的类型和规律的反映"，"观念与概念有所区别。观念不一定是概念。有些观念是概念，有些观念不是概念。观念是由观察事物而有的思想，不一定是表示事物的类，而可以表示某一个事物。例如古代哲学中所谓'一''太一''太极'，可以说是观念，不能说是概念。又有虚构的观念，如上帝、绝对精神，都是虚构的观念"。② 似乎其他古代哲学术语就是"概念"了，但是很有意思的是，在具体展开其讨论的时候，张先生多半会将它们同时称为观念，如理、太极、一、体用、几、变化等，都被称作"观念"。这与《中国哲学大纲》对于"概念"和"观念"不加严格区分，是相似的。

在劳思光先生的《新编中国哲学史》中，"观念"使用得最为频繁和宽泛，甚至有专门一节讨论"古代中国思想的重要观念"；大凡"命"观念、"天"观念、"鬼神"观念、天命观念、宇宙秩序观念、民本观念、人才观念、原始观念，似乎包括了概念、范畴、观点、思想（系统的或者零碎的）、

（接上页）来及休谟所说的观念，并且在这后一种意义上的观念，是与'印象'相对的。你或者可以通过'看到'或者可以通过'想到'而意识到一个朋友；而且通过'思想'，你能意识到像人类或生理学这样不能看见的对象。"（[英]伯特兰·罗素：《心的分析》，贾可春译，北京：商务印书馆，2010年，第4页）

① 张岱年：《中国古典哲学概念范畴要论》，北京：中国社会科学出版社，1987年，第2页。
② 张岱年：《中国哲学方法论发凡》，载《张岱年全集》第四卷，第149页。

想法（成理论形态的或散见于许多向度而未加反思的）、态度等。

冯友兰先生的《中国哲学史新编》中用"观念"一词甚少，有时只是用某某观，如历史观、自然观。这与20世纪80年代学术界通用的方式比较接近。但是他在20世纪30年代所作的《新理学》中，却将"观念"作为更为基本的哲学工具或哲学研究之对象。他说：

> 哲学中之观念、命题及推论，之系形式底、逻辑底者，其本身虽系形式底、逻辑底，但我们之所以得之，则靠经验。我们之所以得之虽靠经验，但我们既已得之之后，即见其并不另需经验以为证明。其所以如此者，因此种观念、命题及推论，对于实际并无所主张、无所肯定，或最少主张、最少肯定。①

与一般人来说"哲学研究概念、命题和推理"不同，冯友兰先生说"哲学研究观念、命题和推论"。十分明显，冯友兰先生这里的"观念"相当于一般人所谓的"概念"，而之所以用"观念"，却是大有深意的。他是为了强调哲学（概念）与经验之间可以有"过河拆桥"的关系。"哲学对于其所讲之真际，不用之而只观之"：

> "观"之一字，我们得之于邵康节，邵康节有《观物篇》。他说"夫所以谓之观物者，非以目观物也。非观之以目，而观之以心也；非观之以心，而观之理也"。以目观物，即以感官观物，其所得为感。以心观物，即以心思物。然实际底物，非心所能思。心所能思者，是实际底物之性，或其所依照之理……知物之理，又从理之观点以观物，即所谓以理观物。此所解释，或非康节之本意。不过无论如何，心观二字甚好。又有所谓静观者，程明道诗："万物静观皆自得，四时佳兴与人同。"静观二字亦好。心观乃就我们所以观说，静观乃就我们观之态度说。②

---

① 冯友兰：《新理学·绪论》，载《贞元六书》上，第13页。
② 同上书，第14—15页。

这与金岳霖先生从概念的双重作用来讨论知识的能动性大为不同，概念可以得自所予而还治所予。而冯先生主张哲学家应取隔岸观火的态度，用纯思（理性）去把握物理。但是他的"观念"与我们普通的理解不同。其实，作为一个日常语词的"观念"，乃复合词。《说文解字注》："观，谛视也……《小雅·采绿》传曰：'观，多也。此亦引申之义，物多而后可观。故曰观多也，犹灌木之为聚木也。'"表示仔细地看，所以中文有所谓"审视"。"念"，《说文解字》："念，常思也。"尽管我们可以说"念头""一闪念"等，似乎表示的是比较短暂的或偶然的意识活动，但也说"思念""纪念""意念"等，以示更为持续的、频繁的和专注的意识活动。所以"观念"应该既有理性的"思"又有感性的"视"，可以既用"目"视、又用"心"视——与"思"结合地看。这与金先生对 idea 的解释比较接近，虽然金先生用了另一个词"意念"：

> 意念是相当于英文中的 idea，而又限于以字表示的。英文中的 idea 不限制到以字表示的，我们这里所谓意念是以字表示的 idea，例如"红""黄""四方"等等。这里所谓概念相当于英文中的 concept，可是，也是限于以字表示的。意念与概念底分别，从心理状态说，是前者比较模糊，后者比较清楚。从思议底内在结构说，前者可以有矛盾虽然不必有矛盾，后者不能有矛盾。[1]

他进一步区别概念和意念，"意念图案是静的思议，推动它的也许是思议活动，思议历程，而在典型上支配它的，仍是概念底结构。概念底结构，是意念图案底典型，它是历程所要达的极限。这极限果然达到，意念图案就成为概念结构"[2]。概念结构所表示的就是理。

所以，我觉得，在理解"观念"之为观念的时候，既然有"审视""谛

---

① 金岳霖：《知识论》，第 335 页。

② 同上书，第 351 页。

视"，又是与"思"密切关联的活动，所以实际上涉及心的"视域"（visual field）。"视域"原来可以指一个人在特定时刻的全部视觉印象或直接知觉。但是在观念史研究中说某个观念之有特定的视域，我们通常就说是某某观，表示人的意念有一个相对集中的方向和范围，它同时包括了胡塞尔所谓"可能对象"，包括那些未被关注或未加明言的意识内容。而之所以未加明言，可能是因袭传统而习焉不察，可能涉及人性中更幽暗的潜意识层面，也可能是一种言诠的策略。从视域到观念，再到观点——以某种程度的概括来集中表达的观念，其间一定运用概念思维，但是不一定经过严格的推理和论证（虽然未必就不能论证）。因此，就其抽象的程度或理性的程度而言，观念与概念有所区别，可以包含更多的感性的内容。"概念"和"观念"在所表达的内容上的差别可以在实际使用中表现。对于某个术语，如果是在认识（尤其是知识论）的意义上使用的，或者当我们只是回答这一术语之指谓，并且已经有了相对规则的形式的时候（思想格式），通常我们指称它们为"概念"，譬如"感觉""知觉"等；但是对于那些同时包含了人们的主观态度和倾向，或包含了某种评价意味的术语，我们常称之为"观念"。这种用法在"价值观念"一词中得到突出的证明。譬如"平等""自由""民主""天人合一"，我们通常都称之为"观念"。换言之，当我们说某人有"民主的观念"，通常不但预设了对于"民主"的指谓，而且包含了某人对于民主的赞成态度。而当我们说他知道"民主的概念"，则只是说他理解民主是什么。

　　观念和概念的另一个重要区别，是概念就其是一结构而言，它没有矛盾。但是我们用"观念"来表示的"思想"却可以有矛盾。事实上，我们常识中的那些重大观念经常是充满矛盾的，不但单个观念内部有矛盾，而且人们同时赞成、相信并使用的若干观念之间也常有矛盾。人的心灵一定不是单一的演绎系统，我们的主观诉求起源于某些幽暗未明的欲望、意愿，很可能本身就是互相冲突的。一个社会的价值观念由一些被公认的观念组成，但是它们之间常常闹出诸神纷争的戏剧。对于这些矛盾或观念的复杂性，以及导致矛盾的原因，"百姓日用而不知"，非加以反思，不可能被揭示出来，更不能得到澄清。

从纯粹哲学或知识论的角度看，哲学就是概念化安排的理论。思维要达到概念，概念要经过厘清，使之清晰、排除矛盾。从这点说，"观念"所代表的心理状态比较模糊、可能有矛盾，这是一种不足。但是这两点，反过来，却可能正好是"观念史"研究存在的理由和自身的特点。连黑格尔都说哲学的特点就是研究那些一般人平时自以为很熟悉的东西。"一般人在日常生活中，不知不觉间曾经运用并应用来帮助他生活的东西，恰好就是他所不真知的，如果他没有哲学的修养的话。"① 换言之，"观念史"可以扩大哲学史研究的范围。事实上，20 世纪后半叶中国学术界的主流，通常是在非常宽泛的意义上运用"观念"的。它常常包括：（1）表象或印象；（2）作为与客观世界相对的东西，泛指人们对于事物的看法和认识；（3）社会意识。进一步探究，不难发现，在具体的观念后面通常还包含人的情感、意志、利益诉求，纠缠着信念或信仰等未必能单纯依靠概念分析等知性活动来把握的要素。而具体的观念包含了如此丰富的内容，包含了感性与理性的活生生的联系，观念的兴起和自身发展的动力，包括知识社会学讨论的观念的"变形"，以及观念何以具有改变世界的力量，因此它是可以理解的。这一点，大约与冯契先生对"观念"与"概念"的区别持比较正面的态度有关，在金岳霖看来是"含糊"的问题，冯契认为乃是观念综合了多方面的内容，因而显得"混成"而已："观念与概念不同：概念生于概括的了解，观念源自混成的认识。概括，则有见于现实分析的诸方面；混成，则整个地把握住多方面的同一。"② 而在他关于"观点"的论述中有更多的说明：

> 说某人有某种观点，是说他老从某种角度、老用某种态度来对待和处理问题。观点是带一贯性的看法，是贯穿于意见之中，统率着各种意见的。观点当然也是观念，是由概念所构成的结构，是对对象的认识。但观点又总是具有社会意识的性质。人作为意识的主体，不仅

---

① ［德］黑格尔：《哲学史讲演录》第一卷，第 25 页。
② 冯契：《智慧》，《冯契文集》（增订版）第九卷，第 23 页。

是认识的主体，而且是意志、情感、欲望、习惯等的主体，即人还有意欲、情感等心理活动，并且还有统一的人。所以人们的观点不仅反映人们的认识水平，而且反映人对社会关系的意识，反映人们的社会存在。①

在某一个语词或术语所表达的"观念"后面，可以包容上述多方面内容。人类在其悠长的历史中逐渐繁衍出复杂的精神现象，尤其是现代社会发展出如此多的人文社会科学的学术分支，人的观念世界不断有新的物种出现。这些新的观念未必已经达到思议历程的极限（其实是否一定需要达到那个"极限"，也在未定之天），但它活生生具有推动世界的力量。

由此，观念可以呈现为观点、理论和视域等不同的形态：观点是某个观念的集中展示，因而亦是某种观念的特殊性表达，具体的观念者对于某观念可以有一个或多个观点，在未经反省的条件下，这些观点之间未必有合乎逻辑的关系，如果围绕某一观念的若干观点形成了自身的条理，那就表示该观念获得了理论表达。对于自觉或不自觉的理论表达，我们当然可以加以哲学分析，或者它们会被——许多情况下是同时——安置在历史主义的平台上，使其内在理路更趋完善。同时（甚至是更多的）也许会被揭露出理论自洽性的缺陷。视域则是观念的深层背景或更一般的语境，是可以通过分析围绕某观念的观点所涉及的问题领域或意向来把握的，它们可能向我们呈现某观念的心理学或知识社会学的内容。对于它们的研究，同样是"认识世界和认识自己"的一部分，因而应该成为哲学关注的对象。

---

① 冯契：《逻辑思维的辩证法》，载《冯契文集》第二卷，上海：华东师范大学出版社，1996 年，第 83—84 页。不过，冯契先生在此使用的"观念"与他在《智慧》一文中对"观念"的用法也有所不同。在《智慧》一文中，他把"观念"分为"个体观念"和"玄学观念"。观念源自混成的认识，它"之所指，不外乎个体和宇宙。个体称为小一，宇宙称为大一。大一和小一都是一，都是整体。所以个体观念和玄学观念，颇有相似之处。不过小一是有分别的，个体观念——对立，各具有限的效用。而大一是无分别的，玄学观念异名而同实，互相含藏，其效用绝对，无限，足以囊括宇宙全体"［见冯契《智慧》，载《冯契文集》（增订版）第九卷，第 23 页］。

二

从哲学的任务来说，要认识世界和认识自己；这个世界包括人文世界，所以至少就认识社会和认识人生的任务而言，观念史研究的目标应该是追求真观念。这个"真观念"与斯宾诺莎的 true idea 有所不同，斯宾诺莎的真观念是指理性对认识对象本质的直觉。在观念史研究中所谓观念的"真"，则包含有三层意蕴。

一是与"假"相对的真。从传统的符合论的意义上说，就我们的认识与对象是否符合而言，我们说观念有真假，符合的我们说正确，所以这一向度的观念之真可以叫"真确"；"真确"表示的是观念的内容具有真理性。这里涉及所谓是否有"真实的观念史"的问题，作为书写的观念史不能保证其必定是真实的历史，并不等于观念史是可以任意书写的。假如我们用科学的标准去要求观念史的书写，至少我们可以减少错误的书写。譬如，假如一观念史说孔子具有现代人的权利平等的观念，这样的观念史显然是假的。它与因为孔子没有权利平等的观念而责备孔子，一样都是范畴误置；因为在先秦的历史条件下，孔子那样的哲人不可能具有那样的观念。

二是与"伪"相对的真。这是就言说者或书写者对这一观念的信念状况而言的。持有某观念者主观上认为该观念是真的，并且将其言说为真，虽然该观念是否确实是真和真的程度，以及他是否能够充分地证成其真，都未必有保证，但只要言说者的"心思"与"言说"是一致的，我们会承认他是真诚的，否则就是虚伪的。所以与"伪"相对的真是真诚。真诚表示的是一观念蕴涵的某种态度与观念者的实际信念的符合。

三是与"虚"相对的真。虚也可以说是空或幻。逻辑学上有所谓"虚概念"（false concept）或"虚幻概念"（illusive concept），那是指外延为零的概念。观念史研究所关注的观念之真或虚（空、幻），不是从逻辑学意义上讲的，而是从实践论意义上讲的。一观念是真还是虚（空、幻），是指该观念是止于言说或书写的观念，还是可以发为行动的观念。如果我们认为言说和书写也是一种行动，那么我们这里的"行动"是指超出仅限于对个人有意义的范围的社会实践。观念之为"真实"，是指该观念与社会行动的某种程度的统一。此时，我们说某人"有"某种观念，尤其是"有"某种涉及基本价值的观念，就进入存在论的境界了。这与王阳明"知行合一"说有某种类似之处。徐爱问阳明，"今人尽有知得父当孝，兄当悌者，却不能孝不能悌，便是知与行分明两件事"。阳明答道"如称某人知孝，某人知悌，必是其人已曾行孝行悌。方可称他知孝知悌。不成只是晓得说些孝悌的话便可称为知孝知悌"。在阳明，只晓得说些孝悌的话，不是"真知"。从观念史研究的视角看，他们是在知性上"知道"孝悌观念，但不是自身真正"有"孝悌观念。"有"一观念则是身心、知行统一的。此处的"有"即为"存有"，即为"being"。

　　观念具有内在的动力性是一般的观念史家都注意到的事情。"观念并非一种纯粹的智力上的构想；其自身内部即蕴涵着一种动态的力量，激发个体和民族，驱使个体和民族去实现目标并建构目标中所蕴含的社会制度。"①但是并非所有的观念都能够实现为驱动的力量。这里涉及观念史研究中的一系列困难问题：人们如何在观念驱使下行动？何种观念才真正具备社会行动的动力性？观念所表示的义理与观念者的心理是什么样的关系？或者说，驱使人们行动的是观念的理性力量，还是观念之后（之内）的非理性诉求？这些问题都是真正的哲学问题，我们在这里不能详细展开讨论。首先明确一点：在与社会行动相关这个意义上，所谓真知必能行。真观念是指导人行动、给予我们动力的观念，是足以转变为实践力量而不是止于书写或止于论说的观念，后者即儒家所批评的仅仅停留在"口耳四寸之间"的"戏论"。实践的力量不仅是个人的或道德修养的力量，更重要的是它是从社会意义上说的，"行动"也不止于宣传，而应该深入存在论的基础。总而言之，它不是空谈而是实行，观念者同时是行动者，不仅坐而论道，而且起而行之。脱离了现实的人的活动的观念，难免沦为经院哲学和玄虚的学问。正如批评者说的那样："无论是过去还是现在关于社会现实的理论，如果忽视了人这一能动的

————————

① ［英］约翰·伯瑞：《进步的观念》，范祥焘译，上海：上海三联书店，2005年，第1页。

因素，就永远不能超出纯粹的思辨，而属于形而上学。"①形而上学以玄虚为骄傲；与"虚"（空、幻）相对的"真"是真实。所以这一向度的真观念，可以叫真实的观念。

真正真实的观念对于观念者而言，通常又是真诚的观念，即它同时表达了观念者的信念，是认识与信念的统一。正是他的信念推动他去行动，行动和实践使得观念的力量得以实现。包含了主观信念的观念，只有在现实性中才能证明其合理性。换言之，其真实性不仅表现为个人的行动，更体现在一个社会的政治法律制度和风俗习惯中。换言之，真实的观念一定深入社会存在并成为社会存在的不可分割的部分，因而在其限度之内有其真确性。它们被那个社会认为是真理，被认同为规范社会生活的原则。

所有这三层意蕴的划分，即真和假、真和伪，以及真和虚，都并不容易断然地划分，其间会有许多过渡，因而有相对性。一个观念的真，通常是一种效果历史的产物，即我们是因某观念在其历史发展中被发扬光大而追述其起源，从而建构起历史的。我们不可能理解我们根本不能具有的观念。这句话似乎是同义反复。它以其批评的价值提醒我们应该避免"范畴错置"的错误。

从观念史研究的论域看，注意观念之"真确"、"真诚"和"真实"，都是为了正确地描写观念的历史并进而正确地了解观念和观念者自身。观念史着重研究的不仅仅是人们应该如何思考，而且是人们事实上是如何思考的。通常所见的"范畴错置"，犯错误的不是历史上的观念者，而是观念史家，他们误将一个历史上未曾出现的观念强加给历史。在中国古代观念史研究中，我们通常可以见到两类"范畴错置"：一种是因为古人限于历史条件而没有具备某种观念而责备古人；另一种是将古人根本不会具有的某种观念强加给他们。这两种倾向其实都是厚诬古人而已。不过厚诬古人的行为，其意义通常反而是现实的，它既可能表达了对这个观念的主观肯定，也可能是隐蔽在这个观念之后的另一类观念的曲折表达。从这个意义上说，那些误解甚

---

① ［美］里亚·格林菲尔德：《民族主义：走向现代的五条道路》，王春华等译，上海：上海三联书店，2010年，第25页。

至有意曲解古人的最典型著作本身却可以有观念史的意义。不过需要我们擅于运用观念史研究不可或缺的工具——反思和批评。

三

观念史研究与一般的哲学史或思想史研究，既然有相似性又有差别，那么在方法论上也应该有某种程度的自觉。

黑格尔在他的《哲学史讲演录》中一开始就说，哲学史的对象本身就包含了矛盾。哲学的目标在于认识真理或道，像古代中国的儒家说的那样，"天不变，道亦不变"，真理是永恒不变的、自在自为的。从这个意义上说，真理没有历史。由于黑格尔引入了"发展"和"具体"两个概念，哲学和哲学史得以成为"发展中的系统"。所以，哲学史研究的学科意义与历史主义意识是不能分离的。与哲学史或思想史研究一样，观念史也要处理"思"与"史"的关系。所以不仅有特定观念（"思"）自身的发展历史，而且有该观念与人的一般观念世界的关系史，更有观念与社会史的关系史。前者可以说是横向的关系，后者则是纵向的关系；前者是思与思在特定的"史"中的关系，后者是"思"与"史"的关系史。通过处理这两种关系，我们可以用谱系学的方法来说明某些尚未得到充分澄明的观念是如何兴起的。

从纵向的关系看观念史的"思"与"史"的关系，是从基础和社会存在的根本关系来理解特定观念之生成和演变。特定观念之所以表现为历史，乃是因为它本身是历史的一部分。冯契先生在给陈旭麓先生的遗著《近代中国社会的新陈代谢》所作的序言中，这样表达两位先生在学术旨趣上的契合："我认为哲学演变的根源要到社会史中去寻找，他（指陈先生——引者注）认为历史演变的规律要借助哲学的思辨来把握。"[①]所以思想观念的历史，尤其是那些表现为广泛的社会思潮形态的观念运动，或者说通过广泛的思潮

---

① 冯契：《智慧的探索》，载《冯契文集》第八卷，上海：华东师范大学出版社，1997年，第578页。

运动积淀而下的观念成果，都应该在与社会史结合的方向上加以研究。从这个意义上说，对观念史的研究可以作必要的社会史还原。许多来源古老的观念，都经历了古今变迁。我们承认由于现代社会的变革，中国人的观念世界有了一个跳跃，这种跳跃，在价值世界中，尤其显著。由于有了这一跳跃，古代中国才成为现代中国，才有所谓现代中国人的观念世界。不是古代圣贤的智慧不够高明，而是古代社会生活限制了智慧之光照亮的方向。

强调观念随社会历史变迁而变革，并非否定思想传统的力量，因此尚需辩证地理解历史的连续与断裂。换言之，我们承认现代思想与传统之间既有非连续性又有连续性。不过对于历史的亦断亦常进行解释，并非易事。作为一个过渡性的历史人物，亲身经历过观念的古今之变的梁启超，曾经用群体意识（民族心理或社会心理）的遗传和变异来解释历史的演化。之所以有"遗传"，是因为群体意识被认定为实体；而之所以有变异，是因为观念本身的能动性，而且社会环境的改变会导致心理的变化。前者可以被发展为理解观念演变历史的"内在理路"，通过它们甚至可以揭示观念之间的必然性联系。后者则可以接上知识社会学的脉络，即从特定的历史条件，根据特定的社会环境尤其是社会结构去理解思想观念的兴起与演化。意识形态理论、利益冲突所决定的阶级意识、知识分子在知识生产和传播中的作用等等，都可以成为我们研究观念史时的分析工具。

无论我们如何处理观念的"遗传"和"变异"，在讨论具体的观念的古今之变的时候，并非只要抽象地谈论连续性与非连续性的辩证法，既不能走观念论的路径，也不能机械地套用知识社会学的结论。无论是马克思、韦伯，还是曼海姆，都只是给我们一种方法论的启发，借以考察观念的社会植根性问题。为此，我们首先得从历史事实出发，通过描述和分析观念史的事实，来说明观念是如何变、何以变的。实证的观念史可能会通过资料库的检索告诉你一个时期出现的新词语，但是，传统与现代之间的联系是如何建构起来的，这个问题非经过辩证思维不能理解。

在对于事实的进一步勘明中，会发现三种方式，我把它归结为"异端翻为正统""边缘进入中心""新知附益旧学"。

所谓"异端翻为正统"，是指古典时代的观念世界并非单一的推理系统，而有正统异端之别。就中国古代社会的传统而言，我们通常会说儒释道，但是就其主流意识形态而言，却是儒家为正统，而佛道为异端；儒家追溯先秦诸子的谱系，将墨家法家归为异端。就儒家内部而言，也有正统与异端之争。譬如晚明的王门后学就被正统理学视为异端，更不用说反叛农民的原始意识了。

　　不过正统与异端之分，本来是儒家以文化权力与政治权力结合为目标的一种叙事策略。在先秦即所谓"哲学的突破"时期，诸子竞出，百家争鸣，意味着中华文明已经达到通过互相批判和往复讨论，理性地处理先人面临的基本问题——天人、群己（人我）、义利、身心——的高度。这些原本同是人类普遍共有的基本问题的解决，从原先的依靠"术数"，到依靠理性的思考和建立在相互批评基础上的讨论，表明中国哲学从其诞生之日起，就包含了多种传统的源头。不过由于历史的诸多限制，儒家以外的诸子如道家、墨家、法家，无法再像先秦时代那样与儒家展开正面的平等的讨论（汉以后传入中国的佛教，情况有所不同），不过它们并没有在传统中消失，它们连带着儒家发展过程中产生的叛逆性思想一起，都只是以异端或边缘的方式存在。

　　但是进入近代的社会变革时期，原先的正统如程朱理学受到空前的攻击，而原先的异端，譬如佛老、晚明那些被称为早期启蒙思想家的人物，乃至墨子、法家，都以不同的途径翻转为现代观念的来源。作为一种先声，清代朴学演进中引来的诸子学的复兴，都不单纯是名物考据的兴趣所致，而蕴含着对于正统理学的批判。近代人物中具有异端色彩者如龚自珍，在戊戌时代也与明清之际的启蒙思想家一起，被知识界推崇。在儒家理性主义的传统之内，自由意志论，尤其是唯意志论，一直是少数、异端，但是在现代中国，它实际上支配着中国人的观念世界。"异端翻为正统"的现象与历史上改朝换代所导致的学术风尚变迁有相似的一面，即后起的时代常常以批判前一时代的主流思想来开辟自己的道路，以至于我们为了充分理解某个时代，先得将其理解为前一时代的反题。但是两者又有根本差异，即现代观念是以整个古代社会和观念作为其反题，它所导致的价值真空，可能成为以往的一切异端试图转为正统的诱因。

所谓"边缘进入中心"，是在两个意义上说的。第一，作为古代社会的意识形态的儒学，是由一套经典及其解释构成的，经学从"五经"到"十三经"和官方理论从"五经"到"四书"，都说明中心与边缘是变动的。譬如《礼记》中的《礼运》在经学中是边缘，而且没有被选入"四书"之类的官学，属于经典中的边缘性资源。但是它在近代由于其"大同"说而成为典型的意识形态中心。第二，作为知识生产的主体，知识分子与政治权力的关系，有边缘、中心的区别。19世纪末20世纪初，与传统的士大夫相比，新型知识分子与政治权力的关系明显疏远。但是巨大的社会变革使得新型知识分子因其掌握的文化权力而获得政治权力，进入社会的中心。换言之，价值观念的新旧交替通过从传统士大夫蜕变而来的知识分子而实现，也使得观念史的变迁保有历史的连续性。

所谓"新知附益旧学"，本来是梁启超描述他们那一代知识分子解释传统学问的一种路径，但正可以让我们看到现代与传统之间观念的联系是如何被建构起来的。[①] 传统的儒释道诸多观念作为古典时代的思想遗产，并非作为不变的实体流传后世，而是被新型知识分子附加上通过其他来源得到的"新知"而获得新的意蕴，形式上仿佛是原先隐藏着的意义被突然发现，如打开一口尘封已久的箱子看到祖宗留下的宝物，而在观念的发展史上，也许就是解释学所谓"视界融合"的开始。

所有这三种形式，都只在与社会史的结合中才真正呈现观念变迁亦断亦常的辩证法，而它之所以能够真正解决其社会植根性问题，还要经过"因政教则成风俗，因风俗则成心理"的历程。章太炎所说的政教、风俗、心理三项的递进关系，尤其能用以说明像中国这样后起的现代国家所经历的观念变革过程。一种新的观念，它真正具有改变世界的力量的时候，并非只停留在哲学家或思想家的书本里或讲义中，而要通过社会政治法律制度和教育活

---

① 梁启超曾经描述过"在此清学蜕分与衰落期中，有一人焉能为正统派大张其军者"。章太炎的学问路径，如何从小学、史学、提倡民族主义、究心治佛学，"既亡命日本，涉猎西籍，以新知附益旧学，日益宏肆……应用正统派之研究法，而廓大其内容延辟其新径，实炳麟一大成功也"（梁启超：《清代学术概论》，载《梁启超论清学史二种》，朱维铮校注，上海：复旦大学出版社，1985年，第77—78页）。

动，进入社会风俗，并最后积淀为社会心理。只有到达这种状况，即"虽瑰意琦行之士，鲜敢越其范围"之时，政教、风俗和心理所构成的社会生活的整体才共同体现了某种价值的有效性。[1] 这同时也说明观念史研究的对象何以应该扩大至那些似乎晦暗未明的论域。

四

从纵向的角度说"思"与"史"的关系，是解决观念的发生学和社会植根性问题；从横向的角度说"思"与"史"的关系，则是回答特定观念在同时代观念世界中的位置、观念史与其他学术研究形态之间的联系。

就观念史是哲学史研究的一种特殊的形态而言，观念史研究不能脱离哲学研究的基本方法，即需要对观念史包含的概念、命题和推理做必要的逻辑分析，揭示观念之间的逻辑联系或者逻辑矛盾。不仅要揭示思想家或哲学家之间仿佛遵循着逻辑规律的前后相继，而且要注意揭示同时代思想家、哲学家之间的争论——逻辑标准依然是用以衡量他们的有效尺度。

不过，逻辑分析的方法不是观念史研究的唯一方法，有时甚至不是主要的方法。就研究观念的共时性关系而言，它实际上是在一个特定时代的观念光谱中研究对象。因此，逻辑学只是谱系学方法的辅助方法之一。一个观念在逻辑上获得的论证的严密程度，与同一个观念在推动人的行为和改变社会生活中的作用的大小，并没有必然的关联。现代之所以是不同于古代社会的"现代"，某种意义上说，就因为它具有不同于古代社会的一套信念和预设。作为现代观念，它们固然与古代观念有某种联系，但是从根本上说，它们不是依靠对古代观念的逻辑推论来证明其自身。作为共时性的观念结构，这套预设或信念彼此之间存在的某种逻辑联系，也不是彼此之间的唯一联系。换言之，我们不能用一套演绎体系的要求去看待一个时代的观念世界，在这个世界中，观念之间的关系常常不是"此生故彼生"，而是"此生

---

① 章太炎：《章太炎全集》四，上海：上海人民出版社，1985年，第445页。

彼亦生"。它们共生于同一个现代社会的历史条件之下。通过这类共生关系，构成了观念的家族，或观念的谱系。我们当然可以对某个观念的生成、发展历史做单独的研究，但是离开了它所归属的观念谱系，就难免落入空洞的抽象。

用谱系学的方法研究观念史，需要恰当处理"学院概念"和"通俗概念"（或"学院哲学"与"通俗哲学"）的关系。如果我们将谱系学的方法归结为知识社会学的进路的话，那么我们会注意到一些最基本的社会观念，作为一个社会的共识，通常不但在不同的学科范畴中并存着，而且体现在制度、风俗、时尚之中；还体现在该社会的思潮中，以一种隐蔽的共识的方式影响着一个时代的哲学气质。那些在学院哲学看来只是"前哲学"状态的东西，通常还以社会思潮的形式出现。由于那些最重要的社会思潮的广泛覆盖面——通常它们绝不局限于某一个学科，其影响也不局限于某一种职业——包含在思潮中的新观念由此成为"人人感兴趣的东西"。"学院哲学"过分醉心于纯学术的研究，或者由于一个时代哲学的创造力的限制，无法敏捷地感应观念世界的变化，因而不得不让位于社会科学和文学艺术。以研究新观念的发生和发展为己任的观念史，也不得不把视线转移到更广阔的视域。我们不单单考察那些著名的哲学家、思想家的著述，而且需要考察那些最普通的报刊文章，假如有足够的精力，还应该考察那些观念在文学艺术形式中的表现。因为观念史追求真观念，所以就需要认真地回答：人们实际上是如何"思想"和"运用"那些观念的。

在这个意义上我们会赞成文德尔班的说法。因为哲学"从时代的一般意识的观念和从社会需要获得问题，也获得解决问题的资料"[①]。宗教、艺术、社会生活和政治生活中的革命等"来自文明史的因素"，共同塑造了一个时代的观念世界。

与社会史相结合、将特定观念置身于观念谱系的研究方法，客观上要求研究者具备若干能力。根据豪舍尔分析伯林的时候从理想角度所提出的问题，它涉及"批判观念时所需要的概念分析的严格逻辑方法，博学多闻，与

---

① ［德］文德尔班：《哲学史教程》（上），罗达仁译，北京：商务印书馆，1987年，第22页。

创造性艺术家相似的移情与再现的巨大想象力，即'进入'与自己完全不同的生活形态，'从内部'对其加以理解的能力——以及出于本能的几乎神秘莫测的预见力"①。这一点，和观念史处理的对象与乐于自奉甚俭的纯粹哲学不同有关，观念史作为"史"，不但要回答人们应该如何"想"，而且首先要回答人们实际上如何"想"。观念史作为"理"论，不仅处理观念世界的"义理"，而且关心其"心理"；不仅将观念的历史视为理智史的一部分，而且还看到在它的理智表达后面有庞大的非理性的内容。我们不得不承认，这是非常困难的任务。为此我们需要更多的工具，需要向社会学、政治学、人类学、心理学等学科学习。

理想化的要求决定了某些困难的存在，不仅因为它要求我们突破专业分割所导致的局限，要求我们具有那些不能被完全归结为简单习得的"洞见"，还因为它同时包含了"同情的理解"与"客观的批评"之间的紧张。它们同样为观念史研究所必需。关于这最后两点，我已经在其他地方说过，就不再重复了。

以力求探询在漫长的精神变迁中我们文化的某些中心观念的产生和发展过程为己任的观念史研究，由于其批判性的讨论活动，而成为认识社会和我们自己的一种途径，并进而可能变成改变社会的力量。

---

① ［英］以赛亚·伯林：《反潮流：观念史论文集》，冯克利译，南京：译林出版社，2002年，第6页。

第四章　观念的力量及其实现

观念史研究的兴趣和动力，从专业的知识生产的视角看，自然是为了"求真"，是为学术而学术的活动；但是，从其与生活、实践的关系而言，则很可能来源于这样一种共识：观念有其固有的力量。换言之，观念具有内在的动力性为观念史家所公认。"观念并非一种纯粹的智力上的构想；其自身内部即蕴涵着一种动态的力量，激发个体和民族，驱使个体和民族去实现目标并建构目标中所蕴涵的社会制度。"① 从更宽泛的意义上说，对于观念力量的信念，是出于对精神力量的信仰，所以黑格尔在《哲学史讲演录》的开头就说："追求真理的勇气和对于精神力量的信仰是研究哲学的第一个条件。人既然是精神，则他必须应该自视为配得上最高尚的东西，切不可低估或小视他本身精神的伟大力量。"② 不过，在这里讨论观念的力量及其相关问题时，并不是简单地重复或者无条件地肯定观念论哲学家对精神力量的信仰，也不会像黑格尔那样把"精神力量"的展开局限于对"宇宙本质"的认识。如果那样，我们就重新陷入存在与思维的关系的哲学争论之中，甚至可能重回形而上学的旧辙。因为在承认观念之力量的哲学家中间，并不存在哲学宗旨上的统一性。以最著名的几位观念史家为例，在洛夫乔伊看来，就像许多历史

---

① ［英］约翰·伯瑞：《进步的观念》，第1页。
② ［德］黑格尔：《哲学史讲演录》第一卷，第3页。

例证所表明的，"一种信念的功用与效力是一些独立的变项；而错误的假说常常是通往真理的道路"①；而按照阿维赛·马加利特说的那样，"以赛亚·伯林相信观念是有力量的，语言并非'只有语词'。观念，至少某些观念，是'发自心灵的物质'，而非只是头脑的产物"②。洛夫乔伊与伯林的哲学基本立场不尽相同，各自与黑格尔的观念论亦志趣相异。前者是与新实在论对立的"批判实在主义"。后者有时被视为"情感的哲学家"，其本人则声称"我依然是经验主义者，我只能认识在我经验之内的事物，只能思考在我经验之内的事物；我不相信超越个体的实体真的存在"③，因而坚持其经验主义的多元论立场，并同任何一种形而上学（尤其是黑格尔式的唯心论）的真理论划清界限。

　　这里对"观念的力量"及其相关问题的讨论，是在承认约翰·塞尔所谓的"启蒙运动的见解"，即以外部实在论及其可理解性为"默认点"④后展开的。我们关注的仅仅是，通过展示个人或特定群体拥有某些观念后有什么影响，尝试去解释为什么这类观念会对个人乃至社会生活具有重要的作用，以及这样或那样的影响或作用是如何实现的。它的力度是否会在传播的过程中被放大？如何被放大？又会在哪里达到它们的边界？简言之，这里讨论的不是一般意义上的意识、精神、思维等，甚至不是一般意义上的思想和系统化的理论，不是"那些以 -ism 或 -ity 作后缀的著名的名称所标志的学说和倾向"⑤；现在我们关注的是观念史研究的最重要的对象，即历史上生成、演变的那类以"关键词"形式现身的重要观念——无论它是洛夫乔伊所谓的"单位-观念"（unit-ideas；又译为"基本观念"），还是基本的"复合观念"（idea-complex）——的力量以及其各种向度。在那些体系化的理论中，它们只是以 ism 或者 ity 为后缀的学说中的一部分，但很可能是其硬核甚至就是其前提或

---

① ［美］阿瑟·O. 洛夫乔伊：《存在巨链——对一个观念的历史的研究》，第 447 页。

② ［英］以赛亚·伯林：《观念的力量》，阿维赛·马加利特编，胡自信、魏钊凌译，南京：译林出版社，2019 年，第 2 页。

③ 同上书，第 16 页。

④ ［美］约翰·塞尔：《心灵、语言和社会——实在世界中的哲学》，李步楼译，上海：上海译文出版社，2001 年，第 1—20 页。

⑤ ［美］阿瑟·O. 洛夫乔伊：《存在巨链——对一个观念的历史的研究》，第 8 页。

预设，而各种各样的哲学体系不过是用各种不同的方式展示并解释这类观念硬核的学说，是以不同向度展现这些观念硬核的外在架构，是为这些观念作认识论或价值论辩护的理论。从观念史研究的视角看，与其说是那些前后更替的哲学体系，不如说是对这类体系中的观念的同异交织之解释——对这类观念更为感性化的表达在同时代的文学、社会学、历史著述中也许是或明或暗乃至弥漫性的存在——塑造了每一代人的心灵，也参与塑造了那个时代的社会关系。由此使得观念史研究不仅满足我们的求知欲或好奇心，同时也具有认识自己、改塑自己的实践指向。

一

如此说来，要把"观念的力量"视为观念史研究的内在问题，就需要再思观念史研究的对象，进一步厘清其边界。本书前面已经简单讨论过这一问题：就将观念史区分为偏向哲学的解释的观念史和偏向历史的实证的观念史而言，我赞成洛夫乔伊观念史是哲学史的特殊形态的论断："它主要是借助那些与它自身相关的单元的特征使自己区分开来。"① 就其研究的主要关注点不在于历史上前后更替的哲学体系，而在于那些体系中共同探讨的观念硬核及其相关观念之间的关系而言，它只是关注一个哲学家或一个时代的思想的一部分，观念史是一种比较"窄"的哲学史；在当今这样思想的表达被高度专门化的时代，任何重要的"观念"事实上必定为不同的学科所共享，对它的哲学反思就决定了观念史的论域会比一般哲学史的论域更"宽"。这后一个特征无论在洛夫乔伊、伯林、伯瑞，还是在斯金纳的工作中，都有所显现。

前面说过，在中文世界中，观念史是比"中国哲学史"更为后起的，尚待获得稳定的学科定位。但是，在外部观察家的眼光中，20 世纪中国哲学史的研究早就打上了观念史研究的烙印，甚至被认为是特殊形态的哲学史。

① ［美］阿瑟·O. 洛夫乔伊：《存在巨链——对一个观念的历史的研究》，第 3 页。

如艾尔曼在他的论文《中国文化史的新方向：一些有待讨论的意见》中就指出：20 世纪创建起来的"中国哲学史"学科实质上是观念史路径的学科①，胡适《中国哲学史》的主要内容似乎就是研究"进化"观念在中国古代思想中的历史；冯友兰的《中国哲学史》的重点是儒家观念开展的过程。冯友兰确实坦称"其中之主要观点尤为正统派的"②。所谓"正统"其实是后设的标准，在中国文化的第一个轴心期，春秋战国时期百家争鸣、互相改错，并无一家独占真理。汉代以降，儒学既享受过"独尊儒术"的荣光，又受到佛道诸家的影响；宋明理学才是儒学融摄佛老以后的"第二期"开展，并持久地占据了意识形态的主场，尽管其中的理学、心学和气学依然互有改错。各个不同学派争夺"正统"地位，构成了中国哲学史的一个重要特点。冯友兰的自我肯认受到牟宗三的批评，认为"冯书之观念实在不足以言正统派"，甚至认为"故冯氏不但未曾探得骊珠，而且其言十九与中国传统学术不相应"③。关于解释的或批判的观念史如何转变为意识形态这一问题，我们稍后再讨论。冯友兰后来编写的七册《中国哲学史新编》特别强调每一时代的哲学与文化的关系。他自己承认以现代化为中心问题来写作最后一册，使得"这一册《新编》看起来好像是一部政治社会思想史"④。"现代化"使得"正统派"的儒学发生某种变化，"现代化时代的哲学家也沿用了宋明道学的词句，但不是依傍于宋明道学，是'接着讲'，而不是'照着讲'"⑤。此外，无论是"中国思想史"的著作还是受洛夫乔伊影响的"中国哲学史"的作品，艾尔曼并未具体指明其评论的对象。不过，这一评论对迄今为止大量标以"中国哲学史"

---

　　① ［美］班雅明·艾尔曼：《中国文化史的新方向：一些有待讨论的意见》，载贺照田主编《学术思想评论》第三辑，第 425 页。

　　② 冯友兰：《中国哲学史》下卷，载《三松堂全集》第三卷，郑州：河南人民出版社，2000 年，第 3 页。

　　③ 牟宗三：《中国哲学的特质》，第 2—3 页。牟宗三之所以认为冯友兰在"正统"之外，最主要的原因是，"冯氏以新实在论的思想解析朱子，当然是错的。以此成见为准，于述及别的思想，如陆、王，字里行间当然完全不相干，而且时露贬辞。这即表示其对于宋明儒者的问题完全不能入，对于佛学尤其外行"（牟宗三：《中国哲学的特质》，第 3 页）。牟宗三对"正统"和"异端"的分立持比较宽松的态度（即不简单地以儒为正统，佛老为异端），但是在儒家内部，他依然注重"正宗"的陆王。

　　④ 冯友兰：《三松堂全集》第十卷，郑州：河南人民出版社，2000 年，第 285—286 页。

　　⑤ 同上书，第 610 页。

的著述，虽然似乎失之过简，但也并非全然无的放矢。

　　很早就关注观念史与哲学史及思想史之关系的陈少明教授，明确提出艾尔曼的上述判断有误，并认为只有徐复观的学术路径更接近于洛夫乔伊的观念史。"为什么说徐复观更接近呢？理由是他避免局限于对理论系统的诠释，自觉发掘分布在不同文化知识领域中的基本观念，将不曾明言的观念与显题化的论述联系起来。这种思路在他强调其人性论史是'哲学思想史'而非'哲学史'时，已经显现出来了。"①陈少明对徐复观的评判就基于系统哲学的标准而言是成立的。但是，像牟宗三那样的现代新儒学的体系建构者，在其有关中国哲学史的论著中是否就没有观念史路径的影子了呢？似乎还有讨论的余地。牟宗三有一系列中国哲学史论，他的《才性与玄理》《佛性与般若》《心体与性体》《从陆象山到刘蕺山》等，可以说都是颇有独创性的断代哲学史论。但是他还有"对于各期哲学作一综述"的《中国哲学十九讲》和用"直接就中国学问本身来讲述的办法""以中国土生的主流——儒家思想，为讲述对象"的《中国哲学的特质》两书，虽然是以讲演记录为基础而成书，且规模也甚简，但是尽可以看作牟宗三纵观地论述中国哲学史之著述，是中国哲学史的缩简本。与冯友兰不同，牟宗三没有撰写一部中国哲学通史，这是否与他认为儒学在以前并不是当作哲学来讲的，有内在的关联？平实而言，人们在牟宗三的这个判断上比较容易达成共识②，至少在先秦以前的所谓原始儒学，与典型的系统哲学那样概念化安排的理论，相距甚远。但是从古代儒学关心的主要问题和主要观念出发，现代人又可以把儒学哲学化。

　　牟宗三进而提出了"儒家的核心观念是什么"的问题。并从《论语》《孟子》《中庸》《大学》《易传》五部经典中拈出"仁""性""天（天道）""诚""慎独""创生"等观念作为儒家系统中的主要观念与问题。他提示说，"如果我们把儒家当个哲学来看，那么儒家这个系统就可以和康德那

---

　　①　陈少明：《为什么是思想史：徐复观的思想性格与学问取向》，载陈昭英编《徐复观的思想史研究》，台湾大学人文社科高等研究院、东亚儒学研究中心，2018年（2019年3月初版二刷），第76页。

　　②　这里的"共识"是有限度的，主要是就儒家哲学而言，人们可能同意此判断。如果考虑到比孔子思想更有形上学意蕴的老子及先秦道家，比孔子更有逻辑学兴趣的墨家、名家，可能对此判断就要作某种修正了。

个系统相对照"①。而其中心是要将儒家的主要观念做一番创造性的解释，尤其是要解释，儒家如何从孔子应对"周文疲敝"而提出"仁"的观念开始，渐渐演化为一套体系哲学，并显示出其独特的价值：

> 儒家的思想开辟价值之源，挺立道德主体，这一方面没有能超过儒家者。开辟价值之源，所谓价值就是道德价值、人生价值。儒家对人类的贡献，就在他对夏商周三代的文化，开始作一个反省，反省就提出了仁的观念。观念一出来，原则就出来。原则出来人的生命方向就确立了。所以他成一个大教。②

总之，按照牟宗三的说法，现代新儒家在哲学上的工作，或者是对中国哲学史的建构，就是对先秦儒家的某些基本观点作哲学的解释，尤其是对"仁"的观念如何开辟了"道德价值"，确定生命的方向，作哲学的解释，从而形成自身的系统性教义。

从这一向度看，艾尔曼是有洞见的，观念史的取向"在方法论上为中国哲学提供了一条可行的途径，重构儒家和新儒家思想的内在完整性"③。这就是我前述的"解释的观念史"，它着重于对古代重要观念做哲学解释，通过哲学的解释（甚至是借助与某派西方哲学的比照，在跨文化的视域中解释）重建古代哲学的系统。当然它可以采用类似徐复观那样更注重某个基本观念纵向演化历史的形态，也可以采用牟宗三那样更具有哲学理论建构的形态，或者像张岱年早年的《中国古代哲学中若干基本概念的起源与演变》那样的著述。甚至还可以采用不拘于某家某派的学说之单一脉络，把观念史书写成围绕中国哲学某些基本观念争论的平台，对观念的新陈代谢过程做出合理的解释和评判。我们认为可以代表中国古代哲学优秀传统的那些基本观念，如

---

① 牟宗三：《中国哲学十九讲》，第 80 页。

② 同上书，第 59 页。牟宗三认为儒家思想开辟的价值，就是道德价值、人生价值，这与他自己从事道德理想主义的哲学建构有关；不过，未免忽略了中国哲学对"真"与"美"的价值之追求。

③ ［美］班雅明·艾尔曼：《中国文化史的新方向：一些有待讨论的意见》，载贺照田主编《学术思想评论》第三辑，第 427 页。

"仁""道""天人合一"等等，也有待于在观念史的形态中，呈现出其更丰富的内容。

二

厘清观念史的对象是为了进入"观念的力量"的讨论。

前文分析了两类观念史，实证的观念史偏向历史学；解释的观念史总体上偏向哲学，因而是哲学史的工作。但是哲学史既是"语文-历史的科学"，又是"批判-哲学的科学"①；具体的哲学史著述如何在此两项中获得平衡，端赖哲学史家个人的抉择。偏向"语文-历史的科学"的哲学史家，可能注重文献考辨和过往哲学家思想历程的重建；偏向"批判-哲学的科学"的哲学史家，更倾向于将个人的哲学观念灌注于哲学史叙述过程，或者把哲学史的叙事视为进入哲学体系建构的准备。与此相关，在中国学术界有一个值得注意的现象：借观念史取向来重构儒家思想的内在完整性的哲学家，在对儒家基本观念做强解释并最后发展出自己的系统理论的学术活动过程中，明确给自我赋予了超知识的任务。张载所云"为天地立心，为生民立命，为往圣继绝学，为万世开太平"是义不容辞的责任。因而，要确信自己的学问不但足以指导人生，而且可以指导社会文化的方向；既有普遍性又有民族性，由于其正统地位或正宗特质，实际上就自动转变为建构意识形态的承诺。被系统化解释过的观念不但具有理性的说服力，而且具有或大或小的强制性力量。对于使学说转变为意识形态，冯友兰有高度的自觉，他曾自述：

> 通观中国历史，每当国家完成统一，建立了强有力的中央政府，各族人民和睦相处的时候，随后就会出现一个新的包括自然、社会、个人生活各个方面的广泛哲学体系，作为当时社会结构的理论基础和时代精

---

① ［德］文德尔班：《哲学史教程》上，第 25 页。

神的内容，也是国家统一在人的思想中的反映。①

　　冯友兰表达的是为政治和社会团结服务的统一的意识形态做贡献的愿望，当然这也意味着他认为现代新儒学成为意识形态具有现实性。在儒学与意识形态的关系问题上，牟宗三有类似的思想，他虽然在分辨正统与异端上持论稍宽，但在判定孟子到陆王一系为"正宗"这一点上同样持论甚坚。②无论"正统"还是"正宗"，都是一种判教的语词，因而这类语词的运用也就是将知识转变为文化权力的行动；在士大夫垄断知识生产的时代，文化权力与政治权力之间有特定的交换关系。特定民族历史文化中的基本观念如何在哲学研究中得到系统化的解释，使得其具备理性的说服力和理想的感染力，以及这些基本观念如何转变为意识形态而服务于权力结构，是观念的力量如何实现的两个方向性问题。对此，我们将在后文展开更多的讨论。在这里我们需要注意的是与此相关的一点：牟宗三的论断涉及中国哲学或者儒学的价值或意义。按照牟宗三的说法，儒学无论是对社会还是对个人都有类似西方基督教的意义，即，既有作为"日常生活轨道"的意义，又有作为"精神生活途径"的意义——"儒教在'精神生活途径'上的基本观念：仁及'性与天道'"③。换言之，儒学的"仁"及"性与天道"观念应该指导中国人的人生。对个人而言，是落实为道德意识，"视人生为一成德之过程，其终极目的在成圣成贤"④。对社会而言，则规定出一套日常生活的轨道，"在中国，儒教之为日常生活轨道，即礼乐（尤其是祭礼）与五伦等是。关于这一点，儒教就是吉、凶、嘉、军、宾之五礼以及伦常生活之五伦尽其生活轨道之责任的"⑤。五伦和五礼都是具有规范力量的风俗习惯乃至社会生活制度。

---

　　① 冯友兰：《三松堂自序（明志）》，载《三松堂全集》第一卷，郑州：河南人民出版社，2000年，第310页。

　　② 牟宗三说："孟子是心性之学的正宗。宋明儒中的周、程、张、朱一路大体不是顺孟子一路而来，而是顺《易传》《中庸》一路而来。陆王一系才真正顺孟子一路而来。可知程朱、陆王分别承接了古代对性规定不同的两路。离开这两路的当然不是中国的正宗思想了。"（牟宗三：《中国哲学的特质》，第69页）

　　③ 牟宗三：《中国哲学的特质》，第101页。

　　④ 同上。

　　⑤ 同上书，第94页。

一方面"风上草偃","致君尧舜上，再使风俗淳"，历代儒家中的志士仁人都相信其核心的观念具有春风化雨般感人的力量；另一方面非礼与逾制，都会受到相应的惩罚。新儒家的哲学家们着力于将它们解释为足以与西方哲学（如康德、黑格尔或柏格森、怀特海）相匹敌的系统化理论，使其转变为借助于说服活动的理想的力量，但"礼制"本身终究是将特定观念物化为社会权力结构，并借助权力关系显现的强制性力量。

　　本章讨论观念的力量及其相关问题，某种意义上是为了回答为什么研究观念史。除了对纯粹知识的兴趣以外，我们希望在普遍意义上认识这类学术活动在理解人的观念世界与生活、实践的关系上的作用。所以，这里引用怀特海在《观念的冒险》①一书中的相关论述，将一个西方哲学家的看法与牟宗三对中国儒家观念的论述两相对照，也许是有意义的。怀特海这本书更多地从西方经验出发去描述人类观念的历史，他的视域集中在西方世界，这本书"涉及的是文明从近东到西欧的转移，其题旨只局限于两三个主要观念是如何成熟的：由于人类有效地运用了这两三个观念（在社会学的观念部分，似乎主要指灵魂的观念、平等、自由、人类基本权利的观念等等——引者注），文明便得以形成"②。它仅仅简略地追溯这些观念，追溯其自远东古代世界直至今日的地位。我们现在看来，怀特海所述与牟宗三的学说，最初都是"地方性知识"，但是这种在中西文明中分别产生的"地方性知识"，其普遍意义与局限都是共在的。

　　我们都记得怀特海说过整个西方哲学只是对柏拉图的注解那样的话，在《观念的冒险》一书中，作者将柏拉图安置在一个首创者和开启者的地位，并说："最初的基督教制度与哲理的柏拉图学说结合在一起，给西方民族提

---

　　① 作者对标题的解释说明它是一部极具个性的观念史著作，是在更宏大的哲学-历史叙事方式下的西方观念史：《观念的冒险》有两层意思，"一层意思是：某些观念在加速人类通往文明的缓慢进程中所产生的影响。这便是人类历史中观念的冒险。另一层意思则是：观念将对人类历史的历险经历作出解释，作者在对这些观念进行思辨的构架时，无异于是在经历一场冒险"（［美］A. N. 怀特海：《观念的冒险》，周邦宪译，陈维政校，北京：人民出版社，2011 年，第 1 页）。把人类的活动包括观念的历史视为一场冒险，而且认为观念史就是试错之史，是错误不断被克服使得行为逐渐纯化的历史，表现出作者的美国精神特质。这与牟宗三等把他们所解释的儒家观念视为中国人必须遵循的生活准则，明显存在着气质和品格上的差异。

　　② ［美］A. N. 怀特海：《观念的冒险》，第 10 页。

供了一个美好的社会学理想，这一理想被理智地表达出来并与周期性爆发的情感活力紧密地结合在一起。"① 但他没有将该书撰写成柏拉图基本观念的哲学体系分析，没有撰写成像洛夫乔伊《存在巨链》那样的仅仅围绕某个"单位-观念"及其背后的观念群渐次展开的历史。在《观念的冒险》第六章的"后记"中，作者总结其对西方社会观念的历史叙述时说：

> 我们已经研究了在人类交往的行为规范文明化过程中，那一组作出最杰出贡献的观念。行为规范的改进，依靠的是相互尊重、同情以及普遍的善意等感情的缓慢滋生。所有的这些感情只需要最少量的理智便可以生存。它们的基础是情感的，人类通过顺应自然的、不动脑筋的活动便获得了这些情感。
>
> 但是精神一旦进入合作的活动中，它便对人类的选择、强调、分析造成了巨大的影响。我们研究了观念是如何来自活动，又如何反过来影响产生它们的活动的。观念始于对习俗进行解释，而终于建立起新方法新制度。②

奠基于"活动"和实践，将"观念"定位于"习俗"与"新方法"、"新制度"之间，怀特海提供了考察观念生成与作用的重要视角。在赫尔德以降的德国人文主义传统影响下，习俗被视为文化的核心。这意味着我们似乎可

---

① ［美］A. N. 怀特海：《观念的冒险》，第 103 页。

② 怀特海叙述的观念史实际上是从近东到西方如何逐渐形成现代西方文明的历史，东方尤其是中国文化中的"核心观念"的历史完全在怀特海视野之外，对于中国读者而言，这既是本书的缺陷，也是它有特殊价值的理由：借助这本以多元论为哲学基点、大尺度地讨论西方观念史进程的著作，与中国哲学家的观念史书写对照，我们也许能够对围绕观念史研究的那些更普遍、更一般的理论问题有更清楚的理解。在这里我们特别注意到如下这点：和牟宗三从"周文疲敝"引发孔孟一系创生的基本观点并对其做系统化的哲学解释不同，怀特海在讨论西方文化的基本观念的起源时，采用了人类学的成果。从人类学的视角说，从类人猿到智人、发明工具进而发明种植、部落乔迁、举行季节性庆典等的缓慢进步过程，表明"文明并不是以规定行为模式的社会契约开端的。它最早的工作是缓慢地提出各种观念来解释在人们生活中业已盛行的行为模式及情感表现。毫无疑问，观念是修正实践的。但总的来说，实践却先于思想，思想主要关心的是对先在形势的证明和修正"（［美］A. N. 怀特海：《观念的冒险》，第 140 页）。他后来还有更为详细的解释。（［美］A. N. 怀特海：《观念的冒险》，第 266 页）

以将怀特海的论式改写成：生活世界是观念的源头。社会观念起于对既有社会关系的解释，又可能重塑我们的社会关系。与儒家在解释观念起源时归功于少数"圣人"（尧舜周孔）类似，怀特海将西方观念的起源归结为最初"该部落的一些不安于现状的理智之士对这些行为方式进行了解释"①，而后又经历了曲折反复的演化过程。尽管在观念的起源问题上，人类思想史和发展心理学已经有了重大发现，但是怀特海将观念与人的行为方式相关连的思路在大方向是正确的。由于他将人类观念的历史与人类对历史的观念视为辩证的关系，在观念、习俗和制度之间，他就有了更宽广的视野。"在伦理的诸理想里，我们能找到极好的例子，说明有意制定的观念是如何影响社会，如何推动它从一种形态过渡到另一种形态的。对于怀抱这些观念的人来说，它们既是讨厌的牛虻又是指路灯塔。这些观念的有意识作用应该与无情感的诸种力量，洪水、蛮族人以及机械装置相对照。重大的过渡是由于来自世界的两方面——物质方面和精神方面——的力量的巧合。单纯的物质性质的力量，只能释放洪水，它需要智力来提供灌溉渠道。"②而在"风俗"与"新方法新制度"之间，观念有一段很长的、由诸多中介环节组成的进程。最初的"解释"活动出于少数贤明之士，由于他们的特殊的原创性贡献，后人将其视为"先知"、圣贤和天纵之才。对他们的原初"解释"不断地进行再解释，构成了观念史的理智脉络，连同其"解释"如何化为原则，进入并改变普通人的生活世界、重塑社会关系这样一种观念史的实践脉络一起，构成了人类的文明史。

在怀特海看来，整个观念的历史是由两种因素构成的，或者说观念史是下述两种力量交织的结果。一种是"无情感的力量"，"当这些力量以一种普遍相互协调的面貌出现时，希腊哲学家便倾向于称它们为'强制力'，当其变现为一团杂乱无章的偶发事件时，则易于被称为'暴力'"。它们可以用古代历史上的蛮族和近代蒸汽机带来的机械化来代表。另一种是"那些来源于愿望又复归于愿望的明确信仰。它们的力量是那些经过深思熟虑的理想的

① ［美］A. N. 怀特海：《观念的冒险》，第 266 页。
② 同上书，第 19 页。

力量"。它们可以用古代的基督教与近代的民主来代表。① 这和怀特海认为观念有其固有的性质有关：强制力或暴力是观念的恶的力量，理想的力量则属于良善观念的力量。包含在观念中的理想的力量，既是"牛虻"又是"指路灯塔"。这表明良善观念实现其力量时有两个方向：面对一个可能陷于沉沦的社会，它将勇敢地发起挑战，激发起文化活力，促使人们修正其实践，此时它是一只令人烦恼的"牛虻"；当历史进入过渡时代，一个同时呈现"绝望"和"希望"的两面性的时代，它就成了人们的"指路灯塔"。

怀特海对观念的两种力量及其实现形式的分析还有讨论的余地。他把基督教和民主视为"经过深思熟虑的理想的力量"，以此与蛮族入侵和蒸汽机的发明为代表的物化力量相区别，是有意义的。他也概括地论述过："伟大的观念是连带着罪恶的附属物及讨厌的联结物走入现实的。但是，大浪淘沙，它们的伟大存留下来，激励着人类缓慢前进。"② 但是他没有意识到，在东西两大文明大规模相遇之时，在非西方发达国家如中国最初所面对的东西方中，不但以"船坚炮利"为象征的"蒸汽机"和不符合传统中国礼仪的"夷""蛮"的生活方式都带有暴力的色彩，而且西方人心目中代表观念的理想性力量的基督教和民主制度，也是外来的"强制力"。换言之，随着全球化的进程，基督教－工业文明的扩张对类似中国这样的非西方文明所造成的冲击，成为影响中国近现代以来观念史变迁的一项重要变量。我们从历史变迁中获取的观念，推动了我们自身观念的新陈代谢：富强、科学、民主等观念，渐渐脱下其"强制力"的外衣，内化为中国人的新型的理想，后者已经并继续在改塑着中国人和中国的历史。它甚至改塑着中国的传统儒学，现代新儒家的哲学目标——返本开新——便要将传统儒学的核心观念做出系统的概念化安排，形成足以与西方哲学相颉颃的理论，而且意在在安顿中国人的心灵的基础上开出"新外王"。

简言之，从发生学上说，一种文化中总有一些基本的观念，它们的力量具备着如下的双重向度：观念在解释生活世界的变迁的过程中，不但使

---

① ［美］A. N. 怀特海：《观念的冒险》，第 7 页。
② 同上书，第 20 页。

其获得相对明确的表达方式，而且可能通过给出生活方向的新选择来修正人们的实践包括既有风俗。观念的力量的实现方式，也具有两方面的可能性：既可能是通过理性的讨论形成社会共识，是理想感化人和说服人的过程；也可能是借助物化的或者结构性的"强制力"，包括意识形态的规训方式。这两种方式并没有像怀特海分析的那样决然分离，在具体的历史条件下，它们可以互相换位。在不同类型的文化大规模交汇之际尤其如此，并由此形成文化冲突。观念作为精神的力量与政治、军事、经济等物化的力量互相交错，使得观念的传播史显得迷离复杂。在某种文化内部人们觉得理所当然的共识或理想的"良善观念"，如果借助相对的强势（来自经济、军事等的因素）硬性加诸别种文明之上，则很容易转变为"强制力"乃至"暴力"，被视为恶的观念。在学术生产中，如果把这些因素暂时搁置，或者视为背景，专注于观念的"理想的力量"之维，将一种文化中那些基本观念展开为系统化概念安排的理论，致力于论证为什么这些观念是良善观念，或者致力于为它们做更好的理论辩护，使其更具有说服人的力量，就可能使观念史研究呈现为哲学的形态，乃至推动哲学的发展。若关注那些基本的观念与其连带的较为次要的观念群之间的联系，以及观念和社会生活的条件或"语境"的关系，一句话，倘若不是更关注如何将观念做形而上的提升，而是关注观念如何生根、下落及其与社会史的关系，那么此类观念史研究就更多地呈现为广义的观念史即思想史甚至社会文化史的形态。

三

在明确观念的力量可能有两个向度，表现为两种方式以后，若要追问观念何以有其力量，还应该从"观念"作为一种"固定化的思想'产品'"，有其构成性特征的角度来讨论。所谓"特征"是比较而言的，观念的特征就是在与另一类"固定化的思想'产品'"的"概念"相比较中显现的。这里说的"观念"是我前面所谓观念硬核，或者如西人艾德勒编纂的那本罗列了百余观念来概括西方文明的著述 ① 之所谓"大观念"；这里说的"概念"，不是在普通语言学意义上使用的，而是特指哲学尤其是认识论所研究的概念乃至范畴。我曾经注意到金岳霖先生对概念（concept）和观念（idea）的区别有专门的讨论，虽然金先生是用另一个汉语词"意念"来代表本章的"观念"：

> 意念是相当于英文中的 idea，而又限于以字表示的。英文中的 idea 不限制到以字表示的，我们这里所谓意念是以字表示的 idea，例如"红""黄""四方"……这里所谓概念相当于英文中的 concept，可是，也是限于以字表示的。意念与概念底分别，从心理状态说，是前者比较模糊，后者比较清楚。从思议底内在结构说，前者可以有矛盾虽然不必有矛盾，后者不能有矛盾。②

在金先生看来，凡观念即一"意念图案"，而概念（concept）既是"意念图案"在思议历程走向中的模型，又是其思议历程可能达到的极限，达到极限，意念图案就成为概念结构。③ 概念结构所表示的就是理。意念图案比较模糊且可能有矛盾，概念结构比较清楚且不能有矛盾。类似的意思牟宗三也有过表述，牟宗三在对于"观念"和"概念"进行区分时，从两者内容的确定性之程度不同，进而推论其普遍性有大小。④

两位哲学家的措辞有差别，但是基本标准是相似的。意念图案达到概念结构后所表示的理，当然就会比内容模糊的意念图案意义更确定、普遍性程度更高。当然，谈概念的意义比较清楚、明确、普遍性高，只是相对于观念而言。整个哲学的历史充斥着对某些概念的持久争论；后起的哲学家总是以澄清前辈熟用的某个或某几个重要概念的意义为己任；甚至同一学派的哲学

---

① ［美］莫提默·J. 艾德勒：《大观念：如何思考西方思想的基本主题》，安佳、李业慧译，广州：花城出版社，2008 年。
② 金岳霖：《知识论》，第 335 页。
③ 同上书，第 351 页。
④ 牟宗三：《中西哲学之会通十四讲》，第 3—4 页。

家对他的共同使用的概念也有不同的用法。哲学因此避免陷入教条主义的陷阱。不过我们现在更关心的问题是，观念的内容比较模糊，或者如牟先生所说"游离不明确"，是什么原因呢？或者说，明确的概念结构表示其理性化的程度比较高，那个"游离不明确"的精神现象或者与确定的结构可能构成矛盾的意识内容是什么呢？

洛夫乔伊对观念内容的模糊性有比较清晰的认识，认为它恰恰是观念史研究所应该注意的重点所在。观念史中有一些普遍的或者频繁重复的现象，最基本的就是"观念的基本同一性以及观念所引起的推理逻辑的基本同一性，不会因与之相关的共生共存的观念的不同而废止，也不会因进入作者思想的各种先见和变化无常的偏见而注销"①。观念在内容上不够明确，未能达到概念那样的清晰的结构，很大程度上是因为其中倾注了作者的先见和变动着的偏见，同时也是因为特定观念与相关观念的关联尚未被清洗，思议的历程未达到概念思维那样的边界被澄清、结构被确定的程度。而他则注意到：

> 在思想史和鉴赏史中，语义的转换和混淆的作用、术语的意义的转义（shift）和含混（ambiguities）的作用。所谓"人活着，不是单靠食物，还主要得仗着口号活着"……差不多所有响亮的口号都是歧义乃至多义的。②

我们以往说古代汉语以同一个单字表达的重要观念传达的意义是复杂的，这其实并非中国独有的文化现象。西文中一个语词表达的观念也可以有多重含义。即表达某一观念的语词的单一性并不能排除该观念给人的联想的多样性。从逻辑的视角看，同一观念中含有联想的丰富含义，从逻辑分析的角度正表现为"含糊""不明确"。但是，吊诡的是，越是简单的却富含联想的观念就越有力量。这一点在洛夫乔伊那里似乎并非有意提及，其实很有启发性：观念的外在形态常常近乎"口号"，而在历史上曾经起过

---

① ［美］阿瑟·O.洛夫乔伊：《观念史论文集》前言，吴相译，北京：商务印书馆，2018年。
② 同上。

重大的或好或坏的作用的"口号"的一大特点，就是它在某一个简单的语词中同时包含了多种多样的含义，足以促发人的联想。不过，洛夫乔伊的论述有所缺漏，还没有注意到另一个与此相关的问题：近乎"口号"的那类"大观念"，其中包含的丰富含义并非全部是单纯思议的理性成果，而是可以带有甚至常常带有人的情感、意欲等要素。这一点，怀特海说得很明白：

> 在思考观念史的过程中，我坚持认为，"纯知识"是一高度抽象的概念，应该从我们的头脑中清除出去，因为知识总是伴随着情感及目的等附件……之所以有情感的伴随物，这部分地是由于人们在高级的一般观念中感受到了某种重要的东西，部分地则是由于对观念呈现的特殊形式有特殊兴趣。①

在这个问题上，伯林与怀特海同调，就像阿维赛·马加利特在他为伯林的《观念的力量》一书写的前言中所云：

> 伯林认为，观念获取力量并不仅仅甚至并不主要依靠它们的意义，而是依靠它们与情感和其他联想的联结。观念的力量是由意义和情感构成的矢量。②

人们已经对伯林对"消极自由"和"积极自由"的区分相当熟悉。但是伯林在对大量观念史研究的著述如对维柯、赫尔德以及其他德国浪漫主义者的研究中，在对俄罗斯文学家的研究中，都倾注了他的热情，呈现出的文本与典型的哲学史注重概念分析和逻辑推演大为不同，以至于他的许多长篇论文看上去更像是人物的思想传记，通过它们，读者感受到的大约就是"由意义和情感构成的矢量"。

---

① ［美］A. N. 怀特海：《观念的冒险》，第 5 页。
② ［英］以赛亚·伯林：《观念的力量》，第 2 页。

观念包含意义和情感，即观念这种"固定化的思想'产品'"既是知识的某种形式，也通常包含了情感，而情感是更具有主观性的，因而蕴含着我们拥有和使用这些观念的目的、意图等。知识与目的的结合，给观念带来了需要发掘和澄清的东西。恰如斯金纳所述：

> 在解释文本时，最富有成果的方法不是专注于作者确认了什么信念，而是把作者看作是在介入不断进行的社会辩论之中。从更学术的角度说，我认为解释的词汇不应当只是传统的有关意义（meaning）的词汇，而是至少也要以同样的程度关注语言的第二个维度（即行动）。因此我想做的不是解释文本的意义，而是揭示它的意图（intention）。我想把我这一主张运用于所有的哲学文本。不管它们有多抽象，我都想问一问，这个文本是想做什么，是一种怎样的介入，它与当时的思想现实是怎样的关系。①

而"目的和知识的结合给人提供了力量"②，意识到此种缘由的哲学家自己所做的工作，也印证了观念之所以有力量，有一条重要原因，即人们大多具有"对各种各样形而上学激情（pathos）的感受性"③。金岳霖在解释自己为何写作《论道》时，曾经说过一番很细腻的话：

> 中国思想中最崇高的概念似乎是道。所谓行道、修道、得道，都是以道为最终的目标。思想与情感两方面的最基本的原动力似乎也是道。成仁赴义都是行道；凡非迫于势而又求心之所安而为之，或不得已而为之，或知其不可而为之的事，无论其直接的目的是仁是义，或是孝是忠，而间接的目标总是行道。我在这里当然不谈定义，谈定义则儒道墨彼此之间难免那"道其所道非吾所谓道"的情形发生，而其结果就是此

---

① ［英］昆廷·斯金纳著，李强、张新刚主编：《国家与自由——斯金纳访华演讲录》，北京：北京大学出版社，2018年，第6页。

② 金岳霖：《道、自然与人——金岳霖英文论著全译》，第153页。

③ ［美］阿瑟·O.洛夫乔伊：《存在巨链——对一个观念的历史的研究》，第14页。

道非彼道。不道之道，各家所欲言而不能尽的道，国人对之油然而生景
仰之心的道，万事万物之所不得不由，不得不依，不得不归的道才是中
国思想中最崇高的概念，最基本的原动力。对于这样的道，我在哲学底
立场上，用我这多少年所用的方法去研究它，我不见得能懂，也不见得
能说得清楚，但在人事底立场上，我不能独立于我自己，情感难免以役
于这样的道为安，我底思想也难免以达于这样的道为得。①

　　金岳霖在这里称"道"是"中国思想中最崇高的概念""最基本的原动
力"，但又谦称自己"不见得能说得清楚"。事实上，"道"不仅是《论道》
一书的核心概念和最高范畴，还是他的元学体系的"总名"，因此该体系就
可以视为"道"的逻辑展开。②金岳霖先生将"道"置于此体系中，用"旧
瓶装新酒"的方式既在中西会通的基础上创造了元学的新体系，又寄托了其
民族感情。诚然，在中国文化中，无论是追求它（求道）的人，还是信仰
它（得道）的人，对于"道"都附上了自己的情感。但是，对于绝大多数对
"道"有所体认，但对其更"说不清楚"的人来说，"道"乃是一浑厚的观
念。对于他们而言，阅读一部以严密的逻辑分析方法演绎出的《论道》，最
重要的效果主要是思维锻炼，间接地可能激发起民族情感的反射，或者获得
某种理论的美感。毕竟"理论征服人的力量就在于逻辑"③。换言之，金岳霖

---

　　① 金岳霖：《论道》，北京：商务印书馆，2015年，第18页。
　　② 对金岳霖所论之"道"，冯契先生曾有一简明扼要的分疏：作为核心概念和最高范畴，
"道"绝不是"空"的，而一定是"实"的，但不是如自然律那样呆板的"实"，也不只是
"流动地实像情感与时间那样的实"。"所以，'道'既可以'合起来说'，也可以'分开来说'。
'合起来说'的'道'就是自万有之合而言之，道一的道。这样的道是元学的对象，自这样
的'道'观之，'则万物一齐，孰短孰长，超形脱相，无人无我，生有自来，死而不已'。这
样的'道'也就是中国哲学的基本精神。所谓'分开来说'的'道'，就是自万有之各有其道
而言之，道无量的道。从理论上来说，这种'道'即为分析之道、逻辑之道。金先生将'道'
规定为'式'和'能'，其中'式'是纯形式，'能'是纯材料，二者都是最基本的分析成分，
二者的综合为道，即'居式由能莫不为道'。如果将现实的历程归纳为'道'，就是'无极而
太极是为道'。这就是金先生《论道》中的'道'的基本涵义。"［冯契：《金岳霖〈论道〉讲
演录》，载《冯契文集》（增订版）第十卷，上海：华东师范大学出版社，2016年，第122—
123页］
　　③ 冯契：《金岳霖〈论道〉讲演录》，载《冯契文集》（增订版）第十卷，第125页。

以"道"的观念或者"有道"的信仰为前提，在解释"道"的过程中，建构起自己的玄学体系，该体系反过来意在强化人们对"道"的信念。

简言之，观念史研究所关注的对象即那些"大观念"之所以有其力量，源于其"不明确"和"混沌"的外表下，隐藏着触发多个向度联想的可能，隐藏着拥有或表达该观念的人之情感与意欲。因为看似单一的观念可以触发多种观念的联想，观念有其转变自身的能力。起源于特定文化"风俗"之解释的观念，因为此类具有绵长的历史延续性之"风俗"，其本身具有的生命力将赋予观念以活力，要求通过不断的解释来继续其思议的历程，推动理论化的表达直至哲学的系统化解释。围绕那些核心观念的解释活动会形成话语，即表达不同意见的平台，在此平台上哲学家们前赴后继、互相驳难；完成其思议的历程则成为概念或范畴。此乃中国哲学史家常把"概念"与"观念"混用之故。此过程有助于增强观念的说服力。观念包含着情感和意欲（情感和意欲是目的或意图的另类表达，如果它们是基于"相互尊重、同情以及普遍的善意等感情"的话），使其带有感化的力量；同时，因为它们可能与知识相结合，观念指引和发动行动，推动人去改变环境、改变自身；就其心理学的功能而言，人们需要在观念世界中触发自己形而上学的激情，因而观念涉及建构人的文化认同。

四

观念并非单独的实体，即它们不是金岳霖所谓如自然律那样的"实"。观念即使是所谓"发自心灵的物质"，它的力量之实现，也离不开特有的文化历史脉络。观念力量的实现离不开其固有的文化历史脉络，首先就是离不开特有的语言。无论西方哲学多么普及，存在巨链（The Great Chain of Being）只能存在于西方世界，正如对"道"的崇敬之心，不太熟悉汉语的外国读者是难以体会的。观念生长在本民族语言的园地中，在同一民族文化传统中，观念世界无一例外地经历了古今之变。一方面，古代贤哲们伸张的核心观念如今依然有其活力；另一方面，今天支配我们精神活动和社会关系的许多观念，在古代，如果不是完全不存在的话，至少也是隐形的或者只是具体而微地存在着而已。相应地，有些在古代的某些时候曾经十分显赫的观念，随着历史的变迁，不得不让位于新的观念；或者在保留古老形态的同时，悄悄转换内容，接纳外来成分，实现了观念的新陈代谢。

观念力量的实现离不开文化历史脉络，这也意味着它离不开特定民族的社会文化、习俗和风尚。虽然观念起于对风俗的解释，但是解释活动获得思想的固定化"产品"可能强化这种风俗，同时也强化了观念对生活的指导或规范意义，或者是以更为丰富的形态和感性的方式影响人。

寄身于一种有活力的文化历史之中的观念，有其自身的生命力，会顽强地推动人们精神生活的进步，包括使自己具有更理论化的外形。一些重要的观念在获得理论化的过程中，增加了其系统化，同时也增加了其说服力。社会的政治的观念可以在各种社会科学中得到表达，转变为社会科学的理论。在人的理智活动的历史上，它表现为某种"大观念"的流行，正如克利福德·格尔茨所描述的那样，它们"带着强大的冲击力突现在知识图景上。顷刻之间，这些观念解决了如此之多的重大问题，似乎向人们允诺它们将解决所有的重大问题，澄清所有的模糊之处"，以至于吸引了最活跃的头脑去探索和开发它们，通过试验和验证，将其转变为"我们的理论概念总库的一部分"。[①]观念理论化表达的极致即哲学创造——概念化安排的系统，在对观念做哲学解释的过程中，观念变得抽象了，因为某些情感的要素被遮蔽甚至被清除而更具有普遍性。从这一意义上说，哲学乃至哲学史不过是对重要观念的各种各样的论证，通过哲学的论证，观念可能取得理想的形态，因而增强了说服力。但是哲学也可能扮演牛虻的角色，以某些现成观念的批评者的面貌出现，或者使得一些"百姓日用而不知"的观念常识，翻出了新的面相。无论是为核心观念辩护还是进一步澄清，都显示出观念的新陈代谢对于哲学演化的推动作用。

观念通过沉淀到社会的政治法律制度中，改塑我们的社会关系，"一种其重要性足以使我们把它当作一个新观念的新的谈话方式中，蕴含着一套新

---

① ［美］克利福德·格尔茨：《文化的解释》，韩莉译，南京：译林出版社，2014年，第3页。

的社会关系。一种话语方式的消失同样如此"①。社会的政治法律制度作用于我们的社会生活，它与沉淀到器物的制作一样，都是观念的物化。物化的观念一半可以通过改变我们的生活习惯——如果它足够稳定——来改变一个民族的风俗，历史久远的风俗潜移默化地影响人们，使观念内化为人的心理；一半以更显强制力的方式来影响我们。

　　缠结在其中的，是观念可能转变为意识形态，换言之，观念作为思想的固定的产品，由于和特定权力结构的关系而发生某种变形，这不但指其知识的内容可能发生某种扭曲，也指其作用方式与特定的利益关系联结。当我们意识到那些"大观念"在认知中寄托了我们的情感之时，似乎也应该看到更深的层面：观念总是人的观念。哪些人在把哪些观念转变成"话语"？哲学家在对谁展示其论述？

　　基于"人的观念"的视角，观念史研究就会注意到，一个观念的演化史通常包含了从个体意识到群体意识的过程。少数贤达用某个观念来提升群体的生活经验，并使这些具有一定普遍性的观念渐渐为特定群体所接受，他们代表的即为观念的教化功能。历史上的重要观念，从最初的只是少数贤明之士的意见，不但有克利福德·格尔茨所描述的学术界的流行观念，吸引知识群体去探求它的意义和运用，而且可以下降为普罗大众习焉不察的"口头禅"。从风起于青萍之末，到满谷满坑，都绝非一日之功。反过来，作为群体意识的观念，对于群体之内的个体的力量，总是先行于他的独立思想的，是个体获得某些观念的语境和条件。当传统的观念稳定地通过风俗习惯、制度乃至器物来表达之时，群体观念的力量总体上是软性的、温和的。当社会发生激烈的历史性变迁时，原先体现在风俗习惯和制度上的观念的力量，可能有部分转变为僵硬的具有强制性的力量。

　　现代社会史证实，激烈的社会变革通常会引发各种各样的社会思潮，而某些新的观念会在社会思潮中显现其力量。关于社会思潮，研究近代思想史的人们一定熟悉梁启超在《清代学术概论》开头的那段描述，梁启超同时也

---

　　① ［英］彼得·温奇：《社会科学的观念及其与哲学的关系》，张庆熊、张缨等译，上海：上海人民出版社，2004年，第134页。

指出了思潮、"群众运动"和观念的关联，所谓"时代思潮"通常由"持续的群众运动"形成：

> 其中必有一种或数种之共同观念焉，同根据之为思想之出发点。久之则成为一种权威。此观念者，在其时代中，俨然现"宗教之色彩"。一部分人，以宣传捍卫为己任，常以极纯洁之牺牲之精神赴之。及其权威渐立，则在社会上成为一种公共之好尚，忘其所以然，而共以此为嗜，若如此，今之译语，谓之"流行"，古之成语，谓之"风气"。"风气"者，一时之信仰也，人鲜敢婴之，亦不乐婴之，其性质几比宗教矣。①

所谓"思潮"通常都是群体共享一种或数种"共同观念"，此类观念因为借群众运动的载体很可能放大其社会影响，一时成为人们的口头禅，即洛夫乔伊所谓"响亮的口号"。几乎所有对社会曾经产生过重大影响的思潮，都有自己鲜明的口号来表达自己的观念。但是，这类新观念最后是否落地生根，或者它落地生根后如何开花结果，是要等时过境迁才能验明的。现代社会是所谓"群体的时代"，在这样的时代中，"群众势力开始不断壮大，首先是因为某些观念的传播，它们慢慢在人们的头脑中扎根，然后是个人逐渐结为社团，致力于一些理论观念的实现。正是通过结社，群体掌握了同他们的利益相关的观念——即便这些利益并不特别正当，却有着十分明确的界限——并终于意识到了自己的力量。群众现在成立了各种联合会，使一个又一个政权在它们面前俯首称臣"②。鄙视群众和群体时代的勒庞，对于观念主体从个体到群体的扩大所带来的观念的力量的放大持悲观的态度。他认为处于群体中的个人与单独一人时相比，其感情、思想和行为表现会有所不同，群体中的个人容易接受暗示，因而容易传染某种集体幻觉，"若不是形成了一个群体，有些闪念或感情在个人身上根本就不会产生，或不可能变成行

---

① 梁启超：《清代学术概论》，《梁启超论清学史二种》，第 1—2 页。
② ［法］古斯塔夫·勒庞：《乌合之众——大众心理研究》，冯克利译，北京：中央编译出版局，2005 年，第 3 页。

动"①。以"口号"形式出现的那类"大观念"，如若成为群体的观念，其说服力与强制力就难分难解了。

从观念的力量之实现的整体图景而言，勒庞的观点虽有使人警醒的地方，却依然是一偏之见。观念主体从个体到群体的扩大所带来的观念的力量的放大并非只有负面意义。因为重要的观念从来不是单独的个体意识，或者说，只有在少数最有创造力的贤哲那里，在其通过解释"风俗"而获得"观念"，或者最初开始用某个固定的符号（如语词）表达特定观念之觉醒时，该观念才是个体意识。但是观念起于生活世界，根源于社会实践，这本身决定了其社会性，决定了其根基离不开群体意识，甚至可以说是植根于群体心理。安于某种风俗的人群会在一定程度上共享该风俗所体现的心理，尽管多数人对此并无明确的意识；贤哲的作用不过是将"百姓日用而不知"的观念转变为显性的原则。观念（无论艾德勒所谓"大观念"，还是牟宗三所说的原始儒家提出的一系列观念）从个体到群体的扩散，迄今为止总体上伴随着文明的进步，不管它是何等的曲折。

在注意到观念史本身有从个体观念到群体观念的演化历史的同时，人们一方面会承认，观念只有成为多数人共享的观念，才具有改变现实的力量，这在古典时代主要表现为知识精英和政治精英如此（在受教育人口比例甚低的古代，只有被知识精英广泛接纳的观念才能一定程度地实现其作用），在社会实现了高度动员的现时代则尤其如此。另一方面，当我们说多数人的观念之时，又不难发现重大观念与社会思潮的相关性。现代社会在精神生活上的一大特点是思潮频出，这是与现代社会观念变迁剧烈有密切关联的。社会思潮虽然与群体意识有相似之处，但不简单地等于群体意识或群体心理，而不妨说它是群体意识和群体心理的特殊形态。此处的"群"有大小之分，"意识"和"心理"也有浅深之别。怀特海说："时代思潮是由社会的有教养阶层中实际占统治地位的宇宙观所产生的。"② 就现代社会而言，通常我们见到的社会思潮，一般是起于少数知识分子，渐渐传播到比较大的范围，规模

---

① ［法］古斯塔夫・勒庞：《乌合之众——大众心理研究》，第 14 页。
② ［英］A. N. 怀特海：《科学与近代世界》序，何钦译，北京：商务印书馆，1989 年，第 3 页。

大者可能随着现代化的社会动员而深入底层民众，但是更多的也许始终主要在知识群体中流传，其中大多数都经历潮起潮落的过程，成为历史现象。但是重大的社会思潮也不乏建设性，即使该思潮总体上随着时过境迁而消隐，有所谓"生、住、坏、灭"的过程，但是不妨碍它留下某些观念遗产。所以，从观念史研究的视角看，大多数社会思潮形式上都可以说是起于观念而终于观念。一种观念（以及连带的相关观念）最初由少数知识分子从生活经验中提取，经过或短或长的酝酿（有些甚至需要百年之久），变成大众的观念，若与某种历史条件巧合，则可以鼓动起某种社会思潮，此时观念的力量得以充分显现。但是，此思潮是否留下以及留下何种有价值的观念，进而成为人们的心理，或者如怀特海说"终于新方法新制度"，这些新方法新制度是否又恰好是在观念的原先的方向上而没有发生扭曲，还是在传播过程中偶遇其他社会条件（甚至某种事件），成为掌控"乌合之众"的观念，都是并无担保的。而且，即使一个观念在理智生活中经过多方澄清转变为熟知的概念，也不能保证其能够摆脱命运的沉浮。在经历文化冲突与交融、发生革命性变革的社会中，各种观念的彼此冲突又会使得它们的力量之实现呈现出更多的不确定性。以"启蒙运动的默识点"为预设，就是不但认识到观念的力量最终来源于生活、实践，而且承认观念的力量之实现有其限度，此限度需要我们在观念与社会条件的关系中去发现。以此为对象，观念史研究终将因跨界——不但融入思想史而且涉及社会史——而变身为文化史研究。

第五章 词汇：中国观念史研究的进路

作为人类认识自己的努力的一部分，观念史以研究我们精神变迁中那些核心观念的生成、演化和发展为目标。本章和下一章将探讨中国观念史可能有哪些互相交织的进路。之所以特别强调"中国观念史"，一方面表示它研究的是中国人的观念世界，另一方面表示它的形式是汉语观念史。这类研究既受到诺夫乔伊式的西方观念史启发，又与现在习见的观念史著述有差别。所谓启发，是指我将其限定为中国哲学史的一种变体，依然属于哲学的作业，与现在流行的主要偏向历史研究的思想史或概念史研究的重点与旨趣有异。之所以说与西方观念史有差别，是因为中国古代思想的天然形态与古代希腊的"哲学"差别甚大；但是中国先贤在处理人类基本的且几乎是永恒的问题——我们现在把它们称为"哲学问题"——自有一套观念和方法，这一点并无疑问。而且现代中国哲学各个派别，其实很大程度上是通过对先贤之诸多基本观念的阐释和系统重构而形成的学问，汉语观念史则重在重访这些观念在古今之变的过程中曾经开出的诸多面向与可能。

通常而言，一般的哲学史重在哲学体系前后更替时的历史研究，哲学史家对以往哲学体系的选择和评价，或多或少受到某些哲学成见的影响，并或明或暗指向自身的哲学立场。作为一种特殊的哲学史，观念史研究的直接对象自然是"观念"的生成与演化。观念史重视的那些观念，若对其最基本的单位加以单独考察，直接载体即可以是"词汇"；它们有生成以及被理解和解释的演变史过程。作为观念史研究对象的词汇之来源，择其大端而言，一是经典世界，二是生活世界。由此决定了观念史研究是研究经典世界和生活世界之际的哲学作业。关于这一点，后面会进一步讨论。观念史研究的一项基本预设，是"观念"会随社会之变迁而新陈代谢。观念之生成和演化既受制于又反向促成"风气"，它在语言上的变化就是"流行语"现象。它们既可能只是"风言风语"而已，又可能代表着"思潮"，能深入心理世界并在器用制度中沉淀和物化。当代中国观念史重点研究的词汇，其实常常是相关社会思潮中的核心观念。"思潮"是直接的表象，研究思潮中的观念时不但研究系统化的理论，而且指向了思想文化史的研究。观念史中的重要人物，或者率先提出某个重要观念，包括最早给予其新的解释，或者对某种思潮有推波助澜之功。其观点和理论对观念的解释具有典型意义，这种典型性多半是来自其思想的系统性，由此形成了理论的风格或气质。研究这些人物时，一般的哲学史研究重在对其体系的分析，观念史研究可以涉及但并不一定要注重其体系之完整或自洽，更注重的是类型学的方法，即检视哪些人物对某些"观念"的解释是否形成了某种典型，不同的解释如何构成对话关系或者说争论的平台。上述三个通常是互相交叉甚至发生重叠的视角，又都可以分别成为观念史研究的独立的进路。

　　本章将先集中讨论"词汇"为何以及如何可能成为观念史研究的进路，同时探讨其途中需要解决的若干问题。

一

　　观念史以我们文化中的"核心观念"为主要对象，所以迄今为止，我们见到的汉语观念史著述，至少形式上大多是从词汇入手进行的研究。这与开创西方观念史学科最早范式的美国哲学家阿瑟·O. 洛夫乔伊的工作方式既有相似之处，又有很大的差距。根据其自述，洛夫乔伊所开创的学科分支，旨趣在于"西方文学中一般哲学概念、伦理概念和美学风尚的发展和影响的历史研究，以及哲学史、科学史以及政治和社会运动史中的同一观念和思潮的相互联系的历史研究"①。他在研究各类哲学的历史时，不但将其分析为独立的体系，而且分解为"单元-观念"或者叫作"基本观念"（unit-ideas），"特别关心在大量的人群的集体思想中的那些特殊单元-观念的明晰性"。不过，他对词汇的关心，要在他对观念史的界定中来获得理解："我用观念史这种说法所表达的东西，与哲学史相比较，它既更加特殊一些又范围更为宽泛一些，它主要借助那些与它自身相关的单元的特征使自己区分开来。"②他的观念史经典之作《存在巨链——对一个观念的历史的研究》，并没有如题目所表示的那样，仅仅研究"一个单一的简单观念"，而是重在对一个叫作"存在巨链"的术语得以形成的"三个原则"进行抉发和阐明，以及研究蕴含在内的诸多观念的复合物是如何进行历史演化的。因而他实际上是研究了一个"观念群"，其中有些是人们以往习焉不察的，或者以隐秘的方式发生作用的重要观念，它们共同构成了"存在巨链"延展的内容乃至得以延续的前提。从哲学的功能之一就是厘清前提、澄清边界，挖掘明言后面未曾充分呈现的意蕴的角度说，洛夫乔伊的工作是一项典型的哲学研究。作为观念史家的洛夫乔伊不可能不重视"词汇"，从其实际操作看，他重视的是"神圣语词"，代表作《存在巨链》的入手处就是一个特殊的语词：

　　　我所用作书名的这个短语，在西洋哲学、科学和反思性的诗歌中是那些最著名的语词中经久不衰的一个。在近代由这一短语或与之相似的短语所表达的这一观念，已经成为西方思想中最强有力和最持久的几个设定中的一个。实际上，在不到一个世纪之前，它可能是关于事物及宇宙构造模式的一般图式的流行最广的观念。因此，它必然预先决定了许多别的事物的现代观念。③

　　除了围绕"the great chain of being"这个西文中常见的术语以外，洛夫乔伊研究得比较多的是"nature""尚古主义""自然主义"等。这在二十世

---

① ［美］阿瑟·O. 洛夫乔伊：《观念史论文集》引言（D. C. 艾伦）。
② ［美］阿瑟·O. 洛夫乔伊：《存在巨链——对一个观念的历史的研究》，第 1—19 页。
③ 同上书，前言。

纪前期是相当独特的创造性工作。但无论在哲学史还是在思想史的领域中，这个做法都显得颇为新颖，而且它跨学科的方式，在专业主义盛行的二十世纪，也大大增加了后继者进入这项研究的难度。

汉语观念史研究同样可以从词汇入手。汉语自身的特点和它所经历的古今之变，以及此种语言的变迁与汉语学术的古今之变早就带有的复杂关联，使得今人从词汇入手进行观念史研究有比我们的前辈更多的困难。单独地看，同样的语词在古今曾经可能用来表达不同观念，这本是常见的语言现象，但是如何描述和解释同一语词下观念变迁之实然和所以然，即依靠对语词及其变化的解释真正有深度地刻画观念史，却并非易事。人们既可以用单一的字或词来表达一个观念，也可以用若干不同的字或词来表达同一个观念；或者对相似的观念在古今用不同的语词甚至短语来表达；表达观念的方式除了明言以外，还可能是隐喻、暗示、反讽甚至是遮诠。近代以来越来越多的"二字词"等复合词以及相关短语的出现，已经使得一字一词不再是日常语言的常态。这不但与层出不穷的新事物有关，还与中外文化的交流、密切联系有关，这一语词的代际差别夹杂了外来术语的翻译，即使我们在研究观念史时有词汇的"古今中西"的迹象可寻，观念史研究这一本来需要跨学科视野的作业也给我们带来了跨文化研究所特有的挑战。

二

大致说来，在汉语学术中，与中国观念史研究相关的词汇可以分为两大类。

第一类，是经典中作为关键术语的词汇，即所谓"一般概念"或者不同学科共享的"同一观念"。这类出自经典的词汇意义重大，历史遗响明显而且久远。在以往的辞典编撰中，这类词汇通常占有重要地位。有些在古代曾经是常用的语词，后来发生语义变化，渐渐失去原先的意义，其地位被其他语词取代；有些因为来历太久，已经沉淀为"掌故"，等待满足人们的不时之需。与高头讲章的姿态不同，追溯其最初的出现成为"掌故"研究；无论是辞典编撰还是"掌故"研究，最多只能为观念史研究提供分量不等的线索。以不同方式依然活跃在现代汉语中的自然也不在少数，但是它们在何时复活以及活跃程度如何，却与人们在现实问题的激发下对某一段历史的兴趣的增长有关。

　　由于经典世界的存在，从"词汇"出发研究观念史，使得观念史虽然是年轻的学科，在传统学术中却有其丰厚的根底。古人从来讲究解释词义在文献研究中的基础地位。理解文本必须从识字通词开始，是人们的常识。儒学尤其是经学研究自然重视对经典中词汇的解释。历史上的儒家有宋代陈淳《北溪字义》那样的著述以及所谓"字义学"。更往前追溯，汉代已降早就发展出训诂学的扎实传统。"传统的训诂学着重研究词语的思想内容和感情色彩、词的意义系统和词语之间分化派生的关系、词的产生和发展变化。"① 训诂学在以考证学见长的清代朴学中获得长足发展，但清学并不限于整理文献而似乎同样志在弘扬儒家大道，不过其始于对宋明理学的反动，以辨伪求真、"实事求是"为宗旨，大力纠正明儒末流空谈心性之风气。其基本路径是"以词通道"。戴震说过："经之至者道也，所以明道者其辞也，所以成辞者字也。必由字以通其辞，由辞以通其道，乃可得之。"② 上接清代朴学传统，陈寅恪提出对于某些重要的字义的解释实际上将涉及整部文化史，对于文化传播带来的语词变化尤其如此。晚清在复兴佛学上颇有贡献的丁福保也曾说过："佛经者，其旨微，其趣深，其事溥，其寄托也远，苟欲明其真实义者，必以通其词为始。词者，积字而成之专门名词也。名词既通，讽咏涵濡之意义自见。"③ 丁福保强调的是理解佛典如何借讽喻、抒情等修辞方式使其观念具有感染人的作用。观念史与语文学之间的关系，近来引起不少学者的关注：包括受到 20 世纪西方哲学语言转向的影响，提倡语词的"新考证方法"；强调"语境"（包括思想与制度），深入开掘观念的来龙去脉，分析哲学语词与概念之间的思想逻辑。

---

① 陆宗达：《训诂简论》，北京：北京出版社，2016 年，第 11 页。
② 段玉裁：《戴东原先生年谱》，载《戴震文集》，赵玉新点校，北京：中华书局，1980 年，第 216—217 页。
③ 丁福保编：《佛学大辞典》序四，上海：上海书店出版社，2015 年。

　　现在通常把创造中国哲学史学科范式的代表归结为胡适与冯友兰，从与现代学院制度相配合的中国哲学教科书的专业写作的角度，这个说法可以获得更充分的解释。虽然他们各有所重，但是终归是从历史上的哲学体系着眼的。在中国哲学史学科的草创时期，胡适等其实同时非常注重包括词汇（术语）在内的古文献的考辩功夫，所以对重要词汇的训诂释义至今还是治中国哲学史的基本功。如果从观念史是一种特殊的哲学史的视角看，王国维的《论性》、《释理》和《原命》，与傅斯年的《性命古训辨证》，都不应该被低估，都是以经典中最重要的"词汇"为中心的研究中之佼佼者。前者长在以问题为中心对传统观念的哲学再解释，不黏滞于历史细节而展现出哲学分析的锋芒；后者则尽可能收罗散落各处的文字材料并另做考辩整理，更接近运用历史语言学重写了"性""命"等观念的"家谱"。①

　　不过单纯从"字义"考证出发解释观念及其历史的方式，也曾受到诸多批评。譬如徐复观批评傅斯年"以语言学的观点，解释一个思想史的问题"的工作方式，其中缺少方法论的自觉："我现在所要指出的是，采用这种方法的人，常常是把思想史中的重要词汇，顺着训诂的途径，找出它的原

---

　　① 对于"性"和"命"，王与傅描述了不同的谱系。譬如就"命"而言，王国维对经典中的"命"作扼要分疏："命有二义。通常之所谓命，《论语》所谓死生有命是也。哲学上之所谓命，《中庸》之所谓'天命之谓性'也。"并认为此两类"命"，相当于西方哲学的"定命论"（fatalism）和"定业论"（determinism）。前者可以译为宿命论，后者通常译为决定论。除了墨子属于"定命论"外，"我国之言命者不外定命论与非定命论二种，二者于哲学上非有重大之兴味，可不论也。又我国哲学上无持定业论者。其他经典中所谓命又与性字与理字之义相近"。在王国维看来，在西方哲学中，典型的非决定论相当于自由意志论，但是这一对范畴在中国并未充分发育。朱子谓"天则就其自然者言之，命则就其流行者言之，性则就其全体而万物所得以为生者言之，理则就其事事物物各有其则者言之。合而言之，则天即理也，命也，性也。性即理也"（王国维：《原命》，《静安文集续编》，《王国维遗书》三，上海：上海书店出版社，2011年，第573页）。傅斯年则直接运用古文献中的术语，列出下述图表：

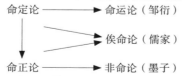

并附注以"相反以横矢表之，直承以直矢表之，从出而有变化以斜矢表之"。因此，傅斯年上述图表也可以说是描述了先秦"命"观念的最简洁的谱系（傅斯年：《性命古训辨证》，上海：上海三联书店，2018年，第145页）。

形原音，以得出它的原始意义；再由这种原始意义去解释历史中某一思想的内容。傅斯年的《性命古训辨证》，因为他当时在学术界中所占的权力性的地位，正可以作为这一派的典范著作。"但徐复观认为傅斯年并未创立一个善巧的典范，"目前许多治国学的人，一面承乾嘉学风之流弊，一面附会西方语言学的一知半解，常常把一个在思想史中保有丰富内容的名词，还原牵附为原始性质。因为我国文字的特性，上述方法，便常得出更坏的结果"①。故自述在写作《中国人性论史》的时候，"本书在方法上，很小心地导入了'发展'的观点，从动进的方面去探索此类抽象名词内涵在历史中演变之迹，及在演变中的相关条件，由此而给与了'史'的明确意义。同时，思想史中的重要抽象名词，不是仅用《尔雅》《说文》系统的传统训诂方法，即能确定其内容的"，"由此不难了解：以归纳方法补充传统训诂之不足，是治思想史的人应当注意到的问题"。② 这当然表示，基于传统训诂学的方式解释"词汇"来研究观念史，需要得到方法论的辩护；但是徐复观对傅斯年的批评似乎忽略了下列事实：傅斯年其实并未拒绝归纳方法的运用，而且这本是傅斯年所擅长的考据学的基本方法。本书无意在此对上述争论的是非曲直做具体的评判，只是注意到徐复观的目标主要不在于是否获得观念史的知识，而在奠基其信仰基础上建立一套人性论学说。③

---

① 徐复观：《中国人性论史·先秦篇》，载李维武编《徐复观文集》第三卷，武汉：湖北人民出版社，2002 年，第 15—17 页。

② 徐复观：《中国人性论史·先秦篇》再版序，载李维武编《徐复观文集》第三卷，第 11 页。不过，徐复观对乾嘉学派在方法论上的批评大有讨论的余地，因为，从顾炎武开始的清代考据学最重要的方法就是归纳论证的方法，他们通过考订文献资料提出创见（假设），不但运用本征，而且尽可能多地引用旁证，只要没有反证，即可以成为定论。一旦有反例，即予以推翻或修正。所以胡适就认为汉学家的方法是与近代自然科学的方法相似的（胡适：《清代学者的治学方法》，《胡适全集》第 1 卷，合肥：安徽教育出版社，2003 年，第 380 页）。

③ 徐复观说："清代乾嘉学派所讲的人性论，只是文字训诂上的人性论。两汉思想家（别于传经之儒）所讲的人性论，可以勉强称之为思想上的人性论。而先秦诸大家所讲的人性论，则是由自己的工夫所把握到的，在自身生命之内的某种最根源的作用。这才是人性的实体。他们所把握到的这种作用，在今日的心理学上作何解释？以及能否解释？乃至赋予何种名称？与此种作用之真实性及其价值，毫无关系。此种作用，从概念上分解地说，可称为命（道）、性（德）、心、意、情、才；概括地说，可只称之为性，或心。此种作用，用语言、文字陈述出来，便成为一种思想。但就开创者及其影响所及者而言，则非仅止于普通所谓之思想，而系对于一个人在其精神的形成中，成为一种原理与内发的动力或要求。例如孔孟所把（转下页）

　　这表明，现代新儒家虽然直接的源头是宋明理学，其实还是如宋明诸老那样，都是从先秦儒家观念出发的理论重建，因而会注意到儒学从"观念"到"理论"的历史。徐复观的《中国人性论史》虽然不是纯粹的经学，但是主要取资于儒家经典，是以若干词汇为入口的研究。这是他所谓"以特定问题为中心"的中国哲学思想史的一部分，但是其入手处就是古代经典中的词汇。徐复观自述："人性论是以命（道）、性（德）、心、情、才（材）等名词所代表的观念、思想，为其内容的。人性论不仅是作为一种思想，而居于中国哲学思想中的主干地位，并且也是中华民族精神形成的原理、动力。要通过历史文化以了解中华民族之所以为中华民族，这是一个起点，也是一个终点。"① 所以他们的重点不是通过词汇的"考证"来描述观念的历史，而是通过"解释"词汇的意义（观念）来建构系统化的理论。这一点，牟宗三、唐君毅等比徐复观更明显。牟宗三除了几本纵贯论述中国哲学的讲义外，并未专作中国哲学通史，其著述方式似乎与徐复观有所不同，但也认为儒学有一个从上古游离不明确的"观念"转变为确定的"概念"的过程，所以说"儒家在以前并不是当哲学讲，但是我们可以方便地把它当哲学讲，来看看这个系统的形态是个什么样的形态"② 。又说："我们要了解一个系统的性格当然要了解它的主要问题和主要观念。由这些主要问题、观念，它当然成一个系统。儒家的核心观念是什么呢？"③ 牟宗三就是从此问题出发，把古代经典中有关"心""性""命""天"等词语所代表的观念，借与西方哲学的架构之比较，解释成概念化的理论体系。

　　我们可以暂且撇开徐复观与傅斯年之间的是非曲直，也不纠缠于其背后的汉宋学术之争，回到最基本的立场：从"词汇"（术语）出发的观念史研究，应该吸收考据学的积极成果，这是追求"真观念"的基本要求。考据学的意义在于给经典的解释划定某种边界，因而拒绝过度诠释。观念史对经典

（接上页）握到的是'仁'；仁即成为孔孟及其弟子在各自精神的形成中的原理、动力或要求。"见徐复观《中国人性论史·先秦篇》，载李维武编《徐复观文集》第三卷，第409页。

　　① 徐复观：《中国人性论史·先秦篇》序，载李维武编《徐复观文集》第三卷，第1—2页。

　　② 牟宗三：《中国哲学十九讲》，第67页。

　　③ 同上。

中"词汇"的重视，必然会涉及对经典文本的解读，与经学史研究虽相似而又有不同。观念史研究可以承认经典的意义而不必采用尊经的立场，即不需要预设经典已经穷尽了真理，因而执意为之辩护；也不必采用强势的哲学派别立场来做系统化的解释，因而可以基于更为客观的分析态度来获得理解。换言之，观念史研究要追求真观念，则先求认识观念发生之"事实"，同时注意到观念之"价值"（"应当"），把可能两歧性的解释视为该观念的光谱中的两项，并努力保持两者之间的某种平衡。在这方面我赞成史华兹的观点：

> 原始文本毕竟会为它的解释者的思想加上确定的外在限制，镶嵌在特定的充满自我意识的传统（如儒家）之内的正典文本体系，可以决定性地造就后代思想家面向世界时所依恃的问题意识（problematique），正如治国术的传统可以持续地造就政治家的"实际"态度一样。在文本与解释者之间存在着一种永恒辩证的互动关系，因而任何对待解释的真诚努力，都必然包含着对于文本本身的深切关注。只有通过这种方式，人们才能对变化的程度和性质作出判断。说到底，我们必须仔细斟酌对于原始文本的理解。对于文本的关注反过来又必定激发人们对于文本得以诞生的历史环境的关注。①

这意味着观念史的研究者对以往的解释可以采取一种客观分析的态度。所谓"分析的态度"不但指对观念后面的命题和推理要有逻辑分析的过程，而且指观念史研究面对经典中的词汇，并不坚持它们应该有绝对正确的或者唯一的解释。即对"一切基本概念都有清晰的含义"这样的观点持存疑乃至批判的态度，将那些重要的基本观念视为争论的平台本身，因而使得对基本观念的历史研究成为一个谱系学的展现。这个方法在处理下述情形时尤显重要：当语词的"训诂义"与"思想义"（还有的说法是所谓"体系义"）或者

---

① ［美］本杰明·史华兹：《古代中国的思想世界》，第 2 页。

说观念之"事实"与观念之"应当"发生背离的时候，历史学的取向与哲学的取向并非不可调和，观念史可以将它们同时列入该观念的光谱，并且不放弃对它们之间的差别形成的原因做出进一步的解释。此时我们的解释活动就不但需要贯穿文献的脉络（context），分析此"思想义"在其系统内是否足够自洽，即不局限于同一个"学统"之间的"内在理路"，还需要引入知识社会学，最大限度地揭示从"训诂义"到"思想义"（或者不同的"体系义"）之所以断裂／跳跃的社会学根据，而不是使"训诂义"强就"思想义"（"体系义"），以避免常见的范畴错置的失误。

不过，局限于对经典中词汇的观念史研究，实际上只是一部精英观念史，它的成就和它的局限并存。儒学作为主流的意识形态，与传统社会生活之间的复杂关系，难以在精英观念史中得到充分的说明，因为精英观念史更多书写的是"应当"和"规范"的观念，社会普通民众的观念世界需要在社会文化史的研究中得到印证。或者说在观念史中有"大传统"与"小传统"的分流，精英观念史通常局限于"大传统"的观念，而社会史才可能关注"小传统"。但是我们常常看到历史学家和哲学史家在一些具体问题上的观点和结论的分歧。这个方面的缺陷如何弥补，需要另外具文来讨论。

三

观念史研究的第二类词汇是来自生活世界不断涌现的新词汇。在论述词汇作为观念史研究的进路时，我们将其安排在来自经典的词汇之后讨论，并不意味着这是从二者之间的重要性或优先性上来考虑。事实上，观念史作为一种学术作业的产生，乃至其渐渐形成学科自觉，很大程度上，恰恰就是因为生活世界不断产生的新词汇的惊醒与推动，使得我们意识到要认识自己就需要认识这些新词汇带来的观念世界的变迁，以便更清晰地认识世界与认识自己。更不用说，从起源上讲，现在我们视为经典的文献，本来就来自生活世界，所以章学诚说"六经皆史也。古人不著书，古人未尚离事而言理，六经皆先王之政典也"①。这与怀特海所谓观念起于对风俗的解释，大意是类似的。

　　不过，这里强调"新词汇"作为一个重要的类别，主要是因为它们与我们的生活更加贴近，最初是进入我们日常语言的重要部分，因而与变动中的观念世界的关系更为紧密。近代以来，中西文化大规模交汇，海通大开一百八十年，观念的新陈代谢加剧，汉语有了"古今"之分，作为"新事物、新思想层出不穷的语文表征"②，出现了大量汉语新词汇。在某一个时代或时段使用频率特高，并被后人发扬光大者，成为现代生活中的"关键词"。它们主要不是来自古代文化经典，或者形式上虽与经典中的词汇有不同程度的牵涉，但更多的缘由是生活世界的变化和域外词汇的输入，使得其意义和作用都发生了变化。在此以前，只有佛教东传，给汉语增加了许多新词汇。但是按照语言学家王力的说法，"佛教词汇的输入中国，在历史上算是一件大事，但是比起西洋词汇的输入，那就要差千百倍"③。19世纪末20世纪初，是一个高潮；今人经历了又一个高潮："20世纪80年代以后的20多年间，是汉语词汇增长最快的时期。"④有些也成了"典故"即"今典"。"今典"之出现，最初之影响大小不一，似乎是"风言风语"，所以近年来有人每年编制年度"流行语"。不过，有些仅仅流行一阵就消失于无形，有些则持久地发挥着生命力。前者可能流为普通的"掌故"，后者才真正成为"今典"，因为它们标志着社会生活的变迁，又界定了社会和人心的变化，它们所表达的观念会持久地留存于人的心理，它们被称为观念史研究的对象"关键词"。类似的意思斯金纳也曾说过："我认为，说明一个社会开始自觉地掌握一种新概念的最明确的迹象是：一套新的词汇开始出现，然后据此表现和议论这一概念。"⑤

---

　　①　章学诚：《文史通义》，载仓修良编著《文史通义新编新注》，杭州：浙江古籍出版社，2005年，第1页。

　　②　冯天瑜：《新语探源：中西日文化互动与近代汉字术语生成》，第518页。

　　③　王力：《汉语史稿》，第516页。其实，佛教词汇的输入如何影响观念史，是否同样非常值得研究？譬如我们现在日常使用已经不可或缺的词语，如"平等""世界"等，甚至"观念"这一词语本身，都与佛典翻译有关，但是今人理解它们的意义和意味都与佛教并不全然相同。

　　④　沈国威：《近代中日词汇交流研究：汉字新词的创制、容受与共享》，北京：中华书局，2010年，第1页。

　　⑤　［英］昆廷·斯金纳：《现代政治思想的基础》上卷，奚瑞森、亚方译，南京：译林出版社，2011年，第2页。

　　语言学家很早就注意到词汇与生活世界的关系。"语言直接反映社会的变化，特别是语言中的词汇对社会的变化最为敏感：政治和经济、文化和教育、科学和技术、思想和道德，各方面的变化无不在词汇中有所反映。词汇在一定程度上反映着社会生活和社会发展的历史，我们通过语言词汇的分析研究能够看出社会历史发展的轨迹来。"① 这是一种基于素朴反映论的对词汇与社会生活关系的解释，它表示新词汇的产生及其替代旧词汇的现象，可以帮助我们认识生活世界的新陈代谢。如何通过词汇的新陈代谢来深入认识社会和历史，正是观念史的任务之一。不过，词汇学若仅仅机械地运用反映论，尚不足以解释同时代的社会生活何以产生不同观念之间的冲突。具体的社会生活中充满着矛盾，不同人群的地位、利益和主观境界的不同，都是观念冲突的缘由。而且，在此过程中，词汇生灭作为语言现象对于生活的能动作用可能被忽略了，因为新的语词作为精神活动的语言形式所包含的观念同时还建构着社会实在。因此，现在我们注意新生词汇的观念史意义的时候，显然应该在更为辩证的高度去解释词汇与社会生活的关系。特别应该注意观念的主观创造性，避免对词汇的创造作用形成盲点。这一点，我们不妨参考牟宗三的有关论述。他在讨论《道德经》中"常有欲以观其徼"的"徼"时，强调心境的"徼向性"即方向，进而说：

　　　　并不是说要有对象，它才可以有徼向性；没有现成的对象，一样可以露端倪、有徼向性。我们平常起现一个观念，不一定要有个对象。必先有对象，那是知识论的讲法。有时也可以没有对象而突然从根源上创发出一个观念来，这就是创造。发出一个观念，就是心灵的一个徼向性，不是徼向任何对象，而是根据这个徼向性来创造对象。②

　　牟宗三的心灵的"徼向性"是否就是当代语言哲学热衷讨论的"意向性"？按照约翰·塞尔的说法，"心灵在进化上的首要作用就是以一定的方式

<hr />

① 张永言：《词汇学简论》，武汉：华中工学院出版社，1982 年，第 6—7 页。
② 牟宗三：《中国哲学十九讲》，第 94 页。

将我们与环境，特别是与他人联系起来。我的主观状态使我与世界的其他部分相联系，而这种关系的一般名称就是'意向性'。这些主观状态包括信念和愿望、意图和感受以及爱和恨、恐惧和希望。再说一遍，'意向性'是表示心灵能够以各种形式指向、关于、涉及世界上的物体和事态的一般性名称"①。作为"混成"的观念当然包含着"意向性"。牟宗三的"徼向性"和"意向性"的概念一样，都使得我们从主体能动性的角度来理解我们的观念（词汇）与世界（包括社会历史）的关系。

如果我们略加考察，大约可以看出，牟宗三所谓带"徼向性"的词汇，其实许多都是表达价值意味或至少是带有价值意味的词汇；这与我们指称某个词语为"价值观念"，而通常不会说"价值概念"，可以互相印证。这意味着作为一个新兴的学科，观念史研究在价值观念的领域中是最大有可为的。怀特海曾经提醒过：

> 同时我们也必须记住，观念是有不同级别的区分的。因此，一个一般观念是以各种不同的特殊形式出现于历史上的，这些形式是为不同种族的、不同文明阶段特别情况所决定的。较高级的一般观念很少接受精确的语言表达形式。人们用适合于该时代的特殊形式来暗示它们。同样地，之所以有情感的伴随物，这部分地是由于人们在高级的一般观念中朦胧地感受到了某种重要的东西，部分地则是由于人们对观念呈现的特殊形式有特殊的兴趣。②

比起一般的价值诉求，人类的精神活动还有更高的趋向，因而比普通价值观念层级更高的，还有冯契先生早年曾经论述过的诸如"大化"、"大有"和"大一"等一类的"元学观念"："元学观念生于一种混成的认识，这认识与其成果，都可称为智慧。智慧超乎知识，超乎理论。"③"元学观念"自然没有采用精确的语言形式，乃是通过创造性的哲学活动，使用的是几近无法精

---

① ［美］约翰·塞尔：《心灵、语言和社会——实在世界中的哲学》，第81页。
② ［美］A. N. 怀特海：《观念的冒险》，第5页。
③ 冯契：《智慧》，载《冯契文集》（增订本）第九卷，第23页。

确、明晰地界定的"词汇"，庶几能够满足洛夫乔伊所谓人们内心普遍存在的"形而上学的激情"。

当然，近代以来大量出现的新词汇，主要的还不关乎形而上学，而是与实际生活密切联系的那类观念（它们是否促动新型的"元学观念"的产生，端赖时代的机遇和哲学家的创造），这又与它们最先出现时的载体有关。与从古代经典文本中的"词汇"进入不同，由于近代以来的新词汇最先的流行，通常是通过新型的媒体报刊，然后才出现在时人的著述之中，因此检讨新术语的生成和演化的入口首先是报刊。就中国近代而言，最早是西方传教士在中国创办的一批报刊，然后是主要活动在所谓"开放口岸"的少数东南沿海城市的一批新式知识分子群体，他们主办的报刊又与早期的翻译事业有关（譬如日本留学生翻译的西方著述大多以刊物的形式传播），还与他们组织的"学会"相关联。反过来，正因为从转变中的士子到新式知识分子组成的众多"学会"，这些新术语变成话语在知识群体中得到程度不等的传播。从新术语进入的观念史研究，当然需要谨慎地考察新式术语的来龙去脉。从更广泛的意义上说，它是中国现代知识研究的一部分，包括"调查晚清中国士人的读书天地，精确地描写他们的阅读活动与思想／观念之形成两者间的互动过程"[1]。同时运用词汇学的研究成果，支持知识社会学的解释。在人类是否具有意义的"原风景"、语言的词汇体系是否和多大程度上具有"柔软性"来自我重构，以及不同语言之间是否能最后找到近似"完美"的对译这一系列问题上，语文学家之间存在着持续的争论。它反映到观念史研究中：人们会愈来愈仔细地甄别通过翻译生成的新术语所表达的重要观念，其意义与外语原文中的对应语词所蕴含的意义的一致程度，考察翻译者是否（有意无意地）遗漏了或曲解了原作；譬如墨子刻（Thomas A. Metzger）和史华兹那样的汉学家，会"强调一个非常重要的区别，亦即我们对于一个西方的观念或词汇在西方思想脉络之中的意义与这一观念或词汇从西方搬移到东方之后，它在中国思想脉络之中的意义，要有所区别"[2]。同时昔日这种对语词翻

---

[1]　潘光哲：《晚清士人的西学阅读史（一八三三～一八九八）》，南京：凤凰出版社，2019年，第8页。

[2]　［美］墨子刻：《自由的所以然》序，载黄克武著《自由的所以然——严复对约（转下页）

译之准确性、完整性的追求，又在何等情况下，可以避免被批评为陷入"殖民主义史学"的盲区，即忽略了翻译过程中西方文化霸权的存在，似乎至今仍是个问题。①

现实中此两类语词可以互相覆盖，即经典中有生命力的语词延伸至今；但后者不但有那些往旧的语境中未被关注、现在或许被赋予了新意的日常语词，更多的是生活中涌现的"新词"，甚至是一度之"风言风语"改换了形态，渐渐沉淀下来，表达以往所未具备的意蕴。与语言学家和历史学家对近代以来汉语词汇以增长与丰富为主要特征的变迁持乐观其成的态度不同②，当今哲学界鲜有对其做积极研究的工作。近来出现的某些中国哲学的著述似乎在语言形式上也以古今杂糅为时尚，不用文言文如何可以"'做'中国哲学"似乎是个问题；我们也许可以将其视为当代中国哲学正在寻找更适合的语言形式。另一方面，西方哲学的翻译家们虽然不再轻易坚持"哲学是说希腊文的"，但是还是有人对用汉语能不能"做"哲学持怀疑态度。与此不同，观念史研究对包括大量现代汉语词汇在内的汉语出现"古今之变"持更为乐观其成的态度，承认这是文化变迁的基本事实，表征了中国人观念世界图景的改变和拓宽。基于上述事实，新近比较流行的"概念史研究"着重在近现

<hr>

（接上页）翰·弥尔自由思想的认识与批判》，台北：允晨文化实业股份有限公司，1998年。墨子刻认为，基于他们的比较研究的方法论，史华兹和黄克武对严复的自由观念研究的共同结论是严复误解了约翰·弥尔，不过史华兹"认为弥尔的自由思想被严复搬移到中国之后，最重要的变化是：将个人自由与个人尊严视为终极价值的想法在搬移的过程中丧失了"。而黄克武更进一步，"他的焦点是严复如何翻译约翰·弥尔经典性的 *On Liberty* 一书。他发现严复误会弥尔之处不是弥尔对个人自由与个人尊严的看法，而是弥尔关于自由的所以然，亦即弥尔对于进步、自由和知识之推理"。严复没有弥尔那样的"认识论的悲观主义"或人的认识之易错性观念，严复所持乃一种乐观主义的认识论；也不了解甚至有意避免弥尔偏向"消极自由"的主张。

① 刘禾：《帝国的话语政治：从近代中西冲突看现代世界秩序的形成》（修订译本），杨立华等译，北京：生活·读书·新知三联书店，2014年。

② 冯天瑜先生除了早出的《新语探源：中西日文化互动与近代汉字术语生成》以外，后来又有《近代汉字术语的生成演变与中西日文化互动研究》问世。更往前追溯，王国维在新词语与新思想的正向关系上，也是肯定日译词汇的成就的。具体见其1905年发表的《论新学语之输入》。在这方面取得扎实研究成果的，还有沈国威，他著有《近代中日词汇交流研究：汉字新词的创制、容受与共享》；另编著有《汉语近代二字词研究：语言接触与汉语的近代演化》，上海：华东师范大学出版社，2019年。

代思想史方面开展，他们研究的是那些既表征了近代的确立，又影响了近代历史的"概念"，研究的范围则主要在政治思想史，也就是说他们关注的是政治术语，譬如"国家""民族""自由"等。更早出版的金观涛、刘青峰的《观念史研究》副标题就是"中国现代重要政治术语的形成"，主要讨论的是"天理""公理""社会""共和""革命"等。二十年前，我在《中国现代精神传统——中国现代性的观念谱系》一书中，主要研究了"进步""竞争""创造""科学""民主""平等""大同"，以及"平民化的理想人格"等观念。后来又曾专门研究中国人的平等观念史。因为我相信，观念史研究虽然与政治思想有所重叠，但还可以关注更广泛的领域，主要是涉及价值世界的领域。随着社会的变迁，价值观念的变迁是人们精神生活中更基础的、涉及面更广泛的变化。值得高兴的是，在此段时间内，学术界关于"启蒙""进化""自由""自然""公私""义""秩序"，乃至"家"等的观念史研究，也涌现出许多出色的成果。它们一方面说明，围绕价值世界重建的观念史研究有巨大的空间，另一方面也说明，经典中的术语、词汇和近现代社会生活中涌现的新术语、新词汇之间并非楚河汉界决然分明的两块。

四

综上所述，从观念史研究的进路看，来自经典世界和生活世界的两类词汇之间，存在着复杂的交涉，因而对上述二者的辩证关系的认识应该转化为观念史研究的具体方法。我在前面已经用"异端翻为正统""边缘进入中心""新知附益旧学"三条路径来提示这个方向，在这里似乎可以再度申论之。

第一，今人观察古典时代的观念世界时，一定会注意到历史的叙事通常有"正统"和"异端"之别。这种正统 / 异端二分的态度，延伸到了当代学术研究中，构成学人心态史的一部分。我们暂且不讨论正统 / 异端二分的话语，如何预设了真理唯一性的观念，因而遮蔽了独断论的思维方式的问题。现在仅仅回顾其是如何形成的：在漫长的历史叙事中，"异端"通常是就其非"正统"而言的，但是如果从这一语词的历史考察，一开始却是因为有了"异端"之名目，才有"正统"之成立。试考《论语》中"异端"一词，似乎仅有一见："子曰：'攻乎异端，斯害也已。'"（《为政》）杨伯峻将"攻"训为"批评"，"异端"则仅仅是一般"不正确的议论"，因此基于训诂学将其翻译为"批判那些不正确的议论，祸害就可以消灭了"。甚至在其所作《论语译注》后面的《论语词典》中，都没有将"异端"专列一条。孟子对杨朱、墨子虽然有猛烈的抨击，但是并未称之为"异端"。朱熹《四书章句集注》则采取了不同的解释，在《论语》这句话后面，引有"范氏曰：'攻，专治也，故治木石金玉之曰攻。异端，非圣人之道，而别为一端，如杨墨是也，其率天下至于无父无君，专治而欲精之，为害甚矣！'程子曰：'佛氏之言，比之杨墨，尤为近理，所以其害为尤甚。学者当如淫声美色以远之，不尔，则骎骎然入于其中矣。'"①而在《大学章句序》中则直接指佛道为"异端虚无寂灭之教"②。故此，后来就中国古代社会的传统而言，人们虽然常说儒释道三教，但是主流意识形态还是以儒家为正统，而佛道为异端；儒家追溯先秦诸子的谱系，不但以杨朱和墨家为异端，法家重"耕战"，自然也是异端。按照朱熹的解释，"异端"的范围还扩大到非"醇儒"的领域。在《论语章句·公冶长》的"子在陈曰"一节后面，朱熹说："夫子初心，欲行其道于天下，至是而知其终不用也。于是始欲成就后学，以传道于后世，又不得中行而思其次，以为狂士主意高远，犹或可与进于道也。但恐其过中失正，而或陷于异端耳，故欲归而裁之也。"③结果所谓"异端"不再只是非儒的派别，就儒家内部言，也有正统与异端之争。譬如晚明的王门后学就被正统理学目为异端，因为他们被认为是"狂禅"，"遂复非名教所能羁络矣"④。

　　正统与异端之分，自然包含学理的差异与争持，但是，它后面隐蔽

---

①　朱熹：《四书章句集注》，北京：中华书局，1983年，第57页。
②　同上书，第2页。
③　同上书，第81页。
④　黄宗羲：《明儒学案·泰州学案·一》，载吴光主编《黄宗羲全集》第15册，杭州：浙江古籍出版社，2012年，第767页。

的文化权力与政治权力的关系才是历代各派争持不断的重要原因。先秦时期，诸子竞出，百家争鸣，都是试图解决"天人""群己（人我）""义利""身心"这些原本同是人类普遍共有的基本问题。不过基于对当时实际出现的"古今礼法"之争的不同态度、提供的方案有异，中国文化传统就其源头而言本来是多元的。那时"大一统"帝国需要统一的意识形态，并且选择了儒家。但是儒家以外的诸子尤其道家和法家，并没有在传统中消失，后来更产生了在民间信仰中很有力量的道教，在帝国的晚期甚至墨学也复活了。它们连带着儒家发展过程中产生的叛逆性思想一起，都只是以异端或边缘的方式存在。儒家从佛教那里领会到"道统"观念的重要性，所以"正统"之所以能称"正统"，是人们被认为拥有"道统"或列入了"道统"。但是佛学研究者中也有人以为儒学从佛学中汲取的远远不止于此，在宋明理学成为正统的代表的同时，佛学的某些观念也就借理学的外衣从昔日的"异端"升为"正统"了。即使是儒家内部，谁代表"道统"也是一个不能持久确定的问题。经学内部的今古文之争，汉学宋学之争、心学理学之争，乃至同样的现代新儒家熊十力之后的牟宗三、唐君毅、徐复观一脉和冯友兰一脉，其实也存在正统归谁的争论。而且"正统"与"异端"的话语绵延不绝，恰恰证明它们之间的边界是变动的，而不是固定不移的。

中国近现代思想文化变迁的一个重大特点，就是正统与异端的翻转，这是和后经学时代相对主义起而对抗独断论的潮流配合的。元明清以来六百年被奉为正统的程朱理学受到空前的攻击，而原先的异端，譬如佛老、明清之际三大家，乃至墨学、法家，都以不同的途径翻转为现代观念的来源。作为一种先声，清代朴学繁衍引来的诸子学复兴，都不单纯是名物考据的兴趣所致，而蕴含着对于意识形态之正统的批判。这里存在双重意义上的正统，即意识形态意义上的"正统"和被学术共同体认可的主流意义上的"正统"，两者未必始终合一。譬如清代在意识形态上独尊朱熹的理学。而清代学术的主流是考据学，清代考据学的第一等人物是戴震。按照梁启超的说法，清学是一场"以复古为解放"的"启蒙运动"。它以顾炎武提倡"舍经学无理学"开始，却是反朱熹理学的。"其全盛运动之代表人物，则惠栋、戴震、段玉裁、王念孙、王引之也。吾名之曰正统派。""正统派之盟主必推震。"① 作为意识形态的理学家总以孔孟正统自居，戴震却说"理"乃程朱的设定，与孔孟等原始儒学并无关涉："六经、孔、孟之言以及传记群籍，理字不多见。今虽至愚之人，悖戾恣睢，其处断一事，责诘一人，莫不辄曰理者，自宋以来始相沿成习，则以理为'如有物焉，得于天而具于心'，因以心之意见当之也。"② 不但批评他们将"意见"当真理，欲推倒"理学"的正统地位③，而且直接说他们"以理杀人"。在学术活动中被视为"正统"领袖的观点，在官方意识形态中却近乎"异端"，所以他自己最重视的《孟子字义疏证》甚受世人冷落。近代的龚自珍在世时完全是个"异端"，过了半个世纪，至戊戌时代，才与明清之际三大家一起，大受新式士子追捧。"异端翻为正统"的现象与历史上改朝换代所导致的学术风尚变迁有相似的一面，即后起的时代常常以批判前一时代的主流思想来开辟自己的道路，以至于我们为了充分理解某个时代，先得将其理解为前一时代的反题。所以古人常说"一代有一代之学"。但是古今二者又有根本上的差异，即由于中国在近现代进入革命时代，在激进主义支配下，现代观念一度是把整个古代社会和传统观念作为其反题的，在价值真空的阶段，以往的一切"异端"都可能试图转为"正统"。异端与正统的对立，不等于简单的"反传统"，而近乎李欧梵所谓的"抗传统"（counter tradition），"它的意思不是反传统，而是归纳出一个基本上是对抗儒家主流的'另类传统'"④。在激进主义支配时代思潮的时期，做翻案文章是学术界的常态；而激进主义受到批判的最近数十年，各种自称"正统"的呼声又自然地回归了。

　　第二，何谓"边缘进入中心"？从讨论词汇 / 观念的社会史根源讲，注意文化权力与政治权力的关系，可以提供语用学的视角。作为古代社会的意识形态，儒学是由一套经典及其解释构成的，以至于冯友兰先生称《淮南

---

　　① 梁启超：《清代学术概论》，载《梁启超论清学史二种》，第 4 页。

　　② 戴震：《孟子字义疏证》，《戴震全书》第六册，合肥：黄山书社，1995 年，第 81 页。

　　③ 戴震欲动摇朱熹的正统地位，与汉宋之争有关，与戴震以为朱熹吸收佛教有关，故傅斯年说"其公然摭击程朱，标榜炎汉，以为六经、《论语》、《孟子》经宋儒手而为异端所化者，休宁戴氏之作为也"（傅斯年：《性命古训辨证》，第 1 页）。

　　④ 李欧梵：《中国文化的六个面向》，北京：中华书局，2017 年，第 257 页。

子》到康有为是中国哲学史上的"经学时代"。所谓"经",从"五经"到"十三经"和官方理论从"五经"到"四书",儒学的"经典世界"有一个不断扩大的历史。但是就文化与政治的关系看,进入"经典"的诸多文本在政治上及士大夫心中的地位并不齐一,而有中心与边缘的区别。除了孔子的地位万世一系,其他人物和典籍在中心与边缘的地位划分中也是历史地变动着的。汉唐时代,荀学受到尊崇。思孟学派被奉为正典是唐以后的事情(还不包括《孟子》在明朝一度被禁止)。相应地,某些词汇所表达的观念也有一个中心与边缘的转换。最经典的例子就是《礼记》中的《礼运》,在古代经学中处于边缘状态,没有被选入"四书"之类的官学,因为朱熹对"大同"是存疑的。"大同"观念,是经过康有为《大同书》的演绎,才成为几代知识分子的共同理想,乃至占据了典型的意识形态中心。又如,在古代士大夫的观念世界中,代表"群"的就是"家、国、天下",而基本上没有现代人的"社会"观念,"社"和"会"都是底层人群的集合方式。19世纪中叶以降,即使英文 society 的译名"社会"渐渐成为流行词,甚至"社会主义"已经成为意识形态的符号以后很久,"社会上""社会青年""社会思潮"等在人们的使用中包含着"社会"的词似乎还是一种边缘性的存在;只有在"市民社会""中等社会""社会主义"等的组词方式中,"社会"才进入视域的中心。而"家",被用来同时翻译英文的 family/home,此词在古代中国既是基于血缘关系的生产/生活组织又是基于土地依赖的共同生活场所。"家"的观念内含着核心家庭意义的"家"(俗称小家庭)、"家庭"(三世同堂或四世同堂)和"家族"多层含义,而又以"家庭"为核心,背后是"家族"以及以血缘关系为纽带的制度性存在,现代人习见的核心家庭只是边缘性的存在(至于"丁克"家庭更是古人匪夷所思的,因为"不孝有三,无后为大")。但是现在我们说到"家"时,首先浮现的自然是核心家庭,三世同堂或四世同堂虽然尚可想象,但已经未必是纯粹美满生活的象征,而单亲家庭——在古时很可能就属于"鳏寡孤独"——也是正常的,繁盛的"大家族"基本上是无望的乡愁而已。在"低欲望社会",假若人们相信心安即是家,那么个体的居所(home)可以等于家,"家人"(family)反而是第二位的了。

　　另一方面，知识分子作为知识生产的主体，与政治权力的关系也有"边缘"和"中心"的区别。20世纪中国社会的一大变革，就是新型知识分子因其掌握的（新式）文化／权力，开始代替原先的旧式士大夫（传统文化／权力的执掌者）而获得政治权力，进入社会的中心。换言之，价值观念的新旧交替通过从传统士大夫蜕变而来的知识分子而实现，也使得观念史的变迁中保有历史的连续性。进入近代，知识生产方式和知识分子的生存方式一起发生着变化，意识形态的中心／边缘也在变动之中。譬如它可以反映在"新民"一词的历史中。"新民"并非近代以来的新词，《大学》云："大学之道，在明明德，在亲民，在止于至善。"程朱把"亲民"训为"新民"，并专设一章以"释新民"。《大学》在程朱以前本非儒家经典世界的中心，经过二程接续孟子，"实始尊信此篇而表彰之，既又为之次其简编，发其归趣，然后故古者大学教人之法，圣经贤传之指，灿然复明于世"[1]。但是，《孟子》一书并未见有"新民"一词。程朱称引《康诰》曰'作新民'"，此处的"新民"主要是道德修养意义上的，即"言振起其自新之民"。但是，20世纪初梁启超的一大名著《新民说》的成功，使得"新民"成为一个前所未有的流行语（青年毛泽东还组织"新民学会"，20世纪50年代还有许多人以"新民"为名字）。而20世纪的"新民"一词，其要义在"公民"而非"臣民"，因而重要的是需要合乎建构现代国家的公德建设，同时意味着需要他们提升政治能力、增强政治参与的热情，包含着积极介入政治的意向。所以"新民"观念表达的是新的社会关系，"新民"一词的语用史，在双重意义上展现了"边缘进入中心"的现象。

　　第三，所谓"新知附益旧学"，此说系借用梁启超评论章太炎的学问方式时所说的话，我认为它可以指示现代与传统之间观念的联系如何得以建构的另一个途径。梁启超曾经描述过"在此清学蜕分与衰落期中，有一人焉能为正统派大张其军者"，章太炎的学问路径，如何从小学、史学、提倡民族主义、究心治佛学，"既亡命日本，涉猎西籍，以新知附益旧学，日益宏肆……应用正统派之研究法，而廓大其内容延辟其新径，实炳麟一大成

――――――――――
　　[1]　朱熹：《大学章句序》，《四书章句集注》，第2页。

功也"①。

　　梁启超所云似乎只是说章太炎用考据学的方法，研究西方来的新知识，但实际上涉及近代中国知识建构中旧学与新知的关系，是广义上的"旧瓶装新酒"。我们知道，康有为的《新学伪经考》和《孔子改制考》，都是"旧瓶装新酒"，实际上也无异于"新知附益旧学"。甚至严复翻译《天演论》等着意于用典雅的古文，也未尝不是一种以"新知附益旧学"。近代以来大量的翻译作品包括基本术语的翻译，"'译者迻也'，即使用自语言的有意义的语素成分将源语言中的概念移入到自语言中来"，最重要的还是服从中国的知识重建。词汇学的研究表明，近代新词在其有别于传统词汇的四个方面中的两个首要特征就是"（1）发生之契机：使用汉字接受西方的新知识。（2）意义上的特征：分布集中在新的知识领域，以抽象的词汇和学术用语为主，具有名词性"②，因而其或多或少都有以"新知附益旧学"的意义。严复是通过翻译来接受新知的代表人物，他论述过因为翻译使得传统智慧更加澄明而使人获得特殊乐趣的经验：

　　　　自后人读古人之书，而未尝为古人之学，则于古人所得以为理者，已有切肤精恍之异矣。又况历时久远，简牍沿讹，声音代变，则通段难明；风俗殊尚，则事意参差。夫如是，则虽有故训疏义之勤，而于古人昭示来学之旨，愈益晦矣。故曰：读古书难。虽然，彼所以托焉而传之理，固自若也。使其理诚精，其事诚信，则年代国俗，无以隔之。是故不传于兹，或见于彼，事不相谋而各有合。考道之士，以其所得于彼，反以证诸吾古人之所传，乃澄湛精莹，如寐初觉。其亲切有味，教之觇毕为学者，万万有加焉。此真治异国语言文字者之至乐也。③

---

　　① 梁启超：《清代学术概论》，载《梁启超论清学史二种》，第77—78页。
　　② 沈国威：《近代中日词汇交流研究：汉字新词的创制、容受与共享》，第20—30页。
　　③ 严复：《天演论》自序，载王栻主编《严复集》第五册，北京：中华书局，1986年，第1319页。

严复在这里所说的"考道之士，以其所得于彼，反以证诸吾古人之所传，乃澄湛精莹，如寐初觉"，正是翻译过程带来的以"新知附益旧学"。从"词汇"的视角看，由于中外文化的交流而带来的新术语的产生，大多包含了外来的新知识内容，结果使得许多重要的现代观念栖身于大量新生的中文复合词中，这些复合词（以二字词居多）可能在传统文献中也有少量痕迹或者偶尔出现，于是使得它所原始表达的观念和接受者的"真观念"之间产生了或大或小的差距。换言之，既然是有所"附益"，也就有某种误解。譬如我们前面提及黄克武批评严复对约翰·弥尔的"误译"。与此类似，费正清（1907—1991）编《剑桥中华民国史》时指出，individualism 是欧洲启蒙运动后表述人权和尊重个性的褒义词，译成汉语"个人主义"，则演化为"利己""自私"的同义语，基本上成了贬义词。不过，从研究近代中国"自由"的观念史的视角看，严复的"误译"构成了近代中国人的"自由"观念光谱的重要成分。即对于外来术语的"误植"问题，从概念史和观念史的不同视角看，可以有不同的意义。概念史可能更注意这一概念的原始意义是否被完整地、正确地保存和使用，观念史可能会对这一"术语"作为一个观念在思想争论的平台上展现的光谱做出分析。譬如当"个人主义"被视为贬义词的时候，具有个人主义观念的陈独秀，选择用"个人本位"来对应individualism。在这方面有多年研究的冯天瑜教授的观点是，从语言层面上说，这是汉文对西义的再建构，总体上属于中西文化互涵的历史过程的一部分。① 他的《新语探源：中西日文化互动与近代汉字术语生成》第四章《日源汉字新语厘定》，分析了日本学人如何借用中国古典词对译西洋概念的具体方式，除了"双重借用"，即同时借用西洋和中文古典词以外，还直接采

---

① 冯天瑜认为："近代术语的生成、演变与中西日文化互动是一体多面、互为表里的历史过程。在这一过程中，汉字文化彰显了生生不息的主体性。东渐之西学并未，也不可能轻易地将原有的'汉字文化磁盘''格式化'。它只有经过翻译才能进入汉文语境。这种翻译当然是为了通西义，但同时也是汉文对西义的再建构。而汉文则是连带着它原有的思想、文化的血肉参与这种再建构的。中国文化的近代化乃是中西文化彼此涵化的过程，那种认为中国近代以来中国思想学术全然陷入西方话语霸权之下的'失语症'的判断，并不符合历史事实。"（冯天瑜等：《近代汉字术语的生成演变与中西日文化互动研究》(摘要），北京：经济科学出版社，2016 年）

借中源汉字，计有一保留原意、二引申新义、三借形变义等。①由此形成的
"新语"，至少在同时代的人际交流中，很大程度上会保留中文旧词的意义，
或者说当时人们在理解这些语词所表达的观念之意义及意蕴时，或多或少掺
杂了"旧学"。此为"新知附益旧学"在现代汉语语词形态变迁上的表征。

　　在经典世界和生活世界之际，如何以词汇为进路研究观念史，应该不止
于上文所述的论域，因为任何"词汇"都并不能孤立地表达观念。所以我
们需要探讨虽与"词汇"相关的，但超出"词汇"所限制的观念史研究之其
他可能，并相信观念史研究的方法论，也将随着观念史研究的实践而有新的
进展。

---

① 冯天瑜：《新语探源：中西日文化互动与近代汉字术语生成》，第351—372页。

第六章 "风气"：观念史的视角

观念史研究不能不关注"观念"与社会生活变迁的复杂函数关系。从知识产生的基本条件看，我们意识到观念史研究的最重要的对象，即以"关键词"形象现身的重要观念——无论它是"基本观念"（unit-ideas），还是所谓"复合观念"（idea-complex），都有基于某种特定的社会条件，生成、流行乃至影响到广大的社会生活层面，最后沉淀为人的心理的过程。因此，"一代有一代之学"，时代不同，"流行观念"亦有所不同。历史学家回望此类过程，认为时代的"风气"转移是观念变迁的一个明显表征。章学诚说过："天下不能无风气，风气不能无循环，一阴一阳之道，见于气数者然也。"[①]章学诚之所谓"风气"，在古代社会既关乎儒学之"学业"，又关乎反映世道人心之"风俗"："故学业者，所以辟风气也。风气未开，学业有以开之；风气既弊，学业有以挽之。人心风俗不能历久而无弊，犹羲和、保章之法不能历久而不差也。因其弊而施补救，犹历家之因其差而议更改也。"[②]近代以来，影响"学业"的一大动力是纷至沓来的社会思潮，因此，用现代术语来表述，特定社会"风气"之构成可以分析为"风俗"和"思潮"。从与观念史的关系看，思潮和风俗，既包含新旧之别，又有社会层面上的不同，还可

---

① 章学诚：《原学下》，载仓修良编著《文史通义新编新注》，第 112—113 页。
② 章学诚：《天喻》，载仓修良编著《文史通义新编新注》，第 332 页。

以从变动的快慢来区分。风俗有常有变，久远的风俗内化为心理，体现为深层的观念，深层的观念必定在政治法律制度上有所彰显。思潮可以指学术的变动趋势，近代以来不但指哲学思潮，而且指社会思潮，其中特别重大者甚至界定了思想的时代，"一个时代的主导思潮对于思想文化的兴衰有时有决定作用"，故其变则"一代有一代之学"。① 而凡是重大的社会思潮，不但有其影响广泛的核心观念，而且都有代表性人物，他们或者"开风气"，或者"挽风气"，以其系统理论或特有的风格特征给社会思潮打上个人的烙印，在持续的争持中演绎出观念的谱系。

简言之，从观念史看"风气"，可以发现我们的研究活动有"风俗"、"思潮"和"人物"三层进路。笔者将对此三重进路分别加以论述。

一

"风俗"在观念史研究中应该占有一席之地，是前人早就提示的。怀特海说过"观念始于对习俗进行解释，终于建立起新方法新制度"②。与 17、18 世纪流行的社会契约论所使用的自然状态的预设不同，他提示从人类学的路径去认识观念的起源。从类人猿到智人，随着发明工具、种植、部落迁徙、举行季节性庆典等活动，文明随着风俗而缓慢地获得进步，"它最早的工作便是缓慢地提出各种观念来解释在人们生活中业已盛行的行为模式及情感表现"③。那意味着一个观念产生自与之相关的、先此形成的人类行为方式。中国近代思想家梁启超则从汉语词汇中的"风"着眼，著有《说国风》上中下三篇短文，不但说"国之有风，民之有风，世之有风"，而且以颇为夸饰的方式议及风俗与观念、制度之间的关系：

其作始甚简，其将毕乃钜。其始也起于一二人心术之微，及其既

① 王元化：《关于中西哲学与文化的对话》，《文史哲》2003 年第 2 期。
② ［美］A. N. 怀特海：《观念的冒险》，第 103 页。
③ 同上书，第 140 页。

成,则合千万人而莫之能御。故自其成者言之,则曰风俗曰风气,自其成之者言之,则曰风化曰风教。教化者,气与俗之所由生也。①

其实我们若追溯得更早的话,孔子以"君子之德风,小人之德草。草上之风,必偃"(《论语·颜渊》)表示楷模先知式的"君子"之行动如何可以塑造时代风尚,而且用随时指点体会的方式言说,也表达了从风俗中可以汲取道德观念的意义。仅从《论语》中检视出《阳货篇》三节文字,来说明这一点:

> 子曰:"小子,何莫学夫诗? 诗,可以兴,可以观,可以群,可以怨。迩之事父,远之事君,多识于鸟兽草木之名。"
> 子谓伯鱼曰:"汝为《周南》《召南》矣乎? 人而不为《周南》《召南》,其犹正墙面而立也与?"
> 子曰:"礼云礼云,玉帛云乎哉? 乐云乐云,钟鼓云乎哉?"

《诗》以文学艺术的方式,反映了古代社会的风俗,故《汉书·艺文志》称:"古有采诗之官,王者所以观风俗,知得失。自考正也。"礼乐则是风俗的制度化或物化,而且汉代人使用的"风俗"一词,严格说来其实是"风-俗",已经包含了受制于地理条件而成的原生民俗与受政治权力影响而生之风尚变化的复合含义。班固对"风俗"的释义是:

> 凡民函无常之性,而其刚柔缓急、音声不同,系水土之风气,故谓之风;好恶取舍,动静亡常,随君上之情欲,故谓之俗。孔子曰:"移风易俗,莫善于乐。"言圣王在上,统理人伦,必移其本而移其末,此混同天下一之乎中和,然后王教成也。②

---

① 梁启超:《说国风下》,《饮冰室文集之二十五(下)》,载《饮冰室合集》第三册,第9页。

② 班固撰,颜师古注:《汉书·地理志》,北京:中华书局,2002年,第1640页。汉人应劭则提出了一个与班固有所不同的解释,更多地从不同地域和居民之天性而产生的差别来解"风俗",它虽受政治的影响,但并不容易根本改变:"风者,天气有寒煖,地形有险易,山泉有善恶,草木有刚柔也。俗者含血之类,像之而生,故言语歌讴异声,鼓舞动作殊形,(转下页)

孔子要学生学习《诗》，意欲导人置身于风俗——以西周为楷模的传统生活形态——汲取其中的道德观念。所以朱熹对上述第一第二两节文字，下了"人伦之道，无事不备"和"《周南》《召南》，《诗》首篇名。所言皆修身齐家之事"的注解。又在第三节后面录下："程子曰：'礼只是一个序，乐只是一个和。只此两字，含蓄多少义理。天下无一物无礼乐。'"[①] 我们看到，程朱实际上对孔子给予上古风俗的解释作了二度解释，同时也呈现出哲学家如何通过解释风俗抽取观念，将其普遍化并重塑社会秩序的过程。

　　因此，"观念"是风俗与制度之间的中介，风俗的固化或者观念的物化则为制度。不过，如果要描述风俗对于观念史的大叙事之地位的话，还应该用章太炎的论述来与怀特海互相补充："因政教则成风俗，因风俗则成心理。"[②] 虽然这只是章太炎在描述欧洲从中世纪进入近代初期后的神权政治世俗化的过程，但是它对我们认识"风俗"在观念史研究中的地位有纲要性的意义。因为，如果怀特海论述的是在文明的初步阶段，风俗是观念发生的基础的话，章太炎则强调，在文明发展的过程中，"风俗"是从制度到观念内化（心理）的中介。章太炎自然有古学以为本：历代论风俗者，大多以为风俗关乎国家元气，为安危存亡之所寄。如汉代应劭著《风俗通》，究心于乱世之后，通雅俗之故，自述："传曰：'百里不同风，千里不同俗，户异政，人殊服。'由此言之，为政之要，辨风正俗，最其上也。"[③] 此间涉及观念史研究中的三项：风俗、制度、心理。观念在风俗和制度中的体现有无形和有形之分：风俗可能但未必用明确的语言来界定，更多地表现为习见的生活方式，是"百姓日用而不知"的部分；制度尤其成文法则必定都有明确的规定。语言哲学家区分了"话语式'观念'"（discursive ideas）和"非话语式'观念'"，前者是那种具有直接的语言表达的观念。"但是，在表达了话语式

（接上页）或直或邪，或善或淫也。圣人作而均齐之，咸归于正；圣人废之，则还其本俗。"（应劭撰，王利器校注：《风俗通义校注》，北京：中华书局，2010年，第8页）

　　① 朱熹：《四书章句集注》，第178页。
　　② 章太炎：《四惑论》，载《章太炎全集》四，第445页。
　　③ 应劭撰，王利器校注：《风俗通义校注》序，第8页。

观念的行为与未表达话语式观念的行为之间，没有什么截然的界限；鉴于未表达话语式观念的行为与表达了话语式观念的行为足够相像，有必要视前者类似于后者。"①"风俗"用以表达社会关系的，可能是"非话语式'观念'"，是比较柔性的用以"化人"的规范，也可以转变为相对固定的刚性的规范，如乡约、家规；政治法律制度乃是观念诉诸刚性的强制力乃至暴力的表现。体现特定观念的风俗或依据它制定的政治法律制度，都可以反过来敦促人们按照观念而行动，并在行动中使得观念从思维的层面深入心理的层面，因而在"习惯成自然"的过程中得到固化和强化。我们知道，历史上那些"大观念"都不仅有认识的意义，更有价值的意义。在社会生活中具有支配性的价值观念之所以有力量，恰恰是因为它们已经成为大部分人的集体信念，深入众人的心理。章学诚所谓"风气"，主要是指学术风气。但是在士为四民之首的时代，强调学术风气关乎"士风"，可以一定程度上转移风尚。反过来，倘若新的政治法律制度不能"移风易俗"，即不能最终获得文化的植根性，则其多半无法持久且终将废弛。

在中国观念史上，能够体现"风俗—观念—哲学"三者递进关系的，大约可用《周易》及其历史为例来说明。传说伏羲画八卦、文王演周易、孔子作大传，按照朱熹的论断，"易本卜筮之书"。这里的"易"指《易经》。在《易经》以前，传说还有《连山》《归藏》。战国时期形成的《易传》则被儒门后学归功于孔子。故章学诚说："三易之名，虽始于《周官》，而《连山》《归藏》可并命《易》。……历象递变，而夫子独取于夏时；筮占不同，而夫子独取于《周易》；此三代以后，至今循行而不废者也。"②我们知道，占卜活动出现于上古，早在新石器时代，我们的先人就用牛肩胛骨占卜；安阳殷墟发现的甲骨文，说明它在商代社会各阶层更是普遍存在的，换言之，它是中国古代的一种重要风俗。从卜筮实践到《周易》，尤其是《易大传》这样的哲学创作，却包含着从"风俗"到"观念"的突破。系统地讨论这一问题不是本章所能承受，本章只拟以中国人的命／运观念为例，来说明风俗与观念之

---

① ［英］彼得·温奇：《社会科学的观念及其与哲学的关系》，第 140—141 页。
② 章学诚：《易教中》，载仓修良编著《文史通义新编新注》，第 12—13 页。

间的紧密关系。

承继朱熹的论断，朱伯崑认为：

> 《周易》这部古老的典籍，其形成出于占筮的迷信，后来，作为一种推测人事吉凶的方术，在封建时代仍很流行，成为封建迷信的一部分。这种迷信，被称为占术，用通俗语说，即算卦或算命。①

尽管现在人们未必都斥之为"封建迷信"，《周易》与国人的"命"观念无疑始终紧密相联。放宽视野，世界上各种古老文明都有自己求神问卜的历史，是否有预定的"命运"以及能否支配它，几乎是人类永恒的问题。希腊神话和悲剧中的英雄，在一个人神共处的世界里奋斗挣扎，演绎出无数传奇故事，但是决定他们成败的，终究是神意或者神秘的"命运"。我们的古人也追问命运，算命的方法在商代主要是龟卜，甲骨上的卜辞则是龟卜所得论断吉凶的记录。西周则流行占筮，《周易》即卦象和筮辞的集成，以备算命时查检。同样算命，殷周之际有所不同：

> 卜辞中关于吉凶祸福的断语，或为"受祐"，或为"不受祐"，吉凶界限分明，而且不可改变。而《周易》中的卦爻辞，就其吉凶断语说，增加了"悔""吝""咎""无咎"等，表示筮得之卦，虽不吉利，但通过问者的自我反思或警惕，可以转祸为福，化凶为吉。所以卦爻辞中许多文句含有劝诫之义，反映了先民求生的志向及其经验教训。②

其实，《荀子》也说过："卜筮然后决大事，非以为得求也，以文之也。故君子以为文，百姓以为神。以为文则吉，以为神则凶。"（《荀子·天论》）所谓"文"，一指纹饰，二指文化。故此，"君子"可以"神道设教"，"天命"赋予王权以合法性，明智的统治者自然明白"天命靡常"，故要"敬德

---

① 朱伯崑：《易学哲学史》，北京：华夏出版社，1995年，第3页。
② 朱伯崑主编《周易知识通览》代前言，济南：齐鲁书社，1993年，第7页。

保民"；对下则可以实施"教化"，使道德行为具备神圣的意义，以巩固既定的秩序。

换言之，虽然源远流长的求神问卦活动，预设了神意和命运是先天存在的，决定人事的成败代谢，但是，明智的"君子"充分意识到"以之为文"的价值，因而在解释这种风俗的时候，又可以采取一种变通的态度，认为这种"决定"不是注定不变的，它可能因为人的自觉的理性的——很多时候也是道德性的——活动而改变。王国维曾经论断中国古人的"命"观念主要是宿命论（"定命论"）和非宿命论（"非定命论"），并没有西方哲学史上那类严格的决定论（determinism）；若用王国维的术语来表述，"其言善恶贤不肖之有命而一切动作皆由前定谓之定业论 determinism"①。王国维揭示了中西哲学的一项重大区别，在西方哲学中，决定论和自由意志论相对立而发展起来，有悠长的历史，但是这一对范畴在中国并未充分发育。不过，这一"未充分发育"的状态，只是在"高严之伦理学"甚至本体论中可以如此说，我们在中国传统的"命-力"的争持中，却发现中国人容易倾向于决定论和自由意志论的兼容论。而傅斯年在勾勒先秦"命"观念光谱的时候，将儒家的"俟命论"，排列在邹衍的"命运论"和墨子的"非命论"之间，它是"命定论"和"命正论"的不同成分的组合。② 这与历史上儒家在决定论和自由意志论之间常取游移的态度是相应的。

在"命-力"关系的决定论与自由意志论两种方案之间，采取游移态度或兼容立场的还有中国本土宗教道教。比卜卦更简捷的是求签，人们在道观中求签，道士不但要算出运势，而且一旦预言将有灾祸临头，还声称能够禳解，即通过某种法术来转移运势甚至祛妖降魔，转祸为福。并非只有古人如此，中国近代从传统士大夫转变为现代思想家的人物，譬如梁启超、严复等人，他们一方面热情地拥抱以牛顿物理学和生物进化论为代表的近代科学，承认我们生活在符合决定论法则的宇宙中，另一方面，他们在私人生活的重大节点上依然保持屡屡算卦的记录，同时还没有妨碍他们在哲学上持某种程

---

① 王国维：《原命》，《静庵文集续编》，载《王国维遗书》（三），第 573 页。
② 傅斯年：《性命古训辨证》，第 145 页。

度的唯意志论。这个问题当然需要专门的研究，本章只是借此说明，若我们研究"命"的观念史，不能不注意它与风俗之间深厚的联系。

风俗作为观念史研究的进路，意味着观念史要和社会史相结合，在最消极的意义上，社会史应该为观念史提供某种边界。当然，这不能成为一种教条，"制度"和"风俗"各有自己有效的边界。政治上大一统的中国，历史悠久、国土广袤，由于地缘文化的差别，不但在古代社会"百里不同风、千里不同俗"，即使在进入现代社会乃至经济上崛起以后，区域发展的不平衡依然是今日中国的现实。这种不平衡不但在于经济发展有快慢，更在于文化尤其是人的观念有差别。作为哲学活动的观念史研究的是具有普遍性的观念，我们在论述"中国观念史"的时候，若追求"真观念"，即我在前面已经讨论过的"真观念"之"真"，包括真确、真诚和真实，就需要在这一层面得到验证。

我们可以梁漱溟伦理学说为例来讨论。他曾经强调中国传统的五伦，都是"互以对方为重"。就"君臣"一伦而言，理想的状态是《论语》所记录的："定公问：'君使臣，臣事君，如之何？'孔子对曰：'君使臣以礼，臣事君以忠。'"（《论语·八佾》）。反之，则如孟子对齐宣王说的那样："君之视臣如手足，则臣视君如腹心；君之视臣如犬马，则臣视君如国人；君之视臣如土芥；君之视臣如寇雠。"（《孟子·离娄下》）但是，秦汉大一统以降的君臣关系，与先秦时代的已经有很大不同，司马迁所努力探究的"天人之际"，很大程度上是在讨论"君臣之际"。他个人的遭遇大约也推动他思考作为臣子个人的"命-力"与领受了"天命"的君主之间的关系。先秦尚有所谓"客卿"，孟子可以毫不客气地批评君主；但是唐韩愈就说"臣罪当诛"，宋儒也说"君要臣死，臣不得不死"，所有这些（包括大量的历史记载），除了少数例外，似乎都与君臣"互以对方为重"不符。因此，我们可以说，梁漱溟所论只是儒家的理想观念，或者他把其家庭伦理过度扩展到政治伦理。那么事实上旧时人们君臣一伦的观念状况又是如何？此时观念史研究应该跨出单纯的演绎或玄想，而求助于历史学、社会学等相关学科。

"互以对方为重"是一个和谐的图象。但是有人曾经问过梁漱溟：我以对方为重，但是对方不以我为重，又如何？梁漱溟无法回答。提出这一问题本身就说明，有效的观念必有共同的预设，而所谓五伦都是"互以对方为重"，是以普遍、高度的社会信任为前提的。传统政治伦理的社会信任基础是什么？侯旭东在他的《宠：信-任型君臣关系与西汉历史的展开》一书中，从君臣关系二重性着手，将其分析为一般君臣关系即"礼仪型君臣关系"，以及超出它的"信-任型君臣关系"。后者似乎特别展现出马克斯·韦伯所谓"家产官僚制"中的"君臣之际"：

> 一君众臣万民体制下，甚或一元任命式官僚制下，资源与荣耀主要源于自上而下，尤其是皇帝（最高统治者）的二次再分配，家、国之间持久存在紧张，皇帝（府主）/少数臣下（下属）之间基于信-任而确立的关系（具体表现有别，最高状态为"宠"），作为一种广土众民体制下生活与治国不可或缺的"结构性存在"跨越朝代而长存，这种关系既是持续存在的，亦是处于不断的断裂与重建中的，且并非只针对特定对象而存在（常产生于熟人之间，却不限于此），从而具有半开放性，遂成为世间臣民（被统治者）瞩目的核心与追逐对象，持久产生强大而深具涵盖性与渗透性的力量，穿透家庭（组织）、乡里与官府（团体），跨越出身与性别，吸引了众多男男女女，在各自的职分（如官吏的事务、民的生计）之外，采取种种办法试图跻身其中。①

这部书并不只记录单个历史事件，而是贯穿西汉一代，在更贴近时人生活尤其是日常活动的过程中，来勾勒西汉人围绕"宠"所形成的言行逻辑，因而应该具有某种普遍性：

> 信任关系乃是人类的一种基本关系，随着国家产生，便出现了信-任型君臣关系，西汉不过是用来展示其作用的一个个案，其后的各个王朝均存在相似情形，只是因诸朝的立国基础、君主成长背景、臣下的构

---

① 侯旭东：《宠：信-任型君臣关系与西汉历史的展开》，北京：北京师范大学出版社，2018年，第239页。

成等不尽相同，此一关系的呈现形式与发挥作用的方式多有变化，甚至今天亦然，但亦均可从关系的角度作类似的分析。①

侯著所描述的君臣关系当然不是定论，作者也谨慎地自白，他叩问的是：信-任型君臣关系的逻辑，能否构成一种解释中国历史的新的动力说？我在此引用侯著，只是意在说明，在观念史研究过程中，通过观念史与包括政治史在内的社会史的对照，我们可以发现哪些观念表达的是"应当"即理想的观念；哪些是真实的观念，是与"事实"符合的观念。或者说"真实的观念"有哪些面向？更不用说，悬置对"宠"的道德评价，臣民通过求"宠"争"宠"来实现自己，作为一种跨域世代、"持久产生强大而深具涵盖性与渗透性的力量"，不早就成为一种王权政治下稳定的"风俗"？当代人在观看大量宫斗剧时的热衷态度，似乎表明此"风俗"依然沉淀在相当比例的民众心理深处。

在王权政治的条件下，上述君臣一伦，由于不仅涉及"信"与私人情感，而且涉及权力、荣耀和财产的再分配，若被归宗为"互以对方为重"的伦理观念，其想象的性质是显而易见的。其实，"互以对方为重"意味着"人/我"处于特定的契约关系之中，契约关系要求的是主体间的平等。所以谭嗣同的《仁学》提出五伦中只保留"朋友"一伦，因为朋友关系才可能是平等关系。废除五伦自然是激进主义的空想。不过，生活中我们习惯于将亲密的朋友称作"兄弟"，而且人们也很容易把"四海之内皆兄弟"看成普遍的平等关系。"互以对方为重"将传统的"悌"解释为单纯的"兄友弟恭"，剥离了"尊尊"的"亲亲"，是否一定成为平等的关系？社会学或人类学对中国农村的考察会揭示另一种事实：虽然父系世系群在意识形态上高扬手足情谊，但在祖先眼光中可能是平等的世系群成员，在涉及土地所有和政治权力的日常生活中根本无平等可言。宗族中的少数富人，控制着大部分财富（土地）、政治和经济活动，乃至对外交往。这与江湖上的"大哥"通常处于头领地位，其实是互相对应的。当然我们可以不断读到有关兄弟情谊的动人

---

① 侯旭东：《宠：信-任型君臣关系与西汉历史的展开》，第252—257页。

回忆；不过在追求观念的普遍有效性时，将社会学、人类学对于社会风俗的研究，和更带有想象性的文学作品或者具有更大偶然性的私人记录加以对照是必要的。此时我们可以看到观念史在"可爱"和"可信"之间的紧张。导致这种紧张的原因之一，是观念史家以赛亚·伯林所谓的人类生活是有两个层次的：一个是公民的易于明言的表层；另一个是在此之下，与情感、行动互相粘连的深层本质。[1]

从解读文本，尤其是从哲学经典文本进入观念史，像荀子如下的论述几乎随处可见："请问为人兄？曰：慈爱而见友。请问为人弟？曰：敬诎而不苟。"(《荀子·君道》)我们无疑会像鲁比·沃森一样读到大量类似宋儒范仲淹那样的"清楚表述"：

> 吾吴中宗族甚众，于无吾固有亲疏，然吾祖宗视之，则均是子孙，固无亲疏也。苟祖宗之意无亲疏，则饥寒者吾安得不恤也？自祖宗来，积德百余年而始发于吾，得至大官。若独享富贵而不恤宗族，异日何以见祖宗于地下，今何颜入家庙乎？[2]

这并非偶然一见的表述，与范氏同时代的张载所倡"民胞物与"相比是更高的境界；甚至我们也不必考察范氏是否实践了其伦理关怀（虽然观念史的人物研究可以从事这类作业）；张载和范仲淹说得"理有固然"，现实则是"势无必至"。但是民俗学、人类学的研究多半会提供一个新的视角，使我们能用新的目光去审视人们早就熟悉的生活，从而揭示出与"在上面的、公开的、得到说明的，容易被注意的，能够清楚描述的"不同的意义。以赛亚·伯林将这种能力称作"现实感"，从事观念史研究时注意到"风俗"，并能够反思"风俗"，将有利于我们增强"现实感"，从而使我们真正返身于经典世界与生活世界之际，使得从经典文本中钩沉提要所获得的观念与从对风俗的价值中立（value free）的调查所获得的认知形成对话。

---

① ［英］以赛亚·伯林：《现实感》，潘荣荣等译，南京：译林出版社，2004 年，第 22 页。
② 转引自［美］鲁比·沃森《兄弟并不平等——华南的阶级和亲族关系》，时丽娜译，上海：上海译文出版社，2008 年，第 4 页。

　　因此之故，观念史研究要贯通古今之变，要以当代人的视角考察社会观念的变迁，就更不能只停留在典籍，而应该跨越哲学书册，承认"相同的观念常常出现（而且有时相当隐蔽）在理智世界最多种多样的领域中"①。当社会学家和人类学家尽力悬置自己的立场和价值偏好，努力客观地审视人间风俗时，可能让我们在观念史研究中更贴近生活世界。譬如我们研究近四十年价值观念的变迁，在公共论述中，从 20 世纪 80 年代著名的"潘晓问题"的讨论起，到所谓"精致的利己主义者"，乃至所谓"佛系"青年，都是引人注目的现象。伦理学界既呼吁个人权利观念之觉醒，又有对"个人主义"的持续批评。社会学家阎云翔根据对他曾经插队落户的乡村生活持续多年的田野考察，描述了乡村伦理观念的变迁图景：农村人的个性发展既不全面又不平衡。前者是指在私人生活与公众生活方面的不全面。后者是指在权利意识和责任意识之间的失衡。所以他说："80 年代迅速发展起来的，是一种极端形式的自我中心观念。"② 在这个时代成长起来的年轻人，在生活中有比上代人强烈的追求幸福的欲望，而且更敢于直接表达自己的欲望。他们的幸福观也比前人更个人化，而且通常更物质化，如追求时髦的服装、高质量的住房、条件更好的工作等。作者并未单独地讨论观念自身，而是探寻了观念与生活之间的关系："本书所描述的人性与个人主义的兴起是集体化时代国家对本土道德世界予以社会主义改造以及非集体化之后商品生产与消费主义的冲击所共同作用的结果。"③ 在这两个时期，政治动员和经济改革先后在推动家庭的变迁中起了关键作用，导致私人生活的转型。在此过程中家庭变化和个性发展，与乡村公众生活的衰落是并行的。"最终，个人只强调自己的权利，无视对公众或他人的义务和责任，从而变成无公德的个人。"④

　　尽管社会学家基于田野调查的实证研究得出的结论何以具有普遍性，并非是毫无疑问的；社会学和人类学追求的"客观"的方法本身需要得到哲

---

　　①　[英] 阿瑟·O. 洛夫乔伊：《存在巨链——对一个观念的历史的研究》，第 20 页。
　　②　阎云翔：《私人生活的变革：一个中国村庄里的爱情、家庭与亲密关系（1949—1999）》，上海：上海书店出版社，2005 年，第 230 页。
　　③　同上书，第 261 页。
　　④　同上。

学的辩护，但是至少他们可能提供不同于仅仅从文本自身的脉络观察观念史的路径。人们有时称后者为"内在理路"，而把社会史一维的称为"外在理路"。但是假如我们承认人的观念的产生和演变不仅都离不开外部实在，而且可以影响乃至建构外部实在，那么发掘"外在理路"，让"外在理路"和"内在理路"对话，对于研究观念史，无疑是一种合理的方法和合宜的策略。

二

章学诚之所谓"风气"，"风俗"只是其一，更重要的是其二："学业"，后者在现今主要是社会科学和人文学术。从观念史的形态而言，近现代以来，影响社会"风气"更明显、更有力的，则是频繁变动的社会思潮。因为通常重大的社会思潮都蕴含着观念的变化，或者就是以某些新观念为旗号的。不过，近代以来人们所称的包括学术思潮在内的社会思潮，与古代儒者的"学业"有一层重要的差别，乃在于"思潮"通常被冠以某某"主义"，表示它具有更为系统化的理论形态，因为"主义"本来是对那些带有后缀 -ism 的外来学说的指称。除了少数是首创者对其学说的自我命名，大部分是后人对此前学术脉络和派别的归类，是知识再生产的结果。古代中国的知识生产和传承集中于"四部之学"，随着近代西学的传入和社会自身的变革，那些最能够刺激社会舆论、转变人的心态乃至实现社会动员的"新知"，通常是不同程度的系统化理论。"科学"曾经是它的理想模型。在"四部之学"转变为"七科之学"的同时，因社会矛盾而产生的"古今中西"之争，使得思想更多地采用了理论化的形态。就哲学而言，代先秦子学时代而起，"经学时代"长达两千年，虽然"一代有一代之学"，但是主流不脱经学的范围。近代进入了"后经学时代"，其一大特征是经学不再是知识的最终来源和真理的唯一标准。在知识和价值多元化的时代，名目繁多的"西学"和不断涌现的"新知"，有力地改变着知识分子的观念世界。理论形态频繁变动的趋势，在后人观之，名之为"思潮"。另有一些原本属于政治实践的主张和方略，由于它牵涉到的社会生活的面很广，激起的反应也强，围绕其主张形成了一套话语，支持它的有或多或少的系统化理论，后人也将其称为"思潮"，并以其"宗旨"即基本主张命名之。概括而言，所谓"思潮"，其实通常是从知识分子群体发端，或者从外部世界引入，渐渐扩展到社会层面，进而影响到生活世界与民众心理的思想运动。意识到"时代思潮"的存在，表示中国人对观念世界的反思提升了一步。

对于社会思潮与观念的关系，最早关注社会思潮研究的梁启超有过一个说法：

> 凡时代思潮，无不由"继续的群众运动"而成。所谓运动者，非必有意识、有计划、有组织，不能分为谁主动、谁被动。——于同一运动之下，往往分无数小支派，甚且相嫉视相排击。虽然，其中必有一种或数种之共通观念焉，同根据之为思想之出发点。此种观念之势力，初时本甚微弱，愈运动则愈扩大，久之则成为一种权威。此观念者，在其时代中，俨然现"宗教之色彩"。一部分人，以宣传捍卫为己任，常以纯洁之牺牲精神赴之。及其权威渐立，则在社会上成为一种公共之好尚，忘其所以然，而共以此为嗜，若此者，今之译语，谓之流行，古之成语，则曰"风气"。风气者，一时的信仰也。人鲜敢婴之，亦不乐婴之，其性质几比宗教矣。[1]

梁启超提示了从思潮入口从事观念史研究的理由，即重大的社会思潮尽管构成人群十分复杂，同一思潮中人具体的观点也常常大有分歧，但是人们会分享"一种或数种之共通观念"。真正影响社会风气的，与其说是那些以 -ism 作为形态的理论，还不如说是那些"共通观念"。代表某某"主义"思潮的专业著作可以一纸风行天下，譬如达尔文的进化论在 20 世纪初的中国知识界尽人皆知，然而真正影响人的是"生存竞争"、"进化"或"进步"等观念，完整阅读过原著《物种源起》者几希。所以社会思潮的研究一定要深入到对核心观念的研究，将思潮史转变为观念史。反过来，透彻地研究某

---

① 梁启超：《清代学术概论》，载《梁启超论清学史二种》，第 1 页。

个观念的历史时，一定需要将此"观念"视为争论的平台，而不是研究我们的思议如何达致单纯的意义明确的"概念"。故思潮研究特别能显示其观念争论平台的特质。即尽管人们分享着某个"共通观念"，但是他们的背景、主体诉求、论证方式、扩散方向都可能有所不同，对该观念的意义之理解与解释也不同。在理论上，也许各方都显得"言之成理，持之有故"，但同时亦都既有所见也有所蔽。这样，观念史研究就展现了同时代的观念光谱，而不是线性过程。从思想潮流与观念变迁的关系入手，将导致一个历史主义的观点，给观念史以基于内部矛盾的动力学解释。所谓思想潮流是指"思潮"是复数的、具有复杂性：一个时代的思想潮流是以若干个标以 -ism（"主义"）的思潮互动组成的。换言之，时代思潮是含有派别性的思想运动及其趋势的总称。

不过，梁启超在提出"时代思潮"的同时，认为"自秦以后，确能成为时代思潮者，则汉之经学，隋唐之佛学，宋及明之理学，清之考证学，四者而已"[1]。这是以特定时代占主流地位的哲学形态来代表"时代思潮"。受梁启超的影响，冯友兰先生的《中国哲学史新编》，就是按照每一个时代的哲学有一个思潮统领的方式来编撰的。[2] 以思潮来统领时代的哲学，只是对那个时代的总体特征给出了规定，以表示它与前后时代的区别，它的展开则一定是其内部多种哲学体系的具体分析和解释。所以冯友兰期望自己能够"在哲学问题上比较完全地说明了一个时代思潮的来龙去脉"[3]。

严格说来，古代中国诸断代哲学史以子学、经学、玄学、佛学、理学、心学等为"思潮"，其实也只是从其主导性的学术形态而言。真正具有观念史研究方法论意义的，还是中国近现代社会思潮。因为，真正使得"思潮"

---

① 梁启超：《清代学术概论》，载《梁启超论清学史二种》，第 1 页。

② 冯友兰自述其《中国哲学史新编》的体裁："照这个体裁，书不以人为纲，以时代思潮为纲；以说明时代思潮为主，不以罗列人名为贵。每一个时代思潮都有一个真正的哲学问题成为讨论的中心。哲学史以讲清楚这个问题为要，不以堆积资料为高。全书讲了 7 个时代思潮：先秦诸子（分前后期），两汉经学，魏晋玄学，隋唐佛学，宋明道学（分前后期），近代变法，现代革命，这是客观的中国哲学史的 7 个中心环节，也是客观的中国哲学史发展的自然格局。"（冯友兰：《中国哲学史新编》第五册，自序，北京：人民出版社，1988 年，第 1 页）

③ 冯友兰：《中国哲学史新编》第五册，自序，第 2 页。

成为观念世界的一种显著的现象，也是在进入近代以后；它是与社会的深度
变革和随着社会动员，文化知识不仅在士大夫之间传播，而且极大地下移到
民众，从而开启了"大众时代"联系在一起的。从历史长程看，冯友兰以断
代史为标志的几个古代思潮，都绵延数百年之久，中间虽然也有主流与支流
或伏流的复杂情况，但是古今之间仍有明显的差别：与古代社会人的观念变
动总体较为平缓相比，中国近现代社会，在"古今中西"之争中，不但在短
时段中迅速出现了多种思潮，而且通常是几种思潮互动；不但有哲学的学术
思潮，还有政治／社会思潮进入人们的视野。只有到了近现代社会，才会出
现如克里福特·格尔茨所描述的那样，一种思潮"带着强大的冲击力突现在
知识图景上。顷刻之间，这些观念解决了如此之多的重大问题，似乎向人们
允诺它们将解决所有的重大问题，澄清所有的模糊之处"，以至于吸引了最
活跃的头脑去探索和开发它，通过试验和验证，将其转变为"我们的理论概
念总库的一部分"。①

　　以往人们常将西学东渐比拟为佛教东传，就原先基本上独立发展起来的
华夏文明所容受的外来思想的视角言之，两者有共同之处。但是，两者之间
还有许多差别：佛教固然也有不同宗派，但是其内部的分殊，对于中国普通
信众而言，在信仰上并无大的冲突，而且佛教传入中国以后，在其原产地印
度却式微了，它作为外源性的冲击，对中国观念的影响，时间虽久，先后有
不同的宗派传入中土，总体上似乎是"一次性"的。而西方观念的传入，虽
然总体上统属于基督教文明，但是不能认为是简单的一元的，而是多样性
的，至少可以分为欧陆、英美和苏俄三大来源，以及借道日本而来的观念；
同时西学在传入中国的同时，其自身发展演变的动力并未衰竭，因而其对中
国人观念世界的影响不但是多元的（甚至是互相对立的），而且是持续的。
更毋庸说，在中西观念的互动背后尚有全球化时代民族国家之间的交流、合
作和角力，以及国际秩序的重构，这些都非汉唐时代所可比拟。从思潮入手
研究中国近现代观念史，既可以给个别的观念研究提供具体的历史脉络，又
可以给这一堪称"大时代"历史阶段的观念描画出更具有整体性和解释力的

---

① ［美］克里福德·格尔茨：《文化的解释》，第 3 页。

谱系。

从思潮研究观念史，有助于理解观念何以既是个体意识又是群体意识。哲学史上形成体系的哲学家，不乏径行独往、截断横流的冒险家，恰如我们在观念史中会遇到那些最早提出某个观念或给某个观念以有力辩护的哲学家总是少数个人。但是，开始只是少数人独有的观念，何以成为民众的"共通观念"并具有重塑社会建制的力量？一种意见是"历史的动力不在经济或阶级的变迁，而在所谓的'思想方面的动员'（intellectual mobilization），亦即一个社会的价值取向，是慢慢被原来有无力感的知识分子改变的。这一些理念源于知识分子在小圈子的讨论，观念'涓滴'散布而最终得到实现"①。诚然，历史上不乏类似的成例，首倡某些现代观念的人物从"怨去吹箫，狂来舞剑"，到"剑气萧心一并消"（龚自珍），但是数十年以后被追认为时代的先知。不过，这样一种基于韦伯主义的多元历史观对"思想动员"的重视，在描述观念从少数知识分子走向大众实践的成功案例时，多少是后设的因果分析。梁启超则给出了另一种解释：

> 凡"思"非皆能成"潮"；能成"潮"者，则其"思"必有相当之价值，而又适合其时代之要求者也。②

> 无论何种政治、何种思想，皆建设在当时此地之社会心理的基础上，而所谓大人物之言动，必与此社会心理发生因果关系，始能成为史迹。大人物之言动，非以个人之资格而有价值，乃以其为一阶级或一党派、以民族之一员之资格而有价值耳。③

梁启超属于以赛亚·伯林所说的"现实感"特别强烈的人物，身历近现代中国众多思潮的交错攻伐和浪起浪消，而后返身予以历史的考察，洞见某些观念之所以蔚然成为"思潮"，并非仅仅依靠知识分子的执着，根本的原

① ［美］墨子刻著，黄克武编：《政治批评、哲学与文化——墨子刻先生中文论文集》编者序，台北：华艺出版社，2021 年。
② 梁启超：《清代学术概论》，载《梁启超论清学史二种》，第 1 页。
③ 梁启超：《中国历史研究法》，载《饮冰室合集》第十册，第 115 页。

因是适应了"时代之要求"，与"社会心理"发生共鸣。因此，那些"大观念"既是个体的观念又是群体的观念。将"思潮"视为特定观念的语境，就是把观念史视为社会意识的变迁史。这样的观点已经很接近曼海姆的见解：

> 　　进行着哲学思考的个体的思想成就，无论它看起来是多么的非政治和"孤独"，由于其出发点的作用，总是一个更广泛地分享的思想目的设计的一部分，这个设计反过来又通过一个社会目的的设计发生作用。①
>
> 　　即使经验主体相信"顿悟"和"设计"从他自己一个人身上"灵感般地""突然一闪"地产生，它们仍然是从一个集体的基本设计中产生的，这个基本设计就存在于他自己身上，尽管他没有通过自我反思意识到这一点，但是思想社会学的一项最重要的工作就是要将这种集体设计——它仿佛只在个体的背后发挥着作用而不进入其反思意识——的水平向前推进，并发掘出在一个时代或一种潮流中出现的离散的个体认识的深层背景。这就是重建。②

不过，无论是梁启超的"时代之要求""民族心理"，阶级、党派、民族之代表，还是曼海姆的"社会目的""集体的基本设计"，都只是指示了观念史重建需要寻找社会学根据。如果我们不满足于抽象地理解观念的"深层背景"，要防止它落入空泛的框架，还需要在思潮研究中将观念史本身具有的跨学科路径显现出来。

　　第一，以国家意志为最高代表的政治权力在决定思潮格局中起着重要作用。曼海姆认为现代社会的特点在于："所有意识形态潮流越来越围绕政治因素这个中心来形成。"③ 中国思想家则以较为朴素的方式来表达。如康有为对观念的力量和政治管制及诱导对观念力量之实现，既有总体性的认知，又有策略上的建议：

---

① ［德］卡尔·曼海姆：《保守主义》，李朝晖、牟建君译，南京：译林出版社，2002 年，第 37 页。

② 同上书，第 28 页。

③ 同上书，第 29 页。

> 天下移人最巨者何哉？莫大于言议觉议矣。父子之亲，天性也，而佛氏能夺之而立师徒；身命之私，至切也，而圣人能夺之而徇君父。夫以其自有之身，及其生身之亲，说易发立一义而能夺之，则天下无有不能夺者矣，故明此术者何移而不得。故善为君师者，明于阖辟之术，塞其途，瑾其户，令之梯而登天，穴而入地，诱于其前，鞭于其后，若驱群羊，然积之既久，在习非成是，而后道义名焉。颛顼由之，不能自舍，虽反其道而易之，非百数十年不可矣。然欲驱之，不能不依于势，无其势不能为也。明于时势，通于人心，顺而尊之，曲而致之，而才智足以操驭焉，则若决江河之堰，放湖堤之波，积巨石大木于高山之上，惟其意所欲为，无不如志矣。①

历史上凡是政治管控力量较强的时代，通常思潮比较单一，不同的观念之间的争论在相同"学业"内部开展；政治管控松弛的时代，思潮则可能以复调的形式呈现；最极端的情况是"丧乱之后多文章"。对此，我们可以从政治权力与文化权力之间的博弈来考察之。

第二，开放的社会，存在着三个市场的纠缠，思潮运行同时服从市场法则：重大的社会思潮互相激荡之际，包含着并不单纯的观念之争。观念之争后面还有更有力者存在，除了政治一维给予一种强制力外，资本的介入有时也毫不逊色，不过相对而言较为隐蔽。社会思潮必有相应的传播载体，近现代以来大量涌现的民间报刊是新型传媒。新文化运动期间，陈独秀等《新青年》派和杜亚泉主编的《东方杂志》发生争论，在理论上激进的观念压倒了主张"调适"的温和改良的观念。但是，决定两本杂志最终胜负的是隐蔽其后的资本逐利的力量：相对于《新青年》发行日广，《东方杂志》的发行量急剧下降。《东方杂志》撤换了杜亚泉的主编职务，改变编辑方针迎合社会——同时也增强——新观念的传播。这不是单一的个案，与《新青年》抗

---

① 康有为：《阖辟篇》（一八七七年前），载汤志钧编《康有为政论选》上册，北京：中华书局，1981年，第2页。

衡的另一家杂志《学衡》，一度停刊的原因也是销量日减。差不多百年以后出现了戏剧性的转变：随着"启蒙反思"的思潮转向，对于传承"国粹"，乃至儿童读经、屡禁不止的"女德班"等等，最早做出积极反应的就有出版业和校外培训机构，出版家或众多培训机构未必出于虔诚的信念，多半是因为他们敏感地发现了新的市场，在陈旧观念失去吸引力、别样有吸引力的观念成为禁忌以后，资本向此运动逐利，既是自然而然的事情，也成为观念传播的动力之一。更毋庸说，对于大部分学术活动的从业者，著述和讲演是其职业生涯的一部分，人情趋时而好名，名声早就成为另一种通货，市场在推动特定观念的传播中起了重大作用。简言之，在资本与权力的共谋下，现代学院制度的建构和日新月异的传播技术，为一部分知识分子提供了实现自己的工具性连环，同时也规定着观念传播的方向。

　　第三，当我们说到"利益"驱动在思潮运动和观念传播中的（可能是）隐蔽作用时，应该将其扩充为：人们的社会存在包括生产方式和生活方式的变化，从根本上影响着观念世界的面貌及其拓展。我之所以说中国近现代社会思潮的研究，才真正具有观念史研究的方法论意义，就是因为中国近现代是一个迅速发生"新陈代谢"的历史阶段，"中国近代社会的新陈代谢在很大程度上是由于接踵而来的外力冲击，又通过独特的社会机制由外在变为内在，推动民族冲突和阶级斗争，表现为一个又一个变革的浪头，迂回曲折地推陈出新"①。各种流行的社会思潮通常都是在观念层面对这一复杂的历史过程做出不同阶段的反应，观念变迁的"思"与"史"，本质上服从于中国"独特的社会机制"是如何迂回曲折地进步。彼得·温奇提出过一个问题："当一个社会的流行观念发生变化，也就是说当新的观念进入语言而旧的观念从语言中消失，此时所发生的事情的一般性质是什么？"他的回答是："一种其重要性足以使我们把它当作一个新观念的新的谈话方式中，蕴含着一套新的社会关系。一种话语方式的消失同样如此。"②虽然在哲学的基本问题上，彼得·温奇不见得与我们共享启蒙运动的"默识点"，但是我们在这

---

① 陈旭麓：《近代中国社会的新陈代谢》，上海：上海人民出版社，1992年，第3页。
② ［英］彼得·温奇：《社会科学的观念及其与哲学的关系》，第132—134页。

里赞成他的说法。问题是一套新的社会关系和新的观念的产生与它最后成就"社会转型"，并非一件事情。中国的"独特的社会机制"之一就是地广人众、历史悠久，文化现代性发育高度不平衡。所有这些与政治的、经济的条件构成了复杂的、非人力所可以设计的关系，都影响着社会思潮的生、住、坏、灭。

简言之，从思潮进入观念史研究，可以帮助我们避免将观念史仅仅视为观念独立演化的历史，而从更宽的社会历史条件去理解它，在研究方法上，用殷海光的说法，应该采取所谓"多科并用的入手法"（multidisciplinary approach），而不宜采取"特殊主义的入手法"（particularistic approach）。[①] 它们的命运在形式上可以是多种元素在恩格斯所谓"平行四边形法则"下的偶合，至于要真正说明某种"偶合"是如何成就的，离不开对具体问题的具体分析，观念史家在此不仅需要更精心的研究，而且需要发挥个人特有的才智。

从思潮到观念的研究，或者说在研究观念史的过程中注意到观念的新陈代谢常常栖身于社会思潮的更替之中，可以帮助我们认识"思潮"对于"观念"之作用的两面性：一方面可能使得特定观念的意义更显豁明锐，传播更广泛，社会驱动力更强。新生的观念必须从少数人群或者小圈子里走出来，走进大多数民众的观念世界，才会有改变社会关系的力量，从这个意义上说，那些气势宏大、持续长久的社会思潮，确实有助于观念的扩张：社会主义运动普及了平等观念，自由主义思潮唤醒了中国人的自由观念，民族主义思潮后面是民族意识的澎湃增长，这些都是近现代观念史的基本事实。另一方面，用梁启超的说法，社会思潮在其高峰时刻，乃至"在社会上成为一种公共之好尚，忘其所以然，而共以此为嗜"。观念栖身于某些社会思潮，或者说观念借助激荡人心的力量推动思想潮流，也可能使得观念运动本身发生

---

① 殷海光：《怎样研究民族主义》，载张建军、从丛编《殷海光哲学与文化思想论集》，南京：南京大学出版社，2008 年，第 301—306 页。殷氏在该文中主要讨论的是如何研究民族主义思潮，他认为特殊主义的方法，虽然比较容易解决文化认同，但难以获得客观知识，研究者甚至可能丧失自我。但是他对什么是他所说的"多科并用"的方法，只是笼统地提出"从心理、经济、传统和现状来整合地研究这个问题，才能够测量出民族主义的效力级距"。同时，他尽管似乎意识到对其核心观念的语义学研究的重要性，但是没有具体展开。

某种偏至，乃至趋于极端，激发相反的力量因而导致其走向衰微。观念一旦转变为大众性的思潮，理智活动就难免为情绪化倾向所支配；不同意见的争论形成思潮激荡之势就可能反激对立的各方走向极端化。正如近现代社会思潮史所呈现的那样，对一个时代意识具有支配性的观念，不排除同时出现在互相攻讦的不同思潮之中，而且正因为"兄弟阋于墙"，内斗往往更烈于外争。而且有些应时而起的观念，在"因政教则成风俗，因风俗则成心理"的过程中，经过持续的"思潮"激荡，终而形成历史的惯性，成为接受新观念的障碍。因此，我们既可以借"思潮"进入观念史研究，又要能够将二者做适当的分离；"思潮"是"观念"的背景、作用和语境之一部分，对思潮的考察不能代替对观念自身的深度分析，观念的意义并不全部以其栖身之思潮的规模及一时影响的大小为转移，观念史也有自己独立的线索。近代以降，国人多次折服于"时代潮流，浩浩荡荡，顺之者昌，逆之者亡"的思维定式之中。从思潮进入观念史的研究，既要探究社会思潮对于认识观念之新陈代谢的价值，同时也要跳出以众口一词为真理标准的陈套，有勇气拒绝以"天下大势"来压服不同观念的做派。

总而言之，在社会思潮频仍的时代，观念内嵌在思潮中，与思潮共生而非必定同消。离开思潮研究观念史，难免只见树木不见森林；不善于从滔滔思潮中发现核心观念的踪迹和价值，则可能陷于支离或买椟还珠。

三

从"思潮"进入观念史研究，一定绕不开特定思潮中的"人物"研究；因为所有思想运动的潮流都是在历史中思维着的人创造的，而不是纯粹精神活动的产物。但是，这里讲的"人物"，不是普通意义上的"人"。我们说某人是个"人物"，意味着他有特殊的才具、能力或风格，使其足以与众人区别开来，哪怕我们并不赞成他的主张与为人。就像我们说到进化论思潮，一定会想到达尔文和严复、胡适，讲到无政府主义思潮，通常会想到巴枯宁、克鲁泡特金和刘师培、刘光汉，说到马克思主义，自然首先会讲马克思。换言之，我们首先将注意到创立那些以 -ism 为尾缀的"主义"的人物，把相关思潮视为其思想创造的产品衍生物，按照章学诚的说法，他们的功绩即为以"学业""辟风气"：

> 学业将以经世也，如治历者尽人功以求合于天行而已矣，初不自为意必也。其前人所略而后人详之，前人所无而后人创之，前人所习而后人更之——周公承文、武之后而身为冢宰，故制作礼乐，为一代成宪；孔子生于衰世，有德无位，故述而不作以明先王之大道；孟子当处士横议之时，故力拒杨、墨以尊孔子之传述；韩子当佛老炽盛之时，故推明圣道以正天下之学术；程、朱当末学忘本之会，故辨明性理以挽流俗之人心。其事于功皆不相袭，而皆以言乎经世也。故学业者，所以辟风气也。风气未开，学业有以开之；风气既弊，学业有以挽之。①

> 所贵君子之学术，为能持世而救偏，一阴一阳之道，宜于调剂者然也。风气之开也，必有所以取，学问文辞与义理。所以不无偏重畸轻之故也；风气之成也，必有所以敝，人情趋时而好名，徇末而不知本也。是故开者虽不免于偏，必取其精者为新气之迎；敝者纵名为正，必袭其伪者为末流之托；此亦自然之势也。而世之言学者，不知持风气而惟知徇风气，且为非是不足邀誉焉，则亦弗思而已矣。②

章学诚只是描述了中国哲学史上那些先知先觉（"辟风气"）的成功的历史，但是他并未进一步告诉我们：孔子倡"仁"、孟子举"义"、韩愈为儒家立"道统"，乃至程朱发明"性理"，后人视为开一代风气，为何在当时并非即刻为同时代所接纳？另有一批径行独往的人物如汉之王充、明清之际的王夫之等，又何以长久地埋没在历史的尘埃之下？他自己在清代考据学全盛之际，"不屑屑于考证之学，与正统派异"，所著《文史通义》大倡"六经皆

---

① 章学诚：《天喻》，载仓修良编著《文史通义新编新注》，第 332 页。
② 章学诚：《原学下》，载仓修良编著《文史通义新编新注》，第 112—113 页。

史"等，"书中类此创见者不可悉数，实为晚清学者开拓心胸，非直史家之杰而已"。① 又，道光年间的龚自珍自称"但开风气不为师"，他论创造性主体的"自我"和个性解放的观念，都领先于整个时代。但是龚自珍像章学诚一样都曾为时风所掩，而等待刮秽磨光之后方被人识之。所有这些是否可以证实怀特海的一个看法：开风气的人物常常是超越他那个时代的。也许正因为此，古代哲学家大多具有先知的气质，他们是人类未来生活的预言家。

　　不过，如果我们稍加分析，就可以发现章学诚论"风气"与"人物"的关系时，注意到了五类"人物"：开风气、持风气、徇风气、逐风气、挽风气。无论是"开风气"还是"挽风气"的，都是我们在研究观念史中最为注重的人物。观念史不但需要尽可能详尽地收集历史材料，以实证方式发现某种新的"词汇"或"术语"在历史的什么时段集中出现，以确定新观念的产生；而且需要勘定那些重要人物，他们或者率先提出了某个重要观念，包括最早给予新的解释，或者对某种思潮有推波助澜之功——其观点和理论对观念的解释具有典型意义，导致了特定的运思方向、风格或气质。就他们"开风气"和"挽风气"的历史作用而言，与观念史家以赛亚·伯林所注意的那类"反潮流"的人物十分相似。在这一点上，观念史研究特别能体现出与普通哲学史的差别，就对人类文明的贡献而言，体系的严密性并不总是压倒观念的独创性。在伯林看来：

　　　　这些哲学家提出了一些观念，这些观念的深度和力量已经永远改变了思想史，或者（结果是相同的）他们提出的问题历久弥新，不断地操练着之后的思想家的头脑：即使提出这些问题的那些最具雄心和最著名的思想体系早已失去它们曾经具有的全部生命力，或者顶多只能引发纯粹的历史兴趣，这种说法也是正确的。②

---

　　① 梁启超：《清代学术概论》，载《梁启超论清学史二种》，第 57 页。
　　② ［英］以赛亚·伯林：《启蒙的三个批评者》，马寅卯、郑想译，南京：译林出版社，2014年，第 13 页。

即使像维柯、赫尔德和哈曼等"启蒙的三个批评者"，并没有创制出如柏拉图、康德和黑格尔那样恢宏的哲学体系的人，在他们对启蒙主义的潮流所作的批评中，蕴藏着"巨大的、杂乱的、有时甚至是稀奇古怪的巴洛克大厦的一些砖块：出于自身的原因而有价值的石头，它们能够被用于建造更坚固且更节制的结构"①。

在中国近代观念史上，同样可以发现这样特具价值的"人物"。严复、康有为、梁启超等都是中国近代思想史上的重要人物，但是如果用是否创造了严整的哲学体系去衡量他们，则价值有限，故不但现代新儒家忽视他们，紧随康、梁、严出道的王国维也认为他们过于追求学术活动的社会效用，没有把哲学视为一种独立的学术，所以在"纯粹哲学"方面似乎乏善可陈。②但是，冯契先生在一个更宽的历史视野中做出了不同的评价。冯契一方面承认王国维"为学术而学术"是哲学家追求真理的精神之体现，另一方面又对康、梁、严等给予同情的理解：

> 在近代，由于现实经历着剧烈变革，思想家们一生变化较大，往往来不及形成严密的哲学体系。因此，我认为对近代哲学不要在体系化上作苛求，而应注重考察思想家们在一定历史阶段上的独特贡献，看他们在当时提出了什么新观念来反对旧观念，从而推进了近代哲学革命的进程。③

所谓"提出了什么新观念来反对旧观念"，即在新旧交替的历史转折点上，实现了章学诚之"开风气"和"挽风气"。时人通常赞美陈寅恪论"自由之思想，独立之精神"，此乃陈氏借称颂王国维而自述其志。但是欲论国人的"自由"观念，实在离不开严复、梁启超所开辟的新风气。甲午战争以

---

① ［英］以赛亚·伯林：《启蒙的三个批评者》，第 13 页。
② 王国维：《论近年之学术界》，载谢维扬、房鑫亮主编《王国维全集》第 1 卷，杭州：浙江教育出版社，广州：广东教育出版社，2010 年，第 122—123 页。
③ 冯契：《中国近代哲学的革命进程》后记，载《冯契文集》（增订版）第七卷，第 655 页。

后，严复不但发表《论世变之亟》等四篇政论，揭开"夫自由一言，真历古圣贤之所深畏，而从未尚立以为教者也"①的真相，倡言"自由为体，民主为用"；而且翻译约翰·弥尔的《论自由》（严译名为《群己权界论》），将其自由理论引入中土。与严复并肩作战的梁启超，自称"新思想界之陈涉"，作《自由书》《新民说》，倡导"除心奴"，甚至为了其自由理想不惜与其一向追随的康有为驳难。他一生流质多变，坦陈"不惜以今日之我，难昔日之我"，在近代中国自由观念史上树立了一种特殊的风格。用冯契先生的断语："从哲学来说，这个'新思想界之陈涉'的主旨，就在于颂扬精神之自由，反对精神受奴役。"②由此，从"开风气"到"挽风气"，成为一个"辟风气"的循环。此处之"辟"乃熊十力"翕辟成变"说之"辟"，体现的是精神不甘堕落而保持向上的趋势；只是因为不能忍受陈旧的风气而欲"挽"之，"挽风气"必须对陈旧的观念持以批判，故"挽风气"者必不惮于"开风气"。

　　与"开风气"的人物相对照的，是大量为了各种目的包括私利而屈从风气（"徇风气"）乃至"逐风气"（推波助澜）的人们。梁启超曾经指出，影响精神自由创造的主观因素，部分地应该归结为士大夫喜好"依傍"的习性③；如上文所说到的，一种社会思潮达到最高潮的时节，几乎各个阶层都卷入其中，鱼龙混杂，泥沙俱下。他们固然加大了某种观念的影响范围和力度，但也导致了思想运动的偏颇和弊端。"风气之弊，非偏重则偏轻也。重轻过不及之偏，非因其极而反之，不能得中正之宜也。好名之士，方且趋风气而为学业，是以火救火而水救水也。"④在知识生产商品化的时代，对于视学术研究为猎取名利的手段而非志业的人来说，随风飘动和趋势而行

---

① 严复：《论世变之亟》，载王栻主编《严复集》第一册，第2—3页。

② 冯契：《中国近代哲学的革命进程》，载《冯契文集》（增订版）第七卷，第174页。

③ 梁启超曾经说过："中国思想之痼疾，确在'好依傍'与'名实混淆'。若援佛入儒也，若好造伪书也，皆原本于此等精神。以清儒论，颜元几于墨子矣，而必自谓出孔子；戴震全属西洋思想，而必自谓出孔子；康有为之大同，空前创获，而必自谓出孔子。及至孔子之改制，何为必托古？诸子何为皆托古？则也依傍混淆而已。此病根不除，则思想终无独立自由之望，启超盖与此三致意焉。"（梁启超：《清代学术概论》，载《梁启超论清学史二种》，第72页）

④ 章学诚：《天喻》，载仓修良编著《文史通义新编新注》，第332页。

的结果是制造了大批学术垃圾，同时也毒化了学术空气。恰如章学诚所抨击的：

> 今之学者则不然，不问天质之所近，不求心性之所安，惟逐风气所趋而徇当世之所尚，勉强为之，固已不及人矣；世人誉之则沾沾自喜，世人毁之则戚戚以忧，而不知天质之良，日已离矣。夫风气所在，毁誉随之，得失是非，岂有定哉……且亦趋风气者未有不相率而入于伪也，其所以入于伪者，毁誉重而名心亟也。[1]

由此需要另一类人物登场："风尚所趋，必有其弊，君子立言以救弊，归之中正而已。"[2] 这类人物属于"持风气"者，由于其独到的洞见，他们能够把握时代，包括对抗时风的流弊："学问文章，聪明才辩，不足以持世，所以持世者，存乎识也。所贵乎识者，非特能持风尚之偏而已也，知其所偏之中亦有不得而废者焉。非特能独擅之长而已也，知己所擅之长亦有不足以该者也。"[3] 如果说，在中国现代自由观念史上，严复、梁启超等是"开风气"的人物，那么胡适、陈独秀乃至陈寅恪、殷海光等则可以说是以各自不同的方式"持风气"的人物。对于他们个人的自由观自然可以也需要做单独的专门研究，但是倘若将他们安置在观念史的演化脉络中来研究，我们庶几得以描述出中国现代自由观念的谱系。

这里的"谱系"可以是在最普通或者常识的意义上使用的，此时我们进行观念史研究时可以参考，但并非一定需要全幅采用福柯"谱系学"方法。在一定的程度上我们接近福柯的观点：观念史并非走向形而上学的纯粹真理的线性过程，在此途中总是充满着偶然性，甚至观念自身的演变和发展未必需要走到思议的极致；而知识与权力的纠缠也是观念史无法避开的问题。但是福柯反"进步"的立场过于强烈，这有一种危险，使得历史叙事不再可

---

① 章学诚：《答沈枫墀论学》，载仓修良编著《文史通义新编新注》，第 713 页。
② 章学诚：《说林》，载仓修良编著《文史通义新编新注》，第 225 页。
③ 同上书，第 229 页。

能。在常识的意义上使用的"谱系"，可以是"家谱"式的，也可以是"光谱"式的。它们在传统学术的书写方式中有本可循：荀子的《非十二子》针对同时代的十二家（人物），承认他们尽管都言之成理、持之有故，但是各有其弊端，总成其"光谱"式的演示；放大地看，一部《明儒学案》可以视为明代儒学的光谱。佛教重视传法世系的谱写，受其影响，从韩愈开始的儒家"道统"论，内容有若干种，但是都接近"家谱"。不过，观念史研究所作的"谱系"，与它们也有所不同；因为观念史比一般哲学史书写更为集中——聚焦于某个观念的生成和演化。

如何将从"人物"出发的观念史研究，演化出福柯式的谱系，提供关于相关观念历史全貌的整体性知识？剑桥学派的代表人物昆廷·斯金纳曾经做过示范性的工作。2017 年春，昆廷·斯金纳在北京大学访问期间，做过一场题为《霍布斯及其批评者：自由与国家》的讲演。他从霍布斯开始，在个人与国家的关系即政治哲学的层面，讨论自由主义式的个人自由概念。霍布斯认为，基于两条前提，个人才享有国家公民的自由：（1）有力量去行动，以追求特定的选项（或至少是其替代方案）；（2）在行使力量时免于外力的干涉。霍布斯实际上以"免于干涉就是自由的标志"，界定了"消极自由"。但是，霍布斯同时也开启了一场围绕"自由"的持久争论：既有沿着该方向做相应的补充和修正（如从洛克到边沁把"免于干涉"从作用于身体的力量扩展到屈折人的意志的力量）；也有逸出"外力"，把"干涉"归结为来自自我（更多是个体心理的特殊性）的力量（如约翰·密尔）。这基本上是盎格鲁-美利坚政治哲学中的传统观点。但是英语世界又受到黑格尔主义的深刻影响，基于黑格尔的辩证法，霍布斯的批评者则认为自由根本上是实现人性的本质（如黑格尔和马克思），从"消极自由"中逸出了"积极自由"传统；而与约翰·密尔以及马克思同样继承罗马法传统的菲利普·佩蒂特，则从更宽的政治经济条件来谈论自由——免于依附关系。斯金纳最后综合他对于上述多位人物的研究，说"这就是自由的谱系"，并画出了下图：

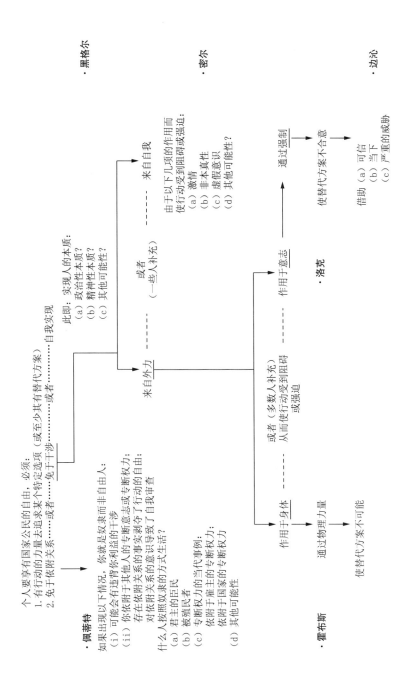

通过对英语哲学界"自由的谱系"的演示，斯金纳希望说明什么呢？

　　我想政治哲学和道德哲学中那些最抽象的核心概念一般都会有各种互相抗衡的理解。我想向你们展示的是，我们没有理由宣称"这个概念最终就是这样"。事实上，在我试图展示的整个现代英语传统中，这个故事是一场无休无止的对话，是许多能够自圆其说的立场之间无休无止的争论。但尽管这些争论都能自圆其说，你却不能简单地把它们结合在一起，你必须从中做出选择，因为它们并不彼此适配。①

　　检视斯金纳描摹的自由的谱系以后，我们又可以学习到什么呢？最直接的启发是关于观念史研究的认识论：如果我们承认一个观念的历史从属于整个认知（即使是在较弱的意义上）的进步，那么知识的进步就并非单纯的连续或增长，而是由连续性和非连续性、同一与差异、接引与转换等构成的复杂过程。它使我们在需要对实际问题下整全的判断时，能够保持更审慎的态度。譬如，如果我们再谈论西方自由观的时候，就不会轻易地满足于貌似清晰而实质笼统的结论，即意识到任何西方自由观就是"这一个"的说法，都不是毫无疑问的。同理，任何宣称某某就是"中国的"某观念的唯一解释，也理应提供更充分的理由。因此，《易传》"天下一致而百虑，同归而殊途"，不再是空洞的断言，而可以在观念史研究中呈现具体的意涵。它在方法论上也对我们有所启示：在以人物研究为基础的观念史研究中，研究者可以暂时悬置自己的立场，以便展开观念的历史进程。不过我们应该在较弱的意义上使用"进程"这个概念，即不认为最后出现的理论家就天然有权说出最后一句话。研究者的立场不取显性的论断来表示，但是作为一种哲学研究的实践活动，最终不能避免立场的选择；不过在再次回顾自己的立场时，你已经对相关的争论有过比较完整和系统的思考，在对相反之论有所批评的同时，有足够的余裕来反思自己的前见，澄清乃至修正自己的观点。在这个意

---

① ［英］昆廷·斯金纳著，李强、张新刚主编：《国家与自由：斯金纳访华讲演录》，第112—140页。

义上，你的认识已经是经过系统反思的，此时有希望达到一种新的"洞见"，恰如章学诚所云："所贵乎识者，非特能持风尚之偏而已也，知其所偏之中亦有不得而废者焉。非特能独擅之长而已也，知己所擅之长亦有不足以该者也。"① 观念史研究不但因为使观念世界呈现出更丰富的面向从而体现出知识的进步，而且变成对自我的拷问和观念的反思，最终有望成为一种"为己之学"。

① 章学诚：《说林》，载仓修良编著《文史通义新编新注》，第229页。

第七章 经典世界与生活世界
——观念史的双重根据

一

观念史研究可以说是哲学史研究的一种变体或扩张，也可以说是哲学研究的另类途径，尤其是在我们将它界定为批判的观念史的时候。观念史必定关注观念的历史发展，尤其关注所谓我们文明世界的某些核心观念是如何产生、如何变动与传播着的，即何以在不同的历史阶段或不同人群那里具有差别性的意义，关注此观念与彼观念之间的关联、冲突与转移等，力求找出一种文明在漫长的变迁中那些中心概念的产生和发展过程。所有这些都仿佛是历史学的工作。但是，假如这样做的目标同时是"再现在某个既定时代和文化中人们对自身及其活动的看法"①，因而实际上是"认识我们自己"的一部分，即通过认识心灵史来认识心灵本身，那么，这种批判的观念史的工作可以通达哲学研究。因为当我们重新认识自己的时候，我们多多少少打开了改变自己的诸种可能。

像任何哲学研究一样，观念史研究离不开前人遗留的文献。当今的哲学

---

① ［英］伯林：《反潮流：观念史论文集》，冯克利译，南京：译林出版社，2002年，第5页。

研究，很大程度基于哲学史研究，甚至就是对古代哲学文献的研究。作为现代学术形态的汉语观念史，从一开始在梁启超、王国维、胡适和傅斯年那里发轫之际，就是从研究古典文献开始的，包括文献真伪的考辨乃至古文字的释义。尽管并非所有的哲学家在从事哲学创造时都像冯友兰先生那样经过一个"照着讲"（写作两卷本的《中国哲学史》），以后才"接着讲"（写作《贞元六书》）的过程，但是他们一定离不开古代的乃至他所处时代的哲学文献。在某一个文化系统中，能够被历代学者反复研究因而历久弥新的那些文献就具有了经典意义，这些文献中某些"中心观念"被反复定义、解释、讨论，发生着复杂的衍变。确定哪些文献能够进入"经典"，与确定哪些观念更为重要或更为根本，甚至已成为哲学活动的一部分。中国文化具有的历史连续性之悠长，全世界罕见其匹。迄今为止，已经有许许多多的学者把时间和精力花费在梳理儒释道诸家的门派、学脉等历史知识上面。在强调文明传承的时代，它有存在的理由。就中国观念史而言，首先就如一般中国传统哲学一样，离不开对先秦诸子学的研究，因为先秦时期被后人称为中国文化的"轴心期"，它开创并很大程度上规定了而后两千多年中国文化的走向。从这个意义上说，中国人的"经典世界"从春秋战国时期即开始生成。"经学开辟时代，断自孔子删定六经为始；犹之李耳既出，始著五千之言，释迦未生，不传七佛之论也……孔子所定谓之经，弟子所释谓之传，或谓之记，弟子展转相授谓之说。"①汉以后的儒家则主要研究经学，称得上是"经"的历史文献是五经、七经、九经、十三经。历代学人倾毕生精力注解经典者无数，这种解经、注经的活动，本身就是融摄佛老于儒学的过程；最重要的注释如朱熹的《四书章句集注》等本身就成为重要的经典，因为它不仅对先秦儒家文献作出了创造性的解释，也长期被官方奉为正典。故冯友兰先生将自汉代到晚清称为中国哲学的"经学时代"。在整个经学时代，这种围绕经典世界的解释活动构成了中国哲学史著述的主体。不难明白，我们如果能共享同一个经典世界，就意味着我们共享着某些哲学传统。就中国传统哲学而言，诗、书、礼、易、乐、春秋的传世文本历来受到尊崇："孔子曰：'入其国，其教

---

① 皮锡瑞：《经学历史》，周予同注释，北京：中华书局，2004年，第1—2页。

可知也。其为人也，温柔敦厚，诗教也；疏通知远，书教也；广博易良，乐教也；絜静精微，易教也；恭俭庄敬，礼教也；属辞比事，春秋教也。'"（《礼记·经解第二十六》）六经构成了儒学的"经典世界"的核心部分，它既是文本的累积，又是精神的含藏；既包含了诸种知识的多样性风格，又呈现出人的道德品性。经典世界是我们的先人之观念风格、学业取向和道德生活的连续体。

经典世界体现出文化传统有其本根性的存在。但是，按照希尔斯的说法，"哲学传统需要支持"①。哲学传统所需要的支持，当然有来自内在的力量，即传统内部持续不断的信仰、热诚和研究活动，包括各种争论和批判，由此使该传统保持活力。希尔斯以为除了需要文化机构以外，哲学传统的维持需要与宗教的、道德的传统，以及毗邻的社会科学甚至自然科学传统保持不同程度的联系。在中国，经学的历史与政治的关系尤其紧密。"古来国运犹有盛衰，经学亦有盛衰；国统有分合，经学亦有分合。历史具在，可明证也。"② 这种与政治的关系之紧密达到如此程度，随着每一个王朝的兴衰，儒学都改变了自己的形态，不但"一代有一代之学"，而且"江山代有人才出"。用章学诚的说法："后王以为儒术不可废，故立博士，置弟子，设科取士，以为颂法先王者劝焉。盖其始也，以利禄劝儒术，而其究也，以儒术徇利禄，斯固不足言也。而儒宗硕师由此辈出，则亦不可谓非朝廷风教之所植也。"③ 对于传统社会政治与儒学之间关系的复杂性，章学成的观察是深刻的。从汉代立五经博士开始，不管最高统治者的个人信仰如何，儒学几乎始终占据着意识形态正统。古代儒家依靠从察举到科举的"举贤任能"的选官制度、书院、私人讲学等使儒学得以传承。

然而儒学在传承的过程中，经典世界表现出它既有的核心内容，孔子最具代表性的符号是不变的，所以儒学又可以称为孔学；但是，从历史上看它又是一个变动的过程：不但在形式上我们看到其量的扩张，由五经、七经、

---

① ［美］E. 希尔斯：《论传统》，傅铿、吕乐译，上海：上海人民出版社，1991 年，第177 页。

② 皮锡瑞：《经学历史》，第 1 页。

③ 章学诚：《原学下》，载仓修良编注《文史通义新编新注》，第 112 页。

九经，到最后的十三经，而且在内容上，现在回顾断代哲学史，我们可以发现其中几乎每一个后起时代的经典，都与前朝的经典之间有明显的断裂：汉代经学的今古文之争，魏晋玄学因一扫古文经学的烦琐学风而起，宋明理学更专注"内在"而专注于高严之伦理学方向深造有得，以及心性儒学被"实事求是"的考据学所取代，都表现出经典世界之间是存有断裂的。据此，前辈经学史家便"否定了一种说法，即中国经学存在着一以贯之的传统。"① 另一方面，后起朝代的学术又都融合了原先并非起于原始儒家的思想要素。譬如汉代董仲舒将源于阴阳五行学说的宇宙论引入了儒学，把伦理-政治秩序与宇宙论秩序合一；魏晋时期则通过"名教与自然"的争论，给儒家政治秩序提供了主要出于道家的形而上学辩护；宋明儒学积极应对佛道两家的挑战，把某些佛道思想综合于自身，发展出一套心性哲学；即使是通常被认为哲学创造性不够的清学，也把语文学与儒学的联系凸显出来，使得其可能呈现为知识的进路，并在其晚期积极吸收西学，为 20 世纪在诸多西方哲学涌入中土的历史条件下，开出"儒学的第三期"发展做准备。尽管如此，断裂和外来文化的融入并没有改变如下传统：后代儒者总是以孔子为宗主，总是以返回孔子的思想学说并予以重新解释为出发点。换言之，两千年的儒学沿着孔子开辟的"轴心期"之方向，繁衍出一个经典世界。

　　上述所谓"经典"，在今人看来，有两个特点：第一，它与"古典"（classical）的意义相似。今人对它的发明都是对古典知识的各种不同的现代解释；这种"现代"与"古典"之间的互相作用，使得经典保持着活力。第二，它基本上是在儒学的范围之内而言的"经典"。影响两千年士大夫精神生活乃至影响到中国文化传统的，还有许多不在其内。以老庄为主要代表的道家著述不但广为传播，而且构成知识分子传统心理"儒道互补"不可或缺的一部分。人们现在说"儒道互补"是中国文化的一大特点。法家被正统儒学排斥，但是中国传统政治是"儒表法里"。今人视之，中国文化的"经典世界"中，除了其主体儒家经典之外，当然应该包括轴心期开启的诸子学。此外，佛教有《大藏经》，道教有《道藏》，同样成为当代中国文化经典

---

　　①　朱维铮：《中国经学史十讲》，上海：复旦大学出版社，2002 年，第 13 页。

世界的一部分。它们与儒家经典的互动，以及儒家经典自身的演化，一起构成经典世界变动的动力，在社会史上则是延续千年的儒释道三角融合的曲折过程。从观念史的角度看，构成"中心观念"的历史演变之背景的"经典世界"就是一个既有整体的连续性，又是变动的，边界不那么清楚的世界。

此外，哲学传统所需要的支持，还应该有来自"生活世界"的支持。观念史研究一方面总是处在某种哲学传统中，总是依靠特定的"经典世界"，或者总是重新划定"经典世界"的图景；另一方面，经典与历史、经典世界与生活世界之间本是存在着一层裂隙和隔膜。古代经典的本质是复杂的，是历史之纹饰与意义之彰显的统一体。南宋的陈亮在与朱熹就历史观争论时曾经表达过此等见解："秘书以为三代以前都无利欲，都无要富贵底人，今《诗》《书》载得如此净洁，只此是正大本子。亮以为才有人心便有许多不净洁，革道止于革面，亦有不尽概圣人之心者。圣贤建立于前，后嗣承庇于后，又经孔子一洗，故得如此净法。"[①] 净法的"正大本子"乃成为正典，彰显了价值，却过滤了历史的真实。因此观念史求真就不能停留在经典，必须依赖来自生活世界的动力。

这里借用"生活世界"的概念，是因为胡塞尔用来包含对现代科学精神的彻底批判的生活世界概念，现在已经从现象学的中心概念扩展成了公共思想史的话题。胡塞尔所说的"生活世界"是与"客观科学的世界"完全不同的世界，尽管两者有某种关联；或者说是与奠基于数学的观念性世界不同的"那个唯一现实的、在感知中被现实地给予的、总被经验到并且也能够经验到的世界，即我们的日常生活世界"[②]。哈贝马斯说："在论欧洲科学危机的文章中，胡塞尔从理性批判的角度引入了生活世界概念。胡塞尔当时所处的实际情况是：自然科学被认为是唯一的科学；在这种情况下，胡塞尔突出强调日常实践的偶然性语境是遭到排挤的意义基础。因此，生活世界与构成自然科学对象领域的那些理想化概念是相对立的。针对理想化的测量、因果假

---

① 陈亮：《又乙巳秋书》，载《陈亮集》卷二十八，邓广铭校点，上海：上海古籍出版社，2022年，第300页。

② ［德］埃德蒙德·胡塞尔：《生活世界现象学》，倪梁康、张廷国译，上海：上海译文出版社，2005年，第242页。

定、数学以及其中实际的技术化倾向，胡塞尔坚持认为，生活世界是现实领域，能够发挥原始的作用。"① 哈贝马斯以交往行为理论为基础对生活世界概念做了新的界定。不过在生活世界作为始终发挥原始的或本源的作用、历史地形成而又向未来开放的现实领域这一意义上，我们也许可以从社会哲学或人类学的范畴来运用生活世界概念，尽管与胡塞尔的概念会有某些距离。它与马克思强调的现实的人的生活类似，即物质生产、人自身及其社会关系的再生产，因而是一个统一并始终开放的过程。当我们谈论批判的观念史如何立足于经典世界与生活世界之间的时候，不妨在比较宽泛的人类学的意义上使用生活世界的概念。

二

笼统地说，观念史的根据来自经典世界与观念世界之际；但是，从观念的发生学来说，生活世界是第一位的。这是基于实践论的观点，也是广谱的知识社会学的路径。远在我们今日视为经典的那些文本产生以前，人类的生活世界就存在着能够发挥原始作用的现实领域。怀特海强调哲学研究要研究观念如何来自活动，又如何反过来影响产生它们的活动："观念起于对于风俗进行解释，而终于建立其新方法、新制度。"② 而从某些新观念获得其社会植根性的角度说，要通过章太炎所谓的"因政教则成风俗，因风俗则成心理"③ 的过程。这两个似乎相反的过程，其实可以综合起来显示生活世界对于

---

① ［德］于尔根·哈贝马斯：《后形而上学思想》，曹卫东、付德根译，南京：译林出版社，2012 年，第 75 页。

② ［美］A. N. 怀特海：《观念的冒险》，第 103 页。

③ 章太炎是在谈论从封建社会过渡而来不久的欧洲社会，人对生活的意义的理解如何从政治宗教通过影响风俗，最后铸成人的共同心理的时候说这段话的。他说："欧洲诸国，参半皆信神教，而去封建未远。深隐于人心者曰：人为社会生，非为己生，一切智能膂力，当悉索所有，以贡献于大群。因政教则成风俗，因风俗则成心理。虽瑰意琦行之士，鲜敢越其范围。"他虽然没有专门理论，来讨论如何在生活世界的整体性上获得生活的意义，但是其"政教""风俗""心理"三项以及其关联性的提示，可以用于讨论观念与生活的关系。参见《四或论》，载《章太炎全集》四，第 445 页。

观念史研究的意义。

怀特海强调"风俗"的解释对于观念形成的基础意义。风俗是一个社会流行的喜好、习惯和礼仪乃至行为模式等。所以在另一个地方,怀特海说"一个观念产生自与之相关的、先此建立的人类行为方式"。它有一个从潜意识、经过朦胧的未加厘清的意识,到经历了"理智之士"的解释而成形的过程。作为风俗的主体的"礼仪以及由此产生的情感成为表达观念的方式;观念则成了对礼仪的解释"①。从起源上说,人类那些最重要的观念,一开始与生活世界是浑然一体的。换言之,在前经典时代,文明已经开始了漫长的历史。我们通常说,哲学史起源于史诗(西方)和术数(中国),而史诗和术数似乎可以比较集中地表现上古时代的风俗。就中国文化和哲学的经典世界而言,当然离不开"六经",六经承担了"道"的信仰,属于中国文化经典世界的核心。但是章学诚就在"道不离器"的基点上阐明了经典与历史生活的关系:"六经皆史也。古人不著书;古人未尝离事而言理,六经皆先王之政典也","若夫六经,皆先王得位行道,经纬世宙之迹,而非托于空言"。②不过经过孔子的解释,才得以流传乃至成为经典。"夫子生不得位,不能创制立法以前民用,因见《周易》之于道法,美善无可复加,惧其久而失传,故作《彖》《象》《文言》诸传以申其义蕴,所谓述而不作,非力有所不能,理势固有所不可也。"③儒家最重要的经典《周易》,原来是古人卜筮记录的汇编,《周易》显示,卜筮活动在当时是如此的普遍,所以也可以说它记录的是古代最重要的"风俗"。但是,对于这些记录的编辑以及后来人们给予的无穷解释,却凸显了中国哲学的某些最重要的观念。

从与经典世界的关系而言,上述那种古代的生活世界,是未经经典干预(指导、规划、侵蚀)的世界,这样的生活世界当然一去不复返了。它是庄子笔下经过开窍的"混沌"。最近数十年备受关注的考古发现,大量帛书竹简等古代文献的出土,主要丰富了中国经典世界的前史,而很少能真正改写从经典世界出发的观念史。所谓"丰富了中国经典世界的前史",也主要是

① ［美］A. N. 怀特海:《观念的冒险》,第 266 页。
② 仓修良编注:《文史通义新编新注》,第 1 页。
③ 同上书,第 2 页。

让人们了解上古时代原始观念可能有更广的光谱，而不是某个单一的原点。文明开启以后，观念史自身的发展其实更多是经典世界与生活世界之间互相影响的结果。章太炎说的"因政教则成风俗，因风俗则成心理"，表示某些新产生的重要的或"中心观念"，如何在生活中获得社会植根性。这些东西一方面以"风俗"的形态呈现为"百姓日用而不知"的存在，成为习焉不察的心理，成为通常说的"小传统"；一方面也由于哲学家的创造性解释活动而改变着经典世界的地图，因而通常说的"大传统"也随之发生演变。"大传统"与"小传统"之间并没有绝对的屏障，儒家传统"生活世界"也可以从"风俗""心理"扩展到"政教"。被称作"最后一个儒家"的梁漱溟在他对中国文化和中国社会的论述中，有一个不同于现代西方的"生活世界"。在文化保守主义者对中国传统社会的整全性和基础性的认识方面，梁漱溟似乎和章太炎有高度的相似性。而梁漱溟在现代新儒学发展中的前卫作用，则可以说有重新改写儒家经典世界的意义，或者正如这一派哲学家自许的"返本开新"，儒家的经典世界经过他们的创造性解释，获得了新的形态和意义。它们中最出色的部分有望以与西方哲学对话以及中国的现代性哲学话语的方式（这本是现代新儒家主要特征之一）进入儒家经典世界。

当我们讨论这些问题的时候，基本上把观念史视为人类的理智活动的结果，先知或圣贤将生活世界提升为经典，然后经典世界按照理智的法则在演变。这只是问题的一面，即使如此，经典世界的观念依然不是单独、自足成形的。怀特海提醒我们，推动观念的历史衍变的力量有两股：无情感的力量和理想的力量。

在他们各自的时代里，蒸汽和蛮族都是驱动它们各自的文明脱离传统秩序模式的无情感的力量（senseless agencies）。这些无情感的力量便是希腊哲学家有时称之为"强制力"、有时称之为"暴力"的东西（可见于柏拉图的《蒂迈欧篇》，也见于一般文学作品中），当这些力量以一种普遍相互协调的面貌出现时，希腊哲学家们便倾向于称它们为"强制力"，当其表现为一团杂乱无章的偶发事件时，则易于被称为"暴力"。历史的一项任务便是展示具有不同时代特征的各种强制力和各种暴力。另一方面，现代民主，以及罗马帝国时代的基督教都表明了那些来源于愿望又复归于愿望的明确信仰。它们的力量便是那些经过深思熟虑的理想的力量，这些理想与保存并调整了种种现行社会制度的传统虔诚信仰相冲突。①

观念史在学术研究（尤其是学院化的学术著作如教科书）中通常被安排成合乎逻辑的发展历史，它在研究某些观念如何在不同的时代以不同的面貌出现的同时，更倾向于期望它是通过不断的论证和辩难而成为一个逐步完善、日渐合理的历史，因为更重视其逻辑的自洽，所以似乎应该更为抽象、更为明晰。其实这样的观念史研究通常只是对经典世界的解释和再解释。观念史仿佛只是经典世界自身的历史。但是怀特海的两分法告诉我们，观念如何产生，而且观念何以会发生诸多"位移"或"转换"，仅仅在经典世界自身内部是无法完全澄清的。由于生活世界的持续与变动并非单纯理智所能决定的特征，怀特海所谓的"强制力"或"暴力"常常决定了生活世界本身持续的限度。对于欧洲人来说，蛮族入侵使发源于希腊罗马的欧洲文明脱离了传统的模式；对于中国人来说，至少满族入主中原打断了我们后来许多人热衷于讨论的晚明社会的"早期启蒙"；更往前推，蒙古人的铁蹄踏碎明代朝廷，历史学家认为"崖山之后无中国"。在讨论有关生活世界的问题的时候引用怀特海的另一个理由是，他把现代实验科学带来的技术工业革命看作"强制力"或"暴力"。与此相似的是，梁漱溟心目中的儒家生活世界已经被现代工业文明侵蚀：他把机器看成"恶魔"，认为被工具理性主宰的"成天算账的日子"不是人应该过的生活。然而现代科学技术毕竟无情地改变了人类文明的样态，改变了我们的生存方式，自然也改变了并将继续改变我们的生活世界。在人工智能技术和生命科学突飞猛进的今天，人们已经在尝试移居火星或其他星球；甚至怀着喜忧参半的复杂心情去预言硅基生命取代碳基生命的未来。在此过程中，与科学技术相关的内容，连同那些对于科学的怀疑和批判，一起成为现代观念史的重要组成部分，它也以或明或暗的方式改写着经典世界的图景。

---

① ［美］A. N. 怀特海：《观念的冒险》，第 6 页。

三

我之所以关心观念史研究如何在经典世界与生活世界的关系中获得自身的进展，多半是因为我的注意力比较集中于研究像中国近现代这样历史性大转变的时代（而且是力量冲突的时代）的观念变迁。著名的观念史家洛夫乔伊说过："作为观念史的最终任务的一部分就是运用自己独特的分析方法试图理解新的信仰和理智风格是如何被引进和传播的，并试图有助于说明在观念的时尚和影响中的变化得以产生的过程的心理学特征，如果可能的话，则弄清楚那些占支配地位或广泛流行的思想是如何在一代人中放弃了对人们思想的控制而让位于别的思想的。"[1] 他说的观念史的任务在中国近现代尤其突出，因为在这样的时代，由于中西文化的冲突与交融，我们先辈的生活世界受到怀特海所说的两种力量的共同影响，甚至可以说，在怀特海看来是"理想的力量"也曾经以"强制力"或"暴力"的形式出现在近代中国人的面前；吊诡的是，它同时也是中国崛起的诸多原因之一，越来越多的人似乎在传播这样一种信念，如果没有西方在 19 世纪的入侵，中国本来只会沿着它固有的轨道演化。但是，无论如何，我们今天所有的生活世界已经全然不同于我们的先人，而梁漱溟先生那种重整儒家生活世界的理想和实验，注定是要落空的。与此相连的是，古代读书人曾经长期共享的经典世界一度远离我们，它在怀疑、批判、重新评价和回归的过程中，在给观念史提供新的再生资源的同时，也呈现出新的面相。

前面曾经说过，经典世界是一个既有整体的连续性，又有变动的、边界不那么清楚的世界。中国有这样一个经典世界，这是中国文化具有强大的历史连续性的表征，但是连续性是与非连续性相关的，否则就没有变动。其演变多半是由于传统内部本身存在的紧张。围绕着经典世界的，既有持续不断的信仰、热诚和研究活动，也有各种争论和批判。这种争论和批判并非纯粹

---

[1] ［美］阿瑟·O. 洛夫乔伊：《存在巨链——对一个观念的历史的研究》，第 20 页。

的理智活动，更多时候与实践相关，与政治意识形态的建构相关，与文化权力相关。因此，在古代经典世界中，人们会注意分别"正统"与"异端"，而且事实上存在着"中心"与"边缘"。中国人喜欢说的"道统"，不但一定是"正统"，而且一定居于经典世界的"中心"地位。所谓"道统"是指在包括政治制度和伦理关系在内的整全的生活方式中，具有统合性的一贯之道；所谓"正统"则与"异端"相对，以表示其拥有排他的正确性和权威。譬如在宋明理学家的视域中，儒家是正统，佛老是异端，后来虽然三教融合，但是要说经典，儒家文献尤其以"四书"为"中心"，其他与中心有或远或近的距离，有些是边缘性的，因而通常处于被忽略的位置。虽然历代具体的判教结论会有细节上的差别，但是大致的轮廓是稳定的。

19世纪中叶以后，随着中国人的生活世界的巨变，经典世界也不得不变迁了。对于古代士大夫而言，经典世界是其生活世界不可分割的一部分。对于少数有幸接受教育的儿童来说，儒家经典一开始就是他们的启蒙读物；我们已经读过太多的关于传统社会"耕读传家"的诗意描写。在国外汉学家的观察中，古代儒家与儒家经典之间的关系，与外部观察者的态度不同，也与今人大不相同，当然也与古代绝大多数人群（未受基本的识字教育的文盲）不同。儒家生活方式是这样的：

> 他们大量地将他们的正典熟记于心。他们从小学习"四书"，而后也大声朗读"五经"的部分，并且多数时候是与其他弟子一起同声背诵，而这时还没有人向他们解释过这些语句的意义。因此，如果他们以后思考、谈论或书写某个问题，他们立即会轻而易举地联想起一批或多或少适用于此的文本。这些文本连同其概念是他们思考的范围、支撑、工具、手段和中介；这是一个对他们的思考而言的可能性条件，但同时也是对新的、更合适的概念构成而言的一种限制、累赘和障碍。①

---

① ［瑞士］耿宁：《人生第一等事——王阳明及其后学论"致良知"》，倪梁康译，北京：商务印书馆，2014年，第47页。

　　从更宽的视野看，当代中国学者面前是否存在以及如何共享一个普遍的经典世界已经成为问题。这里有两层问题：第一，不但我们讨论最重要的问题时，会注意考察中西文化的历史，而且西学经典已经非常深入地影响到我们对中国经典的解释；所以王国维那样的学问大家会坚持学无古今、学无中西，更为注重会通中西。如何会通中西，首先就在于如何选择中西经典。第二，原先的经典世界的版图在不断地被改写，通过这种改写，观念史获得了新的动力，古旧的语词和篇章被赋予新的意义和意蕴。具体地说，它可以有我数次强调过的"异端翻为正统"、"边缘进入中心"和"新知附益旧学"等途径。换言之，原先就存在于经典世界的内在张力，由于变动着的生活世界的促动，而被激发了。且不说关于"早期启蒙"的讨论使明清之际思想家的原创性获得高度认可，即使梁漱溟在从事乡村教育实践的时候，效法的也是曾经被视为"异端"的泰州学派。而"边缘进入中心"的最典型事例，无过乎《礼运》承载的"大同"，从与"四书"完全无法相提并论，到20世纪上升为几代人的共同理想。诸如此类的问题，如果不从生活世界与经典世界的互动着眼，就很难得到根本的澄清。

　　从生活世界和经典世界的互动的关系研究观念史，观念史作为哲学史研究的变体与扩张的特点就可以得到某种程度的彰显。因为相对于那些过分专业主义或学院气的哲学史研究，观念史研究所面对的经典世界需要扩大。按照罗杰·豪舍尔对伯林的观念史研究的分析，同样为了"认识你自己"，观念史将对个体的自我的了解，延伸到群体的历史整体，延伸到文明或文化，把个体的自我看成它们的产物：

　　　　它尤其关心向我们说明我们是谁，我们是什么，我们经历了哪些阶段和十分曲折的道路才变成现在这个样子。它强调各种观念和情感、思想和实践行为、哲学、宗教、政治、艺术和文学的互通性，而不像人类研究中更为专业化的分支通常所做的那样，人为地分别对它们做出评价。[1]

----

① ［英］伯林：《反潮流：观念史论文集》，第13页。

　　不局限于已有的经典世界，注意向更宽阔的领域去寻求观念史的根据，似乎是观念史作家的共同倾向。譬如洛夫乔伊，他说："毫无疑问，哲学受制于旧日文献的程度胜过其他科学。这种情况也是正常的。但是声称它已建立起了一套术语，这些术语已足以表达哲学的目的，且已穷尽了哲学的意义，这就完全没有根据了。"① 他不但认为哲学经典所提供的术语需要不断扩张和变化，而且"甚至敏锐的思想家也很难理解以不同的术语表述的、以不同种类的例子演示的观念之间的类似处。于是，以不同方式表达同一观念的哲学家之间发生了拼死的脑力战斗"②。所以，一种文化的经典世界本身包含着多种因素，并非单一的传统。更进一步，他与伯林一样强调观念史研究需要关注经济、政治、宗教，尤其是文学艺术。他批评"那些研究和教授哲学史的人有时几乎对那种不是穿着哲学大礼服——或盛装——的观念不感兴趣，而且总是不理睬在非哲学世界那一边的人们所做的工作。但是观念是历史学家，当他最经常地寻求某种概念或假定在某种哲学的或宗教的体系，或科学理论最初起源时，他将寻求它在艺术中，以及尤其是在文学中最有意义的表现"③。在这一点上，他和怀特海有共同语言，都认为文学艺术以最为具体的形式包含了我们心灵的某些最敏感、最微妙的活动。其实，从某种意义上说，在人们日常生活世界中，文学艺术如果不是最重要的部分的话，至少也是十分重要的部分。正因为此，文学艺术扩大了哲学的经典世界。具有启发意义的是，《诗经》早就成为六经之一，但是我们后来的更为专业化的哲学史研究很少将注意力投放到更为丰富复杂的文学艺术领域。

　　从这个意义上说，我们会觉得洛夫乔伊的另一个提示是具有启发性的，他认为观念史有如下的特点：

　　　　它特别关心在大量的人群的集体思想中的那些特殊单元-观念的明晰性，而不仅仅是少数学识渊博的思想家或杰出的著作家的学说或观点

① ［美］阿瑟·O.洛夫乔伊：《存在巨链——对一个观念的历史的研究》，第243页。
② 同上书，第177页。
③ 同上书，第17页。

中的单元-观念的明晰性，它试图研究被分离出来的——在细菌学的意义上的——那类因素的作用。这些因素可能是从整整一代人或许多代人中有教养阶级的信仰、偏见、虔诚、爱好、愿望、思潮中分离出来的。简而言之，人们最感兴趣的是得到最广泛的传播的观念，它们成为许多思想的原材料中的一部分。[1]

而所谓信仰、偏见、虔诚、爱好、愿望、思潮，难道不就是内在于我们自己的生活世界，未被哲学研究分离出来却又实际上深入一代人的精神深处？过于专注于经典世界的哲学家很可能觉得这些观念传播得过于广泛而注定是肤浅的，或者就因为它们传播过于广泛而对其熟视无睹，因而"交一臂而失之"，那就只有等待后来的研究者的重新发现，这既是观念史研究的困难之处，也是观念史研究的特殊魅力所在。

---

① ［美］阿瑟·O. 洛夫乔伊：《存在巨链——对一个观念的历史的研究》，第 19 页。

[附录一]

观念史的视域

——高瑞泉教授访谈录 *

一、从"思潮"到"观念"

问: 2011 年年底, 您的新著《平等观念史论略》由上海人民出版社出版, 该书出版后引起广泛关注,《上海书评》、《社会科学报》、《哲学分析》、*Frontiers of Philosophy in China*、《探索与争鸣》、《文汇读书周报》等分别发表了相关书评或进行了专题讨论。2011 年《上海书评》的访谈, 主要谈的是现代平等观念之实相, 包括平等观念在中国如何实现古今之变。今天我们想请您就观念史研究的相关问题包括方法论再深入谈一谈。我们知道, 您把观念史研究视为中国近现代哲学史的重要部分, 并且一直比较重视方法论的探讨。而在《平等观念史论略》一书中, 您则对自己的观念史研究方法做了一些阐释。能否先请您介绍一下您从事观念史研究的大致历程?

答: 我的博士学位论文是研究近代中国的唯意志论思潮, 最后成文的《天命的没落——中国近代唯意志论思潮研究》算是专题研究, 但又不是专人的研究。如何理解"自由意志"或"意志主义"当然是非常有意思

* 原载于《哲学分析》2015 年第 1 期, 原系吴晓番和胡岩对本书作者的访谈, 收为本书的附录时略有改动。吴晓番为上海财经大学副教授; 胡岩为《华东师范大学学报》编辑部副主任, 副编审。

的问题，其实这个在伦理学和历史观中有集中表现的纯粹哲学问题，既有深入研究的理论空间，在中国又有强烈的现实感。不过，一方面由于教条化的意识形态支配，唯意志论被看成"反动哲学"，至少是属于"唯心主义"阵营。另一方面，实质上的唯意志论在中国一度曾经非常流行，表现出巨大的破坏性。所以唯意志论在当时变成很敏感的话题，种种非学术的因素导致它在中国哲学界研究者寥寥。《天命的没落》在上海人民出版社以"中国近现代社会思潮研究丛书"之一出版，我们参与策划的那套丛书由冯契先生担任主编，先生会认真地看每一部书稿，有时甚至亲自改动一些文字。后来我接受朋友的建议编了一本《中国近代社会思潮》，约请对相关思潮素有研究的专家撰写专论，汇编成册。由于这些专家都是一时之选，所以本书比较受读者的欢迎，有好几所高校将它作为教科书或研究生的指定参考书。这些工作都使我对近现代中国哲学有比较宽的研究视野。我以为，由于在更高程度上回复到先秦百家争鸣的自由空气中，又需要回应文化危机的挑战，中国近代以来的思想创获十分丰富。如果没有这些思想创获，就没有现代社会的进步。我特别不赞成一种观点，即中国哲学就只是古代哲学，近现代中国的哲学乏善可陈。当然，现在这种状况有所改变。相信随着中国的崛起，近代以来中国哲学思想的演化过程会更多地引起后人的关注。我个人认为，从时代的自我意识的角度肯定和阐释现代哲学，是一项有价值的工作。意识到它的高度争论性，我写了《中国现代精神传统》（东方出版中心，1999 年）一书，主要描述和分析中国现代性的观念谱系，进而梳理和评估中国现代精神传统。全书讨论了七个现代观念。该书 2005 年在上海古籍出版社再版时增加了副标题，变为《中国现代精神传统——中国的现代性观念谱系》，由于增写了关于"平等"的一章，讨论的内容也变为八个观念。当代人的观念世界的深邃与复杂，分析观念的光谱所需要的跨学科视野与方法论自省，都对研究者提出挑战。不过从精神生活的现实出发从事研究，在文化激进主义与文化保守主义的两极之外，甚至努力超出单一思潮的立场，通过将它们平等地视为公共争论的参与者，加以综合考察，来独立地回答一些基本的问题，是我所喜欢的学问方式。

在《中国现代精神传统》出版增补本时，增加关于"平等"观念的一章，多半是因为感受到在这个问题上，我们面临着理论与实践的双重困境：通向现代社会的道路，无论是自由主义、社会主义还是民族主义，都以宽泛意义上的"平等主义"为基本价值；但是多少有点奇怪的是，中国理论界对于平等观念的研究十分稀少，普通人乃至一般知识分子更是很少深究平等何以可欲。在现实层面，六十多年来，流行过平均主义，造成了巨大的历史灾难；当今又有了贫富悬殊。无论是社会结构标志着我们的存在，还是观念决定着我们的行动，我们都不妨回到平等观念本身，探寻在"平等"的旗帜下，到底是什么在支配着我们，如何支配我们。还要思考什么样的平等是真正可欲而又可行的。平等既是一个历史的范畴，又是一个古老的理想，古代平等与现代平等有质的区别，因此，对于平等观念的研究同时就包括了研究这个观念的古今之变。我以为不深入讨论一个观念的历史，就谈不上真正理解这个观念自身，哪怕是耳熟能详、当作家常便饭使用的观念。这是我写《平等观念史论略》的初衷。

问：在这部新书中，您曾经提到冯契先生的《中国近代哲学的革命进程》实际上可以视为一部研究观念史的著作，能否请您介绍一下您的观念史研究与冯契先生的研究工作之间的关系？

答：我的导师冯契先生对我的研究工作的影响是不言而喻的。冯先生的《中国近代哲学的革命进程》可谓第一本中国近代哲学史专著。冯先生在写作《中国近代哲学的革命进程》的时候，哲学思考需要的自由空气还比较稀薄，对于许多人物和问题的研究有着有形无形的禁区。但是冯先生有一个基本判断，即近代以来中国哲学经历了一场革命性的变化，这意味着近代中国哲学在许多方面与古代中国哲学有所不同，有些甚至是根本性的。他是站在以今论古的立场——"站在发展的高级阶段回顾历史"——来讨论这场哲学变革的，认为它也有缺陷，特别在"人的自由"和方法论两大问题上需要继续探寻。他平时说"总结"，其实并不是如我们日常生活中领导说最后一句话来"一锤定音"，因此并非意味着"到此为止"，而是通过批判性的活动推进哲学的继续发展。为此，他写了《人的自由和真善美》《逻辑思维的辩证法》，这两本书与《认识世界和认识自己》合起来称为"智慧说"三篇。这是一个广义认识论的体系。我们知道冯先生是哲学家写哲学史，还是以认识论为中心的。同样以认识论为中心，在处理古代哲学史与近代哲学史的写作的时候，先生的方法既有相同之处，又有所不同。相同的是都采用历史与逻辑相统一的方法，而其间的不同，冯先生自己有所交代："在古代，我比较注重把握哲学家的体系，把他们放在当时的历史条件下进行分析，以揭示其中所包含的认识环节，前后联系起来考察其逻辑发展。在近代，由于现实经历着剧烈变革，思想家一生变化较大，往往来不及形成严密的哲学体系。因此，我认为对近代哲学不要在体系化上作苛求，而应注重考察思想家们在一定历史阶段上的独特贡献，看他们在当时提出了什么新观念来反对旧观念，从而推进了中国近代哲学的革命进程。"① 这意味着《中国近代哲学的革命进程》实质上是在广义认识论视野中研究观念的新陈代谢史。当然，我们现在如果写一本《中国近现代哲学史》，论域会扩大得多，冯契先生自己无疑已经进入历史，和他类似的张岱年、李泽厚或倾向不同的港台新儒家牟宗三、唐君毅和徐复观等，都成为现代哲学史上绕不过去的人物。有了一群哲学家的创造，中国现代哲学丰富多了。但是冯先生以观念的新陈代谢为实质内容的中国近现代哲学史的书写方式，对我们从事观念史研究无疑是具有启发性的。

　　"观念的新陈代谢"似乎有些进步主义的意味，似乎容易让人忽略文化的连续性。其实荀子就说过："若有王者起，必有循于旧名，有作于新名。"(《荀子·正名》) 如果我们把"若有王者起"理解成现实生活（尤其是政治史）发生的变化，这句话可以看成观念史规律的某种朴素表达。即随着社会生活的发展，人们的观念（名）也必定既有因循又有创新。而中国近代以来还多了一个外来的观念。所以，我在研究具体的现代观念的历史时，总是注意"因袭"、"规抚"和"创获"三者及其综合，"因袭"就是传统的延续，"规抚"是指对外来文明的吸收与融化，"创获"的意义更明确，是指当下的创造。这最初是孙中山先生说的，表示他的中西文化观。我把它们用来定义现代观念的历史三项，这是分析的说法，也可以用学术界比较流行同时比较混沌的说

---

① 冯契：《中国近代哲学的革命进程》，载《冯契文集》(增订版) 第七卷，第 655 页。

法（凡是流行的说法大多是混沌的说法），叫"传统的创造性转化"。后者可以看作在保守主义的自由主义理路中讨论问题。他们大致认为现代性的裂隙可以通过固有文化传统的"转化"来弥补，这种转化不是自动实现的，需要我们的创造性活动，主要是解释的创造性。更保守的一翼认为不能用"转化"而应该持"调适"的态度。而我以为，"传统的创造性转化"更有现实性，而促成转化的那个"创造性"本质上是实践。在晚近以来的一百八十年间，中国社会已经形成观念史（转化）的事实。我们现在需要从这个事实出发，反思历史，检视"传统的创造性转化"是如何实现的。当然，现在人们在这个口号下，更多的似乎在"回归传统"。这些看似笼统的口号，在特定的社会情境中最能满足普通人的情感需要，但是如不加以澄清，在观念史研究的实际作业中会引起不小的分歧。就中国近现代哲学研究的论域而言，我的焦点集中在以下几点：现代文明中有哪些关键性的观念？它们从何而来？人们实际上是如何思考、运用它们的？在一个合理的价值体系中，它们应该被如何理解？所以我们应该注意分析观念世界的"实然"和"应然"，同时研究其间的关系。我注意的问题主要与近代以来价值观念的转变、重构有密切的关联，它的另一头，链接起中国的现代性研究或现代性批判。在这个方向上，观念史可以拓展出许多有意义的向度。这是一种视域的拓展，即把近代以来哲学的变革看成整个民族精神世界变迁的一个表征，精神世界的变迁在跨学科的方式中被探讨，可以呈现为现代观念的复杂光谱。

二、为什么是观念史？

问：您的研究工作似乎是从"思潮"到"观念"，而在观念史研究中注意"社会心理"等非单纯理智的要素，能否请您分疏一下这几个概念及其关系？

答："思潮"这个术语是谁发明的，我没有考查过，大概 20 世纪初已经是一个流行的词语。所以梁启超在《清代学术概论》一开头就说："今之恒言，曰'时代思潮'。"这当然是一个描述性的词语，指称现代中国社会乃至世界性的常见现象：不同倾向的思想之派别性、流动性与相互激荡性。不同的学科领域可能有不同的思潮，譬如文学思潮、史学思潮、社会学思潮等。但是我觉得具有观念史研究意义的，应该是社会思潮；那些主要表现在单一学科中的思潮也要在其与一般社会思潮相关的意义上，才构成哲学研究的对象。从梁启超开始，许多人都只是在描述的意义上使用这个术语。我曾经试图给出一个界定："所谓社会思潮，是指较大规模的观念形态的运动，是特定社会矛盾尖锐化复杂化在思想领域的反映，通常从知识分子群体发端，影响到或大或小的社会层面即生活世界与民众心理的思想运动。"后来更常见的是"××主义思潮"，"主义"表示其包含某种系统化的理论，但是其核心总是某个观念，成为有号召力的旗帜。社会思潮会有起伏消长，但思潮史并非百家往而不返的战场，对于一个民族而言，那些重大的社会思潮中，不但有关于社会运动的集体记忆，更有那些有价值的观念留存下来。所以我们可以把社会思潮视为观念史研究的入口和背景，而把观念史研究视为思潮研究的深入。从这一意义上说，特定的思潮或多或少规定了具体观念的研究视域。

从思潮入手研究观念沉积，需要注意到它与系统化理论之间的关系，由此强调的是观念所包含的义理或意义之理解，于是对观念的概念分析等手段可以帮助我们满足哲学的要求；哲学分析要求取得理论形态的观念应该有基本的自洽，在其自我指涉不自洽时要进一步探求其原因，而且要澄清前提、厘清边界，开掘支撑某观念得以立足背后的观念。同时，又需要注意社会思潮总是附带能够使群众情绪激动的承诺，包含某些共同的愿望或（利益）诉求，所以那些重大社会思潮中的核心观念，总是承载着心理、意蕴或意味。在"思潮"之中的人，未必对核心观念的义理和意义有充分的理解，但是并不妨碍人们接受它，很大程度上就是因为其"意味"和"意蕴"契合特定时期的社会心理。至于被"思潮"裹挟的人群，则显示出更大的盲目性。"思潮"常常表现为风气、时尚，"天下不能无风气，风气不能无循环"，章学诚说："风气之开也，必有所以取，学问文辞与义理，所以不无偏重畸轻之故也；风气之成也，必有所以敝，人情趋时而好名，徇末而不知本也。是故开者虽不免于偏，必取其精者为新气之迎；敝者纵名为正，必袭其伪者为末流之托；此亦自然之势也。"① 在思想成为三个市场之一的时代，"趋时而好名"自然加剧了。通过思潮研究观念时，若要让解释的或批判的观念史能"得中正之宜"，就需要分疏具体观念如何由多向度的因素构成。

　　问：近年来的学术研究中，也有一些其他学者在从事观念史研究，您如何看待当前的观念史研究？

　　答：我看的东西不太多，尤其不敢说对现在的观念史研究有许多了解。粗粗地说，观念史研究涉及"史"与"思"及其关联，就其典型而言，可以分为两类。一类偏向"史"的研究，我称之为观念的编年史或实证的观念史；一类偏向"思"的研究，偏向哲学，我称之为解释的观念史。"实证的观念史"类型的著作，有冯天瑜的《新语探源：中西日文化互动与近代汉字术语生成》和金观涛、刘青峰的《观念史研究：中国现代重要政治术语的形成》。这两本书，题目就切实地标明了它们的史学性质，它们都有助于观念史研究，对于不熟悉近代文献的读者尤有帮助。而"解释的观念史"偏向哲学，在中国哲学史论域中，许多著述其实都属于解释的观念史。张岱年先生的《中国哲学大纲》和《中国古代哲学中若干基本概念的起源与演变》可以作为早期的典范，尤其是前者，在我看来，就是以问题为"纲"、以观念为"目"组织起来的一部中国传统哲学著作。张先生对其方法论有高度的自觉。他注意区别名词、概念、观念与范畴。与金岳霖先生主要从分析哲学角度区别观念与概念不同，张岱年先生在《中国哲学史方法论发凡》中，从反映论出发，认为概念概括一类事物的共同性，表示事物的规律。"观念"是由观察事物而有的思想，不一定表示事物的类，可以表示某一个事物，而"观念"未必是概念，同为"观念"未必表示事物的类，为中国古代哲学中的"一""太一""太极"，就是观念而非概念。② 这个说法至少指出中国哲学史内在地包含哲学观念的研究，这也帮助我们理解张先生等前辈学者在中国哲学史著述中何以没有严格区分"概念"和"观念"。

---

① 章学诚：《原学下》，载仓修良编注《文史通义新编新注》。
② 张岱年：《中国哲学史方法论发凡》，载《张岱年全集》第四卷，第149页。

　　将概念和观念间杂用之，在中国哲学家那里是很常见的，尤其是他们在讨论中国哲学的构成和特征的时候，时常并不严格区分。譬如劳思光先生的《新编中国哲学史》可以说就是由中国思想的"重要观念"构成的。牟宗三先对 idea（观念）和 concept（概念）有所区分，说"中国哲学由尧舜禹夏商周开始，模糊地能发出一些观念，这些观念就有相当的普遍性。由游离不明确的观念（idea），而至转成确定的概念（concept），就有其普遍性。但此种普遍性，就中国而言，由尧舜禹夏商周开始就有其特殊性。换言之，中华民族的活动有一个观念在指导，有观念就有普遍性，但这个观念却要通过具体的生命来表现，也即由中华民族这个特殊的民族生命来表现"①。他强调中国哲学是生命的学问，所以与劳思光一样，至少作为"第一序"的中国哲学史，实际上会是一部观念史，只不过他没有专门做这样的工作而已。

　　同为中国哲学史家，张岱年先生对于中西哲学的区别的认识也大致如此，所以他的中国哲学史著述对于观念史研究的重视与此有所关联。不过他还告诉我们，他的研究注重四点方法：审其基本倾向，析其辞命意谓，察其条理系统，辨其发展源流。他又特别强调第二点，"对于中国哲学之根本观念之意谓加以解析，这可以说是解析法（Analytic Method）在中国哲学上的应用"②；第四点，"考察概念学说之发展与其对立互转，这可以说是辩证法（Dialectical Method）在中国哲学上之应用"③。这两点加上第一点"审其基本倾向"，即审定某种观念之成立所需的基本假定，无论是明言的还是默认的，都需要小心辩识。"默认的尤须辩识，而亦最难辩识。"他以"好学深思，心知其义"总括他的方法，都体现出张著的"思"即哲学性。

　　我的工作与上述两类观念史研究都有些关系，也有所区别。我着力探讨现代观念的起源，与前一种观念史有相似之处；我注意运用分析与综合的方法尝试重构现代人的观念世界，又与后者有相似之处。不过，我根本上把现代观念史看成观念世界"转化"的历史，是长达世纪之久的争论的历史，而非某一家某一派独自获得的知识进步或者智慧形态。它与新的"术语"或

　　① 牟宗三：《中西哲学之会通十四讲》，第 3—4 页。
　　② 张岱年：《中国哲学大纲》自序，北京：商务印书馆，2015 年，第 19 页。
　　③ 同上书，第 20 页。

"关键词"有重大的联系，但也并非总是——对应。这根本上是因为近代以来我们处于一个价值冲突和价值重构的过程中，不同派别的价值不同，当然有对一些基本价值的认可程度的不同，但常常不是观念要素在数量上有多大的不同——现代人实际上分享了一套共同的价值观念——而是价值原则排序方式的不同，或者用格林菲尔德的说法，是"统领性原则"的不同。所以具体的观念史研究，就实际上涉及相关的"视域"，即一套价值观念是如何组织起来的，而不是单独的某个观念的概念化问题。对某个观念做单兵独进式的研究，也必定会牵涉到相关的其他观念，否则就难免简单化。

问：您认为观念史研究的目的是什么？或者说您认为观念史研究有什么意义？

答：从学术研究的角度说，清理我们日常生活乃至思想理论中某些核心观念的意义，是颇能引起我个人研究兴趣的事情。尤其是假如你深入考察一下社会上一般人的观念状况，就不难发现，对于普通人来说，整个社会人群共享的那些核心观念人们几乎天天在使用，它们的有效性是不言而喻的，却又似乎处于"百姓日用而不知"的状态；学术界的贤智之伦又议论纷纷莫衷一是，弄清这些争论本身就是一个学术研究的课题。当然，从深处说，我把观念史研究看作认识当代人的观念世界的进路，尤其注意如何从具体的问题入手讨论合理的价值系统的建构。我认为这是"认识自己"的方式之一。

研究哲学的人喜欢说"哲学是时代精神的集中体现"，但是具体的哲学研究是否能够达到这一期许，是没有保证的。事实上，多年来中国哲学界的状况是哲学史研究大大超过哲学创造。这当然是从论著的数量说的。囿于学院制度自我复制的需要，又随风气转移每年产生的大量论著，从真实的问题出发的研究还真的不多。所谓"真实的问题"，不但是在学术脉络中引起研究者前赴后继地讨论的问题，更是真正（可能是曲折或间接地）来自生活、实践的问题。我前面说过，我研究现代观念的历史，考察它们在不同思想派别的争论中的生成和转变，并不简单认同某一个派别，更不标榜自己属于某个派别，而是有一个现代性研究或现代性批判的视域。从这个意义上，我更愿意说应该有一种批判的观念史研究。批判的观念史研究有一项基本假定，即我们——包括研究者自身——的观念世界一定存有可以修改之处。如果说观念支配人的行动（当然我同时相信社会结构影响人的行动）的话，那么通过修订我们的观念世界的图景，我们有希望影响现实世界。现在在研究语言-行动的理论中，有一派人认为有一类语言本身就是一种行动。一个社会有众多的人谈论"平等""自由"，和"自由""平等"无人问津或不准议论，当然是大不相同的，这种不同甚至可能是历史性的差别。当然，"谈论"观念多大程度上转变为建制性活动，是水到渠成的过程，还是借助强制性力量，是需要另一些变量才能决定的。即使达不到"立竿见影"地改造客观世界的效果，你通过研究那些核心观念，谈论新观念，可能就在渐渐改变社会风气；退一步说，即使仅仅改变了自己原先未加厘清的观念，也已经有很大的意义了。"古之学者为己，今之学者为人"，你的所作所为庶几已经接近古代贤人的"为己之学"了。

三、方法论的实验与思考

问：《哲学分析》今年第三期发表了许苏民教授的评论，认为您的《平等观念史论略》一书提出的"观念史研究'观念之真'三层意蕴说、观念史'古今之变'三种规律性现象说、超越'同情的理解'的'平等的眼光加批判之头脑'说皆具有精思独运的原创原则。对于推进哲学史、思想史和观念史等诸多领域的深度认识具有重要的方法论意义"。您能否对观念史研究的方法做进一步的阐释？

答：许苏民教授在文章中对我有许多谬奖，我只能看成对我的鼓励。其实他自己的眼光十分犀利，在中国哲学思想史研究方面有许多贡献。就我个人而言，并非先有一套方法再从事具体的研究。业师冯契先生有两句话，我们可以奉为座右铭："化理论为方法，化理论为德性。"所谓"化理论为方法"，是将一些基本理论作为预设，指导我们开展具体的研究活动，并把后者视为对前者的一种验证。这里一个"化"字颇有深意。理论既不是教条，也不是顺口溜（口耳四寸之间的戏论），需要根据研究对象的不同、随着研究活动而具体展开其内在规定性。或者可以说，在观念史研究中，理论在对具体对象的研究过程中实现自己的真理性。

我愿意在这里谈谈"同情的理解"、"平等的眼光"和"批判的头脑"等问题。

从总体上说，上述诸点，都和观念史研究需要求"真"有关联，那么，它与大家习见的"同情的理解"关系如何？

我们现在谈论"同情的理解"，通常是在广义的思想史研究中。其实最初陈寅恪提出这一概念的时候，针对的是冯友兰先生的两卷本《中国哲学史》。中国哲学史作为一项现代学科建立起来之初，胡适给它规定的任务是"明变、求因、评估"，把描述与评价分为两项，但并没有意识到其间的裂隙（gap）与暗通款曲。在他之前，王国维已经以"可爱"与"可信"的冲突提示了人文主义与实证主义的分裂。胡适和科学主义者在后来的"科玄论战"中虽然受到"玄学派"的挑战，但是"自然科学的方法同样适用于人文学科"这样一种唯科学主义，依然相当流行，工具合理性压倒价值的合理性或解释的合理性的倾向，并未改变。向"史"而"思"的过程，被打成客观的描述与主观的评价两截。在史学中，"疑古"一时成为主导型的思潮。胡适的《中国哲学史大纲》被金岳霖先生视为"一个研究中国思想的美国人"所作，因为作者"成见"太深太强，"等于用一种成见去形容其他的成见"。作为对它的反动，陈寅恪提出了"同情的理解"说："所谓真了解者，必神游冥想，与立说之古人，处同一境界，而对于其持论所以不得不如是之苦心孤诣，表一种之同情，始能批评其学说之是非得失，而无隔阂肤廓之论。"[1] 20 世纪 80 年代以来，实证主义受到批评，随着传统主义的复兴，疑古派更是大受指责。至于反传统主义的失误，确实包含了对传统缺乏"同情的理解"之不足。

不过，我们也不必将实证论或科学主义的影响看成纯粹负面的，哲学史以追求真理为目标，它应该将科学性作为内在的尺度。无论哲学创作还是哲学史研究，从根本上说，都不能完全与经验、生活世界相脱节；更不用说科学对于哲学的进展所具有的推动作用。就忽略科学性的尺度而言，曾经出

---

[1] 陈寅恪：《冯友兰〈中国哲学史〉上册审查报告》。

现过以"两军对阵"来简单地书写中国哲学史，助长了否定传统的激进主义；也出现了只要是"中国的"，就是好的和有价值的这样一种倾向；或者一切有价值的东西在中国都是"古已有之"的。其实，什么叫"中国的"？这本身就是一个不易回答的问题；甚至"何谓'中国'"和"'中国'的多样性"，都是当代历史学家热衷讨论的问题。因此，在观念史研究中，是否在古籍中曾经"有"（譬如出现过某个术语或词语）的，就表示"中国"已经"古已有之"（我们可以用同样的术语或词语来表示现代观念）的？这两个"有"根据什么可以相通？在不少人那里是理所当然的事情，在我看来很可能未必如此，需要进一步追问。而且以追求真理为观念史研究的目标，是哲学的本分，同时也并不注定没有情感的投入。在科学研究中人们培养起热爱科学的情感，就有所谓"吾爱吾师，吾更爱真理"的选择。

　　若用狭隘的实用心态来对待学术研究，就难免随政治风向或流俗心理的转变而改变学术立场。学术生产也成了贴标签的活动。这些现象通常都会在"同情的理解"的口号之下出现。其实，陈寅恪先生在主张"同情的理解"的时候，依然认为史学研究要追求真理（"真了解"），不过由于史学研究对象的特点（譬如"一趟过"即不可重复性），不能像对待客观知识那样去做纯客观的研究。尤其是人文学术所必然包含的价值意蕴和情感要素，没有任何移情与想象，并不能做到"明变""求因"。通过移情和想象，研究者似乎直接进入对象，或者重构思想的事实。

　　简要说来，在承认"同情的理解"有其合理性的同时，应该看到它也有其固有的限度。传统史学有所谓"知人论世"的思想规矩。但是，无论是"知人"，还是"论世"，都并非易事。同时代的人之间的互相理解就已经困难重重，更不用说还需要遥契古人。中国历史上魏晋玄学的兴起，至少有一个缘由是因为人们意识到品评人物的困难。它不但涉及心灵哲学讨论的"他心"问题，而且将"知人"与"论世"连接在一起，就意味着研究者需要对于对象置身的时代有深刻的了解。所谓时代，既是历史的时代，又是思想的时代。历史的时代，是指广义的社会史；思想的时代，则可以说是思想的脉络或传统。后者描述出思想家前后相继（或者同时代）地讨论问题的线索；尤其是他们共处于某个研究的"范式"之中时，可以用逻辑的自洽和周延来评判。前者则有一层基础的意义：在承认生活世界是第一位的意义上，社会史知识可以作为一种背景隐身于哲学观念史之后，它给出了特定观念解释的边界，超出了它就会犯"时代误置"或者"范畴误置"的错误。我有时说需要"社会史的必要还原"，其中的一个含义即为此点，在这个意义上，它是消极的、防御性的。"社会史还原"在理解观念"转化"（transformation）的时候，则具有积极的意义。在这样的时代，观念出现新陈代谢，传统显示出某种断裂，"范式"发生转换，它们都非知识的连续性所能解释。回到社会史，生活世界的变迁则现身为存在论的根据。尽管像劳丹那样的哲学家会批评它需要依靠"非理性假定"，但是当我们相信生活世界的变迁具有基础的和第一位的意义时，观念史（尤其是转折时期的观念史）的根据可能会被发掘出来。

"同情的理解"所需要的"人同此心，心同此理"假设，需要哲学的进一步论证。建立在主体间是可以"通约"的这一设定基础之上，理性只是提供了相互理解的可能性。但是我们需要给予同情的理解的对象是历史上的个体，历史的一次性决定了我们无法确定我们所"同情"的"他者"，真是那个我们需要"理解"的对象。换言之，理论上讲，假如我们无法复员对象所处的全部环境，我们如何"设身处地"？所以，同情的理解之成为问题，首先是"设身处地"如何可能？它的一个最常见的结果，就是将"想象"的力量做无限的夸大。在实践中，"同情的理解"对于主体本身也有必要的规定。章学诚《文史通义》在史家的"才、学、识"三者以外，另提出一个"史德"，就是对主体的要求。"德者何？谓著述书者之心术也。"概而言之，文章出于"气"与"情"，著述必须以气动人、以情入人。"然而其中有天有人，不可不辨也……气合于理，天也；气能违理以自用，人也。情本于性，天也；情能汨性以自恣，人也。"人有血气心知，事有是非得失。学者史德的养成在于锻炼心术，即防止"阴阳伏沴之患，乘于血气而入于心知"。著述者必须保持"气平"与"情正"，防止"气"与"情"干扰心智的澄明，才不至于"害义而违道"①。善养心术而获得史德，可帮助人对历史进行"平正"

---

① 章学诚：《史德》，载仓修良编注《文史通义新编新注》，第255—256页。

的判断。我们可以说，章学诚提示了我们应该在"同情的理解"与"客观的评价"之间，保持某种微妙的平衡。事实上学者必有自己的同情所向，"平正"之达成需要先行悬置"同情"。而不能以"同情"优先的方式，或者以个人的文化认同为首要标准，去从事观念史研究。在讨论复杂的观念争论的问题时，尤其如此。

在这个意义上，我提出"同情的理解"不能成为唯一有效的思想规矩，作为一个方法论原则，还必须有其他方法论原则与其相配合，以限制其主观主义的可能走向。在《平等观念史论略》一点中，我曾经提出，底线的态度是"平等的眼光"，较高的标准是"批判的头脑"。平等的眼光是指一种客观的即尽量平等地对待不同观念的态度，波普尔在《通过知识获得解放》中说："为了寻求真理和摆脱我们的错误，我们必须训练自己以看待我们所反对的观念的同样的批评态度看待我们自己喜爱的观念。"[①] 在此前他写道："通过知识获得解放的观念是启蒙运动的基本观念，它本身是狂热的劲敌，因为它使我们努力把自己与我们自己的观念分离甚至相脱离（以便批评地看待它们），而不是把自己与它们相同一。对于观念的有时势不可当的历史力量的认识应使我们领会到，使自己摆脱虚假或错误观念的难以抗拒的影响有何等重要。"[②] "批判的头脑"之所谓"批判"，是在康德批判哲学意义上使用的，把观念史研究视为一场批判性活动，需要发掘观念使用的实际前提或预设，分析特定观念在相应的观念世界中的地位，分析观念与观念之间的复杂关联，分析观念的义理与观念者的心理，等等。在这些方面，"批判"有积极的理论建设性；只是在它限制对某个观念单纯肯认的意义上，它才是消极的或否定性的。我们应把"平等的眼光"与"批判的头脑"结合起来，从而凸显出观念史应该具有哲学研究的反思性。

问：谈到"解析的方法"，很多学者都认为"解析的方法"的传入是西方哲学对于中国哲学的一大贡献，而也有许多学者对于"解析的方法"是排

---

① ［英］波普尔：《通过知识获得解放》，范景中、李本正译，杭州：中国美术学院出版社，1998 年。

② 同上。

斥的。自由主义知识分子倾向前者，而港台新儒家大多数属于后者，牟宗三在20世纪50年代一篇很有名的文章中批判金岳霖的"分析的方法"，认为这种方法最后使得价值问题被肢解和抹平。与我们的问题相关的一点是，批判和分析的方法最后都可能会导致怀疑，甚至是价值的虚无主义，因为纯粹的对象化处理会使得对象丧失许多"意义"。这个问题当然不是现代才有的，乾嘉学者注重训诂，同时代的今文经学大师庄存与就感叹说，这些工作基本上会使得儒家经典的价值意义丧失。不知道高老师对于"解析的方法"所导致的价值观念的坍塌如何看待？

答：这个问题有点复杂，最简要的回答大概是，如果"分析的方法"会导致价值丧失的话，那最多是"助缘"，而不是"因"。就中国近代以来的价值迷失和价值转换而言，我一向认为不能纯粹在"思想"内部寻找原因，而应该注意到它是近代社会史的一部分。

回到"解析的方法"自身，它有最低限度的作用，即我们在研究观念史的时候，必定要求考察观念者之观念表达是否有自我指涉的不自洽；这种不自洽不但可以表现在系统阐述中，而且可以表现在其理论的历史中。排除理论的不自洽，是哲学研究的应有之义。不过观念史研究不会只是发现问题，它还应该去讨论何以如此的问题，即分析其诉求和论理、心理与义理的关系，乃至"形而上学激情"（洛夫乔伊的用语）与社会建制的关系。所以"分析"并不局限于逻辑分析，还包含了社会学和心理学的分析。它的目标还是我说的对"真观念"的追求，包括与"假"相对的"真确"，与"伪"相对的"真诚"，与"虚"相对的"真实"。这里可以和观念表述者的三个向度联系起来，或者说这三个"真"之间是互相关联的：第一，知识的"真"有某种最低限度的客观性标准，即我们是否要追求真理、表达真理？第二，观念者总是在某种历史的脉络中表述某个观念，这种历史的脉络有其复杂性，观念者与其所处的历史文化绝非单一的或单向的关系。第三，观念者表达特定的观念时会包含着主观诉求、价值肯定、情感甚至利益（通常是比较曲折的），使得观念发生某种"变形"。换言之，观念者希望观念的表达所达致的社会效果可以是非常不同，甚至可以是互相冲突的。因此，"批判的观念史"运用分析的方法时，是与综合的方法结合的。重要的不仅是理解个别哲学家的观念，而是理解一个时代或一个社会的观念，后者通常表现为一场论辩或者对话，即由不同的意见、观点、理论所组成的争论。通过挖掘其共有的问题、共享的前提，分析其理路，厘清那些被忽略或没有明言的东西，才能获得对某种观念实在的理解。所以我们实际上在分析观念的谱系。

问：通过您谈的这些，我们看到，不管是研究目的还是研究方法，与现在一般的中国哲学史论著相比，观念史研究似乎都有自己的独特之处。能否请您更深入地谈一下观念史与哲学史之间的关系？另外，通常人们又会把观念史与思想史相提并论，能不能在观念史、思想史和哲学史之间划分出某种界限？

答：观念史和思想史、哲学史，这三者之间的界限如何划分，并不容易。至少涉及互相纠缠的两个问题：一是这三个概念的词源学的问题，二是现实的学科分类的问题。

从词源学来说"观念史"、"思想史"和"哲学史"，都是从翻译西文而来。"观念史"通常是 history of idea 的英译，后者又可以翻译为思想史，与 intellectual history 相似。但是，在现代汉语生成的过程中，"观念"一词的用法许多时候（至少是中国哲学史家在其著述中）已经不同于纯粹的翻译，不同于 idea 在西文中的意义。但是，我们现在将汉语"观念史"翻译为西文时，仍然不得不用 history of idea。"哲学史"是另一个问题，它特别表现在"中国哲学史"的学科名称上，不久前有所谓"中国哲学合法性"的问题，与德里达来华说到"中国没有哲学，只有思想"，不过是对同一个问题的两个说法。因为从西文 philosophy 翻译而来的"哲学"，与我们从中国思想中寻找到的"哲学"，就其原生态而言，确实很不相同。而且，从分析哲学的视野看，哲学是对观念做概念分析；从传统思想的形态说，更多的是观念的历史。所以，如果我们写一部中国哲学史，冠之以"中国思想史"或"中国观念史"的题目，其实都并没有太大的差别。现在的学院建制受专业主义的影响，人为地强调三者的区别。譬如思想史作为学科隶属于历史学科下的所谓"专门史"，然后各个具体的社会科学又都可以设置它的那个思想史，譬如经济思想史、政治思想史、教育思想史等。其实，从知识的实在出发，我们可以说思想史是一个包罗万象的学科，在有些机械的意义上承认科林伍德所谓"一切历史都是思想史"。而哲学史自然可以叫作哲学思想史。当然，由于约定俗成，我们习惯于将有关形而上学、认识论、价值论等的第二序的思想，或者所谓"思想的思想"视为哲学，再加上哲学已经具有的崇高地位，许多人都更愿意把自己的著述称作"哲学"。

就我个人而言，主要是从真实的问题出发，并非一开始就对研究工作的学科类型有深入的思考。现在我大致上把观念史理解成哲学史研究的变体与扩张。当我们把观念史研究看成"认识你自己"的工作，并且强调"批判的观念史"的时候，观念史研究因为其"反思"的向度，与哲学研究属于同一类型的学术学科。而所谓"变体与扩张"，主要是形式与研究对象或材料有所不同。中国哲学史现有的形式，最通行的有通史、断代史（如宋明理学史）、哲学家的思想个案、比较哲学史等。有以问题为中心的论文，著述则并不多见。观念史尤其是以某个观念或观念群为对象的研究，可以归类于以问题为进路的研究，姑且说是一种"变体"吧，希望以后会渐渐增多。

而所谓扩张，用洛夫乔伊的说法，观念史研究与一般哲学史研究相比，"它既更加特殊一些，又范围更为宽泛一些"。这里的"宽泛"至少在视域的意义上，要求观念史研究"穿越""哲学、科学、文学、艺术、宗教还有政治的历史领域"[1]，不过，洛夫乔伊的"历史观念史"基本上依然集中于对那些哲学经典文本的解释。这一点引起"剑桥学派"的昆丁·斯金纳的批评，后者认为书写历史观念史，"需要将我们所研究的文本放在一种书写的语境与话语的框架中"。另一位著名的观念史家，是以赛亚·伯林，他的观念史著述显示了"批判观念史所需要的概念分析的严格逻辑方法，博学多闻，与创造性艺术家相似的移情与再现的巨大想象力"。我们不难发现，西方最重要的观念史家，都强调观念史研究的视域应该比传统的哲学史更大。

所有这些，再加上如果将怀特海的《观念的冒险》视为另一种观念史的话，我们可以说，和一般哲学史家追求体系的完善、概念的精确、论证的周密、意义的证成不同，观念史家似乎天生对旧观念的转变和新观念的生成怀

---

① ［美］阿瑟·O. 洛夫乔伊：《存在巨链：对一个观念的历史的研究》，第 20 页。

有更浓厚的兴趣。所以洛夫乔伊认为观念史最重要的任务之一，就是运用独特的分析方法试图理解"新的信仰和理智风格是如何被引进和传播的，并试图有助于说明在观念的时尚和影响中变化得以产生的过程的心理学特征，如果可能的话，则弄清楚那些占支配地位或广泛流行的思想是如何在一代人中放弃了对人们思想的控制而让位于别的思想的"①。我们知道，昆丁·斯金纳的概念史研究特别关注概念的"突然转换"。以赛亚·伯林有一本观念史文集的题目就叫《反潮流》，因为他关注那些一般哲学史教科书不予关注的、在公共思想史中似乎处于边缘地位的思想家，如何潜移默化地影响人们的观念世界的变迁。福柯也强调研究观念的"位移"与"转换"，他说："某种观念的历史并不总是，也不全是这个观念的逐步完善的历史，以及它的合理性不断增加、它的抽象化渐进的历史，而是这个观念的多种多样的构成和有效范围的历史，这个观念的逐渐演变成为使用规律的历史。"②上述诸家在哲学上并非同宗，但对观念史研究的对象和性质都有相似的见解。我相信，深入阅读观念史的名著，可以帮助人们理解这样一种学术形态对于研究变革时代的中国哲学，有什么特别的作用。

（吴晓番　胡　岩　整理）

---

① ［美］阿瑟·O.洛夫乔伊：《存在巨链：对一个观念的历史的研究》，导论。
② ［法］福柯：《知识考古学》，谢强、马月译，北京：生活·读书·新知三联书店，1998年，第3页。

中国现代化中的观念双焦：动力与秩序 *

华东师范大学哲学系高瑞泉教授的新作《动力与秩序：中国哲学的现代追寻与转向（1895—1995）》于 2019 年 11 月由广西师范大学出版社出版，作者在自序中表示，此书"主要从社会哲学的视角集中考察 19 世纪末以来，围绕着'动力'和'秩序'两大核心观念，前辈和时贤做了何等有深度的思考并发生了什么样的论辩，同时探寻观念史的进程如何传达文化精神的转向，考察它对于世人理解历史、认识今日中国的现实以及我们的未来，有何值得注重的意义"。"动力"与"秩序"这一双焦互动形式的提出，为观念史研究提供了怎样的新视角？2020 年 8 月 21 日，高瑞泉教授与北京大学哲学系干春松教授，华东师范大学哲学系晋荣东教授、刘梁剑教授，上海社科院哲学研究所鲍文欣博士举行圆桌沙龙，对《动力与秩序》一书展开讨论。谈话实录经整理、审定后刊发。

高瑞泉：《动力与秩序》出版以后，有一些反响，暑假前刘梁剑跟我联系，设想 9 月份开学以后，能不能围绕这本书，在我们哲学系的"明明德"哲学茶座，开一次"新知引读"活动。因为疫情的不确定性，我们当时没法

---

* 原文题为《中国百年现代化进程的动力追寻与秩序焦虑》，载于《澎湃新闻》2020 年 9 月 15 日，现改为本题，正文也小有修改，作为附录收入本书。

定下具体计划。这几个月中间，有几位朋友，包括李维武 ① 和干春松等写了评论文字。干春松的文章叫《何种动力？秩序何据？》②，评论总要美言几句，他宅心仁厚。但是既然有两个问号，说明还有不少话没有说出来。春松研究近现代中国哲学史也有许多年了，主要研究儒家哲学，很早就注意到"秩序"问题，他属于那类持开放态度讲儒学、希望能在儒学中真讲出一套道理来的学者。这两天正好春松来上海，我们请他就便过来一起聊聊。

我先讲讲写这本书的缘起。其实我的学业最初也是从研究新儒家起步的，硕士学位论文就是写梁漱溟的哲学。博士学位论文研究近代唯意志论思潮，涉及的对象比较多。其中龚自珍、谭嗣同、梁启超、章太炎、梁漱溟、张君劢，尤其是熊十力，都应该算是儒家。尽管研究他们不可能不涉及古代儒学，但是我没有回过去专门做儒家哲学研究。20 世纪 80 年代，近现代哲学是显学，而在 90 年代以后，我那辈的学者大多去研究古代儒家了。我自己则觉得这个领域还大有研究的空间。我的一个基本判断是，近现代尤其是 20 世纪中国哲学不只有儒学一家，它包含了更丰富、复杂的哲学争论。但是像冯友兰先生写的七卷本《中国哲学史新编》，每一卷都以一个时代的主要思潮为中心，如近代变法、现代革命，所以第六卷近代就是政治思想史，没有什么"纯哲学"的内容可写；第七卷现代部分，大部分都是思想史的写法，只有写到熊十力、金岳霖和他自己，才是哲学的论述，这等于说中国近现代哲学不过是程朱和陆王的重生。冯契先生的《中国近代哲学的革命进程》，内容更丰富，而且他把广义认识论的四大问题的讨论延伸到了近代历史过程中，这部书使得"中国近代哲学史"的概念真正得以成立，但他只写到 1949 年为止。后来出版的中国现代哲学史著述不少，尤其是 21 世纪初，有若干 20 世纪中国哲学史的著作面世，有些还是大部头的集体编撰成果。尽管如此，我觉得 20 世纪哲学史还可以有更具个性特征的写法。

我这本书的写法是以问题为中心，围绕着两个观念展开的哲学争论。它写了中国哲学的两次转向：第一次是 19 世纪末三个不同的思想派别，都关

---

① 李维武：《动力与秩序：20 世纪中国哲学》，《中国社会科学报》2020 年 7 月 8 日。
② 干春松：《何种动力？秩序何据？》，《中华读书报》2020 年 6 月 17 日。

注中国怎样摆脱原先的落后状态，并且都认为中国古代是"静"的文明，因为与高速发展的西方对比，中国似乎成了一个"停滞的帝国"。所以世人的现实关怀，就是怎样从"静"的文明发展出一个现代性的、具备史华兹所谓的"普罗米修斯-浮士德"精神的文明，这在今天的中国已经充分实现了。在这个过程中，各个不同的派别，用各自的方式做了理论的讨论，但它们所追求的东西是共同的。但是，到了 20 世纪 90 年代，发生了第二次转向，从动力的追寻到秩序的重建。像干春松的《制度儒学》是 2006 年出的，实际上讨论的就是秩序问题，回应的也是康有为他们当初对制度、秩序的关心。所以并不是说在第一次转向以后的一百多年中，中国人不关心秩序问题，保守主义最初就是起源于固有秩序的动摇。但在 20 世纪初期，秩序的焦虑其实是被压抑住的，或者说是被主流叙事忽略了的，因此不能构成显性的话语。动力的关怀和对动力的论证，实际上长时间内是一个主旋律。我们到 20 世纪 80 年代还在说落后就要挨打。邓小平到日本，坐了新干线，就说我们也要造高速铁路，也要快起来，也要动起来。整个民族的情绪、心理差不多都是这样。邓小平有一句名言："科学技术是第一生产力。"在马克思主义的哲学话语中，生产力就是社会发展的最终动力。不是说秩序问题完全没有人考虑，只是对秩序的追求迟迟未能构成主流。但是从 20 世纪 90 年代开始就不一样了。变化是从文学领域开始的，寻根意识开始起来了，跟着所谓文化保守主义起来了。20 世纪大部分时间内，存在一个文化激进主义和自由主义的不稳定的联盟。到了 80 年代末 90 年代初，文化保守主义兴起的一个标志就是关于秩序的讨论显题化和理论化了。不光是社会秩序，还涉及我们心灵的秩序，寻根意识实际上是和心灵秩序有关的。记得上海市社联曾经召开一个会议，征集重要的研究话题。有位哲学教授犹豫了好一会儿，最后说，现在最重要的问题是："什么是中国人？"其实就是讲中国人的心灵秩序，寻根意识不过是一个显性的反映。总之，我们看到，20 世纪 90 年代以后，在"经济起飞"开始的同时，围绕秩序问题的讨论大量出现。

　　我这本书就以中国哲学关注的焦点的这两次转变为研究的对象，可以说是以问题为中心的当代哲学史。当然，写当代哲学史总要有个起止，不能一直写下去。我现在说的是"伸头去尾"的 20 世纪。头伸到 1895 年，尾巴缩掉五年，因为出现了具有象征性的事件，就是海峡两岸两位重要哲学家去世、李泽厚发表《告别革命》、王元化开始讲"启蒙反思"、王蒙还写了《告别崇高》。这些都是一个明显的思想转变，所以我就截到那个地方。这一百年的哲学史包容了一个宏观判断：中国文化精神曾经有过一次转变，即对动力的追求，它推动中国哲学展现出一种特殊的面貌。用哲学的话语说就是"主体能动性"成为公共的平台，不同的派别可以分别强调道德主体、权利主体和实践主体，相互之间又有交叠。在西方哲学中本来属认识论范畴的"主体性"被泛化了。其中隐蔽着"秩序的焦虑"，它当时被动力的追求掩盖。20世纪末发生第二次转变，即对动力的反省，相应地秩序的关怀呈现为显性的话语。尽管对动力的反省是非常缺乏理论深度的，甚至是粗鲁的，此前热门的"主体性"和作为其支援意识的历史观被晾在一边。大家都在谈秩序，但是这个秩序应该是什么，以及为什么如此？讨论也极不充分。但是总是开了个头，希望21世纪的中国哲学在秩序问题上真正能有所成就。所以我想是不是可能有一种方式，以"动力VS秩序"为中心，明确说就是描述贯穿20世纪的围绕观念"双焦"的讨论，成为哲学史的一种写法。这样的做法是否有道理？我很想听听批评。也许可以帮助我把未明言的东西，或者心里面有但是没有完全成型的东西，发掘出来，将来有机会还可以改正。

干春松：对于高老师所说的问题，我就分开来回应吧。第一是历史分期的问题。刚才高老师提到他的书为什么是从1895年写到1995年。将1895年看作近代史上很重要的年份，这个倒不一定是高老师发明的，张灏就十分强调1895年对近代中国的重要性，其他包括巴斯蒂、葛兆光老师等也说过类似的意思。为什么1895年如此重要呢？因为1894年甲午战争造成了对中国人精神深处的冲击。败于日本跟败于西方的冲击不是一个量级的。据此，以1895年为开端来讨论思想史20世纪的开端，是有其独特的思考的。那时候我请高老师写文章，是纪念新儒家研究在中国开展三十年的一个专题，邀请王兴国、高老师加上我，写了专题文章。高老师的文章就着重写了1985年何以成为思想史开端这样一个问题。但是也带来一个问题：以百年为单位，这本书的下限就是1995年。从某种角度说，1995年你也不能说不合适。1994年我们确立了市场经济，这是一个很重要的时间点。

但是也有一些勉强的地方，像高老师刚才说的，20世纪80年代那些核心的主题是出来了，但是它没有形成一个细化的讨论。20世纪90年代最大的事件是学术共同体的分裂，形成了自由主义、新左派等不同思想流派，还有国学热的产生，也是在那个时间段。但思想的展开往往有点滞后，那些标志性的作品，要到21世纪初才出版，"大陆新儒家"的形成也是在21世纪初。方克立老师说要注意大陆新儒家的研究，也是2006年在给武汉大学的一次新儒学大会的信中提出来的。所以我看这个书的时候就会有这样的一个疑惑：封面上说的是1895—1995年，但其实也写了很多1995年以后的事。说起来也是思想滞后的反映。

第二，我特别喜欢高老师这本书的标题。高老师说大家对近代思想缺乏重视，这一点我很赞同。我也认为现在近代思想史的研究不是很理想，我自己目前的研究，正如高老师刚才提出的，可能太过纠缠于人物。虽然这个纠缠有它一定的原因。

近现代思想史特别容易跟革命史联系起来，甚至冯契先生直接就用了"革命进程"这样的词来概括近代哲学。跟革命史裹在一起有一个缺点，就是有时候思想史的独立性不太容易凸显出来，所以对很多人物的评价往往会被革命史的评价左右。比如康有为、章太炎、梁启超，其实每个人身上都有一个跟革命相关的标签，像章太炎是"有学问的革命家"，再比如康有为前期进步、后期保守，对这些人在思想史上的贡献的评价长期以来都笼罩在一个革命史的话题里面。后来我们开始花工夫在康有为和章太炎这些人身上，其实是希望给他们一个独立于革命史的思想史地位。这样的工作跟高老师的研究还是有点接近的。他之所以弄个1895年，不就是对于原先的近代史分期的那些划分不满意吗？如果不把这些人物从革命史的裹挟中分离的话，那么他们的思想史的地位可能就会受影响。去年我出版了一本有关梁漱溟的书，也和秩序有关，书名叫作《伦理与秩序》。我的意思是，人物研究其实也可以与更抽象的问题相结合。

前面所说是个铺垫，接下来的讨论才是对高老师这本书的更直接的认识。我个人特别喜欢高老师对"动力"和"秩序"的梳理。原先我们对一百年的思想史的概括有过一些模型，我们最熟悉的就是"救亡压倒启蒙"。姜义华先生和余英时先生讨论过激进与保守，其实激进和保守也是一个模型；还有方克立老师说过三大思潮的互动；等等。这些都从不同侧面勾勒出中国思想的关键问题的发展路径。我觉得高老师这本书提出了一个可以作为理解20世纪思想的新模型。冯友兰先生的《中国哲学史新编》第七卷，内在有一个"照着讲"和"接着讲"的逻辑，所以的确像您说的，"接着讲"里面还是一个新心学和新理学的模式。冯契先生的《中国近代哲学的革命进程》对我其实影响还蛮大的。我认为他的问题意识某种程度上跟侯外庐他们的思路接近。侯外庐是把近代看作一个不完全的启蒙时代，而冯契认为启蒙时代和后面的革命进程之间，构成了一个连续性的东西。但是冯友兰其实有意要回避革命的那种激烈的变化，有的时候这是他自己的一个期许，他不希望这个文明是一个断裂的文明。不是说冯契先生希望断裂，而是说他认为有一个新的问题。高老师的问题里面其实也有冯契先生的影子。为什么这么说？中国近代所有的问题的源头，是因为动力变了。

动力和秩序的问题也与近年来颇受关注的沟口雄三的话题相关联。沟口就是要强调近代中国转变的动力不是从西方来的，而是起源于中国内部。高老师的书强调了一个关键点，即推动近代中国社会往前走的根本性的力量是什么？甚至可以认为，动力转变是什么时候开始的，那么新儒家事实上就是什么时候开始的。1895年，康有为等人开始有系统性的讨论，之前还在上书，虽然有《实理公法全书》等，但1895年以后它就构成了实质性的思考。现在我们通常说"三千年未有之大变局"，看上去是在说秩序变了，但李鸿章说这句话的时候，其实已经清晰地看到是动力变了。我们看以前中国社会前进的动力是什么。（高：以前基本上不讨论动力。）对，或者说以前的动力不构成一个问题，只是到了西方思想进来以后，动力才真正构成一个问题。这个社会到底是靠什么东西在推动？刚才高老师说当时的中国人突然热衷于讨论静的文明和动的文明，其实静的文明的社会有一个自然态的发展，但新的西方进来的东西是机械的、显性的动力，就是蒸汽机式的这种动力。动力系统完全变了，它会构成一个哲学性的问题，就是推动社会的内在发展的东西到底在哪里？所以这才是真正的冲击。从这个角度来讲，启蒙和救亡、激进和保守是新动力出现以后认知上的一个模型，而不是对于问题深层原因加以探讨的模型。而高老师是对问题实质提出了一个模型。其实我的这个说法，也可以有别的证据。比如孔飞力讨论现代国家的形成，他讨论的就是财政汲取能力的问题。或者说怎么需要这么大的财政支出？没有那么大的财政能力，国家就维持不住，这些秩序就运转不了。就是要落实能不能为这个社会提供足够多的财政保证，财政保证背后是生产方式的问题，只有那样的生产方式才能提供这个财政能力。到了近代，动力的问题成为最关键的问题，就是因为这样的变革的出现。原来这个话题，我们把它化约为生产力和生产关系的问题，但是动力的问题不那么简单，它有很多更为抽象的问题。我觉得虽然动力的问题不像高老师以前关注的"平等"观念，是社会化的话语，但是动力更是哲学性的抽象，这样概括从某种程度上揭示了近代哲学内在的最关键的问题。

我近来比较关注近代的经济观念的变化。也开始写一些文章，讨论康有为的理财救国、物质救国等思想。我发现那个时候的儒家，思考问题更为实际，如果我们细读梁启超，他的《新民说》是要去塑造一种新的人格的模式，像竞争、冒险等，它背后是什么？其实就是一个新的动力出现以后，人格上要怎么去适应这样一个新的动力源所带来的巨大的社会变化。所以我觉得动力和秩序作为一个解释近代思想的新框架，是很有解释力的。

对于动力的关注必然会产生新的秩序问题。"三千年未有之大变局"也好，制度化儒家的解体也好，像我写的有关康有为的书《保教立国》，其实首先讲的就是秩序的问题。我认为近代中国最关键的秩序问题，就是国家问题。我们社会的组织方式，从大的形态来讲，国家问题是最关键的。因为我们的现代化不是内生的，是被西方这些以国家形态存在的诸强揍出来的。那就面临着由天下体系向国家体系的转变。杨度当时也是很有影响力的思想人物，他写了一篇长文叫《金铁主义说》，讲的就是现代国家构成的两种核心要素——铁和金，铁就是武器，金就是钱。那时候思想家可能训练没有那么充分，但是问题把握得很准确。他分析国际秩序，认为只要是现代民族国家的体系，必然是对内文明对外野蛮，这是杨度最清晰地表达的一个观点。秩序无论谁来主导，只要是以国家为基础，就不可能是平等的。所以高老师的书抓住动力问题这个关键以后，后面呈现出来的问题，就变成不同时期对秩序问题的不同反思。当然这是一个纲领性的东西，有些问题只能粗线条。如果由我来分析，比方说康章那个时候，讨论的就是国家和国家背后的凝聚力问题，然后这个结果就是民国成立。当时很多人都是理想主义者，以为只要共和建起来就行，就能解决中国的困境。但是民国建立起来以后，大家发现不行。接下来动力问题在某种程度上隐藏在后面，变成共和反共和、共和和复辟的问题。我之所以说救亡和启蒙是一个次级的议题，是因为后面它就转变为我们要建立一个更新型的国家，这是共产党成立的一个目标。到了 19 世纪 20 年代开始，就有了社会性质的讨论，它也可以被看作动力与秩序的争论。社会发展的内在动力是什么？它呈现为什么样的社会组织状态？五阶段论就是那时候进来的，我觉得生产力-生产关系是解释五阶段论最合理的模式。其实生产力是个动力，生产关系是个秩序。它们要解决的一个问题是这个社会怎么发展。不同的时期有不同的生产力水平，必然会发展出不同的生产方式的模式，所以才会有原始社会、奴隶社会、封建社会、资本主义社会，然后再去讨论我们要不要资本主义，然后社会性质的讨论转变为中国革命和中国共产党的问题。这个转变就是说我们首先是世界革命的一部分，中国只是个半殖民地半封建社会，所以中国一定要跟苏俄不一样，我们要团结农民，农民是大多数，所以革命还得靠农民，1949 年中华人民共和国成立，就是一种新秩序的形成。到 1978 年以后，又有新一轮的讨论，这时讨论的首先是国家经济怎么才能发展起来，那就是一个动力的问题。就是我们发现原有的那种组织模式使社会又失去动力。所以我们要搞初级阶段，要开放，要让生产力有充分的解放。经过几十年高速的发展，中国的改革进入深水区，这就意味着秩序的问题依然是个未定状态。但是秩序问题的未定状态的源头，分歧的源头，是对整个中国社会的动力的认识的差异。

　　总结一下，我认为如果要我来评价这本书的意义，就是它给我们提供了一个理解 20 世纪的新范式，这是第一。第二，新范式是有解释力的，它在某种程度上优于现有的解释模式。高老师也说，他的研究不完全是思想史的做法，而是哲学性的讨论，哲学性的讨论就是要透过思想史的迷雾，透过那些人物和思潮研究的丛林，看到最核心的点。某种程度上我也期待一个这样的东西，能成为研究 20 世纪的一个工具性的东西。当然在细节上，高老师刚才也说他的确有很多看法跟我们不一样，他也不愿意被标签化，不愿意被拉入某个派里面，因为一旦被拉入某个派里面，就好像失去了某些东西。虽然我认为高老师还是更同情儒家一些，但距离感还是有的。按我自己的经验，这种距离感有时候是双刃剑。从客观上来讲，他可能会提供一个工具类的方法，但有时候就不够亲切。比如涉及某一个具体人物的时候，对他们一些真正核心的东西，就会发掘不够。当然他写的时间太长了，要写一百年，所以也不能面面俱到。但是具体到某些人物或某些事件的时候，这样的书有时候就比较吃亏。包括他写我那部分也是，其实我可能有些事想得还是要更繁杂一些。所以高老师的立场，会导致他跟谁都一碗水端平。第三，原来那些框架当然有意义，但它们已经流行四五十年了，应该有一个新的更纵深的框架。我再回头去看我以前做的研究，包括康有为和梁漱溟的一些观点，其实梁漱溟说的也是动力问题，他认为我们就是个农业国家，不具备现在的工业的动力，所以建立一个新的国家肯定运营不了，还得从乡村出发，乡村才是社会真正的发展动力，所以要进行乡村建设，然后再建一个国家，其实目标还是这个国家。我们每个人完全可以去做一下尝试，比如说你原来研究某一个人，再回过头看，你就会发现这个框架的解释的有效性是可以验证的。现在的近代思想史为什么哲学性不足，某种程度上，是因为我们很快会讨论到一个具体的问题上去。所以我们不妨回过头来看一些更深层次的东西，起码高老师的书可能会让我们回过头来想，梁漱溟的问题中更深层的东西是什么？仅仅说梁漱溟是乡村建设派，这个太表面了。关键是要去把握，梁漱溟为什么要搞乡村建设？其实就是通过他对动力模式的理解，然后提出秩序的构想。所以我觉得还是很不错的。我一不留神说得比高老师还多。

高瑞泉：本来就希望春松多说一些，春松说的对我很有启发。有些是我意识到的，甚至是有意识地如此写的，涉及对观念史做哲学的处理，和思想史的处理有不同的写法。哲学的工作要讨论更深层次的问题，原来显性的话题涉及的大量历史细节，相比之下就表面化了，就不得不有所舍弃，或者说被综合到更高层级的观念中。同时，这么处理也与我的观念史方法论的三个原则，即"平等的眼光"、"同情的理解"和"批判的头脑"，有关联。现在大家谈"同情的理解"比较多，学者必有自己的立场，有自己的价值选择，因而必有自己所特别同情者。但是，我的意见是，在研究一个大时代的观念史时，面对思潮流变，各个派别互相攻错，"同情的理解"不能成为一个独立的方法。相反，研究起始，我们应该悬置自己的价值偏好，底线的方法是"平等的眼光"，对各个不同的派别都努力做到"同情的理解"；然后还要加之"批判的头脑"，即分析它的是否言之成理，持之有故，检视其"见"与"蔽"。这本书要把"动力"与"秩序"——我可以称之为观念"变动的双焦"——放在社会哲学的框架内来形成一个历史的叙述，涉及的细节会有许多的问题，因为跨度比较大，但也和我的兴趣所向有关。我考察"动力"问题时，是研究围绕"动力"的追求，如何形成三种不同的哲学论述；讨论"秩序"的问题时，是想讨论秩序原理，而不是具体的秩序设计，所以我把它看成哲学的讨论。书里有一节是"革命世纪"，关于革命话语，早就有人研究过了，"汤武革命"和现代革命是两种意义根本不同的革命，现代革命的目标就是建立一个新型的国家。这个新型国家的建立，需要具有成长性，要发展要繁荣，即要有"动力"，同时又需要稳定的秩序。儒家原先的"治国平天下"理想，其实到这个时候才完成。杨度的新型国家是"金铁主义"，但是"金铁主义"不同于康有为以孔教背书的君主立宪制。后来有各种各样的设想，比如所谓"开明专制"，然后是苏俄过来的，这些都涉及大量的具体制度设计。但是我没有讨论这些，这本书的目标是，从哲学上说，现代社会的秩序原理是什么？或者说秩序之所以然是什么？这和直接讨论制度优劣，是两个不同层面的问题，而秩序哲学在中国尚未有认真的讨论。

回过去讲为什么1895年是一个关节点，春松说重视1895年不是我的发明。我讲1895年没有引用前人的东西，有一个原因，是我认为1895年的特殊意义，不光是张灏说的思想激化，他把1895年到1920年说成是"转型时代"，1895年是一个起点。我从更长时段和实体性的角度看它的起始性，主要是士大夫集团的分化。我从这个意义上讲它的重要性。原先士大夫集团有基本的价值共识，虽然不是铁板一块，但是一个共同体。从"师夷之长技以制夷"到"中体西用"，虽然在操作层面实际上追求获得富强的"动力"三十年了，并且实际上固有的秩序也在暗中分解着，但是从士大夫的集团意识看，"动力"是为了巩固固有的"秩序"，西方来的那些"奇技淫巧"似乎可以用过河拆桥的方式处理。但是现在这个共识不存在了，士大夫共同体也维持不了了，于是才会发生激进主义、保守主义、自由主义的三角关系。这种三角关系几乎延续整个 20 世纪，尤其是那些思想活跃的年代。80 年代似乎大家很一致，现在许多过来人很怀念 80 年代，大约和那时的知识分子共同体氛围有关。但是结果很快又分化了。他们无论是谈论"动力"，还是谈论"秩序"，都有自己的路径，有自己的辩护方式。我试着用类型学的方式来论述，即存在着三种不同的类型。对它们，我都是试着用中性的定义，站在综合的角度来看它们。讲动力，我讨论的是动力的原理是什么，或者说是"动力"之所以然，这就变成哲学问题了。在社会生活中你怎么操作，那是一个政治学的问题或者经济学的问题，但是动力原理就是哲学问题。秩序也是这样，设计一个什么秩序、什么制度，那是政治学、经济学、社会学的问题，但是秩序的原理或者说"秩序"之所以然，这三派是大不一样的。秩序是要有理由的，这个理由就是秩序原理。余英时说中国没有保守主义，因为没有 common ground（共同点）。他说西方的保守主义和激进主义是在自由主义的 common ground 上形成对立，其实中国的三派也有共同点，那就是通过现代化获得民族生存。所以在动力问题上大家都有共识，就是要实现现代化。梁漱溟尽管说机器害人，抱怨整天算账的日子不是人过的生活，但他也不反对现代化。反而是说"西方化"的那一套要整个学过来，不过这不是目标，目标是现代化以后必然儒家化，甚至最终要"印度化"。牟宗三也不反对现代化，要通过良知坎陷"开出"民主与科学。但是动力如何获得？是否值得以道德失序、破坏心灵秩序为代价？三派是有分歧的。延续到秩序原理上面，保守主义的运思方式，是将社会秩序、文化的连续性和人的实存视为内在一体。历史连续性又最重要。过去是这样，为什么现在不是这样？这才是真正意义的保守主义。历史是越久越好，为什么越久越好？内在的理由就是历史连续性就是"好"，甚至成为我们心理世界中的一项基本善，后面的预设就在这里。挪威那样一个发达国家，政治开明、经济繁荣、秩序井然。但是我到卑尔根看过一个博物馆，不是乏善可陈，而是几乎没有东西可看：两百年前的一个船桨，还有些破破烂烂的东西放在那里。中国不用说国家博物馆、上海博物馆，随便一个省城的博物馆进去一看，我们的历史多么辉煌，我也觉得很自豪。但是换一个角度思考，难道因为历史悠久辉煌，你就应该而且可能像古人那样生活吗？更何况辉煌的背面还有黑暗。所以这里面是有一个跳跃的。用卡尔·曼海姆的说法，这里呈现出一种"定位在存活到现在的过去"的感觉方式、思想方法和行为方式。

干春松：我插一句话。1958 年新儒家宣言里面，其中有一条叫"可大可久"，阐述了中华文化的优点是在空间上可以不断地扩大，时间上可以无限地绵延。这是作为一个不用讨论的优点提出来的。

高瑞泉：对的。然后我们看自由主义的路径。前一阵流行的新自由主义不是我关注的焦点，在国内主要是经济学界在论说。我引用了英国哲学家罗素的话来说这派人的秩序构成原理，大意是社会通常会受到两种极端的威胁，一边是过分讲纪律和尊重传统带来的僵化，一边是个人主义和个人独立性的过度增长破坏社会团结；结果历史常常在两极之间摆动。自由主义的理想是要一劳永逸地避免这类历史的反复。"自由主义的本质就是企图不根据非理性的教条而获得一种社会秩序，并且除了为保存社会所必需的束缚之外，不再以更多的束缚来保证社会安定。"[①] 就是通过横向契约关系中的人们，基于理性的讨论，来建立秩序的一个路径。尽管这样一个方式从来没有充分实现，而且西方的现实离他们的理想似乎越来越远了，但这是他们的理想。另一方面，秩序原理和权威的理由相关联，强调历史连续性，那么垂直下来的权威是不需要讨论的，多少年都是这样。这边说不对，我们社会的秩序本质上是基于讨价还价构成的契约，通过讨论形成可以容纳活力的秩序，这是他们的秩序原理。但是，激进主义说都不对，理想的社会秩序就是基于平等的秩序。现代历史表明，平等可以是社会进步的动力，不过真要实现实质平等，就始终处于激进状态。因为任何秩序都包含程度不同的不平等，汉字的"秩"和"序"本来就不是"齐"和"一"。任何秩序一定有制度性的架构，完全平等就没秩序了。按照卢梭的说法，文明开始以后，社会建制的进展，即不平等的扩展，最后导致了革命。所以平等优先尤其是平等主义会引出激

① ［英］罗素：《西方哲学史》（上卷），何兆武、李约瑟译，北京：商务印书馆，1963 年，第 23 页。

进化的秩序原理。这三项价值，分开来我们都可以赞成，但是不同的价值排序，就构成了冲突。这本书一开始就讲从时代的自我意识来看，这两个问题都是中国人关心的焦点。所以会有很多争论，秩序的争论似乎形下的层面比较多，形上层面还是隐蔽的，还需要充分发掘，当然某些说法仅仅是伸张，没有伴随深度的思考。从哲学的角度来说，这本书后面应该引导出更理论化的展开。

干春松：您的确主要是在讨论原理层面的问题。对于事物发展的根本原因的探索恰好是最难的。高老师刚才说的一个重要的问题在于：到底历史是否能构成我们现在实行一个什么样的制度的根据。历史的纵深并非问题的关键，而是从人类的行为出发，历史赋予其生活方式以意义，让生活于其中的人感受到"舒适度"。20世纪的很多不适应，某种程度上是因为把原先的那套东西都去掉以后，对我们的生活方式的破坏很严重，突破了我们的"舒适圈"。高老师说他在讨论秩序的原理，但是问题就在于对秩序形成的原理的探索，在思想史上就有很多不同的说法，它会构成我们认知制度原理的困难性。我举个例子比较容易讲清楚，康有为和章太炎在讨论保皇问题的时候，其焦点之一是满族人与汉族人的关系。如果满族人是汉族人的一支的话，那么排满就不具备正当性。他们都依据《左传》，说当时有一支跑北方去了，形成了后世的满族，所以满族不是异族，它与汉族是同源。这是大家习惯的历史作为秩序依据的一套思路。从霍布斯开始讲自由主义的秩序原理，它是一套逻辑，但是保守主义或者社群主义构成对自由主义的最经典的批评，就是说你不能不看历史，你不能不看背后的价值性的东西，不能说因为咱俩靠契约谈一谈，这个有效就搞这个制度了，而是说当我们在采取这个制度的时候，不一定是完全考虑效益或者考虑大家都同意的问题，还要考虑我们一个心理舒适度的问题。高老师刚才在讲秩序的时候，其实特别强调了文化秩序、心灵秩序的问题，这是一个很困难的问题，因为你要把一个现实中的制度设计和它的文化因素、心理因素、精神因素加起来，它本身就需要一本书来说明。我一开始在写《制度儒学》的时候，也思考过这个问题。制度并不完全取决于效率，有价值的因素在里面，这一点哈耶克也有很多讨论。所以高老师对秩序的理解其实挺丰富的，他关心到这些问题。但我们去读的时候会有一种不满足的感觉，你已经提出这个问题了，但是你对里面的复杂性怎么来处理？

高瑞泉：我是说有待于高明。当然我不是完全没有想过，虽然没有想得很绵密。我 1997 年去挪威访学，当时的项目是中欧现代化的比较研究，一次希尔贝克教授跟我谈：中国的经验有些特别，经济是资本主义——在他那里资本主义是一个经济学的概念，市场经济就是资本主义——政治是社会主义的，文化是儒家的。意思是整个社会秩序是怎么构成的？其实，我们一讲到新型国家的时候，就意味着它有一种整全性的秩序。但是这里面也可以有不同的思路，是不是一定要参照原先已经有过的某种模型？由此就是我们思考问题的时候需要自我拷问了，以往的模型和你的想象是一回事，历史最后会走出什么路，是另外一回事。历史的演化可能就是那样，新出现的常常可能看上去怎么也不像以往的模式，但是最后它就出来了。像当初的秦就是以前没有过的：内立法度、务求耕战、仁义不施；统一六国后拒绝分封，实行的郡县制，更是从来没有过的。

干春松：秦国就是一个典型的新型国家，福山说过，中国人是最早学会建立和管理大型国家的。

高老师的很多问题，我其实也想过，但是没有把它形成一个思路。梁剑兄也批评过孔教的问题，其实康有为当时已经意识到一个世俗的现代国家建立的时候，存在国家凝聚力的问题，因为国家除了现实的一套警察、法院等暴力因素以外，要有一种精神在那里。但是康有为一定要拿孔教来作为凝聚力的标志，这在当时事实上也是失败的。但我关心的是，他考虑到了这个问题：国家是一个复杂的存在体。康有为是比较早接触西方的人，他对于真正的动力问题，我认为是有考虑的。但当他认为孔教是最管用的时候，其实就跟新的动力机制之间形成了紧张。他提出这个方案后，完全不能为当时的社会所接受，也被后起的"新青年"们批判，早期《新青年》的焦点之一就是批他的孔教。1915 年到 1918 年之间，陈独秀批评的核心就是孔教。但是这个问题意识还是有意义的，只是说它的方案不一定是对的。我说过康有为提出了新型国家建立过程中所要面临的几乎所有的问题，但他所提出的解决方案几乎都没有被后人采纳。但这并不表明后来的人提出的方案现在都有效，不然我们就没有那么多问题了。我那时候在《新京报》上发文章说，我要讨论康有为的问题，不是说我还要建孔教会，而是说在制度设置的时候，同时也要考虑到心灵秩序的建设、价值秩序的建设。

晋荣东： 从冯契的中国近代哲学史书写的角度来看，其实高老师的这本书是一个非常大的推进。高老师在第一页里面也提到，对两位冯先生的叙事方式要有所推进，也就是把中国哲学在近现代的演变，从冯友兰的"现代化取向"、冯契的"政治革命-哲学革命"的叙事方式开始做进一步的推进。刚才干老师可能没有充分地提到，你是用几个关键词来讲这种推进的。首先是社会哲学的视野。以往的中国近代哲学史是没有这个说法的，包括冯契也没有。冯先生虽然说是讲革命进程，但主要还是讲中国传统的哲学论争如何在古今中西之争的背景下有一些转换，所以还是从认识论、历史观、价值观、方法论这些角度来讲的。他虽然谈到时代的中心问题是"中国向何处去"，但是没有细化，我觉得高老师在这个问题上实际上细化了。冯先生讲"中国向何处去"，他用了政治年代的断代，说1949年之前是如何革命的问题，1949年以后是如何建设的问题。但是高老师实际上通观了这一百年，他把"中国向何处去"的问题细化为一个动力及其机制的问题，另一个是秩序及其结构的问题。我觉得这方面是对冯先生的一个推进。另外，就是通俗哲学跟学院哲学的辩证综合。要通观这一百年，这要多大的阅读量和概括能力才能够做到啊。前段时间王家范先生去世了，王先生在华东师范大学讲中国通史，现在历史系几乎没人讲中国通史，现在我们哲学系连讲中国哲学通史的人都没有了。这个梁剑很清楚，都是断代史，你讲先秦哲学，他讲魏晋玄学，再换个人来讲宋明理学，没有办法一个人贯通起来。像高老师这本书，虽然自谦说不是中国近代哲学通史，但是至少在社会哲学的维度上它是通的，而且能够把学院哲学和通俗哲学结合在一起，这也是高老师从思潮史研究再到观念史研究一脉相承下来的，我觉得这两点都是对前面提到的那些范式性的中国近代哲学史书写的推进。另外，刚才高老师讲原理，我的一个问题就是，当你要讲动力问题、秩序问题的时候，你如何以哲学的方式来讲？因为你在书中简单谈到了蒋庆，谈到干老师，他们更多地是在讨论非常细的一些制度创制问题。但是怎么在哲学层面上讲，它的边界或者界限在哪里？我觉得最后一部分"后启蒙时期的理想世界"太快就收尾了，你肯定有很多想法，但是各种原因你没有说。前段时间我在整理冯契先生的东西，冯先生在 20 世纪 80 年代初的时候，曾经要对他原来在 60 年代提出的马克思主义哲学教科书体系进行改造，这就涉及对历史唯物主义怎么改造。他认为原来历史唯物主义中的国家、阶级等内容可以由政治学来讲，但最终还是要讲人道观的问题。人道观问题的核心是什么？冯先生认为历史唯物主义当中，原先艾思奇的或者苏联模式的历史唯物主义里的很多东西不是哲学层面上的人道观问题。他不是把这些都剔除出去，而是讲一个更高的原理，不必落实到政治的、经济的这种制度设计层面上。因为高老师这本书的副标题是讲哲学，不是讲思想史，所以怎么在哲学层面上讲动力和秩序，就是个问题。比如冯先生《人的自由和真善美》的最后一章，他也讲"人类到自由之路"，但他没有讲具体的制度设计，他就是讲原理，他说基于他所理解的合理的价值体系的基本原则，我们可以设想有这样几个方向，包括他特别推崇李大钊讲的"个性解放"和"大同团结"。但这个原理怎么讲？太难了。在证成社会哲学概念的时候，你讲到社会哲学这个概念其实也有很多维度，比如说有形上的维度，你讲的很简单，大致是说以世界统一原理和发展法则为第一原理的哲学在社会实践向度的具体展开。同时如果跟政治联系在一起，它又更多地跟政治哲学有关；如果在历史的维度上，它可能跟历史观和历史哲学有关；等等。那么在这里面，比如说讲秩序原理和动力原理这个问题，怎么把它和世界的统一原理和发展法则的关系讲清楚？因为这本书更多地还是去勾勒 20 世纪的框架性的东西。比如最初是"动力的追寻"，虽然也有"秩序的焦虑"，但是整体上是"动力的追寻"压倒了"秩序的焦虑"，从 80 年代开始，逐渐地有了一些对"动力的反省"，然后逐渐让位于"秩序的重建"这样一个考虑。但背后还应该有一个问题，就是你怎么把动力跟秩序统一在一起。比如说我们现在都讲自由主义、激进主义和保守主义，他们对于秩序的重建有自己的方案，也就是具体的制度设计，他们这些方案跟他们自己讲的动力的原理怎么统一？你在最后讲到后启蒙时期的理想世界，从汤一介先生讲新轴心时代开始，那里边就基本上不讨论动力问题了。我觉得不满足的地方是，当你最后再讲到秩序原理的时候，动力的问题好像就没有了。因为一个好的秩序，它必须也是一个动的东西，它需要发展，要发展就需要动力与秩序之间的一种匹配。冯契先生有一个非常抽象的说法，他在事实界讲秩序原理，是讲"现实并行而不悖"。然后讲到动力或者发展的时候，他讲"现实矛盾发展"，太抽象了。怎么把这样一些发展法则和统一原理的东西转进可能界和价值界？因为你最后讲秩序，是要回到一个很现实的问题，就是中国向何处去，或者说中国怎么进行现代化，以及中国需要什么样的现代化，这就需要有一个这样的过渡，需要有一个下贯的东西。

高瑞泉：如果要归类的话，冯先生是基于实践论的"动力"学和"秩序"论来讲的。在这个意义上，他是马克思主义的路径。实践即以得自现实之道还治现实之身。我把我的想法先说说。为什么把它框定在社会哲学？我意识到如果讨论动力和秩序的问题，如果完全就形上学来说，其实我们在传统哲学中，"道"就既是动力又是秩序。比如金岳霖说"道"是中国文化中最具动力性的概念，你刚说"现实并行而不悖"，按照庄子的道无所不在，或者儒家即体即用的论式，同时就讨论了秩序。结果就成为一种非常抽象的形而上学的讨论，即使宋儒以"月印万川"来解"理一分殊"，也是一样。但是我觉得社会哲学的理论形态不是那种纯粹形而上的理论。秩序问题当然可以分化为不同的形而上研究。比如说心灵秩序，经验论、德国观念论、心灵哲学和现象学可以各有各的讲法。秩序的关怀本身可以推动哲学发展，又可能影响社会发展。所以我说的秩序原理还不是完全形而上的论域，它和形而上的讨论既有关联又有点距离。因为一旦抽象到玄学，再要回到具体，不仅路径曲折，而且未必能解决我们现时代的秩序关怀。问题确定在社会哲学的层面，它要比纯粹形上学具体化一点，但是又比政治学和社会学抽象一些。

晋荣东：还有，因为你主要是对 20 世纪的这三个派别进行讨论，要做总体的把握。但是最后实际上你暗示了，还是比较倾向于经过你所理解的汤先生讲的"和谐为体，中庸为用"，你把它跟"个性解放""大众团结"联系在一起。这是对秩序的非常抽象的表达。

高瑞泉：我用了"个性解放和大同团结"的统一解释"和谐为体，中庸为用"。虽然这个说法看上去有点简化，但是可以做历史展开。因为汤先生说前现代是专制为体，教化为用，现代是自由为体，民主为用，后现代是和谐为体，中庸为用。①那我们是现代还是后现代？（干：汤先生认为我们是在现代。）对，现代就要以自由为体，民主为用。既然用了体用范畴来讨论问题，中国哲学讲实体即动因，所以自由就是动力，没有自由，哪里有什么创造？民主是个制度，是一个秩序的设置。他最后说"和谐为体，中庸为用"。但是对中庸的解释，干春松注意到儒家的秩序观念的双重性：《中庸》表现出一种现实的秩序与境界性的制度设计和社会秩序。中庸是君子的理想，以修身出发，通过类似家庭的亲情关系来处理人际、国与国、家与家的关系：道不远人、以人治人和怀柔远人。他也注意到儒家对于秩序的态度的两歧性，毕竟还讲"尊尊"。像现在有人讲"家"，将"个体"与剥离了"尊尊"制约的"亲亲"结合起来，建构一个现代具有普遍性的"家"。它只是"家"的概念，既不能穿透中国人"家"的观念史，也未必能解决中国人"家"的现实问题，不妨说是提出了一个具有某种普遍性的"家"的理想秩序。春松在后来出版的《重回王道——儒家与世界秩序》中，也讲要兼容利益原则、个人主体性和不同国家之间的协商机制等等。在我看来汤先生的说法还是要用李大钊的"个性解放和大同团结"去补充，本来沿着《礼记》到康有为所讲，最后还是要"大同"的。但是这个"大同"要包含个性解放，康有为的大同世界缺乏动力，所以还要有什么解放。那个话题看上去不太新鲜，但首先要判断我们是否进入现代，并且继续进步。因此与好些人在谈论秩序问题时回避历史观的正面肯认，成为隐蔽的复古主义不同，我认为对中庸的理想不能做复古主义的解释。

干春松：《大同书》里面讨论了失去动力以后的问题。因为社会生活太舒坦了，人就失去进取心了，所以就稍微给一点点奖励，让大众稍微有点私人财产，然后封个爵，道德上的爵。我说高老师的概括有意思，其实康有为是特别具体地在讨论没动力了怎么办。

①　参见汤一介《瞩望新轴心时代——在新世纪的哲学思考》，北京：中央编译出版社，2014年，第 123 页。

回到现代化。现代化本身涉及动力和秩序两个维度。这就涉及，你对动力持一种什么样的理解，才能引申出"个性解放"和"大同团结"这个秩序。冯先生是讲实践，在实践当中群众自己解放自己，然后就会走向"个性解放"和"大同团结"。他把实践理解为趋向自由的活动，这样目的因就会变成动力因。所以我对你最后提到的"自由的理想世界"是认同的。问题是，前面怎么讲动力才能够引申出这样一种秩序来。

高瑞泉：晋荣东的问题要分几层来回答。这本书是在讨论"动力的追寻"那部分，从某种意义上是对中国从 1900 年的"至暗时刻"到 2000 年的"高光时刻"这种传奇式转变之原因提供一个文化解释，因为形式上分裂的三派，在追求现代化的动力这一点上是高度一致的，由此形成巨大的合力。这层意思我其实在 2002 年写的短文《现代传统：中国经济起飞的一个动因》[1] 中和 2007 年的讲演《开拓考察中国经验的新境界》[2] 中都提示过。从这个意义上说，从"动力"的追求到对"秩序"的建构这一重心转移，也不是某一派哲学单独运思的结果，而是在社会哲学的框架中研究问题。我在本书一开头就说，迄今为止，社会哲学作为一个学科，远远没有成熟，甚至边界都不清楚；正因为如此，社会哲学的视域可以是多种维度的。就 20 世纪中国社会而言，它不能不求高速发展，进入高速道以后又不能不求稳定，而且这个稳定还要自带动力继续发展，不发展就稳定不了。所以对动力与秩序两大观念的考察可以构成中国社会哲学的重要内容。它并不局限于中国，从某种程度上说它是人类理性的永恒课题。用怀特海的说法，就是："在这个世界上，竞争至少同和谐一样，是一个真实的事实。如果你站在弗朗西斯·培根一边，全神贯注于有效的事业，你便会依据竞争来解释社会生长的主要特色。如果你站在柏拉图一边，你便专注于目标，理性上有价值的目标，你便会依据'和谐'来解释社会生长的主要特色。但是，在理解的轮廓形成、足以阐明竞争与和谐的相互渗透以前，历代的理性的推动力只好不安地摆荡在二者之间。"[3]

---

① 见《文汇报》2002 年 1 月 12 日。

② 见《文汇报》2007 年 12 月 16 日。

③ ［美］A. N. 怀特海：《观念的冒险》，第 103 页。

在对"动力"的哲学基础或哲学证成上，冯契先生从"实践"——主客体交互作用——获得社会发展的动力。基本的社会实践是劳动，自由目的之实现建立在自由劳动的基础上。自由是个历史的范畴，而实践既然是趋向自由的活动，就也是一个历史的范畴。总括起来说，实践是以得自现实之道还治现实之身，同时也是人实现自己的动力。不但人的天性（nature）是数百万年来人的实践的产物，而且天性发展为德性（virtue），也是依靠实践生活和教育，并且有可能形成理想人格。他的理想人格就是自由境界。在"动力"与"秩序"的连贯性上，他是成系统的。不过，我们应该注意到，冯契先生是很明确地把 freedom 和 liberty 做了区分的，他讨论的只是哲学意义上的自由（freedom），而不是政治意义上的自由（liberty）。这种区分意味深长。在汉语学术界，这样明确区隔 freedom 和 liberty 的，还有张佛泉，除此以外，好像并不多见。所以冯先生其实是在给自己划界。他在广义认识论中谈自由，表示他沿着孔子"仁智统一"（认识论和伦理学的统一）的路径，探讨如何培养人的自由的德性，而不是着力讨论所谓的"消极自由"。另一方面，推崇李大钊的"个性解放和大同团结"的统一，我们也是接着冯先生来讲的，而李大钊提出"个性解放和大同团结"统一的方案，并没有对其意蕴有更多解释，给我们留下了课题，也留下了解释空间。择其一点，"个性解放"离开了 liberty，何以成立？"大同团结"早已将"大同"这一历史意识包含在未来共同体的构成之中。分析地说，我们可以从中找到自由主义或后自由主义、马克思乃至儒家的诸种因素。无论试图综合还是有所偏向，也都有一个"统一"如何达成的问题。

从观念史的角度，我刚才说了，对动力的反省其实是没有理论化的，而只有声张。许多人差不多把进步观念等同于进步主义，然后把进步主义就等于社会达尔文主义。问题是进步的观念是使得现代历史观得以成立的基础，后现代主义废置了进步的观念，历史失去了方向。晋荣东前面讲现在没办法讲中国通史，为什么？在我看来，是由于历史观在转变的过程中失去了方向，或者说历史哲学缺位。坊间对进步观念的批评，通常是把它简单地抛弃。从观念的层面讲，要建立一种良好的秩序，就要包含对动力的反省，包括如何在历史中获得定位，同时也由此建立集体认同。现在我们的历史观面临着明显的困境，所以吕森要问："我们如何既发展出关于历史发展的普遍性概念，而同时又接受只有多重的历史或多视角的历史思考？"①

刘梁剑：读高老师的书每次都有很大的收获。我比较喜欢中国哲学史的两个时段，近现代和魏晋。最近也看一些魏晋的书，魏晋时讲清谈，我觉得今天下午就享受了一次很好的清谈。魏晋清谈经常会找几个词，把谈话的品质或者这个人物的品质点出来，比如说我们最熟悉的"飘若浮云，矫若惊龙"，这是讲王羲之的字，但同时也是讲王羲之这个人。还有一个例子就是讲刘真长，用两个字概括，即"简"和"秀"。"简"是说他讲话能够一语中的，"秀"是说他有言辞之美。我也找了两个词来讲我读这本书时的审美意义上的感受。一个是"通透超拔"。"通透"就是像晋老师讲的，这本书对一百年有全景式的把握，可以成竹在胸地写出来。

晋荣东：我插一句，我本来还想讲一下，就是说在这种长时段的历史书写当中，个人性的知识、个人心理的因素如何影响叙事。冯先生当年在《中国近代哲学的革命进程》一书后记里面也讲到，那些民主革命当中的哲学家，都是他的先生，他跟他们精神相通，血脉相连，知道他们的所思所想所行，有着特别的亲密关系和亲切之感。高老师也是这样的，所以他才能够把握得到，我们这一代现在缺少这样一种生存论层面的东西。

刘梁剑："超拔"是指有很多的观点对我有很大的启发，除了总体的之外，还有一些细部的观点，我待会再来讲。前面大家讲秩序比较多，但是动力的部分我读起来感受特别强。另外一个词是"逼人心智"，这是高老师写熊十力时用的一个词。我读这本书时还感觉到一种年轻人的豪情，那种对现实问题的感受，绝不像老年人写的书，特别是动力的部分，特别有思维的力量。本来近现代哲学跟当下的关联就特别大，这本书对从近现代一直到当代的很多问题，都有特别的关切。我自己深有感触的是两个问题：一个是世界秩序。冯先生讲近现代哲学史是"中国向何处去"的问题，但其中可能隐含着一个"世界向何处去"的问题，可能因为这次疫情或者反全球化的趋势，

---

① ［德］吕森：《历史秩序的失落》，载［英］汤因比等著，张文杰编《历史的话语：现代西方历史哲学译文集》，桂林：广西师范大学出版社，2002年，第78页。

这个问题特别突出了。像高老师在讲"王道"的时候，其实已经有豪情来直接面对世界秩序这个话题。也许在前面的时段里面，我们也讲世界问题，但是主旨是讲中国，然后连带讲世界。原先思考的定位焦点是，我作为中国人怎么自处，中国怎么办？但是现在如果说讲世界向何处去，聚焦点会不一样，就是说我不仅仅作为一个中国人，而是作为地球上的一个人，我应该怎么来想这个世界文明向何处去？我觉得近一百年到现在为止，这个趋势可能越来越明显。同时这也就意味着对学人的自我定位，意味着从中国人转向世界公民时想问题的方式的转换。就好像在春秋时期，孔子想问题肯定不是以鲁国人的身份来想，他肯定要考虑天下的问题。那么现在在新的历史场景下面，也需要类似从一个鲁国人超越到天下的视域，就是从一个中国人超越到世界的视域来想问题。另外，这本书有好几个地方也提到马克思跟孔子的关系，我觉得这在中国是一个非常切实的话题，不管是从现实政治合法性，还是从文明的角度来说，如果新的世界文明可能在中国这里发生的话，就肯定要处理马克思跟孔子的问题，这本书在很多地方都散落着对这个问题的叙事。这是"逼人心智"的另一个面向。所以这本书既有豪情，又有当下的切身体会，这是一个鉴赏式的评价。

另外一个，从总体上来说，我也同意晋老师的评价，就是这本书自觉地提供了一个新的书写范式，从社会哲学的角度来讲一百年的历史。当然社会哲学不可能覆盖所有的问题，因为哲学史一定可以不断地重写，难度在于是否能提供一个新的角度，这个角度可能不会处理所有的问题，但它可以有一个新的角度切入，来汇聚一些新的事件、新的人物，它们在新的视角下面可以获得一种新的解释。我觉得这本书的视角对我的启发在于，我们会说中国学习西方大概有三个阶段，从器物到制度，再到思想，我想把它倒过来说，哲学思考的方式可以从思想、制度移到器物。我最初比较习惯直接在思想的层面来运思，但高老师就特别深入到制度这样一种社会实在中，可能还有一些物理实在，比如说经济生产关系，最后再到实实在在的生产力、科技等器物层面。我越来越感受到，好的哲学，可以在义理层面进行运思，用高老师特别喜欢用的词来说，就是展开一种"深密"的思考，这是有必要的。但是好的哲学还应该在展开深密思考的同时，保持跟制度、器物层面的血肉关联，这样才是一种比较有力的思考。具体到社会哲学，我在想它和高老师以往的研究之间的联系。因为高老师对近现代的思考，经历过几个不同的范式。从人物到思潮到观念，到现在这本书中的社会哲学，差不多可以说是第四种。我觉得这本书对人物的思考依然很深刻，比如说我对里面讲的严复和谭嗣同，感受就特别深。像严复关于《周易》的处理，我以前没有思考过。还有一个注释里面提到严复比章太炎更早看到了俱分进化论。我在对比《天演论》和赫胥黎的英文原文的时候，其实也强烈地感受到了这一点。我的想法是，赫胥黎对于进化有一个非常复杂的看法，除了被《天演论》彰显出来的线性进化的层面之外，它同时还有俱分进化，甚至循环论等。严复在翻译《天演论》时，这些角度他虽然认识到了，但是他把它们用不同的方式处理掉了。按照高老师这本书里说的，我觉得可能我的想法要变一变，就是说俱分进化论在严复那里就已经有了。另外就是谭嗣同。特别是有个注释里提到谭嗣同不像康有为那么乐观，他会觉得人的消费欲望的极大解放会带来问题，这就是比较超前的地方。注意超前的地方，也是我读近代哲学史时想采用的一个视角，我不太想把它读成一个现代化的过程，而是想特别关注在现代化的过程里面，哪些是超越现代化的，或者是后现代的，或者说他们想学西方，但是不知不觉学得不像的地方。那些地方可能带着一种新的可能性，也许在谭嗣同那里，这种想法是他本身思想的边缘性的东西，但是对于一种新的文明形态来说，边缘恰恰可能是一种特别珍贵的端倪。从思潮的角度来说，激进主义、自由主义、保守主义的三分法，我觉得依然是有效的。我在处理中国近代伦理或者道德问题的时候，觉得比较杂乱，很难把握，但是在读了这本书以后，觉得这个区分依然可以对道德、伦理问题带来新的启发。就观念史的研究来说，最初高老师讲中国现代精神传统中的那些重要观念，还有平等的观念，在这本书里面有一个观念就提得特别多，即创造，因为它和动力有密切的关联。另外，在《平等观念史论略》里面已经有"社会哲学"这样的提法，但可能还不是一个主题，但现在专门提出来了。我想问的是，这种研究范式的转变，它的内在的转进的思路是怎样的？

还有，我在想是不是"动力"和"秩序"这两个词在用的时候，还是具有多义性的。一开始我看动力和秩序可以是描述性的概念，比如我在寻找秩序是什么、动力是什么。当我们说"追寻动力"的时候，它虽然也可以是对动力的理论的观察，但其实它可能已经变成对实实在在的动力的追寻。读的时候感觉会有这样一种语义的转化，它不仅是在考虑动力的问题，其实也是在追寻动力。这本书里面我觉得很重要的看法，就是观念的力量，就是说在我们所谓物质性的层面没有发生作用之前，我们对动力的追寻本身可以成为一种动力，这是个非常有意思的观点，而且这个观点如果往下追寻，我觉得它可以有韦伯的影响。韦伯讲新教伦理，我们没有新教伦理，但是否有类似新教伦理的东西？当然也可以有一些宗教性的东西，比如建立一个国家，像自强保种和其他民族主义的国家的观念本身，如果说跟对富强或者物质利益的追求相比较，那么前面那些就可以带有宗教意味，带有一种超世俗的意味、神圣的意味。另外我认为单讲动力跟秩序的时候，是不是也有动力和秩序之间的双重变奏，就是说即便在追寻动力的前面那个时段，其实隐含着他们对秩序的考虑，只是他们没有说出来，他们所设想的，我们简单地说，可能就是西方的那种秩序，然后再考虑怎么来达到它。而后面的那一部分对秩序的考虑，当然也有关于动力的思考。另外，可能动力-秩序的这样一个架构，受到斯宾塞的社会静力学、社会动力学的影响。但斯宾塞可能考虑的是，一个已经常态化的社会内部有它的秩序同时也有它的动力这样一个问题。但是中国近现代的问题在于，在一个社会转型时期，我们要追求的动力不是一个社会内部的动力，恰恰是从传统的农业社会到工商业社会的转变性的动力，他们之间的动力可能有点不一样，我们需要考虑的不是一个社会内部的秩序和动力的问题，而是要考虑两种不同的社会形态转型时的动力和秩序的问题，可能这是过渡时期的特点。

另外一个是关于现代性的问题。高老师有一个判断，说我们还没有一种逸出现代文明的可能性出路，但是我想追问，我们走出现代性的可能性是不是已经有了？在现代性的思考里面，在这些思想家非常边缘的地方，他们是不是已经触及一种新的可能性？比如关于进步的问题，如果我们想走出现代性，就是在问，除了设想历史退步论、循环论，还有进步论，这个进步可以包括线性的，可以包括俱分进化的。除了这些设想之外，我们还有没有其他设想，历史发展的可能性，是不是都已经穷尽了？如果说我们有一种新的可能性，那也就是现代性之外的设想，还是有可能的。我感觉有两个思路，一个是像梁漱溟、熊十力儒家一系里面，他们特别讲向上，向上也可以理解为一种进步，但他们那种向上特别接近传统儒家的精神层面的向上，那么在这个时候就提供了一种进步，这不是一种外在的进步，而是一种从"十五有志于学"一直到"从心所欲，不逾矩"的这种内在的进步。所以说他们提供了一种替代方案。还有一种可能性是我在看那种表现视觉幻象的画时想到的，那种画就是看起来像是不断上升的，但实际上再细看又好像是一个平面的这样一种东西。我那时突然想到这里面是否也有一种可能性，就是我们以为这个世界它是螺旋式上升的，但是换个角度来看，其实就是一个平面，只是给人上升的幻觉，那么这也提供了一种设想或者理解历史的一种新的可能。当然这些都还是比较外在的，还没有完全展现为一种历史观。还有一个对现代性很重要的是理性的观念。我们有没有对理性进行反思的基本可能性？现代性的吊诡，在于一方面太理性了，另一方面又太感性了，非常奇怪。太理性就是说它有一种浮士德-普罗米修斯精神，这是林毓生、史华兹，然后可以追溯到斯宾格勒等那些人的对现代性的一个描述，但浮士德精神描述的还是比较形式化的东西，它还缺少实质的内容，只是一个形式的方向性的表述。按照韦伯的说法，我们可以用理性计算的方式来掌握自然、掌握社会，这就有一种更加内在的把握。我觉得它后面就是对确定性的追求，而且是对确定性的一种信任。这时对理性的反思就意味着，我们要更多地彰显这种不确定性，不是说要追求不确定性，而是应该要承认不确定性的价值。所以这里就存在着在理性概念之外的理解世界的一种新的可能性。太感性就是强调人的解放，或者说功利的追求等。我觉得这里面就包含着对人的基本理解，什么是良好社会，再往前追问就是什么是良好生活，再往前追问就是人应当成为什么样子。在近代的功利主义等诉求下面，其实是承认人的感性欲求的面向，这当然是一个正当的面向，但是仅仅把人往这方面想的时候，其实是把人窄化了。这种窄化一开始还是带有一种传统的类似于士与民的区分，比如"我"作为一个启蒙者，"我"可以想被启蒙的人只是小人，只要有这种感性欲求就可以了。但慢慢到了后来，启蒙者自己也觉得只要有这些东西就可以了，在某种意义上这可以说是一种世俗化的过程，当然这个世俗化跟西方那种相对于宗教的世俗化不一样，但是它也是人的感性欲望之外的维度的失落，在这个意义上它是世俗化。这关联着一个非常大的问题，就是功利主义的问题。我觉得功利主义也是这本书里一个不断出现的主题，比如在严复、康有为那里，特别是 20 世纪 80 年代之后，市场经济兴起以后。我觉得这个话题需要再加一个专题的处理。它里面可能包含着我们对功利主义的误解，不是把它作为一种伦理意义上的效用主义，而是追求个人私利意义上的功利主义，当然这种误解是有意义的，就像高老师刚才讲的那样，一个看上去好像大家都是错误的流俗之见，这样的流俗之见恰恰可以代表最基本的时代状况，对思想史研究来说，这可能恰恰是需要深度挖掘的重点。另外，我认为功利主义，如果作为一种道德学说的话，它包含了一种跟"义"相通的面向。还有马克思主义的或者我们正统的革命功利主义，和与市场经济相应的功利主义之间的关系，这些问题都需要进一步探讨。

高瑞泉：梁剑的问题含量很大，我试着说几句。先说一点你一开始说的问题。这个其实涉及我的文化认同。我在研究哲学史或者观念史的时候，在理论上与民族主义是隔离的，我们可以把"民族意识"和"民族主义"作为研究对象即客观化，但碰到具体问题时，民族意识就会凸显而起。1999 年我在胡佛研究所访问，跟墨子刻经常见面讨论问题。有一次他说，按照美国人的传统安全观念，太平洋是他们美国的湖。我几乎立刻就反问说："为什么不是我们中国的湖？"他其实在那里等着我呢，说："对的，现在你们中国人绝大部分都不会这么想，但是二十年以后中国人就会这样问。"他关心中美两国和平共处，后来出的《太平洋风云》① 一书的宗旨是，讨论当代中西政治理论的冲突，希望在哲学上尤其是"思想规矩"上中国人与美国人能够相互理解。但是我碰到这类问题的时候，民族自尊感遏制不住地会涌上来。更往前，1997 年罗多弼邀请我去斯德哥尔摩大学访问，我在那里做了一个《新儒家与民族价值的现代重建》的讲演。有人提问说：为什么是"民族价值"？

---

① *A Cloud Across the Pacific: Essays on the Clash between Chinese and Western Political Theories Today*. By Thomas A. Metzger, The Chinese University of Hong Kong, 2006.

在当时的我看来这根本不是问题，我们当然首先想到的是自己民族的问题。因为近代以来中国传统价值观念有一个解体到重构的问题。罗多弼则说，其实瑞典乃至欧洲人也有价值冲突和价值观念变迁，不过他的意思是他可能将此视为一种共有的价值，而非某一民族独有的价值。在我看来，儒家"仁爱"的观念可以是共有的。譬如我看到里亚·格林菲尔德《民族主义：走向现代的五条道路》中译本的前言，最后有一段说，中国登上历史舞台之际，西方文明的创造潜力已经快要耗尽了。"你们了解我们：你们曾不得不观察我们，尽管迫不得已，而且尽力了解我们背后的动力；而我们却狂妄自大地认为，所有人都是按照我们的形象创造出来的，因而对于你们这些他者从未给予充分的注意。"中国人学会了曾经使西方人富有创造性的思维方式，拥有了使得西方人强大的民族主义竞争精神，"未来属于你们。我们希望，你们将能友好地对待我们，而且比我们更好地照料这个世界"①。这段话击中了我：一个强大起来的中国，能不能善待历史上曾经忽略过我们而又知道这是一种错误的民族，能不能更好地照料这个世界？这才是考验"万物一体为仁"是否成为我们真实的信念的时候。所以为什么我会觉得汤先生说的"和谐为体，中庸为用"可以成为一个理想的秩序，其实还有这个意思在里面。在我们可能对重塑世界秩序有所影响的时候，不能不对正义的世界秩序有所思考。

干春松：我也觉得刘梁剑的问题挺好的。高老师的哲学性的讨论的冲动里面，其实有比较远的思考，他不想限于20世纪中国那些零零碎碎的讨论，因为他也能找一个更有普遍性的问题。这个东西其实特别有意思。中国近代一直战乱频仍，但有些东西始终没有放弃，比方说大同、真善美等，并不愿意将中国"下降"为一个地方性的"秩序"。所以一方面那时我们自己处于动荡之中，但是另外一方面我们又心怀天下。他这个里面虽然是有矛盾，但是这也可能是作为一种文明体的存在的一个下意识的东西，或者说一种自觉。梁剑发现的很多线索都很有意思。比如动力是否自生的问题。一个原生的社会秩序，它也有不融洽，这就涉及动力是内生的还是有人推你一

---

① ［美］里亚·格林菲尔德：《民族主义：走向现代的五条道路》中文版前言。

把的问题。中国近现代思想为什么这么有意思，是因为有很多外来的东西裹进去了。中国近代的那些思想家或理论家，自己是个矛盾体，或者前后是矛盾体，或者共时性是个矛盾体。中国现在没有那么大的理论家，我觉得很正常。现在不到一个产生理论很自洽的体系的时候，所有现在的工作某种意义上都是预备。所以有几种模型并存特别正常。任何一个西方的思潮进入中国，都会产生变异。像进步的思潮进来，本来当然是个好东西，但是变成进步主义，就变成强制性地"明天会更好"的虚幻许诺。我觉得梁剑的说法特别提醒我们，很多问题其实很难找到一个逻辑上特别完整的东西。

高瑞泉：我稍微补充一下"浮士德-普罗米修斯"精神的问题。史华兹讲过，在西方有一个很重要的东西就是对知识永无止息的追求，浮士德和魔鬼打赌永远要新奇，要发现新的东西，永远不停留，体现的是西方科学的那种一往无前的、不断地要推进知识的边界的精神。我们常常把"冒险"理解得比较窄，其实思想本身就是一种冒险活动，思想就是从已知求未知，未知的世界是不确定的，但是值得冒这个险。这种强烈的求知欲，和科学精神、科学主义有关系，所以格林菲尔德会说，你们现在拥有曾经使西方人富有创造性的那种思维方式和民族主义竞争精神。

关于功利主义，我没有专门研究。我主要把它视为激进主义的一个思想源头。《孟子》首章就是讨论"义利之辨"，后儒把它称为"人生第一等事"。功利主义的兴起颠倒了数千年"义与利"的排序。以往说"太上有立德，其次有立功，其次有立言"。在"富强"作为首位追求以后，"立功"自然位置前移了。这在19世纪晚期，很具有颠覆性。但是，它和英国的功利主义还有一个很大的区别，英国的功利主义的底子是个人主义，这是中国功利主义的主流没有的。中国人讲利国、利民，讲"革命的功利主义"。

鲍文欣：我的问题主要涉及方法论。您在这本书中把自己的任务界定为"从社会哲学的视角集中考察19世纪末以来，围绕着'动力'和'秩序'两大核心观念，前辈和时贤做了何等有深度的思考并发生了什么样的论辩……"。您的观念史研究本来就注重观念史和社会史的互动，所以和现在流行的概念史、语词史研究不太一样，现在提出"社会哲学"，好像是对社会史的维度的进一步侧重，也可以说，像刚才刘老师提到的，是您的一次新的方法论实验。但这也提出了直接的观念史研究和间接的观念史研究的关系问题。所谓"直接的观念史"，我是指如"进步""竞争""大同"这样的观念，我们有理由推测，它们在历史上是直接呈现在社会行动者和理论家的心中的，这能够从行动者和理论家所实际使用的语词中得到印证，因此同时可以成为语词史的研究对象，像报刊、著作中的使用频率、意义变化之类。而像"动力"和"秩序"这样的观念似乎是更间接的，它们在大部分情况下并不直接表现为语词，我们可以推测它们在大部分时候并不直接呈现在社会行动者和理论家心中。在我看来，"动力"和"秩序"更多地是研究者从社会功能的角度，对研究对象所持有的直接观念的一种反思性的概括。例如我们可以说"进步""竞争"这样的观念最终反映的是"动力"的观念，虽然可能社会行动者和理论家实际上并没有对这种"反映"关系具备很高程度的自觉。所以干老师强调，您提出的是一种有解释力的"模型"。但随之而来的方法论问题是，如果说观念史的目标，像您在《观念史何为？》那篇文章里说的，是研究"我们所拥有的观念"，那么，在何种意义上，间接的"拥有"同样是一种"拥有"？"社会哲学"视野下的"观念史"研究，在什么意义上仍属于"观念史"？

高瑞泉：这个问题很有意思。"动力"与"秩序"，似乎不像"平等"那样是特别流行的关键词，至少在普通人的日常语汇中，不那么常见，何以写出一个以观念双焦为基本内容的社会哲学史。我想可以分两层来回答。

第一，从形式上说，观念史常常集中研究"关键词"所表达的"观念"，而所谓"关键词"指至少在某个历史阶段使用频率较高、重要性明显的词汇。但是使用频率的高低是相对的，而且重复的新观念与特定词汇的联结也并非始终固定的，同一观念可以用相似的若干词来表达。对于现在的普通读者，这两个语词肯定不如"平等"那么常见，但在历史文献中也不是那么罕见或稀少，20世纪末以来讨论"秩序"的书就不少，仅仅春松的好几本书就直接讨论它。就"动力"这个词，我讨论过从"动""力"的两个单独的字义到"动力"这个复合词的意蕴的形成过程。它最初一出现就很引人注目。梁启超写过一篇短文《说"动"》，但是上来说的不是"动"，而是大谈"动力"，把声光化电、宇宙星辰、大千世界、生物进化，乃至社会改革都归结为"动力"。在这篇文章中，梁启超引用了唐才常的那段名言："西人以动力横绝五洲也，通商传教，地布种，其粗迹也，其政学之精进不已，骎骎乎突过乎升平。无可惧也，无可骇也，乃天之日新地球之运，而生吾中国之动力也。"[①] 现在回过去看，简直像现代先知的预言。在严复以"质力相推"来解释宇宙过程和以生存竞争来解释生命过程以后，无论是单独使用"动"，还是"力"，通常都带有"动力"的意蕴，以至于有人把那个时代称为"动力时代"。更往前追溯，从龚自珍、谭嗣同倡导发扬"心力"，就是要"冲决网罗""以心力挽劫运"，就寻找改革社会的行动的力量。到"五四"陈独秀大讲"抵抗力"；李大钊则努力寻求社会的"推进力""指导力"，并且直接说"看社会上一切活动和变迁全为人力所创造，这种人类本身具有的动力可以在人类的需要中和那赖以满足需要的方法中认识出来"[②]。更后的一辈马克思主义者瞿秋白也说过"历史的演化有客观的社会关系，做他的原动力"，即使列宁这样的历史人物也只是"历史的工具"。[③]20世纪30年代以降，占据意识形态主流的唯物史观，包含了社会历史发展（进步）之动力的基本理论：生产力决定生产关系，经济基础决定上层建筑；当生产关系不适应生产力发展的要求时，这对矛盾就会成为改造整个社会包括上层建筑的革命的根据。它的更简化的变体，就是阶级斗争是有史以来人类社会发展的直接动力；体现在中国古代"封建社会"，到农民起义、农民战争是社会发展的动力。后者一度是历史学界讨论的"五朵金花"之一。随着以经济建设为中心的战略改变，原先"抓革命，促生产"的动力获取方式，几乎被现在的读者遗忘了；经济起飞了，"动力""自动"实现了，也就不再成为话题。整个这一历史过程，前有毛泽东的能动的革命的反映论，后有主体性哲学，都是动力关怀的哲学表达。

第二，作为哲学活动的观念史研究，需要对重要的观念做理论解释。这里的"观念"是生活世界中已有的观念（词汇），不是哲学家创造的概念。

---

① 梁启超：《说动》，载《饮冰室合集》第一册，第38页。
② 李大钊：《李大钊文集》下，北京：人民出版社，1984年，第364页。
③ 瞿秋白：《历史的工具——列宁》，载《瞿秋白选集》，北京：人民出版社，1985年，第137页。

但是所谓"重要"，并不能单纯以其出现的频率来论定。与概念通常边界比较清晰、意义比较明确，与词语的关联比较固定不同，重要的观念的意义比较含混，后面可能有一个观念丛，自己也可能用类似的若干语词来表达，因而与其成熟期同语词的固定关联相比，用关键词检索的方法来确定它的使用频率，其有效性将大打折扣。所以，论定其重要性，主要不依靠统计学的实证方式，而要依靠伯林在《现实感》中所说的那种判断力或者洞见来获取，"每个人和每个时代都可以说至少有两个层次：一个是在上面的、公开的、得到说明的、容易被注意的、能够清楚描述的表层，可以从中卓有成效地抽象出共同点并浓缩为规律；在此下的一条道路则是通向越来越不明显却更为本质和普遍深入的，与情感和行动水乳交融、彼此难以区分的种种特性"①。有一个类比，金宇澄在《繁花》的大量对白中用了两千多个"不响"，我们都知道那是另一种"响"。但是你要先懂得并透过周围嘈嘈杂杂的"响"，才能明白"不响之响"的真意。所以如果用统计学的方式，那些用得多的是重要的。这个当然有一定道理，并且操作起来很容易；但这是不够的，成天挂在嘴上的词未必有什么实际意义，而"不响"的东西也很重要。在我们习见的东西后面，可能有一些更重要的观念，这种观念并不一定限于单一的语词出现，或者它后面形成一个"观念丛"，观念史就要研究它是否是我们不同程度拥有的观念。就以我研究中国平等观念史的体会而言，"平等"作为一个表达类似今日平等意味的话词，最初是佛教的术语。但是汉语中更早就有"齐""一"等字，或者"等贵贱""均贫富"之类的短语，在不同层面上表达了接近"平等"的意蕴。在这些表面上芜杂不一的语词后面，可以看到共同的意思，日后被"平等"综合在自身，即通过"平等"这个相对固定的语词，上述多少有点含混的诉求与信念获得了一个容易被辩识的形式。

依靠长时段广泛的阅读，养成在分析其语义的过程中捕捉关键词的能力，与今日简捷地运用电子检索之所获，是不可比拟的。后者可能较快，但是得到的是薄的观念，因为通常都离开了复杂的语境。单独依靠这样的技术手段所获的结论，大多显得机械、冷漠，除了告诉你某观念（词语）检查之

---

① ［英］以赛亚·伯林：《现实感》，第 22 页。

结果以说明在某段时间核语词是"热"词外，几无余蕴。

干春松：我替高老师说一两句。我之所以觉得你的问题挺有意思，是因为高老师这本书，不像《平等观念史论略》那样是讲一个明面上影响很大的观念。从某种意义上说"动力"与"秩序"是再度概括的概念。但我一开始也说了，因为这两个观念不像"启蒙""救亡"等，大家是放嘴上的。高老师所做的概括，其实是二次创造的关键词，所以他这个观念是有点接近于拿一个新观念来给前面的那些观念集群打包。这其实是一个新套路。我一开始就说我认为他在方法论上是特别有启示的。

高瑞泉：你看伯林写的观念史，完全不是说抓住两个流行观念就行了。他强调"现实感"，有方法论意义。就是要透过表层流行的概念、话语、理论，去洞见到那些最核心的问题。这在思维上有一个跳跃，不能依靠机械的统计学的方式，是在阅读了大量相关文献以后思维上的一次综合。这些文献生成的历史与我个人亲历的是如此相近（甚至相即），就有晋荣东刚才所谈的亲历者的体验在内。当然你可以问，这个说得对不对？这个不能保证。但是我把它们挖出来，你可以看看有没有道理。这种将综合与分析相结合的方法去透视一个时代精神生活的工作方式，是我把观念史研究视同一种哲学的作业，而不单是思想的历史纪录的缘由之一。

鲍文欣：这让我想起了墨子刻对您的批评。在《象牙塔与大理石城堡》中，墨先生把您定位为"理性主义"。他所说的"理性主义"主要有两层意思，第一是普遍主义，指正确地思考问题的能力——它常被称为理性（reason）——是一种所有正常人共同具有的能力；第二是客观主义，指一个拥有这种理性的人，就能观察和描述这个世界的真实性质。这两者的背后是认识论上的乐观主义。结合这两点能引导出另一个批评，即您的方法论有还原论倾向，引用墨先生的原话来说，这指"在确认历史人物的信念时，历史研究者能够区分他们心中真正的信念和他们口中说出的信念"①。

这三个批评，普遍主义、客观主义、还原论，我认为您能在某种程度

---

① Thomas A. Metzger, *The Ivory Tower and the Marble Citadel*, Hong Kong: The Chinese University Press, 2012, p. 33, p. 38.

上接受第一个——如果"理性"包含"论辩理性"的话，但无法接受第二个。这里或许有墨先生的误读，也有些大概是由于您的论述常处于一种论战语境，尽管这个语境有时是隐含着的。至于还原论，有意思的是，墨先生本人的方法论取向，是挖掘一个"话域"（discourse），或者一场争论中各方所隐含的预设、主题、议程等，这种取向其实一定包含对言说者"真正的"和"说出的"信念的区分，或者说包含一道"还原"的程序，也一定有某种认识论乐观主义的态度。但我们都希望这是好的乐观主义，或者说是程序性的乐观主义，这种程序性使它能够与实质性的乐观主义——独断论——区别开来。所以他和您其实共享了许多东西，尤其是对观念史研究中实证统计方法的保留，而且也都试图听到观念史中的"不响之响"；区别在于到底什么在响，这里每一只耳朵听到的大概都有所不同。

计算机技术的发展提供了太多音响，如何从这些响中听到不响，又从这些不响中重新听出响，似乎越来越难。不过我还是乐观地认为，实证和分析在理想状态下应当合作，当然，消化技术发展需要时间。

干春松：有的时候这的确会给人一种比较暴力的感觉。因为你说他实际在说啥，可能是将自己的想法强加给对方。如果从纯粹的方法论上看这是个缺陷，"不响"作为一个文学方法是没有问题的；但是如果要做哲学性的特别强的辩护，当然是有问题的。

鲍文欣：我觉得干老师的说法其实提供了一种辩护。干老师说了"打包"，我觉得"打包"的意思，就是指一个观念丛在语义上有聚集的中心点，比如您也说现代有大量"关于"秩序的观念，这个"关于"我想就是语义联系。这个中心点本身也是一个观念，但在语词层面上可能是"不响"的，大家说得不多，说的都是"关于"它的东西。抓住这个中心点，是需要洞见或者说跳跃的，因为这个不是统计和归纳能够胜任的工作。但是一说出来之后，就可以在语义层面进行验证，是不是有这么一个中心，处于中心的是不是这个东西。我最近读方维规老师的《什么是概念史》，里面提到科塞雷克晚年对停留于史料的概念史做法也有反思，其中引了科氏的一段话：

与所有史论一样，概念史也需要假设，没有假设就没有论点可言。

纯粹的史料堆积决非概念史，关键是把握概念网络中的大概念、下属概念、对立概念等各种概念之间的关系，以揭示概念的内在语义结构。唯其如此，故能彰显一些特定概念的建构能量，否则无法真正理解文本或语境。①

"动力"和"秩序"或许类似于科塞雷克所说的"大概念"。但是，如何判断"大小"？这里的大小也许不是共名、别名的区分，否则每一个时代的"大概念"都像"存在""物"这样的"大共名"，这就体现不出时代性的差别。这里的"大概念"也许讲的是"概念网络"得以被织成的语义中心，不过既然是"网络"，那么中心必然是多元的。

另外我自己想到的一个辩护是，因为高老师把社会哲学和观念史放在一起，所以最后确认思想家们是不是"实际"这么想，可能也可以从社会功能的角度来看，在这个角度，关注更多的就是语用而非语义。举例而言，高老师会说"革命"是个"动力性的观念"。但"动力性的观念"和"动力观念"可能还不是一回事。"动力性的"是对"革命"观念的一种语用层面的描述，这和说"动力"和"革命"在语义上有某种"大–小"或"中心–边缘"的关系是有差别的。因为我们既可以说"革命"是个"动力性的观念"，但在当"革命"本身形成一种传统，表征一套既定的社会制度和理论设计时，它也可以转化为一种"秩序性的观念"，持这种特定的"革命"观念的人可能恰恰反对变革。因此"革命"有时会与怀旧的情调联系在一起。而在所谓"托古改制"的情况下，"传统"也许反而会成为一种"动力性的观念"。更彻底地说，我们还可以对"动力"和"秩序"观念本身进行这种语用分析，也就是说，"动力观念"本身既可以是"动力性的"，也可以是"秩序性的"，"秩序观念"同样如此。其实，这本书和曼海姆的《意识形态与乌托邦》有相似性。这倒不完全是因为"动力"和"秩序"类似于"乌托邦"和"意识形态"，而是在写法上，曼海姆同样在一开头进行概念界定，并且强调用"历史眼光看意识形态概念"，所以他也被视为德国概念史的先驱之一。但在后

---

① 方维规：《什么是概念史》，北京：生活·读书·新知三联书店，2020 年，第 139 页。

面更为实质的分析中，可以说，曼海姆是在讲哪些思想是"乌托邦性"的和"意识形态性"的，以及这两种性质之间的转变。他其实也像干老师讲的，有概念史的，或者说历史语义学的"架势"和"刀法"，但在文章的后面部分其实把它们转变成了一种语用学意义上的描述工具。

所以我觉得您说"动力"和"秩序"是"核心观念"，这个"核心"可以从两个层面来理解：第一是语义上的中心点，第二是语用上的中心点。在我看来，也许第二个层面更为根本。更具体地说，我们知道奥斯汀曾经区分言语行为的三个层次，即"话语行为"（locutionary act）、"话语施事行为"（illocutionary act）和"话语施效行为"（perlocutionary act），方维规翻译成"以言表意"、"以言行事"和"以言取效"。斯金纳主要吸收了"以言行事"的层面，所以他的思想史研究强调探究说话者在语境中的"意图"。我觉得您所标举的"动力"和"秩序"，主要也是在"以言行事"的层面上讲的。斯金纳常用一个例子，即一个警察对一个在结冰的池塘中滑冰的人说："那里的冰很薄。"从"以言表意"来看，警察是在说一个事实；从"以言行事"来看，警察是在警告滑冰者；从"以言取效"来看，警察说完这句话，滑冰者可能就不再继续滑冰了。我们可以拓展说，这个警察还可以说很多表意层面的话，例如"天气转暖了""这边的冰更厚"等等，这些话在语义上可能并没有一个中心的联系点，不存在某种"核心观念"，但它们都是围绕着"警告"这个语用、行事层面的中心点展开的，在这个意义上，"警告"是这些话语的"核心观念"，但那个警察可能并没有直接说出"警告"这个词。"动力"和"秩序"的地位类似于"警告""劝说""发誓"等"行事"层面的描述参数，而不是直接的表意。在这个意义上，我们可以说"间接地""拥有"一个观念，意思就是有这样的"意图"。

另一方面，让情况更加复杂的是，我们知道言语行为是和语境高度相关的。通过一开头的"社会哲学"，高老师其实为20世纪哲学史设置了一个非常强的语境，这里"强"的意思是说，这个语境在文本、语词层面是表现得不明显的，但被作为作者的高老师突出出来了。在这个时候，"动力"与"秩序"就不仅用于描述"意图"，还参与到语境的设置中，这就使得这两个观念又有了某种"客观"的意味。这样一种语境设置，可能是高老师和斯金纳等人做法的一个区别。还是举上面的例子来说，除了"警察""滑冰者""冰湖"之外，叙事者还可以再加一些条件，比如说这个滑冰者并不是普通人，而是一个救世主，这个日常事件其实是整个救世史的重要部分，但警察对此并不知情。所以警察警告这个滑冰者，客观上的效果可能是拯救了全世界，但这是否就意味着警察在说"那里的冰很薄"的时候就有拯救世界的意图呢？这当然是一个非常极端的例子，历史实际中的思想者不可能对"动力""秩序"问题毫无知觉。但我想这里似乎存在着一个循环，当我们说思想家实际的意图是"追求动力"时，这是在一个以"动力-秩序"为架构的社会哲学的语境之中得出的；而这个语境之所以能够成立，又好像依赖于我们对思想家的"追求动力""寻求秩序"等意图的概括。

高瑞泉：我们在学术研究中常常先给自己框一个学科的边界，然后有其"术"可循。就像韦伯说的，有"一套确切可靠的作业方法"。这在学术研究专业化的时代，是正常的。但是我的观念史研究与近年来按照这种方式出现的"概念史研究"，还是不太相同。主要的差别是，现今的概念史研究更偏向历史学，无论是"由字通词，由词通道"，沿着陈寅恪的"凡解释一字，即是做一部文化史"路径的，还是研究那些既是中国近代出现的标志，又影响了中国近代历史的概念的，都是如此。出现了一批很有影响的成果。其实做得好的，不能不牵涉到哲学。我做观念史则比较偏向哲学，以往我比较注意的主要是价值观念而不是政治术语。当然一开始我就注意到与社会史的关联，因为重点在于研究观念的古今变迁或新陈代谢，所以自然而然会跨学科，而且训诂和基本的释义也都是必需的，这与哲学史研究包括了"语文-历史的科学"有关。在具体研究过程中，会由对语义到语用的重心转移，以及对"语境"的关注，当然有"动力性的观念"和"动力观念"本身的区别，以及同一个观念在不同时期在"动力"与"秩序"之间的位移等等。你的分疏很有意思。如何在观念史研究中袭用语言哲学的成果，似乎是颇有前景的事业。就我个人而言，我的目标主要是在社会史中对何以会发生观念的"变迁"或"代谢"做出更充分的解释，这里需要综合和分析的结合，而哲学分析要获得知识社会学的补充与支持。我的体会是，研究对象和研究者自己的哲学理论决定了研究方法，一项成功的研究中通常蕴含着有生命力的方法，但是没有什么在任何对象上都可以"如法炮制"的方法，就像医生开不出包医百病的药方一样。

回到前面对观念（词语）的择取上，"打包"也好，"综合"也好，它是否可行，一个需要有足够的文献做基础，另一个是出于研究者的前见。我说在社会哲学的层面上讨论问题，动力与秩序是观念的双焦，与我对"现代""现代化""现代性"的理解密切相关。现代文明就是一个动力式的文明，追求高速发展、物质生活迅速提高，人们从农村涌入城市，人、财富和知识的跨国流动；与古代社会的基本生活状态和结构都不同，古代社会是自然经济，没有今人似乎永无止境的增长目标和速度追求。古代贤哲的最高理想是"治国平天下"，或"为万世开太平"。何谓"太平"？太平无事，无事即太平。康有为把物质财富的充分涌现加到"大同"世界中间，所以"大同书"是现代乌托邦，不是再版的"桃花源"。于是要"破九界"，大动干戈。而且春松也说了，康有为也忧虑大同世界人的物质欲望充分满足以后，没有动力了又怎么办？康有为确实是先知型的思想家，动力式文明一旦失速，那就陷入危机。所以我认为当代中国人构想的"秩序"应该是把对动力的反思容纳于自身，是将动力综合在自身的秩序。

社会哲学的方案确实应该有认识论的辩护。墨子刻先生在这方面有远超一般汉学家或者海外新儒家的深刻之处。在最宽的意义上，我希望自己是个理性主义者，而且在真理可知的意义上，不妨说是乐观主义者。但是墨子刻批评的还原论却大可讨论。我在观念史之"真"的三项中，特别强调对于人们是否真的"有"某某观念（尤其是价值观念）的识别，标准是"真诚"。不仅看他说，而且看他是否发为行动，所以观念史与社会史要相结合（我更早的时候曾经说过，要有基本的社会史还原），这与我信念中的真理符合论是一致的。这和单纯依靠数据库检索文献从事研究，不在一个层级上，如果没有把大数据扩充到社会史或者人类学调查的话。

（黄晓峰、鲍文欣　整理）

下　篇

第一章 从"消极平等"到"积极平等"

在以追求富强为整个民族的基本目标几乎整整一百年以后，中国人重新主张以"和谐"作为理想社会的目标，希望在保持社会发展具有内在动力的同时，努力实现平等的价值。这可以看作对近三十年高速发展积累的社会问题（尤其如贫富差距拉大等新的不平等导致的民众怨愤心理）的回应，也可以看成中国人追寻现代平等观念的历史的一部分。我们知道，只有现代社会才把平等看作达到社会和谐的必要价值，"作为一种具体的社会和政治的要求，平等是拉开现代社会序幕的一系列重大革命的产儿"①。在中国，随着晚清以后一系列的社会政治革命，"平等"观念经历了一场"古今之变"，当代中国人的平等观念其实只是这场变革的产物，或者说只是尚未完成的观念变迁的一部分。伟大的观念总是在习俗、心理、制度、理论等诸多要件的缠结中呈现其复杂面相。从这个意义上说，讨论平等观念在中国的百年变迁历史，成为讨论"中国道路"或"中国经验"的重要内容。

---

① ［美］亚历克斯·卡利尼克斯：《平等》，徐朝友译，江苏人民出版社，2003年，第25页。

一、"消极平等"和"积极平等"

对于"平等"的观念源流人们有许多不同的描述，平等观念在古代社会和现代社会都有不同的定义。无论是恩格斯陈述的马克思主义，还是乔万尼·萨托利（Giovanni Sartori）那样的自由主义者，都把古代的"平等"界定为人的某种相同性的观念，而把现代意义的"平等"界定为以权利平等为中心的观念。后者更被定义为"民主的平等"。虽然中国没有西方那样的基督教和自然法观念作为"民主的平等"的观念源头，但是同样有自己的平等观念历史。在汉语文献中，"平等"作为一个重要的词语，一般被认为是随着佛教的传播而出现的。其实本土的类似词语譬如"齐""同"等出现得更早。这反映出中国人与其他古老的民族一样早就有了人类的普遍相同性意识。不过，单纯的"人的相同性"观念和权利平等的观念或者说平等的普遍化，显然是不同的两种平等。关于这一点，中国思想家严复有很敏锐的观察：

> 盖佛固言平等矣，而意指平等于用慈，亦言自由矣，而实明自由于解脱。即使求诸犹大之旧与夫基督之新经，固言于上帝前诸色人平等。然其平等者，平等于不完全，平等于无可比数。然则宗教之所谓平等者，乃皆消极之平等，而卢梭民约所标积极之平等，倜乎相远，而必不可强同者矣。[1]

严复把犹太教、基督教和佛教视域中的"平等"与现代世俗的契约论传统中的"平等"视为两种不同的观念，并且用"消极平等"和"积极平等"来划分其区别，不但指出两种观念所包含的具体意义不同，而且指出两种观念的意蕴及其所导致的行动倾向与动力性也大不相同。粗略地说，所谓"消极平等"，是指这类观念虽然也可能包含某种程度的抗议性和实践要求，但是

---

[1]　王栻主编：《严复集》第二册，第338页。

其基本倾向是对世俗生活的现实不平等的解释和"解脱",而不是如"积极平等"那样,从强烈的抗议性原则转变为建构性原则,转变为改造社会、重新安排社会制度的规范性原则。"消极平等"表示这样的观念在追求"平等"的驱动性上是一个相对较薄弱的概念,作为一个抽象的概念,主要作用于我们的主观世界;在改变不了不平等的社会现实的情形下,可以改变我们自身对世界的观念。"积极平等"则显示为相对较厚、较强的概念,它在实践中不断扩张自己的领域,而且演化出一套复杂的话语。

按照严复对两种平等的划分,我们大致上可以肯定,平等观念在中国的"古今之变"中,包含了从"消极平等"到"积极平等"的嬗变过程。

我们可以用"消极平等"来界定古代中国人的平等观念,同时也承认古代中国儒释道墨法等诸家,不但有具体理路的论述的不同,而且有"消极"的程度之差别。因而有从极端消极、比较消极,到指向某种意义的"积极"的一个谱系。我在《平等观念史论略》一书中,对此有所论述,本章只能概括地说,古代中国人具有的观念,实际表达为"维齐非齐""不齐而齐""齐其不齐"三类。

排在"消极"一端前列的当然是佛道两家。古代儒释道等思想派别中,直接运用"平等"一词展开论述的是佛教。在中国,最早在"等视有情"即"同等对待所有的人"和"毕竟平等"即包含人的相同性的世界统一性原理这双重意义上讨论"平等"问题的,似乎也是佛教。不过,佛教是出世法,其"等视有情"的理论虽然在转变为个人道德实践时具有某种现实性,却并不能有效地转变为社会-政治实践的原则。佛教固然有一整套有关"平等"的形上学理论,如"诸法皆是佛法"和"众生皆有佛性"等等,但是佛教中国化的过程也是佛教对于儒家伦理和专制政治秩序认同的过程。中国佛教在对于古代不平等制度的理论抗议,远远不如对于现存制度的实际肯定。事实上,在现代民主政治未被发明以前,各种不同形式的等级制度几乎是不可避免的。换言之,古代无论什么高僧大德,都不可能设想出今天作为民主政治范畴的公正平等或权利平等的观念。更何况佛教作为出世的智慧,本来并不是一种政治哲学,即并不着意于辩明理想政治的原则。佛教意在改变人们的观念世界,而非改变人间的社会制度。所以严复判定佛教所有的是"消极平等"观念，在其本然状态下，与现代平等观念所追求的改造世界的"积极平等"相距甚远。

在道家一脉，通过"天之道"和"人之道"的对立，老子否定义礼即社会等级秩序有自然的基础，这就开启一种解释的向度：在"道"的视域中呈现人乃至万物的相同性，由此向真实的存在回归。庄子及其后学，对政治和社会生活的贵贱分殊和等级伦理，提供最具深度的批评性理论，展开为现代人可以从多个向度加以阐释的丰富思想。从根本上否定贵贱分殊及其制度化安排（礼乐）的立场，在庄子学派中分化为：（1）激进的一翼表达出强烈的批判意识及其客观化意图；（2）转变主观世界因而持相对温和的否定性立场。后者占据主流地位，由此将一个高度实践性的问题内转为认识问题。它可以归结为一个经典命题："以道观之，物无贵贱。"它导向对于现实生活所采取的"不齐而齐"的态度。

儒家问题更为复杂。从观念与生活的综合来讨论所谓"儒家"，就不但指孔子所开创的整个学派之思想，而且包括以儒家思想为主导价值的文化以及一套社会制度。就制度而言，以父系家族制度为基础的大一统皇权体系，无论是政治的还是伦理的，都以人的等级关系为基础。礼教或者名教，以保持严格的等级制度为前提。但是，儒家还有另一向度：作为高度入世的学派，儒家有着道德理想主义的传统，不能不注意到人类社会的不平等问题和人的平等要求。儒家经典中包含着与此相关的多方面思想资源，包括孔子的"仁"的学说。最被后人看重的是，从孟子性善说到后儒关于人人能成为圣人的说法，蕴含着将其诠释为人格平等的可能性。而在处理现实的不平等状况的层面，儒家的主流观点则是荀子"维齐非齐"，即如何在肯定贵贱分殊的等级社会实现理想。它无疑包含了对等级制度（礼教）的辩护。当然，宋儒张载的"民胞物与"、程颢的"万物一体之仁"等命题，以及明代被称为"王门左派"的泰州学派认为"满街皆是圣人"，不但扩展了孔子的等差之爱，而且凡人成圣的可能性转变为直接现实性，这一脉观念在整个儒教社会处于观念世界的伏流，直到近代社会转型开始，才被创造性地解释为与权利平等观念接榫的思想资源。

总之，儒家有性善论和"成圣"说，道家追求得"道"，佛教说"四谛"、说"成佛"、说"佛性"，都包含某种"平等"的形而上学。因为无论成圣，还是成佛、得道，都是追求绝对的存在，因此是泯除一切差别的超越的境界。在这个意义上说"平等"，本质上都是从"人的相同性"出发的形上学。它们不仅意义相类似，而且几乎是同构的，都属于高调的平等论，在讨论终极的意义上"人如何是相同的"的时候，却是以默认现实社会的不平等为前提的。显而易见，儒释道的成圣、成佛和得道理想，在古代的历史条件下，没有转变为改变不平等的社会制度的精神动力，更没有转化为平等社会的原则。对于实际生活中的种种不平等，儒道两家用"命"来解释；佛教则用因果报应来解释：现世的苦乐贵贱都是前世的行为决定的。结果，"平等"作为超越的境界，在儒佛道诸家都主要成为对不平等社会现实的观念论消解，它可以有两个走向：在比较特殊的语境中用以表达对不平等的精神抗议，后来的儒学异端大多与此相关，而更多的却是对不平等的适应、默认、逃避，甚至遮蔽。

19 世纪晚期开始，中国进入"伟大革命"的时期，从戊戌变法、辛亥革命到共产革命，废除帝制以后的中国，社会结构发生了意义深远的变迁，激进的社会主义实验和"中国特色社会主义"改塑了中国人的政治法律制度、伦理关系和一般观念。亨廷顿说"革命建立起一个人人平等的民族或政治共同体，意味着从一种政治文化到另一种政治文化的根本转变……革命虽然没有带来什么自由，却是历史用以创造博爱、平等和认同的最便捷的手段"[1]。

二、观念嬗变的文化限度

中国观念世界的上述变革，似乎是 19、20 世纪之交突然发生的。观念史家当然可以描述出其前史，至少可以描述出宋明以后，中国社会结构和观

---

[1]　［美］塞缪尔·P. 亨廷顿：《变动社会中的政治秩序》，王冠华等译，北京：生活·读书·新知三联书店，1989 年，第 283—284 页。

念状况的嬗变。但是，无论如何，对于 19 世纪晚期中国的政治精英和士大夫的主流而言，以个人权利为中心的平等观念或"民主的平等"，还是完全陌生的。只是在世纪之交的二十年中，突然从少数异端或改革者的主张，变成规范政治制度设计的原则，从此开始"因政教则成风俗，因风俗则成心理"的过程。

如果要对这一看似突然的变化做历史的分析的话，我们可以大致归结出三个因素或变量：第一，西方思想观念的传输。关于这一点，人们说得已经不少，尽管依然有许多问题需要深究。譬如为什么戊戌时期的中国人比较容易接受基督教的平等观？为什么正是这个时节，士大夫讨论"平等"观念时似乎变得毫无困难了？第二，社会生活条件的变化。在这个向度，我们会看到类似"战国时代"重演的国际环境和民族矛盾促成了民族/国家平等的意识；宗法制度的瓦解和社会阶级或阶层的重新排序，使社会纵向升降与横向流动一起变得激烈起来。第三，传统观念在新一代知识分子的知识生产活动中的嬗变。关于前面两条，本章不作详细讨论，这里比较大略地展开的是第三条。

从最直观的方式说，任何熟悉从戊戌到辛亥时期文献的学者，都可以发现一个事实：19 世纪末 20 世纪初交界的短暂时期，中国知识分子突然非常频繁地谈论起"平等"，连带地谈论"民主""自由"等新观念。其内容显然不同于古代儒释道所表达的形上学方式，而指向明确的政治、社会改革的诉求。但是，形式上，通常又表现为广泛引用儒家、道家或佛教的经典，法家和墨家也在不同的取向上被引为现代平等的先声。通过这种创造性的解释，平等观念的现代嬗变发生了。它具体表现为三种路径或三种形式：异端翻为正统、边缘进入中心、新知附益旧学。所有这三种形式，都只有在与社会史的结合中才真正呈现观念变迁亦断亦常的辩证法。怀特海曾经说过，"观念始于对习俗进行解释，而终于建立起新方法、新制度"[1]。我们可以从社会史的变迁优先于观念史的角度来理解这个断语。而在革命时期多少由于外来观念传播而获得的"民主的平等"，之所以能够真正解决其社会植根性问题，还要经过章太

---

[1] ［美］A. N. 怀特海：《观念的冒险》，第 103 页。

炎所谓"因政教则成风俗，因风俗则成心理"的历程。这里政教、风俗、心理三项的递进关系，尤其能用以说明像中国这样后起的现代国家所经历的观念变革过程。一种新的观念，它在真正具有改变世界的力量的时候，并非只停留在哲学家或思想家的书本里或讲义中，而要通过社会政治法律制度和教育活动，进入社会风俗，习惯成自然并最后积淀为社会心理，成为后来的政治理论家的预设前提（presupposition）。只有到达这种状况，即"虽瑰意琦行之士，鲜敢越其范围"之时，政教、风俗和心理所构成的社会生活的整体才共同体现了某种价值的有效性。[①]

　　"平等"作为现代观念从对古典文本的诠释中获得的历史描述，不应该仅仅看成近代思想家的诠释策略。古典与现代观念之间的联系如此建立起来，固然可以归结为"传统的创造性转化"，同时也应该透露出观念嬗变如何遭遇传统文化的限度。换言之，无论是当时的士大夫将新知与旧学混合，社会观念中正统和异端的移位，还是价值观念的新旧交替通过从传统士大夫蜕变而来的知识分子而实现，与儒家原先比较边缘性的知识转入意识形态的中心一样，都使得观念史的变迁中保有历史的连续性。因此，今日中国人的平等观念无疑已经是普遍价值的一部分，我们会用"平等"或"不平等"去评价世界各国人民的生存状况，为全球性的新老不平等而担忧。但是，对于"平等"观念的具体内涵——什么样的平等既是可欲的又是可能的——的理解，需要在理论、制度、风俗和心理的综合中才能充分展开，我们依然可以看到民族文化历史的特点。

　　所谓特点，当然是比较而言的，它表现为一种深刻的文化差异。简单说来，西方主流意识形态的"民主的平等"，是在契约论传统中，与个人主义连接在一起、以个人权利为中心的平等。它的基础是政治平等，即每个人作为公民，原则上都有平等参与建构政治意志的权利。按照这个逻辑，中国人的平等观念似乎表征了现代性的不足。按照现代新儒家那样的传统主义的观点，中国人具有的超越意义的平等，虽非政治意义的平等，却是"理性之内容的表现"；相对于西方人所有的"理性之外延的表现"，反而显出中国观念

---

① 章太炎：《章太炎全集》四，第445页。

的超胜。我以为，在现代中国，平等观念很大程度上改变了我们的生活和观念世界，而且已经形成了某种不可逆转的趋势，即平等将日渐普遍化。有人说，平等有一种永不知足的本性。不过就现代国人而言，在平等的诸多诉求中，经济的平等（尤其是所谓分配正义问题）最为突出，它和民族平等（独立富强）的追求一起，有时会压倒现代性的其他追求。无论从其是一个结构，还是从其涉及的社会心理，我们都可以看到传统的连续性。

三、"诸神纷争"尚未完成

当我如上述那样描述"中国人的平等观念"的时候，始终警惕将观念史过分约化的危险，也拒绝将我们民族的一个伟大观念的生成史看成单线的过程。谱系学的方法可以对我们有所帮助。按照这一方法，我们面前仿佛有两种谱系：只要不将观念史过分约化，我们就会看到中国人的平等观念分别呈现在理论著述、政治法律制度、风俗习惯、社会心理等诸多形式之中，即可以散而为某种"光谱"。观念光谱分析的方法甚至可以帮助我们理解观念史的个案研究：某些思想家在著述中也许会陈述平等主义的学理，但是在实践中却倾向于威权主义方案。拒绝把观念史描述成线性过程，则是因为平等观念在现代中国的嬗变，事实上是百家争鸣的过程，其形成了一套颇为复杂的话语，包括观念的位移、连续性的断裂与再生等。形式上分离甚至对立的诸多派别，互相驳难，但它们通常不仅有共同的问题，而且有着某些共同的预设、前提，甚至思维方式；随着时间的推移，它们可能会呈现出某种前后相继的秩序来满足观念在逻辑上的自洽。这样一种"谱系"，可以比喻为家谱或族谱。

用谱系学的方法，我们不难理解，平等观念的嬗变历史，同时是诸神纷争的历史。换言之，平等观念在中国通过"古今之变"在形成某种新的社会共识的同时，也是各种思想派别纷纷展开自身的时候。换言之，我们前面大致地描写出现代中国人的平等观念的主要面貌，是在对人们的纷争和歧见有充分的理解的基础上做到的。

　　具体地说，围绕平等观念的诸神纷争，在近代以来的中国最主要的就是自由主义、保守主义和激进主义的三角关系。由于权利平等的观念对于专制王权和宗法制度天生所具有的颠覆性，19世纪晚期开始，作为西方自由主义的预设之一的平等观念在中国的兴起，即意味着激进主义思潮的兴起。因此，最初是激进主义与自由主义携手，给予平等观念的现代嬗变以主要的推动。保守主义之所以在中国曾长期声名不佳，与其最初对政治-社会革命和权利平等的诉求持拒绝的态度有关。它的最集中的代表就是张之洞的《劝学篇》。这篇有名的文章坚持"三纲"是无论如何也不能动摇的。而在帝制被推翻以后，保守主义则主要对观念嬗变中传统的连续性给予了理论辩护。

　　激进主义（radicalism）在中国有文化激进主义和政治激进主义，前者通常是指对传统文化持某种整体性的批评态度，后者则指主张政治革命甚至暴力革命的路径。无论是文化激进主义还是政治激进主义，通常都持比较激进的平等主义立场，在价值排序中坚持平等优先。它是从洪秀全、康有为、谭嗣同那样早期平等主义开始。康有为的《大同书》是一份平等主义的纲领，不但是因为它有非常激进的经济平等观念，要求消除阶级之间的不平等，有非常激进的社会平等观念，要求实现男女之间的完全平等，而且它还将平等表达为一个强烈的普遍主义的观念。它同时又带有中国近代特殊的历史要求：民族平等。大同要去九界，先要去"国界"，消除由于民族/国家之间的竞争而产生的不平等。身处救亡图存困境中的中国人，最迫切的平等诉求之一，就是民族/国家之间的平等。不过，康有为不是在民族主义的意义上而是在世界主义的意义上要求民族/国家的平等。他相信世界应该有统一、合理的制度与秩序，以保证人们的普遍平等。谭嗣同则将这种本质上非常激进的平等主义，演绎为对中国传统伦理和政治制度的根本性否定，并首开暴力革命主张。"革命"虽然形式上类似历史上屡次出现的造反、叛变或宫廷政变，但是就其是否引起社会根本制度和生活方式的改变而言，两者之间有根本性的不同。

　　激进的平等主义，不但主张将平等原则普遍化，而且主张诉诸社会整体性改造运动，包括无政府主义和各种各样的社会主义。有一种曾经被批评为农业社会主义的运动，注重的主要是以消灭阶级为名义实行分配上的平均主义。

自由主义作为现代中国一个重要的政治派别，并没有一套现成的理论或哲学，也没有一个严整的政治党派来代表，却是深刻影响现代中国的一个思潮。大致说来，自由主义主张自由、平等、法治等一套构件的联合，曾经与激进主义形成推动"平等"的联盟。不少重要的自由主义者曾经倾心于激进的社会革命，或者说在逐渐激进化的社会革命运动中，他们可以转变为社会主义者。典型的中国自由主义时而以为从都有"一碗饭和一张票"可以兼容，即使倾向平等主义时也不失温和的态度，更多地还是坚持自由优先的价值排序，而其右翼则时时警惕着平等可能造成的对自由的妨碍甚至压抑，因而可以与保守主义结盟。在 20 世纪的前八十年，自由主义大致与激进主义联盟，后二十年则改弦更张，与保守主义结合。其更广泛的背景是社会主义运动的全球性挫折和资本主义世界的右转。

保守主义在 19 世纪末曾经明确其反平等的立场，张之洞的《劝学篇》可以看作其纲领。这是一种整全的保守主义，既是文化保守主义又是政治保守主义。辛亥革命以后的保守主义通常并不简单、公开地否定平等，但他们更看重传统、秩序和权威，所以通常以传统主义的面相出现。文化保守主义在传统主义的路线上有其相应的哲学形态，即以复兴儒学为己任的现代新儒家。作为儒学的第三期发展，这一派没有笼统地反对"平等"的原则，相反，他们被"民主的焦虑"支配，所以在努力论证儒家传统足以开出现代民主的过程中，强调儒家思想资源可以给"平等"观念提供形而上学的基础。这一派的主流，根本上还是拒绝西方社会的个人主义，主张在等差之爱基础上的民胞物与、一体之仁。像梁漱溟先生这样的议论是十分典型的：

> 按中国人的道理，大家在团体中的地位应当一律平等。可是有两个天然不可少的等差：一种是看重理性、尊尚贤智而来的等差；一种是从尊敬亲长而来的等差……中国人之尚平等与西洋也不同；西洋人之要求平等是从个人出发，都是说我应当和你平等，你不能不给我某种地位、某种权利等等，中国人则掉过来，平等从大家说，不从自己主张。在中

国人自己没有我与你平等的意思。①

现代新儒家大致都以为梁漱溟说的"互以对方为重"式的平等因为避免了个人主义的陷阱，总体上要比西方的文化精神高出一等。所以郝大维、安乐哲由此论断："一个有活力的儒家民主必须提倡一种建立在个人的公共源头基础上的平等，而不是建立在个人主义概念基础上的平等。"②不过，以社群主义来解释儒家平等观念的时候，他们避开了"民胞物与"情怀后面隐藏着的家国同构（"大君者，吾父母宗子；其大臣，宗子之家相也"）和维持宗法关系的权威主义，也不能回答，当现代化进程已经并将继续使昔日的熟人社会不断解体的时候，何处寻找新型的社会生活共同体的"公共源头"？

简言之，"平等"观念在中国经历了现代嬗变，进入了"民主的平等"之列，经过现代化变革的社会动员，权利平等已经成为一种非常普遍、非常有力量的活的观念。其活力，部分地表现为今天它依然是充满着争论的场域，而不是僵死的教条。围绕着"平等"的争论，不仅存在于理论领域，更多地存在于政治经济和社会生活的广泛实践之中。当代中国需要继续推进政治、经济和社会生活的改革，尤其是民主政治的实现包含了"平等"观念的更合理的普遍化。围绕着"平等"的争论，首先必定影响到政治改革的路径选择，进而影响到中国现代化的未来进程和中国人民的福祉。这使人想起托克维尔所说的：

> 现代的各国将不能在国内使身份不平等了。但是，平等将导致奴役还是导致自由，导致文明还是野蛮，导致繁荣还是导致贫困，这就全靠各国自己了。③

---

① 梁漱溟：《梁漱溟全集》第二卷，济南：山东人民出版社，1998 年，第 296 页。
② ［美］郝大维、安乐哲：《先贤的民主：杜威、孔子与中国民主之希望》，何刚强译，刘东校，南京：江苏人民出版社，2004 年，第 14 页。
③ ［美］托克维尔：《论美国的民主》，董果良译，北京：商务印书馆，1996 年，第 885 页。

第二章　追寻平等的百年心路

一

19、20 世纪之交以来，"平等"观念在中国经历了一场"古今之变"。由此导致的观念史的复杂性，部分地表现在西方观察家的眼光中，中国人的"平等"观念——或者是通过解读历史文献，或者是对现实制度、风俗与习惯的直观——如果不是最有争议的，至少也是极有争议的问题。

英国人斯当东的《英使谒见乾隆纪实》①记载了关于中国皇帝接见英国使节的礼节之争论，生动地说明了长期以来自居于天朝大国的清代官吏，基本上没有与其他国家或民族平等相处的经验。同时该书也提供了一个生活在现代社会，已经习惯了权利平等的社会风尚的外国观察家是如何评价晚清中国社会不平等状况的丰富材料。尤其是我们将它们与同时期中国学者对西方政治生活的描写和评价相对照，就可以窥见中西平等观念的差异。②在此后的两百年间，有许多海外中国学的论著关注到中国社会的伦理关系，尤其是家族制度、等级、特权、权威的状况，关注到中国人的观念世界及其变

---

① ［英］斯当东：《英使谒见乾隆纪实》，叶笃义译，上海：上海书店出版社，1997 年。
② 譬如后来成为著名知识精英的王韬在 1859 年的一则日记中写道："西国政之大谬者，曰男女并嗣也；君民同治也；政教一体也。"见方行、汤志钧整理《王韬日记》卷二，北京：中华书局，1987 年，第 112—113 页。

化，包括对传统中国的社会不平等的批评，以及中国与西方世界在此问题上的种种差别。作为对照，当亨廷顿用政治制度的发达程度与社会动员及政治参与程度之间的关系来解释政治秩序的时候，他似乎相信洛克·伍德的论断：

> 比较起来，在亚洲民族之中，只有中国给现代世界带来了平均主义的传统，个人自由和社会流动的传统，私有财富自由买卖的传统，今世的实用主义和唯物主义传统，庶民有权反抗的人道主义政治理想的传统，以及学而优则仕的传统。[①]

不过，亨氏在解释政治体制似乎优胜于日本的清帝国何以没有如日本那样在现代化的过程中迅速建立起一个强大的政府时，又认为"在中国，儒家的价值观念延误了政治精英投身改革事业。而且，一旦政治精英转向改革，权威的集中又妨碍了和平地对现代化所造就的社会团体进行同化"[②]。这里的"儒家的价值观念"和"权威的集中"显然都和政治平等相关。

事实上，亨氏描写的中国在政治现代化的初期发生困顿的时期，正是被称作早期改良派代表之一的王韬，在日记里批评西方平等观念（"男女并嗣""军民同治"）的时期。在此前后，平等观念在中国发生了一场历史性的嬗变，但它依然是"古今中西"争论的结果和某种理论综合。简单地说，由于认识到人都有某种共同点，因而"相对平等的原始观念"原来就是非常古老的观念。古代中国思想家从人的相同性出发所创造的平等的形上学却颇为富赡，并在儒释道诸家形成了各具特色的理论。关于这些，我已在《平等观念史论略》一书中做过描述。不过，我们同时也注意到，"平等"在形上学方向的繁复发展，与现实的另一种景象同时存在：作为一个高度发达的农业社会，传统中国同样存在着巨大的不平等，其森严等级来源于政治系统，形成了"中国特色"的"官本位"体制，即"文官级别变成了社会分层尺度，

---

① ［美］塞缪尔·P. 亨廷顿：《变化社会中的政治秩序》，王冠华等译，第155页。
② 同上。

行政管理体制与社会身份高度重合"①。19 世纪晚期开始，伴随着中国现代化的最初进程，"平等"在中国渐渐转变为以权利为中心的政治学和社会学观念。这就是自由主义政治哲学家所说的，从"前民主的平等"开始向"民主的平等"转变，或者如近代思想家严复所区分的那样，从"消极的平等"转变为"积极的平等"。古代"平等"其实也蕴含着某种抗议精神，但现代中国的"平等"观念，不再仅仅是某种微弱的抗议性原则，而同时是建构性原则，涉及建构现代社会制度、规范公民和政府行为，有远为强烈的实践品格。

平等观念在现代中国的嬗变，既是一连串社会革命的产物，同时也是传统观念的"创造性转化"的结果。换言之，从观念史的向度看，它首先表现为对古典时代文献的现代诠释。它大约可以还原为"异端翻为正统"、"边缘进入中心"和"新知附益旧学"三种形态或三个渠道的综合。"转化"的实质，是社会史突变的一部分，它包含了知识精英观念世界的一个飞跃，由此开启了现代性的传统，使古代的传统以一种新的形态与当代生活构成连续体。说到"新知"，19 世纪末主要来自西学，因此西方思想这个"转辙器"的作用就不能避开。换言之，像任何一项中国现代哲学或思想文化研究都不能没有起码的中西比较一样，讨论平等观念在现代中国的嬗变，也是处在比较研究的视野之下。与现代生活的平等状况相比，中古社会大抵都属于不平等的社会，不过各有各的不平等罢了。经过一个世纪的"古今之变"，我们依然可以发现平等观念的中西差异，或者说中西社会平等状况的差异。简单说来，作为西方主流意识形态的平等观念，即所谓"民主的平等"，是在契约论传统中，与个人主义连接在一起、以个人权利为中心的平等，而且首先是政治平等，即作为公民原则上每个人都有平等参与建构政治意志的权利，进而扩展为社会平等、经济平等诸多方面的要求。按照这一分类，中国人的平等观念似乎表征了现代性的不足。按照传统主义的看法，中国传统具有的超越意义的平等，虽非政治意义的平等，却是"理性之内容的表现"；相对于西方人所有的"理

---

① 阎步克：《从爵本位到官本位：秦汉官僚品位结构研究》，北京：生活·读书·新知三联书店，2009 年，第 26 页。

性之外延的表现"，反而显出中国观念的超胜。我以为，重要的不是争论东风压倒西风还是西风压倒东风，而是对中国人的观念世界有一个真切的诊断。通观20世纪中国——她是欧洲以外第一个废除帝制的国家，又经历了激进的社会主义实验及其反思以后的新改革，并重新崛起，有望再次成为强大的国家——经过那场古今之变，平等已经是一个极其有活力的现代精神，它很大程度上改塑了我们的生活和观念世界。在平等的诸多要求中，经济的平等（尤其是所谓分配正义问题）最为突出，它和民族平等（独立富强）的追求一起，有时会压倒现代性的其他追求。无论从其是一个结构，还是从其涉及的社会心理，文化差异的存在都是显而易见的。理论界正在热烈讨论中国经验或中国道路，平等观念在20世纪中国的嬗变，其实深刻地反映了，甚至或多或少地决定了中国政治改革的道路和前途。

二

　　平等观念在现代中国嬗变的历史，并不能简单地规约为某一种观念的历史：通过古今之变形成某种新的社会共识的同时，也是各种思想派别争论的历史。换言之，即使我们可以大致地描写出现代中国人平等观念的主要面貌，也是在对人们的纷争和歧见有充分理解的基础上做到的。像其他现代社会一样，20世纪的中国是一个诸神纷争的时代，始终存在着激进主义、保守主义和自由主义的种种纠缠，不过这三种"主义"对于"平等"观念的历史作用和意义并不相同。就以权利平等为中心的现代平等观念属于"民主的平等"范畴而言，平等是现代社会的共法，尤其是激进主义和自由主义的共法。这里特别强调激进主义与自由主义，是因为典型的或极端的保守主义，通常对"平等"价值持某种拒斥态度。

　　且不说洛克出版《政府论》，他在根据基督教的信仰提出所有人都平等地享有自由、财产和生命权利的时候，批判的正是主张人与人并不平等的菲尔麦的《父权制，或国王的自然权利》(*Patriarcha, or the Natural Power of Kings*)。在19世纪中后期维多利亚时代的英国，保守的法学家詹姆斯·斯蒂芬批评约翰·密尔的自由主义哲学，还公开说平等虽然是现时代一种最强大的感情，但其是"最低贱、最有害的感情"。"人类事实上是不平等的，他们在相互交往中应该承认存在着真正的不平等。"① 即使是当代西方，典型的政治保守主义也依然拒绝"平等"的价值。用罗杰·史库顿（Roger Scruton）的说法，"保守主义直接起源于这样的观念：个人从属于某种持续的、既存的社会秩序，这一事实在决定人们所作所为时是最重要的"②。对既成秩序的敬畏和从属感会使人获得"一种一成不变的（institutional）态度"。问题不在于政治所必需的某种秩序，而在于所有以往的政治社会的"秩序"都是某种等级制的，而保守主义对于秩序的崇拜，使得不平等的权力制度具有天然的权威，所以他坦陈"保守主义以怀疑主义的眼光来看待平等和社会正义的神话；他厌恶地注视着普遍的政治骚动；在他看来，'进步'的大声疾呼不过是转瞬即逝的狂热，只有当它威胁到政治秩序的时候，保守主义才会认真对待这种呼声"③。就保守主义自己的历史而言，它也经历了从旧的与等级制相结合的保守主义到现代保守主义的过渡，但是就反对"平等"作为社会生活基本的原则这一点（因而他们会以不同的方式强调权威、特权、地位或者秩序）而言，它们属于一个家族。所以卡尔·曼海姆说：

> 在一个等级制的世界，统治阶层的统治尚未成为问题，人们也以一种特权制的等级方式镇定自若地行事。随着公民平等的观念的兴起，任何类型的特权主义，不管是左翼还是右翼都要以全体的名义使自己合法化。④

换言之，保守主义从维持既有秩序和权威——它们是任何有效的统治之所必需——出发（这里我们没有讨论社会意识与社会存在如地位、利益等的关系），通常不会诉诸平等来证明其合法性，而是诉诸人民的福祉、某种神圣

---

① ［英］詹姆斯·斯蒂芬：《自由·平等·博爱——一个法学家对约翰·密尔的批判》，冯克利等译，桂林：广西师范大学出版社，2007年，第196页。

② ［英］罗杰·史库顿：《保守主义》，王皖强译，台北：立绪文化事业有限公司，2006年，第18页。

③ 同上书，第27页。

④ 同上书，第18页。

的因素或者传统。

同西方相似，与现代"平等"观念在中国兴起的历史相应的，是传统的保守主义向现代保守主义的过渡。我们可以把张之洞等的"中体西用"论看作其最初的代表。近代思想史研究者称张为"洋务派"，以表明他与"顽固派"的不同。后者是传统的保守主义的概念，而张之洞已经意识到某些改变是不可避免的，譬如工具性的器用，即"西学为用"。但是作为不变之"体"的所谓"中学"，首先就是"伦常名教"，或者说是以伦常名教为中心的中国固有的思想文化，是不能改变的。张之洞将之归结为"明纲"：

> 君为臣纲，父为子纲，夫为妻纲……五伦之要，百行之原，相传数千年更无异义，圣人所以为圣人，中国所以为中国，实在于此。故知君臣之纲，则民权之说不可行也；知父子之纲，则父子同罪、免丧废祀之说不可行也；知夫妇之纲，则男女平权之说不可行也。①

"明纲"是政治保守主义，它所要保存的秩序或传统、权威等都并非抽象的价值，而是具体化为不平等的等级制度。这一点是"中学"的"纲"，背后有文化保守主义为学理基础：

> 今欲强中国、存中学则不得不讲西学。然不先以中学固其根柢，端其识趣，则强者为乱首，弱者为人奴，其祸更烈于不通西学者矣。
>
> 今日学者，必先通经以明我中国先圣先师立教之旨，考史以识我中国历代之治乱、九州岛之风土，涉猎子、集以通我中国之学术文章，然后择西学之可以补吾疾者取之，斯有其益而无其害。知养生者，先有谷气而后可饫庶羞；疗病者，先审脏腑而后可施药石。西学必先由中学，亦犹是矣。②

---

① 张之洞：《劝学篇》，上海：上海书店出版社，2002年，第12、22页。
② 同上。

　　这与当时被称为"顽固派"的"保守"有本质的区别，"顽固派"的"保守"只是简单的反应性行为，拒绝一切外来的事物和变革。"中体西用"说已经是某种程度的理性反思的结果，即以富强为目的，在中国传统伦理政治的基础上采用西方的科学技术，是一种理性的行为选择。但这依然是在维护等级制度的意义上的保守主义，保留了传统的保守主义的基本特征。对于"三纲"的维护、对于民主政治的排斥、对于平等（首先是政治平等）的否定，虽然似乎是当时的家常便饭，但从根本上说是对隐蔽在现存秩序后面的地位、特权、等级的肯定，这些才是保守主义真正留恋的东西。与此相匹配的是权威主义的文化气质，所谓"先圣先师立教之旨"是绝无讨论余地的。

　　保守主义尤其是以保存"三纲五常"为主旨的政治保守主义，在从戊戌经辛亥到"五四"短短二十年的时间内受到一连串的重大打击，"王纲解纽"导致我们现在人尽皆知的传统的断裂，以至于余英时先生后来说近代以来中国始终没有出现可供"保守"的"现状"，没有形成"某一种秩序：社会的、文化的、政治的秩序"[①]。因此，我们大致可以说，保守主义对于中国近代平等观念的兴起，其作用总体上是消极的。不但主张传统保守主义向现代保守主义过渡的"中体西用"论者，曾经坚决地反对"平等"，而且以"返本开新"为号召的新儒家那样的文化保守主义，对于"平等"价值，也很少做有创造力的深度关注，甚至很少有创造性的批评，除了少数倾向于自由主义或社会主义的人物以外，他们的重心在心性形上学，而不在社会哲学与政治哲学。他们虽然不必然都反对"平等"，但是其内在的权威主义气质和"将存活到现在的过去作为出发点"的思维方式，都与特权、等级、权威、地位等更易匹配。经过20世纪初的失败，保守主义在政治理论上虽然不够强大有力，但并不妨碍中国政治文化的连续性可以继续十分坚韧。这多少也是中国现代保守主义转变为文化保守主义，并且重在为传统文化的连续性辩护的原因。

---

　　① 李世涛主编：《知识分子立场：激进与保守之间的动荡》，长春：时代文艺出版社，2000年，第3页。

三

对于"平等"观念在现代中国的嬗变起过积极推动作用的是激进主义和自由主义，更确切地说，在很长的时间里，是激进主义和自由主义的联盟，推动着"平等"成为改变20世纪中国的重要观念力量之一。保守主义依靠传统的权威和固有的秩序，自然在"古今中西"之争中倾向"古"或"中"，这与他们实际上代表原先享有的特权和精英地位有毋庸置疑的联系。与此相对应，激进主义和自由主义的联盟，作为主张改革的政治派别，要改变社会政治制度和权力分配格局，举起"平等"的旗帜几乎是势所必然。面对一个等级制的社会，"平等"首先就意味着重新分配权力和利益，意味着社会关系的全盘性调整，甚至意味着革命。改革或革命，伴随着相应的社会动员，因而意味着社会、经济或政治上的进一步平等，和人民对社会政治生活更广泛的参与。从戊戌到辛亥，中国历史不过是遵循这一条逻辑而已：现代社会不可能长期安于严重的社会不平等。它的一项历史性的结果，是保守主义失去意识形态的主流地位达八十年之久，作为其补充，20世纪中国人的"平等"观念，几乎先天地就具备某种强烈的激进主义倾向。它几度走上前台，改塑了中国的政治文化版图。

所谓"平等"观念的激进倾向，首先，是因为它所包含的政治平等的理想，最初在中国是以纯粹外来的方式出现的，虽然从戊戌到辛亥的思想家曾经尝试着用"新知附益旧学"的方式来寻找它的中国根源，但是就"民主的平等"之整体而言它并非中国所固有，乃是一种直观上自明的道理。要用一种中国人前所未见的规范来改变中国社会，此之谓激进。其次，同样重要的是，政治平等威胁到已经存在两千年的帝制，以政治平等的标准看，传统的帝制并无其合法性，因为它的合法性来自另一种学说，连带着的是整个政治文化受到否定。用谭嗣同的话说，就是"大盗"与"乡愿"的结合。激进主义的"平等"观念一开始就不但要推翻整个政治制度，而且要否定该政治制度的文化基础，这种文化格式塔心理今天已经受到许多责疑。但是就它的格式塔心理而言，与保守主义并无根本不同，这一点张之洞的《劝学篇》写得十分明了，他把"三纲五常"的等级制度与整个"中学"联结在一起。因此我们有理由说，激进主义"平等"观念一开始表现出强烈的反传统色彩，至少其中的一条原因，是占据主流地位的保守主义出于格式塔心理，试图运用全部文化传统的权威来防止"平等"观念的颠覆性。或者说，正是保守主义将政治改革最初的动机，从对于"富强"的追求，上升到摧毁民族文化的高度。换言之，调动整个文化的力量，来限制对于旧秩序和不平等制度的批评和改变，促使思想的博弈走向极端主义的两极对立。

在围绕着政治平等问题展开的争论中，辛亥革命意味着保守主义的一次失败，"平等"开始写入中国的法律，表示它开始成为规范政治生活和社会生活的原则。但是辛亥革命并没有解决"平等"尤其是"政治平等"的社会植根性问题。尚未获得存在论基础的"平等"观念，至少在政治文化的领域，其激进只是形式上的或字面上的，其胜利将为中国政治文化实质上的连续性所抵消。

20世纪初中国人的平等观念的激进倾向，不但表现为上述两点，如果与西方（譬如英国自由主义的鼻祖洛克）的理论相比，还有两点颇值得注意。

其一，在社会平等的某些方面，譬如教育平等、男女平等这些问题，最前卫的中国意识觉醒比较早。这当然是在相对的意义上说的。西方人一开始并没有全面地提出平等的要求，洛克的《政府论》表明，"平等"主要是政治原则而不是普遍的伦理原则，从上帝面前人人平等的神学解释推导出来的，只是政治社会的平等，即公民的法权平等。因此在一定条件下，夫权和父权乃至主仆关系，都在"平等"原则之外。换言之，洛克和英国革命所解决的，只是政治权力的起源、使用和分配等所涉及的平等原则，那是"民主的平等"的起点，既是逻辑的更是历史的。只是在政治平等获得某种程度的实现以后，英国人才渐渐将平等扩张到越来越广泛的社会平等——也是在经历一连串的社会冲突和阶级之间的博弈以后。中国人则让自己的平等要求在短时间内迅速扩张至各个方面，远在政治平等没有实现以前，男女平等、教育平等的主张已经为许多人所熟悉。中国的现代大学制度建立不久即实行男女同校，讨论"娜拉出走"成为新文化运动的一个热点，说明虽然现代"平等"观念在中国是后起的，但是在社会生活的某些领域，中国并非全面落后于同时代的西方世界，在局部问题上会呈现出"激进"的面貌。更不用说，中国曾经有强大的无政府主义的潮流，无政府主义者在社会平等方面做过多方面的实验，也说明中国社会存在着强烈的社会平等的动力。

其二，与政治平等方面的实质性进展并不明显形成对照的，是中国人对于经济平等的热情曾经持续高涨，并且在社会主义实验中一度发展为破坏性的平均主义。

解放战争的胜利，已经决定了中国的社会主义道路的历史性选择，由此也决定了此后数十年经济平等从马克思主义的意识形态到国家制度、政策的转变。它突出表现在社会主义改造的一系列运动中。其目标不仅仅停留在现在我们注重的分配正义上，按照马克思主义的经典理论，资产阶级的法权平等和资本主义经济不平等之间的冲突，最后只能导致危机和崩溃。真正的平等是消灭阶级，首先变生产资料的私人占有为社会公有，同时要以不断革命的精神缩小乃至消除三大差别、限制资产阶级法权，从社会主义向共产主义转变。如何认识激进的平等主义的社会变革与经济发展之间的关系，需要非常专门的研究。按照比较大略的观察，"1950年以来，中国人取得了实现现代化的高增长率，超过大多数尚未实现现代化的国家"，但是低于"东亚四小龙"。[①] 扣除"大跃进"和"文革"所造成的破坏，中华人民共和国成立以后三十年经济的发展不容小觑。它一度被人们看作中国可能寻找到一条不同于发达资本主义国家的现代化之路："它能建立一种更加平等、更具集体导向和更加公正的社会，从而减少了在其他地方可以发现的那种牢骚满腹和社会分裂的源泉。"[②]

但是，为了实现激进的经济平等（和某些社会平等）而采取的无休止的政治运动，不仅损害了生产效率，而且以一种新形式的政治不平等，导致社会动荡。换言之，在激进主义的社会改造方案中，"平等"因它是未来社会的理想而成为社会动员的工具，这在有着悠久的"不患寡而患不均"传统的

---

① ［美］吉尔伯特·罗兹曼主编：《中国的现代化》，南京：江苏人民出版社，1988年，第528、605页。

② 同上。

中国，确实呈现出强烈的动力性。但是"经济平等"最后事实上异化为严重的不平等，激进的平等主义走向了它的反面。

四

作为现代价值之一的"平等"，原来是现代社会的一条共法，与其他最主要的现代价值一样，都与启蒙主义有密切的联系。如果说，马克思主义和社会主义属于激进的平等主义的话，自由主义则属于温和的平等主义，所以我们说，是激进主义和自由主义的联盟推动了"平等"观念在现代中国的嬗变历程。不过自由主义在此过程中有不同于激进主义的立场、观点和作用。另一方面，"平等"几乎是自由主义天然认可的价值，至少在它不与自由冲突的情况下是如此，因此自由主义在对待"平等"的立场上与保守主义原则上就不相同。但是，像西方自由主义一样，中国近代历史上的自由主义者对待"平等"的态度比较复杂。这种复杂性的表现之一，是它们经常摇摆在保守主义与激进主义（社会主义）之间。当自由主义与激进主义结盟的时候，社会的主流意识似乎被平等左右，当它们与保守主义结合的时候，"平等"就比较容易受忽视。这与自由主义对于"平等"价值本身的理解与态度密切相关，即既不像早期保守主义那样拒斥，也不如社会主义那样肯定其优先性。总体上说，平等是自由主义价值的重要向度之一，不过他们通常强调的是人的权利平等，或者说形式的平等，一般很难接受实质的平等，或者说结果的平等（尤其是经济平等）。这样一种派别立场也是在平等观念的现代嬗变历史中逐渐呈现的。至少在五四新文化运动中——这场运动是激进主义和自由主义合作的结果——平等还只是作为一个总体性的价值被自由主义追寻。不管中国社会实际上如何依然保持着严重的不平等，与"平等"为法律所明文规定相配合，"五四"是中国的启蒙运动的一项积极成果，是"平等"占据了话语优势。平等是好的、不平等是不好的。在新式知识分子阶层，这是一条社会常识。

随着"新青年"派的分裂，激进主义走向社会主义革命，把平等高高地写在自己的旗帜上，自由主义则主要追求"自由"——尤其是知识分子的言论自由和批评政治的自由。"新月派"和"人权运动"中的自由主义者，虽然不必有反对实质平等和结果平等的理论，却实际上远离了追求平等的土地革命和农民战争。20世纪40年代，随着国内政治形势的变化和自由主义高潮的到来，自由主义者们的平等观念也有所深化，不仅意识到平等的悖论，更意识到平等和自由之间的冲突。在当时《观察》《新路》等著名杂志上展开的争论，可以很好地说明这些问题。不过，20世纪40年代中国自由主义对此问题的认识，基本上反映了西方自由主义的主流立场。当时英美社会的主要思潮是自由主义向左转，与社会主义形成某种结合。这突出反映在英国费边派和著名思想家拉斯基对于中国自由主义的决定性影响上。拉斯基曾经因为立场介于费边派自由主义和基尔特社会主义之间而被称作"温和的自由主义"，后来又因为受马克思主义影响而被称作"温和的马克思主义"。他对于第二次世界大战前后西方知识界的影响，最具有象征意义地说明了在20世纪30年代到50年代，由于社会主义运动的全球影响，整个世界如何曾经朝左转。中国著名的自由主义知识分子，如张奚若、钱昌照、罗隆基、储安平、吴恩裕等一大批人士，几乎都受到拉氏的深刻影响。他们中虽然也有人认为自由主义的价值排序是自由优先于平等，但是更强大的一派则认为平等和自由同样重要。换成当时的标题：人人有饭吃，各自选路走。或者说，既要"人人一碗饭"，又要"每人一张票（选票）"，在政治上是在美国和苏联之间走出第三条道路，在价值上是政治自由和经济平等兼而有之。

与市场经济的发展相对应，20世纪90年代，自由主义话语一度重回学术界。罗尔斯的《正义论》给中国知识分子提供了一个在民主的框架内协调平等与自由的偏左方案。按照罗尔斯的理论，正义的核心是平等。他对他所提出的两个正义原则的陈述，虽然兼顾了自由，但是总倾向是平等，或者说是分配正义。在学院哲学内部，罗尔斯成为政治哲学和伦理学讨论的焦点。围绕着它们出现了一大批学术论文和若干著作。但是，就通俗哲学或社会影响而论，罗尔斯的对立面诺齐克所表达的保守的自由主义，其实更为重要。诺齐克反对国家以强制方式进行财产再分配来实现社会平等，这与哈耶克的自由主义经济理论有内在的重合。事实上，在当代中国，哈耶克的自由主义比诺齐克更为人熟知，尽管哈耶克成为 20 世纪末的学术明星，有中国自由主义试图将自由主义与传统文化结合这一历史原因。但是无论是哈耶克，还是像政治儒家那样的保守主义，都同样拒斥平等的价值。我们知道哈耶克认为社会正义是空洞的毫无意义的概念。下面这一点也决非纯粹的巧合：在 20 世纪 90 年代流行的"启蒙反思"和对法国大革命的批评中，英国人柏克和他所写的《法国革命论》为许多中国的自由主义者所称道，柏克主张传统、秩序和权威，当然也赞成所谓在人的自然才能基础上形成的贵族制，认为不平等是人的德行、才能和气质乃至环境的自然反映，它表现为传统和制度。

　　总之，与 20 世纪上半叶中国的自由主义在"平等"与"自由"的矛盾关系中倾向于平等不同，20 世纪末的中国自由主义在其价值排序中更钟情于自由优先。此段时间内的部分自由主义者表现出与以传统主义面目出现的保守主义结盟的趋势，这与主流意识中的"效率优先论"以及由此决定的搁置公平的社会政策，构成了某种共鸣，尽管"效率 VS 平等"与"自由 VS 平等"是两种不同的关系。

五

　　在现代社会三种基本思想派别的争论中来观察平等观念的嬗变，可知平等观念史的实际进程并没有终止思想的博弈。在这场旷日持久的争论中，主要有三种不同的思想派别。当然实际上平等观念的争论有更为复杂的向度，无论是激进主义、保守主义，还是自由主义，对于"平等"的理解和解释都没有那么规整齐一，但是这种类型学的方式还是可以大致描画这场讨论的总体画面。其原因之一，是中国的自由主义和激进主义（社会主义），都与西方发达国家的同类思想派别有直接的关联，中国的保守主义在摆脱了最初单纯防守的困境以后，也很快从西方获得了理论说明。从这个意义上说，平等观念在现代中国的嬗变过程以及它所呈现出的种种困境，只是现代世界普遍的价值困境的一部分。

　　在不同思想派别的争论中探讨"平等"的观念史，也使我们意识到平等只是现代社会理想的一个向度或者一个要素。当现代社会将"平等"作为一个改造自身基本结构的原则的时候，不但由社会体制所造成的深刻的不平等是不可能避免的，而且"基本结构和社会安排一般说来不但有正义或不正义的，还有效率高的或效率低的，开放的或不开放的，等等"①。更不用说，前面我们多次谈论到的自由也是现代社会理想的一个重要方面；而要维持一个社会的持续进步，秩序一定是必不可少的。从民族价值的现代重建角度来看平等或不平等，就不能把平等观念与其他现代价值分离开来，视其为独立的理想，而应该注意到各个向度之间的平衡。

　　曾经有过一种"平等"的要求，它使得中国近代几乎所有思想派别都暂时搁置分歧而取得一致，那就是"民族平等"。在"国家/民族平等"的要求后面，是中华民族共同体的生存危机和福祉祈求，是国家富强的目标。虽然我们现在讨论的主要是"民主的平等"即公民之间的平等，但是至少现代中国人的平等意识是随着现代民族意识和某种民族主义情感一起发展起来的。事实上，它既有国际政治的指向：要求民族独立和民族平等；又有国内民主的指向：民众认同与全民参与。它更是随着现代产业制度和人的解放——包括各种欲望的解放——的潮流一起发展起来的。因此，在围绕着"平等"的争论中，甚至就在各种"平等"的背后，事实上有一个价值世界的诸神纷争。

　　中国人是在近代以来"古今中西"的大争论中逐渐展开平等观念的现代嬗变的，因此围绕着它的价值重建过程，实际上需要处理三个重要价值的排序问题：秩序（权威、传统）、自由和平等，它们分别被保守主义、自由主义和激进主义（社会主义）列为优先的价值。处于两端的是保守主义和激进主义，而当自由主义倾向于自由和平等并重时，他们实际上就倾向于社会主义；当自由主义倾向于与传统秩序结合，他们实际上就趋向于保守主义。虽然我们通常会说，自由、平等都是现代社会的价值原则，但是秩序、权威和传统，也是一个健全的社会之所必需。从这个意义上说，以上三个文化-政治派别都有自己存在的理由。当然，正像自由、平等的具体内容是在历史中展开的，

①　[美]约翰·罗尔斯：《正义论》，谢延光译，上海：上海译文出版社，1991年，第10页。

秩序、权威和传统，也需要在历史条件中获得其具体规定。换言之，随着自由、平等这类观念的现代嬗变，秩序、权威和传统，或早或迟地也要取得它们新的历史形态。章太炎说过，"因政教则成风俗，因风俗则成心理"，政治文化——一个民族处理其政治活动的心理——也是可以改变的。现代社会所需要的秩序、权威与传统，将在社会现代化进程中经过"创造性转化"，逐渐与自由、平等价值相匹配。它的一个较为乐观的前途是在民主的框架内，渐渐养成中国人参与型的政治文化，不再仅仅依赖得到一个超出社会之上的权威垂直施予的"平等对待"，相信自己有参与政治生活的权力，相信自己的积极活动可以某种程度上影响现实，相信使生活本身更加平等既是可欲的也是可能的，并且更进一步，能够将平等意识转变为德性。只是这种理想的前景之实现，必将经过一个复杂的历史过程。

第三章　西学东渐与中国人平等观念的嬗变

在观察中国人的观念世界之近代转变的时候，以往我们常常会说这一时期西方传来了自由、平等、博爱等观念。深入的考察会告诉我们，这样的判断虽然并无大错，但是对于要说明中国人的现代观念之形成而言，尚失之笼统。以"平等"为例，现代人视为基本价值之一的"平等"并不是现代人所独有的观念，尽管古代人的"平等"与现代人的"平等"可以说是两种不同的平等。事实上，"平等有许多形式，而平等主义也有程度的不同"①。在汉语文献中，"平等"是一个古已有之的词语。这反映出中国人与其他古老的民族一样早就具有人类的普遍相同性意识。正如恩格斯说的那样："一切人，作为人来说，都有某些共同点，在这共同点所涉及的范围内，他们是平等的。这样的观点自然是非常古老的。但是近代的平等要求与此完全不同；这种平等要求更应当是从人的这种共同特性中引申出这样的要求，一切人，或至少是一个国家的一切公民，或一个社会的一切成员，都应该有平等的政治地位和社会地位。要从这种相对平等的原始观念中得出国家和社会中的平等权利的结论，要使这个结论甚至能够成为某种自然而然的、不言而喻的东西，必然要经过而且确实已经经过了几千年。"②用现代人的权利平等的要求去看古代

---

① ［美］约翰·罗尔斯：《正义论》，第585页。
② 《马克思恩格斯选集》第3卷，北京：人民出版社，1995年，第444页。

中国，当然不能说是平等的社会，但是，在一个不平等的社会里，依然存在着承认一切人都有某种共同点或齐一性，因而在此向度上是平等的这类观念。譬如儒家一贯有对社会财富分配贫富悬殊的批评，和基于性善论的"圣凡平等"论。后者与道教的"普得济度"、佛教的人人能成佛一样，都包含了某种"平等"的形上学。无论成圣，还是得道、成佛，都意在追求绝对的存在，因此是泯除一切差别的超越的境界。就其超越的境界而言，我们可以称之为高调的平等理论。而现代平等观念的最基本的面相是基于个人权利的法权平等，是平等的政治学和平等的社会学。它们就其成熟的形态而言，最初出现在西方，属于西方近代社会原生的思想观念。中国人之形成此类平等观念，确实在"西学东渐"之后。但是我们还是不清楚两种方向不同的平等观念何以在不长的时间中就完成了更替或者嬗变的过程。

　　这里有某些应当注意的方法论问题。研究中国现代观念世界，通常会发现三个基本的来源或脉络，第一个自然是中国传统的观念，第二个是中国人在现代语境下的思想创造，第三个是西方思想即现在说的"西学东渐"。作为现代价值系统中重要一环的"平等"亦复如此。像本章这样讨论近代中国人的平等观念与西方思想的关系，属于广义的比较研究。前面之所以说近代中国的启蒙主义者（以戊戌时期为高峰）接受了西方的自由、平等、博爱等价值，其说法失之笼统，是因为这种判断带有很大的直观性。思想的演变和发展并不是若干要素之间的算术法则可以处理的。诚然，中国思想先驱的平等观念之形成过程中的一个重要环节，是他们接受了西方思想的影响。但是要使这一过程成为可以清晰而精确地描写的历史，并不容易。因为"影响"一词其实是比较研究中最困难的论域之一，要精确地描写出甲受乙的某种"影响"，按照昆廷·斯金纳（Quentin Skinner）说的那样，在逻辑上至少要满足三个条件：（1）我们知道甲读过乙的著作；（2）排除了甲读过和乙类似的其他著作；（3）甲不可能在没有受到其他作者影响的情况下，自己提出相关的学说。在我看来，最后一个条件尤其重要，也尤其困难，因为一般说来，人们在类似的语境下可能产生类似的思想，古话所谓人同此心，心同此理，认识论上的反映论坚持的这一点只要不强化成必然性，就并不能被完全无视。而人类追求平等的心理是如此深厚，"亚里士多德原则"是从积极的方面说明人类心理服从进化论的法则，弗洛伊德则早就用嫉妒心理来解释主张人人平等的正义感的起源，把平等待遇的要求解释成对于嫉妒心理的一种妥协。① 当然，观念虽然也属于思想，是思想的国家化的产品，但是单个的观念与成系统的思想还是大有区别。"平等"观念作为一个历史的范畴，与对此观念的系统论证以及由此推动的哲学争论，更是大有区别。因此，我在这里初步描写的，只是中国人的现代平等观念在形成过程中的西学东渐这一脉络而已，以前人们早有论列，但是我觉得今天依然可以去探视观念史研究中更深刻的层面。因此，我们的问题就变为：在中国人的平等观念的现代嬗变过程中，西方思想的传播是如何发生的，发生了何等作用？本章将着重通过在平等观念"自西徂东"的过程中对基督教传教士活动的考察来回答上述问题。

一

我们讨论平等观念的"自西徂东"，已经包含了对平等观念加以分类的预设：平等观念不仅有古今之分、东西之别，还有宗教的和世俗的分别。当我们将中国人的现代平等观念的形成与西学的传播联系起来的时候，需要考察的既有西方的宗教，又有西方哲学和政治伦理思想。而中国人最初接触的西方平等观念，是由耶稣会传教士带来的宗教观念，它与我们现在视为基本价值的个人权利的平等，既有联系，又有很大的不同。

按照普特南的说法，平等观念是犹太宗教对西方文化的独一无二的贡献，它甚至与犹太法典的某些特征有关。而现代人的平等观念乃是从宗教根源中分离出来的东西。从《圣经》中可以获得如下三方面的平等观念：（1）在道

---

① 许多人会赞成平等诉求是嫉妒的伪装的结论，但是不平等的制度不会消除而只能更多地激发人的嫉妒心。正如长期得不到尊重、自尊心一再受挫的人很难真正尊重他人。另一方面，平均主义是否会纵容人的嫉妒心理，同时也使得社会丧失发展的动力，也是一个并不容易回答的问题。根本的问题是如何区别嫉妒心与正义感，以及它们与合理的社会制度之间的关系，即什么样的社会制度最宜于养成平等对人的美德。这些似乎都尚未澄明。

德的重要性方面，人类是平等的；（2）最没有天赋、成就最少的人也是值得
尊敬的；（3）每个人的幸福和痛苦有着同样的道德重要性。与此相承，康德
则以为"我们都处于同样的困境，我们都用如何生活这个问题反思我们自身
的潜能"①，因而人在自由思想上是平等的。类似的意思弗洛姆也说过：

> "平等"这个概念在宗教中意味着我们都是上帝之子，都是人——
> 上帝本质的一部分，都是一体的。同时也意味着应该尊重人与人的区
> 别，因为我们虽然是一体，但我们每个人又都是只存在一次的完整体，
> 是自成一体的宇宙。②

普特南还正确地指出从柏拉图、亚里士多德甚至从希腊文化时期那里了
解到的希腊伦理学中，并没有普遍的人人平等的概念。这一点与中国古代儒
家伦理非常类似。不过，亚里士多德已经将平等作为一个概念来讨论，中国
儒家则以另一种方式讨论人与人的同一性，以及某些可能与现代平等诉求相
似的观念。

就基督教在中国的传播而言，16 世纪晚期的耶稣会传教士到来以前，虽
然历史上已经有两次重要的记载，但是只是晚明的这一段，有重要的思想史
意义。但对于基督徒而言，这不是一场成功的传教，尤其在有关平等的问题
上。这一点很容易理解，因为不管我们如何对儒家系统做若干向度的诠释，古
代儒家社会都是一个等级社会，"三纲五常"是所谓无所逃于天地之间的秩序，

---

① ［美］希拉里·普特南：《实在论的多副面孔》，冯艳译，北京：中国人民大学出版社，
2005 年，第 44 页。普特南还正确地指出从柏拉图、亚里士多德甚至从希腊文化时期那里了解
到的希腊伦理学中，并没有普遍的人人平等的概念。这一点，是与中国儒学非常类似的。不
过，亚里士多德已经将平等作为一个概念来讨论，认为它是和交换关系相联系的，并且区分了
（几何）比例的平等和算术（比例）的平等，前者是基于德性或优点的平等，是贵族以及寡头
制的平等；后者是基于自由身份的平等，是民主制的平等。这也是古代儒家所未正面论及的。

② ［美］弗洛姆：《爱的艺术》，李健鸣译，上海译文出版社，2011 年，第 17—18 页。弗洛
姆所描述的，是与市民阶级所认同的权利平等（Gleichheit）相对的东西，按照作者的说法，
在当代资本主义社会中，平等的意义发生了变化。这一概念被理解成自主者（Automaten）的
平等，其实是失去了个体性的人的平等。平等在今天意味着"千人一面"（Dasselbe-Sein），而
不再是"同为一体"（Eins-Sein），意味着抽象事物的单调、人的单调——人人干相同的职业、
有一样的快乐，读相同的报纸，有一样的感觉和想法。

而且是将劳心与劳力、君子与小人、男人与女人的等级分别看作天经地义的。
所以基督教传入中国之初必然造成伦理冲突，对此法国人谢和耐已经说过：

> 由于基督教伦理把永恒拯救所依靠的宗教义务与世俗义务对立了起
> 来，所以它必不可避免地会成为冲击的根源。但从中国人一方来看，不
> 可想象会有任何矛盾：在义务方面的任何冲突都可能会解决，因为它们
> 属于同一种天理。
>
> 基督教的伦理则是平均主义和抽象的，认为所有的人在上帝面前都
> 平等。中国人的伦理则仅仅关心既是等级的又是互为补充的关系，而宇
> 宙本身似乎为此提供了例证：阴和阳、天和地都互相结合并互为补充。
> 阴和阳、天和地、男和女、君和臣……之间的关系也相似。①

在同一本书中，作者引用了若干材料来说明，像当初与佛教的冲突一样，
主要在忠孝这一传统伦理的核心问题上，基督教与中国人的观念格格不入。
譬如当时中国人批评基督教：

> 今玛窦独尊天主为世人大父、宇宙公君，必朝夕慕恋之、钦崇之。
> 是以亲为小而不足爱也，以君为私而不足敬也。率天下为不忠不孝者，
> 必此之言夫。(《破邪集》卷五，第3—4页。)②
>
> 据彼云，国中父母死。不设祭祀，不立宗庙。惟认天主为我等之公
> 父，薄所生之父母，而兄弟辈视之，不然则犯天主之教诫。将斩先王之
> 血食，废九庙之大飨，以诏民从之耶?(《破邪集》卷五，第29页)③

当时中国人对于基督教传教活动中妇女与男子共同参与也颇为反感，以为有

---

① ［法］谢和耐：《中国与基督教——中西文化的首次撞击》(增补本)，耿昇译，上海：上海
古籍出版社，2003年，第143页。在这里有一些与普通指责儒家伦理的不平等有所不同的解
释，即所谓儒家伦理"既是等级的又是互为补充的关系"的说法，这与后来郝大维等对儒家伦
理的平等要素做社群主义的解释，即强调平等是parity，似乎有某种关系。

② 同上。

③ 同上书，第168页。

伤风化。这一点甚至为孟德斯鸠所觉察：

> 妇女为自己的贞操发誓、在教堂集会、与神职人员交往、参与圣
> 事、面对面的单独忏悔，以及临终涂油和男子不得娶妾等等，所有这一
> 切彻底推翻了这个国家的习俗和风尚，同时构成了对他们的宗教和法律
> 的冒犯。①

外国研究者注意到的是中国社会整体性的反应，同时也是正统儒家的反应。基督教原来有所谓"上帝面前人人平等"的观念，这是普遍的平等又是灵性的平等，就其普遍平等而言，不同于中国儒家的"三纲五常"；就其灵性平等而言，又是指它的平等观念有一个超越的神学的根据，这种神学根据与儒家性善论所认定的性分平等在超越的层面其实并没有根本的差别。近代中国人很容易就将这两者等同起来，但是似乎有些费解的是，当时中国的社会主流明显拒绝了这种解释。这种现象需要一种知识社会学的解释。②

耶稣会传教士的传教活动似乎还有另一面的结果，即在某些儒学异端中，基督教的平等观念发生了某种程度上可以称作迂回的影响。这主要在对于"朋友"一伦的新解释中出现。

检索先秦儒家文献，可以看到，至少在"朋友"一伦关系中，平等事实上成为一个重要的原则。③我这里用事实上这个词，是为了说明即使在孔孟那里，平等还不是一个自觉的价值。这一点我们可以通过与亚里士多德友谊论的比较来说明。在《尼各马可伦理学》中，亚里士多德用两章来谈论"具体的德性"之一的"友爱"，在朋友一伦中更多地讨论了平等：作为一个伦理原则来讨论，它包含在"公正"之中。作为工商业社会的哲学家，亚里士多德

---

① ［法］孟德斯鸠：《论法的精神》上卷，许明龙译，北京：商务印书馆，2009 年，第 326 页。

② 熊十力那样的文化保守主义者也说："以性分言之，人类本性本无差别。故佛说一切众生皆得成佛。孔子曰'当仁不让于师'（言仁德吾所固有，直下担当，虽师之尊，亦不让彼之独乎仁也。）孟子曰：'人皆可以为尧舜。'此皆平等义也。而今人迷妄，不解平等真义，顾乃以灭理犯分为平等。人道于是乎大苦矣。"（《十力语要》卷三）这说明，在超越的意义上承认平等，近代中国人没有困难，但是第一，它不在上帝的信仰之下，第二，它不能自动转变为社会平等的规范。

③ 详细的论证请参见拙文《论平等观念的儒家传统资源》，《社会科学》2009 年第 4 期。

已经注意到"平等"与交换有关，所以他说："货币是使得所有物品可以衡量和可以平等化的唯一尺度。因为若没有交易就没有社会，没有平等就没有交易，没有衡量尺度就没有平等。"①他区分了算术（比例）平等和几何（比例）平等，在他的语言中，几何（比例）的平等是基于德性或优点的平等，是贵族制或寡头制的平等；算术（比例）的平等，则是基于自由身份的平等，是民主制的平等。②他是在这个基础上来讨论朋友之间的平等关系。而孔孟所说的朋友关系大致接近于"基于德性或优点的平等"，他们注重朋友之间的"信义"，但是"信"的现实基础应该是交换关系，平等正是基于自由身份的个人之间的契约之所以成立的条件。孔孟并没有将"平等"上升为一个概念来讨论，特别是没有将处理朋友关系的原则上升为优先的准则。对于儒家来说，朋友一伦无论如何也不可能超过亲亲、尊尊的原则而成为首要原则。

明白这一点，我们可以进而明白明代来华传教士利用"友道"的阐发获得的某种成功，既有中国传统基础，又对此做出了突破。利玛窦曾经撰写《交友论》，并获得李贽等中国士大夫的赞赏，甚至手抄若干份，分发他人阅读。③按照传统的理解，"君臣、父子、夫妇、昆弟、朋友，虽是总属人伦，而主敬、主恩、主别、主序、主信，其间各有取义"，"信"可能转变为契约关系，即平等的关系。少数接受基督教传教士"友道"的士大夫，用"友道"来总领五伦，实际上用平等颠覆了传统伦理。冯应京在《刻交友论序》说："嗟夫，友之所系大矣哉。君臣不得不义，父子不得不亲，夫妇不得不别，长幼不得不序，是乌可无交？"④冯应京的这种思路，在其他中国文人的议论中也可以见到，如陈继儒说："人之精神，屈于君臣父子夫妇兄弟，而伸于朋友，如春行花内，风雷行元气内，四伦非朋友不能弥缝。"⑤清初学者张安茂则以友道为五伦之"经纬"："君臣父子与夫妇昆弟之道者惟友也，得

①　［古希腊］亚里士多德：《尼各马可伦理学》，廖申白译注，北京：商务印书馆，2003年，第143页。

②　见《尼各马可伦理学》译者廖申白的注解，第148页。

③　许苏民：《李贽评传》，南京：南京大学出版社，2006年，第55—56页。

④　冯应京：《刻交友论序》，载朱维铮主编《利玛窦中文著译集》，上海：复旦大学出版社，2001年，第116页。

⑤　陈继儒：《友论小叙》，载朱维铮主编《利玛窦中文著译集》，第119页。

友而四伦以正，失友而四伦以乖。故五伦之有友，犹星辰之有经纬，素质之有彩绘，名由之成，事由之立，所系不綦重哉！"① 这里我们可以听到戊戌志士谭嗣同以朋友一伦代替五伦的先声。

不过，我以为，晚明儒学异端的平等观念，很难完全归结为基督教的东传。当时社会生活的巨大变迁，实际上已经处于"王纲解钮"的边缘，晚明文学和戏曲可以告诉我们这一点。李贽多少已经有男女平等的思想，泰州学派将孟子"人皆可以为尧舜"发展为"满街皆是圣人"的断语，性分平等已经从成圣的可能性，演化为存在的真实性。从孔子开始，儒家对朋友之道有比较多样化的论述，"以文会友，以友辅仁"规定了朋友之道不仅有理智的意义，更有道德的价值。孔孟所说的朋友关系大致接近于"基于德性或优点的平等"，儒家德治和为帝王师的理想，使得甚至君臣之间也可以被理想化为某种朋友关系。② 所以，也许比较稳健的说法更为可取：在传统纲常发生危机的情况下，西方基督教的观念与中国儒家本来有相当弹性的"友道"的结合，使得"平等"在少数士大夫中获得了前所未有的优先性。思想世界的这一转变尚需要我们对那个时代更阔大的思想谱系进行进一步探索。

二

在近代中国，最早试图用"平等"作为价值去改变现存秩序的，是洪秀全和太平天国。如果说在明代耶稣会传教士的传教活动中，某种"平等"观念激发了儒家异端的话，晚清时代基督教的"平等"观念则给儒家社会的叛逆提供了灵感。洪秀全从基督教那里借来一个天父上帝，它是一切价值的源泉：

　　天下总一家，凡间皆兄弟。何也？自人肉身论，各有父母姓氏。似有此疆彼界之分；而百姓同出一姓，一姓同出一祖，其源亦未始不

---

① 张安茂：《述友篇序》，转引自李志军《西学东渐与明清实学》，成都：四川出版集团巴蜀书社，2004 年，第 204—205 页。

② 见拙文《论平等观念的儒家传统资源》，《社会科学》2009 年第 4 期。

同……从何以生？从何以出？皆禀上帝一元之气以生以出，所谓"一本散为万殊，万殊总为一本"。……此圣人所以天下一家，时廑民吾胞之怀，而不忍一日忘天下。(《原道觉世训》)

这使我们想起洛克《政府论》的论证策略：人类作为上帝的创造物所处的"自然状态"，本是一种平等状态。洪秀全同时还利用了中国本土的传统资源，既包含儒家民胞物与的人伦情怀，又运用了传统哲学的"理一分殊"说。不过，洪秀全平等论毕竟与古代平等观不同，不仅是因为他使用了基督教的创世说，用一种外在超越的方式使"平等"获得了终极关怀上的根据，而且是因为他并没有仅仅停留在抽象的领域。正如恩格斯说的那样，古代基督教曾经是社会不平等的某种形式的辩护："基督教认为一切人只有在一点上是平等的——同是生于原始罪恶中的那种平等——这是与它曾经作为奴隶和被压迫者的宗教之性质完全适合的。"[1]佛道和儒家都主要停留在存在论层面论证"平等"。而洪秀全则要利用"平等"来改变世界的现存秩序，提出了其社会行动纲领《天朝田亩制度》，要建立以平均分配土地为基础的绝对平等的社会，即实行按人口平均分配田地，好坏各半、全国统筹、丰荒相通。其最终目标是"务使天下共享天父上主皇帝大福，有田同耕，有饭同吃，有衣同穿，有钱同使，无处不均匀，无处不饱暖"。

太平天国的"平等"乌托邦在双重意义上失败了：在理论上，借助神学的方式来论证平等之价值，不能被中国士绅接纳；在实践上，不仅《天朝田亩制度》从来没有真正实现过，而且其领导层的特权和腐败，制造了包括神权政治在内的新的不平等。太平天国借助的是外来宗教的形式，这应该是包裹在基督教外衣下的平等观念不能迅速被中国人接受的原因之一。譬如曾国藩声讨太平军中所谓太平军引起"开辟以来名教之奇变"，相当部分即指"自其伪君伪相，下逮兵卒贱役，皆以兄弟称之；惟天可以称父；此外凡民之父皆兄弟也，凡民之母皆姊妹也"(《讨粤匪檄》)这种人伦的平等观念。而这恰恰正是在上帝面前人人平等这种神学平等观念在中国的实践尝试。

---

[1]　[德]恩格斯：《反杜林论》，吴黎平译，北京：人民出版社，1956年，第106页。

而冯友兰先生在《中国哲学史新编》第六册的自序中也说：

> 中国所要向西方学习的是西方的长处，并不是西方的缺点，洪秀全和太平天国所要学习的是西方中世纪的神权政治，那正是西方的缺点。西方的近代化正是在和这个缺点的斗争中而生长出来的。中国所需要的是西方的近代化，并不是西方中世纪的神权政治。洪秀全和太平天国如果统一了中国，那就要使中国倒退几个世纪，这是我对洪秀全和太平天国的评价。这个评价把洪秀全和太平天国贬低了，其自然的结果就是把它的对立面曾国藩抬高了。曾国藩是不是把中国推向前进是可以讨论的，但他确实阻止了中国的倒退，这就是一个大贡献。①

冯友兰先生的假设有多少历史的真实性，是可以讨论的。在他的问题后面，文化保守主义排斥基督教的倾向也是明显的。不过这不应该成为我们根本上否定太平天国时期"平等"观念本身之意义的理由。特别是我们注意到平等观念本身是近代一系列革命的结果，革命的价值歧义与此历史现象的客观结果的复杂关系，都决定了我们应该将一种理论的内在价值与其当下的实践效果做必要的分离。事实上，对于太平天国在观念世界引起的变化，另一类人物却给予了高度的肯定。在谈到其三民主义的平等内核的时候，孙中山先生说：

> 吾人今欲改造新国家，当实行三民主义。何谓三民主义？即民族、民权、民生之主义是也。民族主义即世界人类各民族平等，一种族不能为他种族所压制。……民权主义即人人平等，同为一族，绝不能以少数人压制多数人。人人有天赋之人权，不能一君主而奴隶臣民也。民生主义，即贫富均等，不能以富等［者］压制贫者是也。但民生主义在前数十年，已有人行之者，其人为何？即洪秀全是。洪秀全建设太平兵［天］国，所行制度，当时所谓工人为国家管理，货物为国家所有，即

---

① 冯友兰：《中国哲学史新编》第六册，北京：人民出版社，1989年。

完全经济革命主义，亦即俄国之今日均产主义。[①]

在太平天国那里失败了的经济平等的诉求，又在后继者孙中山的政治纲领里复活了。考虑到孙中山本人是基督徒，他对于洪秀全从基督教的上帝那里获取的平等观念，应该是不陌生的。对于中国现代平等主义者而言，他们通常都会将自己的思想谱系上溯至洪秀全。孙中山是一个代表，毛泽东是另一个代表，当然毛泽东与孙中山的不同点是无神论者，他们都不会赞成冯友兰的论断。

当然，冯友兰先生又说曾国藩的过失在于开创并推行了以政带工的近代化方针，而不是西方的以商带工的现代化道路，结果又延迟了中国的近代化。这从另一个角度说明，即使不是神权政治的外衣，就以个人权利为核心的现代平等观念之产生所需要的社会条件来说，曾国藩的时代也并不具备。只是在太平天国被镇压之后，曾、左、李等才推动了"洋务运动"，发展现代工商业，开启了中国的早期现代化。马克思说过："作为纯粹观念，平等和自由仅仅是交换价值的交换的一种理想化的表现；作为在法律的、政治的、社会的关系上发展了的东西，平等和自由不过是另一次方的这种基础而已。"[②] 因此，从根本上说，19 世纪中叶，时代还没有提供"平等"观念的现实基础，"交换价值的交换"尚未得到必要的发展。这恐怕是西来的"平等"观念尚为中国人所严厉拒斥的根本原因。

三

历史就是如此吊诡。镇压太平天国的曾、左、李诸人推动了最初的现代化进程，三十多年以后，它收获的结果之一却是"平等"观念的胜利。平等不仅于戊戌变法时期在知识精英中广为流布，而且在辛亥革命后开始转变为

---

① 《孙中山全集》第六卷，北京：中华书局，1981 年，第 56 页。
② 《马克思恩格斯全集》第 46 卷（上），北京：人民出版社，1979 年，第 197 页。

部分法律制度，并在"五四"启蒙运动中渐渐进入更多人的日常生活，以后又成为社会主义运动的核心价值之一。这证实了亚历克斯·卡利尼克斯所说的："作为一种具体的社会和政治的要求，平等是拉开现代社会序幕的一系列重大革命的产儿。"① 我们同时又可以说，平等是近代一系列社会革命的动因。因此，平等与革命心理学和大众心理学有关，可以通过它去研究平等观念的产生和衍变，此处不再赘述。

从西学东渐的层面考察，基督教的传播依然是重要的环节。中国人对中西文化的关注，在鸦片战争以后大约经历了一个由"师夷长技以制夷"，经过"中学为体，西学为用"，到要求进行全盘性社会变革的过程，所以像"平等"这样涉及政治、伦理的基本价值的观念，只在 19 世纪末才比较集中地进入中国人的视野。换言之，就西方平等观念的传播而言，有一个从西方宗教到"西学"即广义的西方政治文化的演变过程。这里需要说明的是 19 世纪和明代两种传教士所传的平等观念有某些根本意义上的不同。主要是前者还是宗教的平等观念，后者则已经属于启蒙理想的平等观念了。根据对《万国公报》不太完全的考察，可以大致描绘出这一历程的轮廓。西方传教士中的自由派从比较单纯的传教，转变为更多地参与到中国政治经济和社会的变革中，以及更倾向于传播与此相关的"西学"。② 在"平等"这一中国传统伦理最敏感、最核心的部分，呈现出逐渐扩展的过程。

最初，传教士大致从批评中国的旧俗陋习开始，传播男女平等的观念。所以，就平等的具体形式而言，男女平等一开始就是传教士所极力主张的善目。他们常常说的有"一夫一妻之为正理"③、"泰西之制，男女并教"、"即今

---

① ［美］亚历克斯·卡利尼克斯：《平等》，第 25 页。

② 《万国公报》于 1868 年创刊时曾名为《中国教会新报》，1872 年更名为《教会新报》，1874 年方更改为《万国公报》，英文为 *Globe Magazine*。朱维铮先生认为："从刊物编撰者的主观意向来看，则所更刊名的非宗教化，所署名衔的纯中国化，又无疑是在传递一个明白的信息，即未来的《万国公报》，将越出'宣教'的领域，更多地向中国的公众，尤其是面向中国的士大夫。"（《万国公报文选》导言，北京：生活·读书·新知三联书店，1998 年，第 3 页）经过 1883 年以后约六年的停刊，于戊戌变法高潮中复刊的《万国公报》的英文名字变为 *The Review of the Time*。在其三十余年的印行过程中，对中国士大夫产生了重要的影响。

③ ［英］艾约瑟：《泰西妇女备考》第四百九十七卷，光绪四年（1878）六月十四日，引自《万国公报文选》，第 458 页。

泰西诸国，女学与男学并重，女教与男教兼行"①。值得特别提出的是花之安的《自西徂东》。这是一本由外国传教士撰写、在当时有很大影响的书。它的英文书名为 Civilization, China and Christian，最初连载于《万国公报》（自 1879年到 1883 年），1884 年在香港正式出版单行本。作为一个德国传教士，花之安虽然没有在书中直接论证平等的原则和价值，但是他对 19 世纪中国社会和文化弊病的批评，尤其是"严禁买卖奴婢"②、"禁溺女儿"③ 等章节，常常贯彻着"平等"的原则。他已经相当全面地提出了男女平等的主张，包括一夫一妻制下的夫妻平等④、男女受教育的机会平等、反对妇女缠足的陋习，以及男女平等地享有财产继承权⑤，所有这些，在 19 世纪七八十年代的中国，一定给传统士大夫以很大的冲击。

　　平等观念是现代政治和伦理的基本原则，《万国公报》一开始就把它与民主政治联系在一起。光绪元年（1875）五月，《万国公报》发表林乐知的《译民主国与各国章程及公解堂议》，文章称：

　　　　按泰西各国所行诸大端，其中最关紧要而为不拔之基者，其治国之权属之于民，仍必出之于民，而究为民间所设也。推原其故，缘均是人也。仰观于天，俯察于地，其有待于日以暄之者同此日也。其有待于风以散之，雨以润之同此风同此雨也。即寒必需衣，饥必需食，温饱之情

---

　　① 张书绅：《中西书院之益》光绪八年（1882）正月二十二、二十九日，第 498—508 页。

　　② "四海无非兄弟，万民均属连枝，推爱人如己之深心，不啻身臂之一体，又安忍奴婢视之乎？"（花之安：《自西徂东》，上海：上海书店出版社，2002 年，第 72 页）

　　③ "夫生男生女，事本寻常，固不必轻男重女，望作门楣，亦不可轻女重男，忍戕生命。"（花之安：《自西徂东》，第 78 页）

　　④ "溯夫开辟之初，上帝造一男一女，置为夫妇，是既示以夫妇之正道，匹偶之正理矣。修身者果能准上帝立夫妇之义，则修之于家而夫义妇顺，行之于身而夫唱妇随，天伦真乐，甘苦同之，不亦于夫妇之伦两得哉？是故夫妇为体之敌，为身之对，古人云：'妻者齐也。'思其义，察其理，则男之不当有二色，亦犹女子不当有二夫，其义本自昭然矣。"（花之安：《自西徂东》，第 128 页）

　　⑤ "故西国法律，妻可以告夫，而夫亦可以告妻，以夫妇无分上下，但当问其合理与否耳。且官府更宜保护妇女，以女子软弱，易被凌虐也。凡父母有产业者，女子虽出嫁，日后亦得与兄弟均分家财，此父母至公之心，不若中国重子而轻女也。至于寡妇虽有子，亦能有权料理家业，子贤则与之，不肖则制之，以免其败家破产也。"（花之安：《自西徂东》，第 80 页）

无贵贱一也。不观人之耳目手足乎？或为君，或为臣，耳目手足无所加焉。降而至于小民，耳目手足无所损焉。因恍然于治国之法亦当出之民，非一人所得自主矣。①

在这里，人的相同性是诉之于常识和直观的。这与他们原先或者本来应该运用的从"上帝面前人人平等"的神学原则做出的政治推论似乎颇有不同。不过如果我们进一步考察，就会发现那只是一种宣传的策略。这在傅兰雅所翻译的《佐治刍言》中呈现出十分有趣的面貌。

《佐治刍言》于1885年首次出版，作为一本从自由资本主义原理出发编纂的政治经济学初等教科书②，十分自然地贯穿了与其原理相匹配的平等观念。洛克的出发点是："一国之人无论贵贱皆当视为平等，故个人生命与其自主自重，及所管产业，国家皆应一体保护，其理然也。"③而在其第二章"人人生职分中应得应为之事"，一开头就说：

> 天既赋人以生命，又必赋人以材力，使其能求衣食以自保其生命。顾人既有此材力，必当用力操作，自尽职分。若不能自主作事，则材力仍归无用，大负上天笃生之意矣。故无论何国、何类、何色之人，各有身体，必各能自主，而不能稍让于人。苟其无作奸犯科之事，则虽朝廷官长，亦不能夺其自主之本分，即如平等人与他人立一合同，议定若干时为之服役，或帮作工艺，其所议年限亦不得故违常例。且限内虽不得不帮人操作，然其身体仍归自己作主，其所得工资必归本人享用，即其家事亦仍归本人经理，雇工人皆不能与闻。是以国家所定律法、章程，

---

① 原载《万国公报》第三百四十卷，引自《万国公报文选》，第437页。

② 《佐治刍言》的英文底本是英国人钱伯斯兄弟（W. & R. Chanbers）编辑的教育丛书的一种，名为 *Political Economy*，即《政治经济学》，1852年出版。（W. & R. Chambers: *Political Economy*, Edinburgh: William and Robert Chambers, 1852）根据编者的自述，因为是面对初等教育的对象，"在这里，政治经济学从一门学科被简化为一些原理，其中涉及的各社会组织的定义，并不十分严密"。见叶斌的"点校说明"，载〔英〕傅兰雅《佐治刍言》，上海：上海书店出版社，2002年。

③ 〔英〕傅兰雅：《佐治刍言》，第11页。

具准人人得以自主，惟不守法者，始以刑罚束缚之。

如果我们将以上译文与其英文原著对照的话，可以很容易地看到，译者不但将从洛克以来的自由主义的政治学说——人是生而平等地享有自由、财产权和自尊的——用全面却比较委婉的方式做了表达，而且将中国士大夫最敏感的“上帝”“自由”等改变成“天”“上天”“自主”等中国人比较习惯的词语。①

下面的引文同样告诉我们，傅兰雅在那个时代，在传播平等观念的过程中，有意无意地将“平等”的概念用中国人可能接受的方式进行解释：

凡国内设立律法，欲令众人皆得益处，则必使国内之人上下一体，始能无弊。故婴儿丐子之生命，必与壮年富贵之人一样慎重，则贫家最少之产业，亦当与高爵人之产业，同为国家所保护，而不容分轻重于其间也。故无论何种人皆应自立主见，作何种事业可以度日，作何种乐事可以养身，而为之上者亦当听其自然，使人人各得自主之益。虽天之生人，其才智与际遇不能一概而论，或为富贵，或为贫贱，或有权柄而治人，或无权柄而受治于人，然其所以治人与受治于人者，仍是君民一体之理，其于人之生命，与夫自主、自重，及所管产业等事，均无妨碍也。

①　英文原文为：9. While *God* has given man the gift of life, he has also given him the capacity to support that life, provided he duly employs the means. This capacity for exertion, however, *would be useless without liberty to use it.* Accordingly, every human being, of whatever colour or country, has, by a law of nature, the property of his own person. He belongs to himself. In ordinary language, *man is born free. This freedom he is not at liberty to sell or assign. Neither, in justice, can any one take away his personal freedom, so long as he conducts himself properly and does not injure his neighbours.* A man may enter into a contract to serve another for a reasonable length of time, for hire; but in doing so he still retains the property of his own person, enjoys the fruits of his own industry, and no one is entitled to intrude on his domestic arrangements. In law, this degree of freedom is *il liberty* — that is to say, liberty secured by the laws and subject to the regulations of the civil government.

所谓"国内之人上下一体"，英文是"all men are to be regarded as upon one level"，后面一个"君民一体之理"，不过是"equality of consideration"的曲译。① 同样地，与平等价值相关的诸如"自由公民的联合"这样的观念，也必须弱化，所以"The idea of *a perfect society supposes an assemblage of free citizens*, each contributing his labours for the benefit of the whole, and receiving an appropriate remuneration, and each respecting those laws which have been ordained for the general benefit"。这样的段落被翻译成了"今有若干人聚成一会，或成一国，欲其兴利除弊，诸事完善，则必使人人俱能自主，人人俱能工作，方能十分富庶"②。

随着中国社会政治格局和思想潮流的变迁，戊戌变法前后，《万国公报》开始用平等的价值公开批判中国传统的政治、伦理：

> 是故儒教之所以为历世所崇奉，而不至于废斥者，根据莫先于三纲。一君为臣纲，关系于国者也。一父为子纲，关系于家者也。一夫为妻纲，关系于男女者也。是三纲取政治法律风俗伦理，而一概包举之，以陶融中国于专制之国，专制之家。重重积压之下，至成一种有君无民，有长无幼，有男无女，至不平等，至不自由，永无释放，永无进步之教化。③

它们甚至讨论到经济平等的问题：

---

① 英文原文为：10. In the formation of laws for the general good, *all men are to be regarded as upon one level*. The life of the youngest infant and the humblest beggar is alike sacred with that of the strongest and the richest man. The smallest piece of property of a poor man is not less entitled to protection than the estate of the noble. All men are also entitled to freedom of personal movement, to freedom in the choice of an occupation, to freedom in the choice of amusement. That self-respect or self-love with which all for wise purposes are inspired, is likewise to be protected equal. Men, indeed, by reason of their very diverse endowments and opportunities, naturally fall into grades, some attaining to a great influence over others. But this does not in the least interfere with that *equality of consideration* which is due to the life, liberty, self-respect, and tangible possessions of all.

② ［英］傅兰雅：《佐治刍言》，第 6 页。

③ 范纬：《论儒教与基督教之分》，载《万国公报》第一百八十二册，光绪三十二年（1906），引自《万国公报文选》，第 167 页。

　　当今之患，不在不足而在不均。至究其所以不均者，则由于富者占地太多，彼贫无立足之小民，非向乞怜不能存活。夫天之生人也，无厚无薄，无贵无贱，要皆一视同仁，不使有一夫之失所。是以日月之照临也，雨露之滋润也，太空之气与人呼吸也，自然之利之任人所求也，皆无阻止占据于其间也……均则皆无大富。生斯世者皆得含哺鼓腹于光天化日之中，岂非太平气象哉？①

　　总体说来，19 世纪晚期传教士在传播西方平等理论的时候，是将它与民主、自由等现代性价值一并介绍的，但是就其主流而言，西方传教士，即使是自由派的传教士通常也反对激进的政治革命，而主张渐进的社会改良。戊戌时期深受康梁等人重视的李提摩太就是代表。

　　与此成为对照的是，卢梭和法国革命所代表的激进的平等派，其主张也开始传入中国，不过它除了也曾经影响到谭嗣同那样的激进主义者以外，主要的影响发生在 20 世纪初。它已经超出了单纯的传教士之所为，同时，对于当时的中国士大夫而言，平等是一个崭新的政治原则，他们尚未认识到平等有诸种不同的形式和程度。囿于篇幅，这里不再详论。

<h2 style="text-align:center">四</h2>

　　在考察平等观念"自西徂东"的历史时，我们不能忘掉中国人并不是以洛克式的"白板"去接受洛克式的平等的。明代耶稣会传教士利用交友之道在儒家传统中所具有的根基，来曲折地传达其宗教平等观念；洪秀全等将基督教的平等观与"大同""理一分殊"等儒家思想元素结合，来建立其乌托邦；戊戌期间，主导当时思想主流的人物，通常都是将中国古代文化中可能以现代平等论诠释的因素，不仅有儒家的思想，更包括佛教和道家、道教

---

　　①　马林、李玉书：《富民策》，载《万国公报》第一百十四册，光绪二十四年（1898）六月，引自《万国公报文选》，第 598—602 页。

的思想，与包括基督教在内的西学所诉求的平等观念，做一种巨细无分的综合。康有为、梁启超和谭嗣同等当时接受平等观念的中国士大夫大抵都是如此。

前文已经说过，基督教的"上帝面前人人平等"这一为西方人世俗的平等所提供的神学根据，与儒家性善论所认定的性分平等，在超越的层面其实并没有根本的差别。儒家不但有王门后学的"满街皆是圣人"那样激进的圣凡平等，而且一向包含着某种平均主义的倾向。不过儒家本质上是为等级关系辩护的。而中国佛教无论在佛法平等、成佛的可能性等问题上，都比儒教更倾向平等，因为其基本的关怀是出世的，而不是伦理的。而道教可能有更激进的平等观念，所以道教的经典如《太平经》与汉末黄巾军农民起义有精神上的关系，《后汉书》称"张角颇有其书"，王明先生以为是重要的证据。①有些道教派别，譬如创立全真道的王中孚甚至将平等看成其基本的原则和目标，即"道德之祖，清净之元"。而佛教似乎没有这样强烈、激进的社会功能。佛教在中国历史上，更多地是给人以逃避社会伦理的出路，而不是改造社会的方式。

不过，问题是为什么到戊戌时代，原先很少致力于救世的佛教，原先更重视修身的儒教（如重在"杀心中贼"的王学），都一起成为接纳"平等"的观念前提，都一起变成伦理变革的理论资源了呢？这场变革导向了根本上改造社会生活和制度的革命。

这启发人们思考：为什么戊戌时代的中国人比较容易接受基督教的平等观？甚至我们应该问的是：为什么戊戌时代的士大夫讨论"平等"观念的时候已经仿佛毫无困难？譬如康有为干脆说"人类平等是几何公理"。换言之，平等在他那里已经是价值前提了。他在构造体系的时候曾经模仿欧几里得几何的方法，根据"实理"去推断"公法"，即所谓"实理明则公法定"。实理是从经验事实中抽取而又不受时空限制的真实法则。公法之公，一是公共性，二是普遍必然性，三是推理的公开性。康有为以为，人各有自主之权，"此为几何公理所出之法，与人各分原质以为人，及各具一魂之实理全合，最有益

① 王明编：《太平经合校》前言，北京：中华书局，1960 年。

于人道"①。而谭嗣同主张用朋友一伦来代替五伦，因为它体现了平等和自由。在注意到"自西徂东"的平等观念的传播后，也许我们应该从当时中国人面临的新的世界图景、新的社会生活、新的社会秩序去寻找答案。

在这个向度，我们可以发现：第一，民族矛盾促成了国家平等的要求。在古代以中国为中心的朝贡体系中，中国人没有民族平等的意识是正常的，历久不衰的"夷夏之辩"即是证明。鸦片战争打破了"中央王国"的世界图景，但是西方人以平等为价值，从来不是平等地对待中国人。地位的落差和新观念的刺激使得一百多年来的中国人在是否能得到平等待遇上极其敏感。第二，社会阶级或阶层重新排序：原先的士农工商，渐渐成了士商农工，甚至成为商士农工（后来我们更多地说"工农"）。新的阶层出现，新的知识分子，作为相对更独立的个人而存在，譬如新闻记者、报纸编辑、出版从业人员、医生、大学教师。第三，宗法制度瓦解，大家庭让位于核心家庭；农民离开土地和家族的保护——同时也是束缚——来到大城市变成工人。在大机器生产的场所（如纺织厂里），男女一起劳动，并不会被认为有伤风化。在现代城市中，女人可以和男人一样独立谋生。所有这些，都是现代化所带来的深刻的变革。新的生活方式是新观念的真正土壤，交换关系的逐渐确立占据着更深刻的决定性地位。这个时候，人们可以达到这样的意识：所谓平等，是对人的价值等同、尊严和权利等同的思想的表述，平等意味着每个人有着平等权利来控制自己的生活和影响他们的社会。从这个意义上说，平等开始变为"中国人的思想"。换言之，平等之所以成为中国人的价值，不但是因为一种学说的传播，更是因为在新的社会条件下人们可能提出新的生活诉求。它应该在生活、实践的变化与观念的生产和传播的辩证关系中获得理解。

---

① 康有为：《康有为大同论二种》，北京：生活·读书·新知三联书店，1998年，第7页。

第四章　比较哲学视野中的观念史研究

——以美国学者论中国人"平等"观念为中心

　　中国人做比较哲学的工作，就中国哲学的研究者而言，大致有两个目标：一是展示自己，一是认识自己。两个目标之间有关联，并且都是解释活动，但也各有侧重。如胡适、冯友兰等写中国哲学史的时候都运用了比较哲学的方法，是为了将中国传统思想整理为清楚明白、易于理解的系统，这里当然有自我认识的成分。不认识自己，如何展示自己？但主要是以西方哲学为分析工具来展示中国思想。这时的西方著述，如实验主义对于胡适、维也纳学派对于冯友兰，都与他们的个人信念有关；但是对于"中国哲学"而言则是借用的，因为西方贤哲的理论是否适合于对中国思想的分析，原来并无保证。所以先有所谓"哲学在中国"还是"中国的哲学"的争论，后有所谓"中国哲学的合法性"的争论。随着中西沟通的加深，中国学者注意到西方学者在中国思想的专门研究方面对于我们认识自己的启发性和重要性。我们常常认为身处自己的历史传统之中，天生就具有认识的优先地位，但是"不识庐山真面貌，只缘身在此山中"早就把自我反思的认识论困境朴素地揭示了出来。他山之石，可以攻玉。西方汉学家就常常成为我们的楷模和镜子，我们中许多人常通过阅读汉学家的著述来认识自己。如果这种区分大致成立的话，那么第一种比较研究中的一大主角是西方"本土"哲学家，第二种比较研究的一大主角是西方汉学家尤其是研究中国思想史的汉学家。但是取法乎西方汉学家的研究，丝毫也没有减轻认识自我的困难，在这方面我们好像再次陷入庄子所预见的困境。本章以美国汉学家对中国人的"平等"观念的论述为例，说明我们在比较视野中从事观念史研究时所面临的某种困境。

一

　　直接而比较集中地讨论中国人的平等观念的是孟旦（Donald J. Munro），他有两本著作：斯坦福大学 1969 出版的 *The Concept of Man in Early China* 和密歇根大学 1977 出版的 *The Concept of Man in Contemporary China, Ann Arbor*。前者 2001 年在密歇根大学再版，并且有两个中译本，都叫《早期中国"人"的观念》。一种收入王元化先生主编的"海外汉学丛书"（庄国雄、陶黎铭译，上海古籍出版社，1994 年）；另一种收入"海外中国哲学丛书"（丁栋、张兴东译，北京大学出版社，2009 年），前面有安乐哲作的总序。①

　　孟旦（上海古籍出版社版译作蒙罗）的《早期中国"人"的观念》认为先秦时期开始，有所谓"中国的自然平等观念的兴起"（the emergence of the idea of natural equality in China），而后中国人就广泛地共享这个"自然平等"的观念，而它的产生，应该从春秋时代对于世袭制度的否定这一历史性转变中寻找原因。春秋时代社会的纵向升降和横向流动同样剧烈，导致"人的观念"的变化，这是人们易于明白的。孟旦认为，由于"周代思想家中反对世袭特权这一趋势的日益发展"，"反对世袭特权是战国时期所有哲学派别唯一共同的理论立场"。② 但是，孟旦认为先秦时代中国人关于人的相同性的认识导致了被广泛共享（尤其是被儒家和道家等认可）的"natural equality"观念（中文版的译者将其翻译为"自然平等"），它进而产生了非常广泛的影响，尤其对于中国人的道德教育是如此。它很大程度上决定了中国古代的社会建构和社会控制。这

---

　　①　这个译本不知何故没有采用 2001 年的英文新版本，在这个英文新版本中，增加了著者和刘笑敢的两个序言。

　　②　［美］唐纳德·J. 蒙罗：《早期中国"人"的观念》，庄国雄、陶黎铭译，上海：上海古籍出版社，1994 年，第 2 页。

种决定性的力量如此强大，甚至导致了现代中国的社会建构和社会控制。在这里，"自然平等"成为他描写中国古代平等观念时的核心概念。

孟旦的论断很有讨论余地。首先，所谓周代思想家几乎一致"反对世袭特权"这个说法，在什么意义上才能成立？一般来说，中国古代社会在国君之下、庶民之上的"官职"有较大的流动性，而由于土地可以买卖，也确实有"君子之泽，五世而斩"的现象。但是，东周是"礼坏乐崩"的时代，孔子以"从周"的姿态出面重建礼乐，就是承认封建制度的合法性，而西周封建制度的核心恰恰是贵族的世袭特权的等级差别。孔子对"八佾舞于庭"的抨击和提出"正名"论，都是力图挽礼崩乐坏之狂澜。中国古代思想家即使有任贤举能的精英主义主张，也不反对君主的特权可以世袭，否则就是谋反；当然儒家同时会给君主权力的世袭和转移以天命论的解释。至于私有财产可以世袭，更是毋庸置疑的，所以笼统地说"反对世袭特权"并不贴切。作者将先秦时期世袭制度具体形态的变动视为对世袭制度本身的全盘否定，又在"反对世袭制度"的命题中掺杂了对于一般等级制度的否定。其次，更重要的是，"自然平等"的概念其实很值得商讨。作者一方面在书的"前言"中承认，"'平等'，当其运用于人类的时候，具有两种截然不同的广泛的意义。其一，它暗示了一切人，具有类似的价值（'价值'的意义各不相同），应该以同样的方式来对待：他们应该接受平等的政治或经济权益，以及在法律面前受到公正的对待等等。在这个意义上，中国主流的关于人类平等的立场是，相信人（作为成人）具有不平等的德性，因此不平等的对待是合理的"①。在他的第二层意义规定上，孟旦把一切人的"自然平等"作为其研究主题。"自然平等"被规定为一个描述性的术语，仅仅指人类生而具有的共同的属性或者特性。换言之，它与"权利平等"并不相干。这带来了双重问题：

第一，natural equanlity 这个概念在英文文献中，就平等论的经典而言，我们可以在霍布斯的《利维坦》②、卢梭的《社会契约论》英译本③等书中看

---

① ［美］孟旦：《早期中国"人"的观念》，丁栋、张兴东译，北京：北京大学出版社，2009年。
② Thomas Hobbes, *Leviathan*, London: Andrew Crooke, 1651.
③ Jean Jacques Rousseau, *The Social Contract*, trans. by Maurice Cranstion, London: Penguin, 1980.

到，而在洛克的《政府论》中也可以看到类似的概念。前两本书直接用了
natural equality 这一语词，而洛克则有 "the natural liberty and equality of mankind"
"Children, I canfess, are not born in this state of equality, though they are born to it" "But
though men, when they enter into society, give up the equality, liberty, and executive
power they had in the state of nature" ① 等说法。无论哪一种，所谓 "自然平等"
在上述三人的文本中都与 "自然状态" "自然法" 等联系在一起，而且重点在
于与生俱来的个人权利。所以这个 "自然平等" 是后来 "权利平等" 的逻辑
起点，虽然被说成仿佛是历史的起点，但都不是作为 "描写性" 的概念来使
用的。

　　第二，中文的 "自然平等"，给人的印象更多地是 "生而平等"。但是，
儒家恰恰说的是人生来并不平等，有上智下愚、君子小人、男女之别。相同
的只在 "性"。性是人之所以然，而不是自然。另一方面，人的目标也是相同
的：成圣。圣人是人之应然，而不是实然（自然）。道家如庄子的智慧在于如
何将不相同的人、事、物看成相同的，这就是所谓 "齐物论"。所以也不能说
道家以为人是自然平等的。道家中讨论人的问题最多的是庄子，他的 "平等"
观念，是 "不齐而齐"。

二

　　孟旦所讨论的其实是西方汉学家一直感到困惑的问题之一。因为他们通
常很清楚，儒家的性善论或所谓 "人皆可以为尧舜"，和基督教所谓所有的人
都是上帝的创造物有极大的不同，与洛克以来的权利平等论更有方向性的不
同。孟旦自己也承认，所谓自然平等，在西方世界，是直到近代以后才转变
为主流的理论的。这多少也导致其他美国汉学家转而注意所谓个人精神上和
道德自主观念上的 "潜在性" 和 "现实性" 的分别。譬如史华兹就评论说：
"孟旦在其早期著作《早期中国 "人" 的观念》中强调，在主流的儒家人性论

---

① 　John Locke, *Two Treatises of Government*, London: C. and J. Rivington, 1824, p.55, p.161.

中，所有人天生都是平等的。在孟子学说中，人类所有成员都是平等的，因为人人都拥有独特的、天生的道德力量。但即使对于孟子而言，这种能力也不是在每个人身上都同等地起作用。只有少数有创造力的真君子才能实现其道德潜能，并创造一个能够让他人也实现潜能的社会政治环境。我们同样留意到，在孟子关于文明起源的解释中，绝大多数人的善端都仅仅处于被动潜存状态，似乎只有'圣人'才拥有超越逆境束缚的精神能力，因而具有超凡的主动性。"①所以史华兹对孟旦这个"自然平等"的概念在描写古代中国人的平等观念状况时的有效性持很大的保留态度，史氏并不同意儒家思想中有伦理-政治意义上的天生平等观念（the innate equality of all human beings）。这一点，在自承受到启蒙主义影响的史华兹看来是一件十分明显的事情。

笼统地说，孟旦想必也是处于启蒙主义的影响之下，而且他和史华兹一样，讨论这个问题的时候真正关切的是从古代中国"人"的观念中，是否可以找到西方式的民主没有在中国发生的某种原因。但是按照我的研究，把儒家和道家的平等观念规约为"自然平等"，即使是在所谓"描写"的意义上使用，也是不恰当的。先秦诸子中尽管也有如告子那样的自然人性论，或者孔子的"性相近、习相远"和荀子的"性恶论"，这些似乎都接近"自然平等"。但是，从人的相同性出发的理论向度，在后世高度发展了的是平等的形上学，而不是"描写性"的概念。最重要的是，以儒家"性分平等"为代表的关于"人的相同性"的理论思考，以及古代中国无论儒、道、法、墨诸家还是后来的佛教，从根本上说，都没有着眼于个人权利平等的基点。对于古代中国人而言，"权利平等"绝非一个真实的观念。从历史主义的角度说，这并非古代儒家之罪。在农业经济和专制君主相配合的制度尚未完成其历史使命之前，无法想象儒家会产生由权利平等的个体结合成的社会生活共同体的观念。孟旦注意区分原始儒家与宋明理学，认为要正确地理解先秦时期的观念，虽然不能如许多人那样，用宋明理学的形上学去解释先秦思想，但是至少宋明理学区分"天命之性"与"气质之性"，与原始儒家就开始的分别君子

---

　　① 　Benjamin I. Schwartz, *China and Other Matters*, President and Fellow of Harvard College, 1996, p.127.

小人、上智下愚，乃至人禽之辩，等等，都有直接的关系。在原始儒家，对人与人之间的实际分隔的单纯"描写"，是君子小人、上智下愚、长幼尊卑、男女有别。不过到后来则被玄学化了。但是，现实生活中严格的等级制度和广泛的不平等状况，是不会轻易被玄学消解的，它不但让斯当贡（Sir George Staunton）那样的较早时期来到中国的外国观察者清晰地发现，在他的《英使谒见乾隆记实》中描写了中国社会的不平等状况，而且也为注重结合政治与思想史来做研究的学者史华兹所确认："……儒家对于等级、身份和权威的观念与其对于精英治国原则强烈肯定互相兼容，尽管我们必须补充说这一原则在儒家传统中并没有像古代墨家和法家实施得那样彻底。后世的科举制度（它并非完全起源于儒家）在多大程度上导致了社会阶层之间的广泛流动，仍然有待于讨论，但忠臣的传统始终未断，造成了儒家长期的忠烈史。'唯才是举'的强烈观念并不排斥对等级、身份和权威的持续强调。"[1] 他还认为："……儒家（至少是 20 世纪以前的儒家）毫不犹豫地接受等级、身份和权威的存在，将它们视为人类文明秩序中根本的甚至可能是有益的因素。"[2] 另一方面"正统儒家思想有一种激烈的倾向，把满足民众的基本经济需要放在绝对首要的地位，甚至试图在各阶层的农民大众之间实现某种程度的经济平等"[3]。不少人由此对儒家思想生发出经济平等甚至平均主义向度的解释。

孟旦和史华兹都对在中国古代思想中"寻找"某些东西有浓厚的兴趣，由此"发现"了某些与启蒙理想不相匹配的"平等"或"不平等"。这与中国学者受到启蒙理想的鼓舞而批评儒家伦理，在理智的路线上是可以重合的。不过美国汉学家似乎一开始就抱着非常实际的动机：因为需要了解中国的现实，所以需要认识历史、研究中国传统文化。关于中国古代是平等还是不平等的争论，最后成了回答中国是否以及如何走上民主道路时的难题。因为启蒙主义的平等本质上是一个"民主的平等"或者"自由人的平等"的观念，这与儒家对等级、身份和权威的传统态度有巨大的不相容。

---

① Benjamin I. Schwartz, *Hierarchy, Status, and Authority in Chinese Culture* (1991), China and Other Matters, Harvard University Press, 1996. p.134.

② Ibid., p.131, p.135.

③ Ibid.

三

　　不满于人们对儒家纲常的批评，有些社群主义者从 parity 的意义上肯定古代中国的平等观念，或者说，这种新的解释是将儒家伦理放在 parity 而不是 equality 的意义上予以解释。它的重要性在于反对将儒家等级制度如"三纲五常"简单地视为单向度的责任或服从关系，而解释为既是等级的又是双向的、近乎对称的相互性关系。类似的解释策略最早诉之于朋友一伦，包括从有争议的"儒家一神论"理解的《交友论》，和被认作激进平等主义的《仁学》。后来则可以郝大维和安乐哲为例。这两位美国学者用 parity 而不是 equality 来翻译"齐"字，指明"'parity'比'equality'能更好地表达'齐'的意思……'齐'这词并不是表示同一性的概念，在对 equality 的常见的理解中包含着这一概念。根据《说文解字》，'齐'是指谷物之穗长得一样高。根据伯恩哈德·卡尔格伦，'齐'与'妻'同音又同词源，'妻'指'配偶'，或'合法婚姻之妻'，只有一个，并且享有与其丈夫同样的社会地位。与'平等'（equality）不一样，'齐'具有'地位相同''关系密切''相似'等意义，所有这些似乎都比较好地表达了'齐'的意义，因为它们承认了不同系列事物之间的明显的差别，尽管它们相互平等地共存着"①。不过他们在对于"妻"与"齐"的解释上，没有注意到古代中国人并不认为丈夫和妻子这两个"人"作为"个人"是平等的，"妻"之所以与"夫"齐，乃是夫家和妻家是对等的，即"妻"只有在代表着婚姻中门当户对的另一方这个意义上，才是与男家对等的。而在女性这一边，首先是服从的关系，然后才有所谓互相补充的关系。否则就无法解释，何以需要明确"夫为妻纲"？

　　按照他们在另一本合著《先贤的民主：杜威、孔子与中国民主之希望》中表达的观点，中国传统思想中平等的观念与民主社群主义有关。② 这本书

---

①　［美］郝大维、安乐哲：《汉哲学思维的文化探源》，施忠连译，南京：江苏人民出版社，1999 年，第 61 页。

②　参见［美］郝大维、安乐哲《先贤的民主：杜威、孔子与中国民主之希望》，第 99 页。

借用杜维明的论断，以为"古典儒学界定君臣关系不是简单地如同父子关系，而是将父子关系与朋友关系结合的一种关系"①。这大概是指如下的论述：士大夫"能够以教师、顾问、批评者或朋友的身份对帝王保持一种独立人姿态，他们从来就不是妾妇"②。这样一个全称判断中的士大夫与君主的关系，直观上带给人们一种传统人伦的诗意图景，但是我们一般会将它归结为儒家的理想，而严肃的历史学家则会指责它完全没有真实地描写历史。其实，民主社群主义在这里所论述的，并非儒家伦理之实然，而是后自由主义伦理之应然。且不说秦以后，儒家理想中的那种君臣关系早就消失在专制政治的现实中，即使是更接近"互相性"的范畴的"兄弟"，在家族的范围内通常有大小、尊卑的区别，至于我们生活中可以直观到的"江湖兄弟"，如果是组织化了的，也一定是以某种人身依附为特征的。

说美国的民主社群主义完全缺乏儒家历史知识的依据，也不尽然。在郝大维和安乐哲之前，现代新儒家的先驱梁漱溟就是从这个向度来解释儒家伦理，认为孔子所谓父慈子孝、兄友弟恭，是相互性的规范，而不是单方面的压迫。它体现的是虽有等差，却"互以对方为重"的伦理。在承认古代中国社会人的不平等的历史的同时，又对儒家"人我关系"或"群己之辩"作一体性互补的等差关系之解释："按中国人的道理，大家在团体中的地位应当一律平等。可是有两个天然不可少的等差，一种是看重理性、尊尚贤智而来的等差；一种是从尊敬亲长而来的等差……中国人之尚平等与西洋也不同。西洋人之要求平等是从个人出发，都是说我应当和你平等，你不能不给我某种地位、某种权利等等；中国人则掉过来，平等从大家说，不从自己主张。在中国人自己没有我与你平等的意思。"③在这个向度上的解释，虽然与某些比较宗教学的观察类似④，但是，像梁漱溟这样的现代新儒家观点，其核心在

---

① 参见［美］郝大维、安乐哲《先贤的民主：杜威、孔子与中国民主之希望》，第86页。
② 杜维明：《杜维明文集》第三卷，武汉：武汉出版社，2002年，第523页。
③ 《梁漱溟全集》第二卷，第296页。
④ 譬如谢和耐的观察是："基督教的伦理则是平均主义和抽象的，认为所有的人在上帝面前都平等。中国的伦理则仅仅关心既是等级的又是互为补充的关系，而宇宙本身则似乎为此提供了例证：阴和阳、天和地、男和女、君和臣……之间的关系也相似。"（［法］谢和耐：《中国与基督教——中西文化的首次撞击》［增补本］，耿昇译，第143页）

于拒绝西方原子主义的个人和个人权利的平等。

这样的观点在现代新儒家中并不少见，譬如唐君毅强调，不但儒家伦理相互间存在既有差别又有被平等地肯定的责任，而且理想中"政治上位分之等级"，也不应该是服从与支配的关系、隶属与领导的关系，而是"尊载与涵容的关系"①。现代新儒家的另一个重要代表徐复观也以为梁漱溟说的"互以对方为重"式的平等，因为避免了个人主义的陷阱，总体上"要比西方的文化精神高出一等"②。所以他们大概会赞成这样的论断："一个有活力的儒家民主必须提倡一种建立在个人的公共源头基础上的平等，而不是建立在个人主义概念基础上的平等。"③后面还隐蔽着主观的诉求。就其中一部分人而言，美国式的民主对于中国似乎既不可欲，又无可能，其根源已经深埋在中国"人"的传统观念之中，包括关于平等的观念，因为中国没有类似基督教那样的宗教将平等转变为一种绝对的原则或首要的价值。倾向于社群主义的学者中不乏真正意义的保守主义，他们不但认为平等应该是第二位的价值，而且认为权威主义是完全适合儒家中国的。

总的来说，美国的汉学家偏向历史学的多，而偏向哲学的少。但是美国汉学家研究中国思想的出发点，最初大约都是希望了解现实的中国，为此需要研究中国的历史、文化，进而分化出研究中国思想包括哲学思想的兴趣。这与近代以来中国人对西学的知识产生兴趣的途径大同小异。中国人也是一开始先想弄明白"西夷"是何方神仙，鸦片战争以后，从学习西方人的"长技"到学习广义的"西学"，过了半个世纪才开始注意翻译西方哲学著作，并且用这种方式建设我们的学院哲学，这就有了从"格义"到"反向格义"的过程。但是，在我们这里被视为不合法的"反向格义"，在美国汉学家那里就是"（正向）格义"，这是一种无法避免的现象。擅长制造概念的美国人，无论他们是否已经制造了新概念来解释中国思想和中国精神，都以其哲学成见为理解的基础。他们虽然可能脱离中国的语境，却不能抽离现代性的语境。现代社会思潮可以分析为左中右，这是人们的常识，不过在以经济

---

①　唐君毅：《人文精神之重建》，桂林：广西师范大学出版社，2005 年，第 197、41 页。

②　李维武编：《徐复观文集》第一卷，武汉：湖北人民出版社，2002 年，第 120 页。

③　［美］郝大维、安乐哲：《先贤的民主：杜威、孔子与中国民主之希望》，第 14 页。

建设为中心的当代中国，有时变得比较隐蔽而已。但是对于西方学者，这些是毋庸讳言的事实。围绕"平等"的争论最容易显露出人们的派别特征。随着中国学者对西方哲学的了解日深，我们越来越知道那里就是西方贤哲论辩的场所。为了认识中国的观念世界而从事的跨文化的比较研究，在增加了我们认识的复杂性的同时，会提醒我们：其实我们参与了一场全球化的现代性争论。

第五章　平等观念在儒家系统中的四个解释向度

一

"平等"是现代性的基本价值之一，也是近代以来儒家尤其是名教遭受批判的焦点。类似谭嗣同的激进主义者批评"名教"为"数千年来，三纲五常之惨祸烈毒"，并且用唯名论来消解等级、特权和权威的合理性，以"通"来解释"仁"，因而主张全面、彻底的平等①，并非古代儒家在有关平等问题上招致批评的开始，更不是其终结。从戊戌时期开始，不仅激进主义和自由主义以此批评礼教，即使像熊十力这样的文化保守主义重镇，也批评说：

> 古代封建社会之言礼也，以别尊卑、定上下为其中心思想。卑而下者以安分守志、绝对服从其尊而上者。虽其思想、行动等方面受无理之抑制，亦以为分所当然、安之若素，而无所谓自由独立。(《十力语要·示菩儿》)

更早些，梁漱溟也批评古代的礼教"全成了一方面的压迫"，并说这是中

---

① 谭嗣同：《仁学》，载蔡尚思、方行编《谭嗣同全集》(增订本)，北京：中华书局，1981年，第289—300页。

国文化"一个最大的不及西洋之处"。^①对儒家的这类批评，组成了中国现代性话语的重要部分，它凸显出"平等"在 20 世纪早期就已经成为中国知识界新的价值观念这样一个思想史的事实。不过，20 世纪中国的"平等"话语本身又是一个展开为持续争论和辩难的平台。在什么意义和程度上承诺平等作为现代价值，如何对"平等"价值做哲学之证成，以及它如何转变为有效的制度设计和生活实践，这三个问题互相纠结，更使它变得极端复杂。

本章的讨论采取的是观念史的进路，暂时悬置中国思想家对"平等"的哲学论证之妥当与否的判定，也不全面地讨论"平等"作为一个现代价值，在中国是如何发生的。而只是集中于如题所示的那样，分析平等观念在儒家系统中的若干向度，以及在此向度上如何形成现代性的诠释。为了比较集中地讨论问题，暂时撇开西方观念的移植，事实上，早在一百多年前的康、梁、谭、严等，在宣传平等观念的时候，从来不忘从儒家发掘其资源。甚至道光年间的俞理初，就已经从《白虎通》中的"妻者，齐也，与夫齐体"来证明儒家原本应该主张夫妻之平等。太平天国也曾经将"上帝面前人人平等"和儒家"理一分殊"捏在一起。在考察中国社会的经济平等或者平均主义的时候，许多人都会注意孔子"不患寡而患不均"的命题。西方的汉学家更有些独特的视角。孟旦用"自然平等"来概括古代儒释道的共识，不过它是一个在描写意义上使用的概念，因而并未成为价值，尽管它对中国人重视教育的无比热情等产生了持久的影响，但同时它也是西方式的民主何以没有在中国发生的原因之一。^②而现代新儒家梁、熊诸先生在谈论"平等"观念的时候，总是最为强调儒学的源头，譬如熊先生接着上面的话说：

> 然则平等之义安在耶？曰：以法治言之，在法律上一切平等。国家不得以非法侵犯人民之思想、言论等自由，而况其他乎？以性分言之，人类天性本无差别。故佛说一切众生皆得成佛。孔子曰"当仁不让

　　① 梁漱溟：《东西文化及其哲学》，载《梁漱溟全集》第一卷，济南：山东人民出版社，1989 年，第 479 页。

　　② Donald J. Munro, *The Concept of Man in Early China*, Published by Center for Chinese Studies, Ann Arbor: the University of Michigan, 2001.

于师"（言仁德吾所固有，直下担当，虽师之尊，亦不让彼之独乎人也），
孟子曰"人皆可以为尧舜"，此皆平等义也。

　　此类将儒家性善论视为现代平等价值的天然根据的看法，在最近的"国学热"中不断浮现。还有的就是本章后面会提及的对儒家伦理做社群主义的阐发。诸如此类的现象提示我们，平等观念如何在儒家系统中获得现代诠释，以及这类诠释的合理性如何，都是非常值得探讨的问题。

　　我们的讨论有若干基本前提，其中之一即承认"平等"观念有"古今之变"。就以中国思想而论，也许我们可以说，古代思想家有某种关于平等的形上学论述，而现代平等观念的论述重心是政治学和社会学的。按照乔万尼·萨托利的分类，平等既表达了相同性的概念，又包含着公正的意义；从历史上看，有所谓"前民主的平等和民主的平等"，其间经历了漫长的概念提炼过程。①与观念世界的古今之变相应的，是社会形态的古今之变：无论我们是否用"封建"一词来称呼古代中国社会，它都不是现代意义的平等社会。现代社会当然并没有消除一切不平等，但它是一个以"平等"为价值的社会。"平等"不仅是现代社会的理想，而且是用以改革社会的普遍规范。正如丹尼尔·贝尔说的那样：

　　　　政治的轴心原则是合法性，在民主政体中它表现为被统治者授权于政府进行管理的原则。这种合法统治的暗含条件是有关平等的思想，即认为所有人在政治问题上都有发言权。可是过去一百年里，最初体现这一原则的公民概念不断扩展，不但要求公共事务方面的权力，也包括了社会生活方面的权力——如法律面前人人平等，民权平等，机会平等，甚至结果平等——以便让每个人都能作为完全公民参与社会。②

---

　　①　[美]乔万尼·萨托利：《民主新论》，冯克利等译，上海：上海人民出版社，2009年，第372页。
　　②　[美]丹尼尔·贝尔：《资本主义文化矛盾》导论，赵一凡等译，北京：生活·读书·新知三联书店，1989年，第57页。

　　如果说当初洛克曾经在上帝的信仰下，将平等作为组织政治社会的先验原则的话，那么在主张"正义即公平"的罗尔斯那里，"平等"已经不需要借助上帝的权威了："适用于社会基本结构的正义原则是原始协议的目的。凡是关心增进自身利益的自由而理性的人，都会按照一种平等的原始状况，承认这些原则为他们的团体规定了基本的条件。"① 而他的《正义论》关注的正是如何解决资本主义发展所带来的新的（主要是经济的）不平等的问题。

　　承认古代儒家社会与此不同，或者说承认古代中国与现代中国在平等问题上有巨大的断裂，几乎是一个直观上可以获得的结论。在古代中国，君子和小人、上智和下愚、劳力和劳心、君主和臣民、男人和女人等的不平等关系，曾经是天经地义的；荀子所谓"少事长，贱事贵，不肖事贤，是天下之通义也"（《荀子·仲尼》）。所以向古代儒家追寻以个人权利为基础的现代平等观念，似乎是一种时代误置（anachronism）。在最显性的层面上，儒家所拥有的是有关人的性分平等，或者是成圣的可能性的平等，它不但停留在形上学领域，而且没有把平等上升为概念来讨论。因此，考察平等在儒家系统中的各种解释向度，最重要的不是满足一种单纯的历史学兴趣，更不是借以表明古代儒家已经解决了现代人的困境；而这种倾向在当下的儒学研究中似乎成为不受质疑的现象。我以为，考察"儒家传统如何转化出具有现代意义的平等观念"，有助于回答古代那样一种超越的平等观念如何在现代条件下嬗变为政治、经济和社会多方面的普遍平等诉求和基本价值，并进而可能帮助我们反思当代中国人的平等观念自身。

　　不过，平等观念虽然可以从哲学义理上探究，但是它与纯粹哲学范畴或概念并不相同，它带有丰富的经验内容。作为一个历史的范畴，它总是与实践、生活联系在一起。从观念与生活的综合来讨论的所谓"儒家"，就不但指孔子所开创的整个学派之思想，而且包括以儒家思想为主导价值的文化以及一套社会制度。这样，在方法上注意观念史和社会史的结合成为我们的另一个前提。因此，为了讨论的深入，不妨将儒家看成一个整全而复杂的大系统，它内部包含三个互相联结又互有分殊的子系统。第一个是儒学经典义理的系

---

　　① ［美］约翰·罗尔斯：《正义论》，第 12 页。

统，特别是经学系统。由于"经学必专守旧，世世递嬗，毋得改易"①的特性，经学家对于今人所谓"平等"的相关命题的解释，尽管也有各种歧说，但会有比较大的连贯性。第二个是儒家文化的系统，这主要是指那些文学家、历史学家，甚至政治家的表述之所体现，它可能包含了在其长期发展中儒家自身不同进路的演进，以及和其他来源有异的思想（譬如佛教、道教甚至基督教的早期传播）的融合。第三个是儒家社会系统，主要是通过社会政治制度所体现出来的观念。中国传统社会虽然可以笼统地称为"儒家社会"，但是实际上在社会生活、制度、习俗等中间，法家和佛教、道教（家）也都有自己的角色。儒表法里和三教融合都是人们对"儒家社会"复杂性的认知。不过，笔者并不准备也不可能从这三个子系统分别去讨论儒家视域中的"平等"问题，而只是在综观的研究中注意到同一个观念在这三个子系统中可能具有的差别与联系，从而不至于将丰富的内容过分简约化。同时也将实然和应然做必要的区别，防止过度诠释；在与社会史的结合中研究观念的历史，注意到概念的提炼和推论与对重大社会问题的关注之间的某种平衡。

二

承认古代中国不是平等的社会，并且其不平等与现代社会的不平等不仅有程度的差异，而且有方向性的区别，并不表示现代平等观念完全是现代的产物，更不表示我们不应该从古代传统中发掘现代观念的历史根据。恩格斯说过：

　　一切人，作为人来说，都有某些共同点，在这些共同点所涉及的范围内，他们是平等的，这样的观点自然是非常古老的。但是近代的平等要求与此完全不同：这种平等要求更应当是从人的这种共同性特性中，从人就他们是人而言的这种贫乏等中引申出这样的要求，一切人，或至

---

① 皮锡瑞：《经学历史》，第 93 页。

少是一个国家的一切公民，或一个社会的一切成员，都应该有平等的政
治地位和社会地位。要从这种相对平等的原始观念中得出国家和社会中
的平等权利的结论，要使这个结论甚至能够成为某种自然而然的、不言
而喻的东西，必然要经过而且确实已经经过了几千年。①

　　"相对平等的原始观念"非常古老，大约从有了"人"的普遍观念起就开
始了。换言之，只要人有了将自己与其他一切人得以和"非人"的外在世界
区别开来的"类"的意识，人的相同性就已经内在地包含其中了。但是这样
古老的观念，其获得也必然经历了文明进步的历史，在中国，剥离了人的族
群、地位、性别等区别而抽象为"人"的观念，大约开始于春秋时代。②它与
现代政治哲学和社会规范中的平等观念，两者之间不仅有长达几千年的时间
距离，更有在这几千年中陆续出现的对于"共同点"或"相同性"的认识与
呈现。在更早将"平等"作为一个概念来讨论的西方，其复杂性已经足以让
观念史的研究者深感困惑。因为这两个"平等"，"它们的含义相距千里，却
又难分难解，恰似一个人有两副截然相反的面孔"③。站在现代性的立场看，可
以将它们的区别概括为"前民主的平等与民主的平等"，"这期间有一个法理
学、基督教、伦理哲学——简言之，整个西方思想传统——所完成的漫长的
概念提炼过程"。④而民主的平等也在而后的历史进步中呈现出法律、政治、
社会和经济的多样性。就中国而言，关于平等和不平等的所有观念，其"古
今之变"包含了几千年古代社会自身及其与现代社会之间文化连续性与非连
续性的堪称复杂的组合。关于平等观念在儒家思想中的资源，我曾经有一篇
文章做过粗略的检讨，后面虽然不能详细展开，但是会大致依赖前面的研究
来分析。⑤

---

　　①　《马克思恩格斯选集》第 3 卷，第 444 页。
　　②　因《性命古训辨证》而大受现代新儒家批评的傅斯年也说："古者本无人之普遍观念，但有
人之类别观念。至于如何由此阶段进为墨子、孟子之普遍的人伦，必非一蹴而就，其步步形态
今已不可知矣。"（傅斯年：《性命古训辨证》，桂林：广西师范大学出版社，2006 年，第 110 页）
　　③　［美］乔万尼·萨托利：《民主新论》，第 372 页。
　　④　同上。
　　⑤　参见拙文《论平等观念的儒家思想资源》，《社会科学》2009 年第 4 期。

　　简要说来，迄今为止，平等观念在儒家系统中获得的解释——从相同性出发的理论展开到现代性的多样性平等要求——主要集中在下述四个向度。

　　第一，从人的相同性出发的人性论建构。

　　我这里说的是从"相同性出发"，而不是"指向"或"论证"相同性的人性论。我们知道，汉语中的语词"平等"是比较后起的。在先秦文献中，与"人的相同性"意义接近的语词有"平""一""同"等，但是更为接近的是"齐"。按照段玉裁的解释，"齐"这个象形字自身似乎已经包含平等与不平等的矛盾："（齐）禾麦吐穗上平也。象形。从二者，象地有高下也。禾麦随地之高下而高下，似不齐而实齐。参差其上者，盖明其不齐而齐也。引申为凡齐等义。"① 而且在先秦，某种程度上可以说构成了关于"齐"与"非齐"的讨论。譬如《庄子》有名篇《齐物论》，他从"道"的普遍性讲"齐万物"，其实是主张"不齐而齐"；墨子讲兼爱、尚同，所以倾向于"齐不齐"；荀子讲"明分使群"，所以主张"维齐非齐"。不过，似乎只有荀子才在最接近于社会政治地位平等这个意义上使用"齐"字。② 在先秦儒家内部，等级制度的合法性是不言而喻的，所以从"人的相同性"出发的讨论，更多的不是政治地位或社会、经济平等与否的争论，而是导向人性理论的分化：孟子的性善说，以及荀子的性恶论。尽管在具体内容的解释上似乎泾渭分明，但是孟荀两家都承认就人之为人的本性或本质而言，所有的人都有其相同性。

　　正是儒家的人性论，19世纪末以来被人们以各种不同的路径，解释为平等理论的古代形态和形上根据。其中，固然出现过孟旦那样的汉学家，将儒家（不论荀子、孟子）与道家、墨子甚至法家的观点一概而论，都归结为所谓"自然平等"。但是，就儒家系统内部而言，主流的诠释是，认定思孟一系的心性论传统，肯定了人在超越的层面上是平等的，因为"四端"决定了人人都有成德成仁的先验的根据，"忠恕"之道作为一个可普遍化的原

---

① 段玉裁：《说文解字段注》，成都：成都古籍书店，1981年，第336页。

② 荀子说："分均则不偏，势齐则不壹，众齐则不使。有天有地而上下有差，明王始立而处国有制。夫两贵之不能相事，两贱之不能相使，是天数也。势位齐，而欲恶同，物不能澹则必争，争则必乱，乱则穷矣。先王恶其乱也，故制礼义以分之，使有贫富贵贱之等，足以相兼临者，是养天下之本也。书曰：'维齐非齐'，此之谓也。"（《王制》）这里的"势"和"势位"无疑都是指涉社会地位或政治权力的概念，是有关"贵贱"之区分的。

则，已经包含某种程度的"非特指某一个人"的性质，它表示我们的行为与具体的对象（个人）无关，因而远离我们的偏私。它隐含着人应该普遍得到尊重，因而与现代平等观念所说的同一社会所有的人都平等地享有人格尊严的要求有某种内在的联系。更重要的是，性善论将人的相同性演化为人在神圣性领域的同一性，它由"圣凡平等"发展为人人能够成为圣人，进而实现"人之人"与"天之人"的统一。因此，古代儒家相同性的平等就不再只是"描写性的概念"，而变成"规范性的概念"。换言之，从相同性出发的人性论（性善论），以人的"德性""自尊"的相同性为中介，转变为指向人的相同性（在社会政治等领域即为平等）的哲学辩护。

在这个向度上的诠释已经非常繁复，我在《论平等观念的儒家思想资源》① 一文中也有相当多的讨论，因而可以在此从简。

第二，对社会史做政治平等向度的解释。

在"儒家系统"中讨论有关平等的问题，必定会注意到儒家一方面认为人在道德上（成圣）的可能性是平等的，一方面又承认肯定人的现实的等级关系。这中间的紧张在社会政治法律制度上也有曲折的体现。"儒家思想以伦常为中心，所讲在贵贱、尊卑、长幼、亲疏有别。欲达到有别的境地，所以制定有差别性的行为规范。'名位不同，礼亦异数'。贵贱、尊卑、长幼、亲疏各有不同。此种富于差别性的规范即儒家所谓礼，亦即儒家治平之具。"这种规范进而扩展到国家权力的运用，则是家族和阶级成为中国古代法律的基本精神和主要特征，一方面父权等家族伦理在法律上占据重要地位，另一方面，"法律承认贵族、官吏、平民和贱民的不同身份。法律不仅明文规定生活方式因社会和法律身份不同而有差异，更重要的是不同身份的人在法律上的待遇不同。贵族和官吏享受法律上的特权，而贱民在法律上则是受歧视的阶层，处于最低下的地位。他们不能与良民通婚，也不能应试做官"②。在等级制度和"人的依赖"方面，秦汉到明清的社会与西欧的"封建社会"有高度的相似性。

但是，主张社会变革的中国思想家一开始就注意到问题的另一面：孔子

---

① 见《社会科学》2009 年第 4 期，或姚大志主编《平等主义》，北京：中国社会科学出版社，2018 年。

② 瞿同祖：《中国法律与中国社会》，北京：中华书局，2003 年，第 353—355 页。

开始实行"有教无类",后来发展起来的科举使得"任贤举能"的理想似乎获得现实的制度保障,官职向社会开放的程度是中世纪的西欧所不能比拟的。"君子之泽五世而斩",至少宋以后就很少有世袭的贵族。譬如康有为当初就说:"孔子首扫阶级之制,讥世卿,立大夫不世爵、士无世官之义。经秦汉灭后,贵族扫尽,人人平等,皆为齐民。"尤其是唐代以后的科举取士,完全唯才是举,"有才则白屋之子可至公卿,非才则公卿之孙流为皂隶"①。梁启超也说,"中国可谓无贵族之国,其民可谓无阶级之民"。所以先秦时代就有养士、用士之风,历代君王可以起于草野,更无论科举取士的不论出身。②康梁为了从传统社会中接续出平等的观念,忽略了历史学家所批评的传统中国政治系统决定权力、特权和荣誉的非常不平等分配的"官本位"特色。③不过,他们实际上也提出一个问题:古代选举所提供的政治机会分配是否体现了一种平等精神?

与相当长时期内对科举的严厉批判不同,最近的研究倾向于正面的肯定。何怀宏提出,在中国,走向社会平等的进程与西方相当不同,中国并非遵循首先实行普遍的"权利平等"然后再尝试"状态平等"的进路。古代中国人在政治上所关注的平等问题,不是普选权,而是选举制度所体现的"入仕机会的平等",结果,"中国古代选举所带来的社会发展,是一种朝向'单一的最大(政治)机会平等'的发展"④。这使得政治精英的垂直流动保持着相当

---

① 康有为:《康有为大同论二种》,第 7 页。

② 梁启超:《饮冰室合集》第一册,第 65 页。

③ 阎步克说:"发达的农业社会通常都存在着巨大的不平等,并且'权力、特权和荣誉的非常不平等的分配是从其政治系统的作用中产生的'。传统中国尤其如此。……虽然各个传统社会的森严等级大抵都来源于政治系统,但'中国特色'尤其在于,文官级别变成了社会分层尺度,行政管理体制与社会身份高度重合,'官本位'给了旁观者强烈印象。"(阎步克:《从爵本位到官本位:秦汉官僚品位结构研究》,第 26 页)

④ 参见何怀宏《选举社会及其终结:秦汉至晚清历史的一种社会学阐释》第四章、第五章,北京:生活·读书·新知三联书店,1998 年。此书更提出了一个大胆的论断,即中国历史发展的大势似已表明:中国的社会更多地朝向扩大平等的方向发展。或者说,从一个王朝之内的多趋势来说,由于自然兼并和两极分化,后期往往要比前期差别大,但从这两千多年的整个长趋势来说,几乎每一循环的打破都使中国离平等更近一步,历史的总趋势是朝向平等发展的。见前书第 122 页。

高的速率，不过这并没有改变古代中国社会是一个英才统治的等级社会这一情况。来自平民的官员同时就远离了平民，他们实行的始终是少数人的统治，并且享受了平民所望尘莫及的特权。

这种制度设计所包含的平等与不平等的关系，总体上还有待于更深入的研究。在此以前，我觉得注意史华兹的谨慎是恰当的：

> 儒家对于等级、身份和权威的观念与其对于精英治国原则的强烈肯定互相兼容……后世那并非完全起源于儒家的科举制度到底多大程度促进了社会阶层之间的流动，仍然有待于讨论，但忠臣的传统始终未断，造成了儒家长期的忠烈史。"唯才是举"的强烈观念并不排斥对等级、身份和权威的持续强调。①

另一方面，在直观上，上述现象与儒家所讨论的成圣的可能性之平等与实际生活中的不平等（穷达），似乎构成了互相呼应的关系，如果不是后者折射出了前者的话。虽然理论上"人皆可以为尧舜"，但是圣人总归是极少数。孔子未称自己为圣人，他之成为圣人是其后学追认的，孟子也只是"亚圣"，并非真正的圣人。正如现实中，总是君主才可以被称为"圣上"，而"王位之下的众人平等"丝毫不会影响"圣上"的崇高性。

不过，把观念史和社会史结合起来看，难免会提出一个问题：儒家性分平等或"人皆可以为尧舜"的理论为什么没有对社会关系与政治制度的不平等现实提出挑战？或者说，一个可以被现代人理解为普遍平等的存在论命题，为何没有转变为像现代平等论那样改变现实世界的规范？这个问题，我们留到后面去讨论。

第三，对儒家经济主张做平均主义向度的解释。

儒学经典所表达出来的高度政治性和非功利主义倾向，常常使人们以为

---

①　Benjamin I. Schwartz, "Hierarchy, Status, and Authority in Chinese Culture (1991)," *China and Other Matters*, Harvard University Press, 1996. p.134.

儒家远离经济活动。事实上，作为一个高度关注世俗事务的学派，儒家不可能对经济生活完全无动于衷。儒家重在"教养"，其正常的理路是"教"在"养"中，"养"而后"教"，以为"养生丧死无憾，王道之始也"。相反，"富者地连阡陌，贫者无立锥之地"的贫富两极分化，是一种社会危局，因而通常都予以道德的谴责。孔孟的此类言论是大家耳熟能详的：

> 丘也闻，不患寡而患不均，不患贫而患不安。盖均无贫，和无寡，安无倾。（《论语·颜渊》）
>
> 庖有肥肉，厩有肥马，民有饥色，野有饿殍，此率兽而食人也。（《孟子·梁惠王上》）

不少人从此对儒家思想生发出经济平等甚至平均主义向度的解释。但是，在这个向度看问题，这种单一的解释是远远不够的，不足以认识儒家的复杂性。

以孔子"不患寡而患不均，不患贫而患不安"为例。它是理解孔子是否有所谓"平均主义倾向"的关键，在经学家和一般文人乃至官僚中间，有着不同的解读。已经有人指出：与一些文学家乃至政治家可能具有的反对贫富悬殊的解读不同，经学家的解释依然在维持政治的等级和权威。[①] 其最有意思的证据是朱熹在《四书章句集注》中的解释和康熙时期儒臣所作帝王教科书《日讲四书解义》中的有关解释。他们的解释不仅比较符合孔子的原意，而且代表了正统。注重等级秩序的正统儒家坚持贵贱、富贫的二元对立，这当然难以与经济平等或平均主义兼容。同时还有另一种解释，即相对远离孔子的语境，不注重训诂学的方法，更多地从解决社会实际问题的需要出发，将孔子的这一政治性命题，改造成以平分财富为基本内涵的经济思想的命题。这成为中国近代以来平均主义思潮的传统资源。

---

① 李振宏解释道，"其共同的特点是，他们所言的'寡'是土地和人民的寡少，而其不均，是君臣之间的不能各安其分，违背了礼之大法。这是中国古代解释孔子语最正统的一条思维路径"。见《"不患寡而患不均"的解说》，载《二十一世纪》（香港）2005 年 6 月号。

与此相似的是对"大同"理想的解释。"大同"作为被现代人发挥的儒家传统之一部分，来自儒家经典《礼运》，"大道之行"以下那一段描写"大同"理想、在今人眼里带有强烈的平等倾向的文字，在经学中地位一向甚低。自汉代独尊儒术，"五经"一直为官方意识形态的依据，但是自朱熹开始，"四书"取代"五经"的地位。虽然"四书"中的《大学》《中庸》都出自《礼记》，但是朱熹对于《礼记》整本书是贬抑的。[1] 在《礼记》诸篇中，《中庸》在汉代、《大学》在宋代，就开始有单行本。而按照汉唐经学家的看法，《礼运》只是一篇很普通的文献，没有什么特别值得注意之处。更有意思的是，吕东莱、朱熹、李邦彦等古代经学家根本否认《礼运》出于孔子，甚至认为它不是儒家经典，而是表达老庄或老子的旨意，"其意以为圣人所以持万世与天地长久不变者，君臣父子而已，不认大同"[2]。

《礼运》被单独作为一篇重要的经典，自康有为始。在康有为以前，已有洪秀全和太平天国将《礼运》中的经典论述解释成平均主义和农业社会主义，他们的路数是将此与基督教的上帝面前人人平等的教条结合。而康有为则与其今文经学路数有关，借《礼运》的大同、小康之说和公羊三世说，康有为发挥了其社会改革的理想。而普遍的平等，尤其是经济平等是其大同理想的最重要原则。

所以我们不妨说，如果说儒家有所谓经济平等或平均主义的话，那么这与后学的解释，尤其是现代解释有脱不了的关系。在古代儒家系统中至多是边缘性的观念，何以被现代中国人剥离开来反复加以诠释以及其理据如何，都是值得追问的。

第四，在伦理学向度上做社群主义式的新诠释。

从根本上说，平等属于伦理学的范畴。传统儒家伦理的一大特点是将等

---

[1]　朱维铮：《周予同经学史论著选集》，上海：上海人民出版社，1983 年，第 251—252、162 页。按照周予同先生的论断，"《礼记》一书，实自郑注行世以后，而始与《仪礼》《周礼》并称三礼，在汉代诸经中，最无学派可说……清代汉学以考据为主，《礼记》的研究不及《仪礼》《周礼》之盛。"见前书第 251—252 页。

[2]　转引自《梁漱溟全集》第一卷，第 463 页。尤可注意的是，梁先生引用的恰恰是吴虞给胡适之的信中的材料。他们两个人都赞成朱熹的判断，但是出发点也许正好相反。

级、权威、特权等维护社会固有秩序的原则，与"仁""诚""信"等规范相结合；将建立在权威主义和精英主义基础上的等级制度，与强调伦理关系的相互性甚至互补性结合起来，并且投射一脉"和谐"的理想之光。近代以来一个颇为奇特的现象，却是"仁""信""诚"等儒家规范，反转过来成为颠覆等级制度和权威主义的范畴。首先就是将"朋友"一伦解释为"平等"的关系。最早晚明耶稣会传教士利马窦作过《交友论》，从基督教神伦视野解读兄弟关系和朋友关系，曾经影响了一批士大夫。他们的诠释策略似乎是：在上帝面前，五伦平为兄弟，而兄弟关系的原则是友道。关于这方面的内容，前文已有论述。近代以来，最声名卓著的却是谭嗣同，他严厉地批评"三纲五常"，以为五伦中只有朋友一伦可取：

> 五伦中于人生最无弊而有益，无纤毫之苦，有淡水之乐，其惟朋友乎？顾择交何如耳。所以者何？一曰"平等"，二曰"自由"，三曰"节宣惟意"。总括其义，曰不失自主之权而已。①

这里的"平等"，已经不是抽象意义上的相同性，谭嗣同显然用权利平等的观念来界定朋友之道，并且将其上升为普遍的原则："夫惟朋友之伦独尊，然后彼四伦不废自废。"在谭嗣同以后，不满于人们对儒家纲常的批评，有些社群主义者从 parity 的意义上肯定古代中国的平等观念，同样诉之于朋友之间的关系。这可以以郝大维和安乐哲为例。按照他们在《先贤的民主：杜威、孔子与中国民主之希望》中表达的观点，中国传统思想中平等的观念与民主社群主义有关。这本书借用杜维明先生的论断，以为"古典儒学界定君臣关系不是简单地如同父子关系，而是将父子关系与朋友关系结合的一种关系"②。这大概是指如下的论述：士大夫"能够以教师、顾问、批评者或朋友的身份对帝王保持一种独立人姿态，他们从来就不是妾妇"③。这样一个全

---

① 蔡尚思、方行编：《谭嗣同全集》（增订本），第349—350页。
② ［美］郝大维、安乐哲：《先贤的民主：杜威、孔子与中国民主之希望》，第86页。
③ 杜维明：《杜维明文集》第三卷，第523页。

称判断中的士大夫与君主的关系，直观上给人们一种传统人伦的诗意图景，但是我们一般会将它归结为儒家的理想，如果不考虑历史学家会指责它没有真实地描写历史的话。

无论是从有争议的"儒家一神论"出发理解的《交友论》、激进主义和平等主义的《仁学》，还是从美国式的民主社群主义出发选择"朋友"一伦来解释他们视域中的儒家平等观念，都是利用儒家文献中大量存在的关于"交友之道"的论述甚至箴言。这里确实深藏着儒家平等观念的解释空间。不过，如果将孔孟等的"友道"与亚里士多德在《尼各马可伦理学》中对朋友关系的讨论相比，孔孟所说的朋友关系大致接近于"基于德性或优点的平等"，他们注重朋友之间的"信义"，但是"信"的现实基础包含着交换关系，平等正是使基于自由身份的个人之间的契约得以成立的条件。在孔孟对于"朋友"一伦的论述中，平等事实上成为一个重要的原则。我这里用事实上这个词，是为了说明即使在孔孟那里，平等还不是一个自觉的价值。因为孔孟并没有将"平等"上升为一个独立的概念来讨论，内中最深刻的原因之一大约在于古代中国社会交换关系的不够发达。①

更进一步的解释是将儒家伦理在 parity 而不是在 equality 的意义上予以解释。② 它的重要性在于反对将儒家等级制度如"三纲五常"简单地视为单向度的责任或服从关系，而是一种既是等级的又是双向的、近乎对称的相互性关系。梁漱溟就从这个向度来解释儒家伦理，认为孔子所谓洁矩之道，指的是父慈子孝、兄友弟恭，是相互性的规范，而不是单方面的压迫。它体现的是虽有等差，却"互以对方为重"的伦理。在承认古代中国社会人的不平等的历史的同时，又对儒家"人我关系"或"群己之辩"做一体性互补的等差关系之解释。③

---

① 关于这部分内容，详见《论平等观念的儒家思想资源》，《社会科学》2009 年第 4 期。儒家对于不同地位和身份的人（尤其是君主与臣民）之间是否可以成为朋友，有很大的争论。我们固然可以发现不少士大夫有此理想，但是事实上，我们都知道，混淆历史和价值是学术研究最应该避免的错误之一。

② ［美］郝大维、安乐哲：《汉哲学思维的文化探源》，第 61 页。

③ 见《梁漱溟全集》第一卷，第 296 页。

　　这个向度上的解释，虽然与某些汉学家比较宗教学的观察类似①，但是，像梁漱溟这样的现代新儒家的观点，其核心在于拒绝西方原子主义的个人和个人权利的平等。这样的观点在现代新儒家中并不是少数，现代新儒家的另一个重要代表徐复观也以为梁漱溟说的"互以对方为重"式的平等，因为避免了个人主义的陷阱，总体上"要比西方的文化精神高出一等"②。所以他们大约会赞成这样的论断："一个有活力的儒家民主必须提倡一种建立在个人的公共源头基础上的平等，而不是建立在个人主义概念基础上的平等。"③

三

　　上述四个向度大致包含了近代以来平等观念在儒家系统中的复杂解释。它们当然不是同时或者平行地发生的，而是经历了一个与社会变迁互动的历史过程，大致可以分为如下三个阶段。

　　如果我们承认现代平等观念的确立是一系列社会革命的结果，那么现代平等观念在中国的历史，一开始就是以否定的形式出现的，即如查尔斯·泰勒说的那样，平等尊重的原则首先是"通过现代早期阶段作为等级制的社会观念的否定的历史起源中得到界定"④，因此，第一个阶段，平等（尤其是权利平等）主要作为抗议性原则出场。它与如下的历史现象相匹配：19世纪末到

---

　　① 譬如谢和耐认为："基督教的伦理则是平均主义和抽象的，认为所有的人在上帝面前都平等。中国的伦理则仅仅关心既是等级的又是互为补充的关系，而宇宙本身则似乎为此提供了例证：阴和阳、天和地、男和女、君和臣……之间的关系也相似。"（［法］谢和耐：《中国与基督教——中西文化的首次撞击》［增补本］，第143页）谢和耐对中国古代伦理的描述是相当表面的，或者说他只是从中国儒家的文献解读中获得其结论。形式上，在儒家典籍中不乏关于阴阳、天地、男女、君臣诸关系相似性的表述，但是中国哲学宇宙论为伦理学辩护的方式，根本上是因为作为宏观知识的宇宙论、与在天人合一模式下的宇宙论是有着巨大差别的。前者并未得到独立的长足发展，尽管古代"天学""地学"都有自己辉煌的历史。儒家"五伦"是在"三纲"的支配下的，忠孝（悌）是核心，本质上都是男性之间的关系，"男和女"在伦理关系上是"夫"与"妻"，是男性家长制下的关系。这些是谢和耐对中国社会历史缺乏了解的结果。
　　② 李维武编：《徐复观文集》第一卷，第120页。
　　③ ［美］郝大维、安乐哲：《先贤的民主：杜威、孔子与中国民主之希望》，第14页。
　　④ ［加拿大］查尔斯·泰勒：《自我的根源：现代认同的形成》，韩震等译，南京：译林出版社，2001年，第97页。

20 世纪初，以名教纲常为焦点，儒家——从经学、专制皇权、家族制度扩展到一般儒家文化——受到全面的批判。随之而起的第二个阶段，"平等"在与实践的不即不离的关系中展开自身，表现为平等的理想渐次影响到政治、经济和社会生活的全面改革，包括制度设置和民众心理。近代中国的政治法律和婚姻、教育等社会制度所经历的整体性变革，可以证明平等从原先的抗议性原则转变为现代社会的建构性原则。此过程又与第三个阶段相衔接：一方面"平等"受到普遍主义冲动的驱使，不断地拓展实践范围；一方面又在政治民主和经济生活中遭遇到文化的制约，因而呈现出现代性的困境。

在历史过程中来考察平等观念在儒家系统中的现代诠释，可以帮助我们比较深入地理解和恰当地评价上述四个诠释向度的意义。

在 19 世纪晚期的中国，平等作为"等级制的社会观念的否定"的"抗议性原则"出现的时候，它同时也是儒学的自我批判。儒家系统内的诠释，是将政治化的儒学剥离开去，将最具有人道主义精神的儒家人性论与传统的礼教相分离。这不但表现为将"性善论"直接解释为权利平等的根据，而且呈现为将传统儒学中处于边缘性（甚至是异端性）的观念诠释为中心的乃至支配性的观念，譬如《仁学》以"通"（平等）为其中心，康有为则将《礼运》改造为以"平等"为基本原则的《大同书》。在随之而来的"平等"不断发现其运用范围的阶段，从儒家系统内部所做的诠释，其中心在于证明儒家文化可以是促成中国现代化的有效资源。不但包含有"性分平等"的儒学心性论在现代新儒家的哲学创造中获得了可观的成绩，而且历史学也意在描写政治、经济和社会平等与古代传统的某些连续性。现代性的困境是现代新儒家崛起的根源之一，为了应对这一困境，平等观念在儒家系统中的诠释不但意在说明儒家文化与现代化之接榫，更在于提出儒家文化可以诊治现代性的弊病，包括用社群主义的平等观替代个人主义的平等观。

由此看来，19 世纪晚期以来，通过这四个向度的诠释，已经形成儒家平等论的现代性话语。正如我们前面分析的那样，其中不但存在着历史与价值的紧张，对于历史事实的描写与对于儒家价值的肯定之间充满着争论，而且儒家资源如何接续（或"开出"）现代平等观念，也尚在未定之天。从比较单纯的学理讨论来提问，儒家性分平等或"人皆可以为尧舜"的理论，当初为什么没有对社会关系与政治制度的不平等现实构成实际的挑战？或者说，一个可以被现代人理解为普遍平等的存在论命题，为何曾经长达几千年之久都没有转变为像现代平等论那样改变现实世界的规范？从文化心理来说，为什么所谓"内在平等"并没有实际地转变为传统士大夫追求"外在平等"的精神动力？近代激进的平等主义者批评这是儒家理论的虚伪性，或者说是儒家政治的"阴阳之道"（所谓乡愿与大盗的结合）。马克思主义者认为必须对平等这一历史的范畴做阶级的分析，"平等"观念的确立根本上取决于"交换价值的交换"，所以应该从社会生产方式去说明。取"同情的理解"的自由主义者的解释是：儒家通过其不断的道德说教给专制政治以种种限制，同时也未尝没有起到某种"软化"批评对象的作用。

　　从知识社会学的视角看，另一个可以成立的解释是：当我们将它作为现代平等论来理解的时候，实际上已经将其抽象为普遍的命题了。观念史研究追求真观念，不但要研究是谁的观念（谁在说），而且要研究是"对谁说"的观念。从来不离开人伦关系来讨论认知的儒家，其学说面对的并非所有人，而只是"士"以上的阶层。这甚至延伸到孔子著名的"有教无类"命题。它实际上是指"平等地对待所有受教育的人"，而不是"所有的人都有平等的受教育的机会"（equal educational opportunity for all）。"学而优则仕"则是说所有受儒家教育的人都有竞争仕途的机会。儒家的成人、成圣理论面对的就是"士"以及更高阶层的人。只有这些受教育的士类，才可能理解深密的存在论和高严的道德哲学论证，在这个向度上，古代儒家发展出"天命之性"和"气质之性"、工夫和本体、道问学和尊德性等一系列复杂理论。而为了回答实际生活穷／达的不平等，又有"力命之争"和"命遇之辩"的种种理论。但是，性善论以及人皆能成圣的理论无论如何繁复，都只能走向人作为道德主体是平等的结论，而不能直接跳跃到现代民主所需要的人作为政治主体是平等的原则。换言之，在政治、宗教和道德分离的现代社会，哲学对于道德理想主义的贡献，并不能自动地担保政治和社会的广泛平等得以证成。

　　关于这一点，儒家中不乏明智之士，譬如徐复观虽然也曾把孔子描写成"平等"的先知，但是他对于古代儒家在政治哲学方面的缺陷也深有察觉，尤其注意到以个人对他人的义务为限度的"平等"，与以个人权利为基础的平等，两者间的裂隙，正是现代民主所不可或缺的政治主体意识之阙如所造成的。① 因此特别强调必须改变儒家"德治"理论垂直运用政治权力的固有理路，使民众通过启蒙获得政治自觉，人人而从道德主体转变为政治主体，或者说从单纯的道德主体扩充为既是道德主体又是政治主体。为此他批评先秦以后一般儒家总是站在统治者一面为解决政治问题寻找出路，"而很少以被统治者的地位，去规定统治者的政治行动，很少站在被统治者的地位来谋求解决政治问题"，"因为总是站在统治者一面设想，总是君道、臣道、出处之道，并未成就政治学"。② 至于启蒙的途径，不仅要通过教育平等来实现社会平等或者政治平等，而且要与维系和发展自由竞争的资本主义相联结。这就使得对孔孟"平等"观念的诠释有逸出儒家传统的倾向，带有明显的自由主义色彩。当然，自洛克以来，自由主义的平等观念，首要在基于生命、自由和私有财产权的权利平等，是政治主体间的平等，并不包含成圣的道德标准。换言之，所有的成年人都平等地参与国家意志的构成，并不意味着以所有的成年人都具有高标准的道德为前提。

与在经济平等问题上儒家的诠释只是重复了多少有些笼统的原则（对于古代选举制度的新兴趣似乎也没有提出解决现代教育平等和政治平等的新思路）不同，更具有理论的创造性与实践的挑战性的是在解释儒家平等观的时候凸显的社群主义平等观念：在一个没有以个人主义为基础发育出西方式民主政治的国家，"建立在个人的公共源头基础上的平等"是否是更为合理的选择？它的背后不仅包含对于儒家传统的认识与取舍，而且涉及我们在追求平等的同时，也在追求秩序、繁荣、福祉和进步，因而都需要恰当地处理等级、特权和权威，而不是完全取消它们。换言之，既然绝对的平等将既不可欲也不可能，那么，是继续以普遍主义的方式推进平等的扩张，还是将垂直运用的政治权力与一体互补的社会伦理互相结合，前者如何更多地得到社会成员横向商讨而形成的共识之支持？它是否可能以及如何可以帮助我们成功地走出独特的政治现代化之路？所有这些，都给理论研究和实践活动留下了巨大的空间。

---

① 李维武编：《徐复观文集》第一卷，第120页。
② 同上书，第117页。

第六章　以"忠恕"之道行"平等"理想

——蔡元培的平等观念与实践

中华民族的复兴是近一百八十年来无数仁人志士的梦想，他们的奋斗推动了中国社会的新陈代谢，包括观念世界的变革，其中包括今日成为社会主义核心价值之一的"平等"观念之形成。纵观历史，经过一百多年的历史变迁，作为现代观念谱系中基础性的观念，"平等"已经从严复所说的古代的"消极平等"转变为现代的"积极平等"，它进入当代中国社会的核心价值正是这场转变的积极成果之一。在纪念蔡元培先生诞辰 150 周年时，来讨论蔡元培先生的平等观，还有什么特别的意义？我以为，从古代"消极平等"，即围绕着人的相同性的理论，主要演变为心性形而上学或者旨在追求解脱的出世观念，经过一场转变，成为现代人讨论什么是平等和如何实现平等时，主要涉及的建构社会制度、规范公民和政府的行为那样一种具有强烈实践品格的观念，它是中国社会史变革的一部分，包含了知识精英观念世界的一场飞跃，由此开启了现代性的传统，使古代传统以一种新的形态与当代生活构成了连续体。通常人们比较强调"平等"观念的"西学东渐"的来源，事实上，中国人接受"平等"观念时还有传统思想作为与之接榫的资源，从康有为、梁启超、严复开始，不少学人都有意识地运用儒佛道等相关要素去接纳和融摄西方思想，如果说他们属于从传统士大夫转变为现代知识分子的第一代的话，蔡元培先生则接近第二代人物。作为前清翰林、辛亥革命的领导人之一，又是"新文化的创始人、教育家、哲学家"①，蔡元培这种特殊的身份和作为，可以让我们将其作为观念变迁史亲历者的另类典型，来回顾当时的知识精英在经历这场"飞跃"的过程中，其思想世界所表现出来的丰富性。

一

一般而言，只有现代社会才将"平等"作为合理的社会秩序的原则。"作为一种具体的社会和政治的要求，平等是拉开现代社会序幕的一系列重大革命的产儿。"②这一曲折的过程具有世界普遍性，中国也不能独免。更准确地说，平等观念在中国的进程是与民主革命相因应的。20世纪初中国的民主革命，开始于所谓"排满革命"，参与者中的激进分子曾经提出一种极端的主张——"杀尽一切满人"；蔡元培参加了这场运动，因为他意识到"世运所趋，非以多数幸福为目的者，无成立之理；凡少数特权，未有不摧败者"，"夫民权之趋势，若决江河，沛然莫御"。③满洲贵族独霸政权之所以应被推翻，是因为它违背了人民应该平等地享有政治权利的准则。这个准则意味着所有成年人都具有平等地参与政治意志的构成的权利。不过蔡元培并不赞成"杀尽一切满人"的过激主张。中国的"排满革命"不过是在民主成为世界性潮流的情势下，"风潮所趋，决不使少数特权独留于东亚之社会"而已，所以"排满"只是为了结束少数上层满洲贵族独霸中枢的局面，实现平等的理想，而经过两百年的民族融合，满汉在文化上高度相似，而且普通满族人在政治上的平等也如同汉人一般。所以绝不能因为民主革命就忽略国内的各民族的平等。不难看到，即使是在其一生中相对激进的时期，蔡元培也持一种较为理性的态度。在其后期，蔡元培依然关心国内各民族的平等关系。他赞成戊戌

---

① 冯友兰：《中国现代哲学史》，北京：生活·读书·新知三联书店，2009年，第39页。冯友兰先生是研究中国现代哲学史的学者中少数重视蔡元培哲学的人物之一，在其《中国现代哲学史》中单列第三章，专门论述了蔡元培的哲学思想。

② ［美］亚历克斯·卡利尼克斯：《平等》，第25页。

③ 蔡元培：《释"仇满"》，载聂振斌选注《文明的呼唤：蔡元培文选》，天津：百花文艺出版社，2002年，第11页。

时期的思想家宋恕的《卑议》《同仁》中的议论：

> 今国内深山穷谷之民多种，世目之曰黎，曰苗，曰猺，曰獠，被以丑名，视若兽类。……今宜于官书中，削除回、黎、苗、猺、獠等字样，一律视同汉民。①

蔡元培对于社会政治平等的立场是一贯的，又是与时俱进的。在新文化运动期间，受社会主义思潮的影响，他赞成"劳工神圣"：

> 我说的劳工，不但是金工、木工等等，凡用自己的劳力做成有益他人的事业，不管他用的是体力、是脑力，都是劳工。所以农是种植的工，商是转运的工，学校的职员、著述家、发明家，是教育的工，我们都是劳工。我们要自己认识劳工的价值。劳工神圣！②

有些学人认为古训"人皆可以为尧舜"即意味着人人平等，其实这样解释"平等"，只是在抽象的意义上肯定人有"成圣"的可能性，恰如佛教承认"人人能成佛"一样，依然只是停留在超越的领域，所以严复很正确地指出这只是"消极的平等"。而"劳工神圣"是在劳动为社会生活提供基本的可能，和作为人的第一需要的意义上，肯定了社会生活中现实的平等，而不再是平等的形上学。这与所谓"劳心者治人，劳力者治于人"有根本的差别；也与我们一度见过的那种将知识分子视为"臭老九"、抹杀脑力劳动的价值的理论不同。

古代中国有"齐民"的概念，不过"齐民"并不一律平等，"士农工商"四者之间也是有高下之分的："士"是四民的领导阶层，"农"并非现在的"农民"，而主要是地主；士的理想之一是"耕读传家"，所以"士"与"农"较为接近。商人的地位较低，很长时期中的商人不能参加科举。取代"齐民"

---

① 宋恕：《卑议〈同仁章〉》，转引自蔡元培《五十年来中国之哲学》，载《蔡元培全集》第5卷，杭州：浙江教育出版社，1997年，第124页。

② 蔡元培：《劳工神圣——在庆祝协约国胜利大会上的演说词》，载《蔡元培全集》第3卷，杭州：浙江教育出版社，1997年，第464页。

的是，20 世纪初"平民"的概念开始流行。"平民"一词，可谓古已有之，大致是指称官宦之外的"百姓"。但是古代"平民"之间也并不"平"，因为同为"百姓"，还是有贵贱、贫富的差别。因此，蔡元培在社会学的意义上对"平民"做了新的解释：平民并不只是与贵族相对的范畴，"'平民'的意思，是'人人都是平等的'。从前只有大学生可受大学的教育，旁人都不能够，这便算不得平等"①。有些学者一直因为中国没有欧洲那样的世袭罔替的贵族，或者因为有科举制度，"学而优则仕"一定程度上导致从下而上的社会流动，就否定中国古代实质上是不平等的社会（有些时代甚至是极端不平等的）。事实上，直到 20 世纪 50 年代初，中国的文盲率还占人口的 90%。如果我们理解"知识就是权力"的知识社会学，那么，蔡元培和"五四"时代的知识分子从事"平民教育"，恰恰就是希望从根本上改变教育的不平等带来的经济的、社会的、政治的不平等。

乔万尼·萨托利说过："平等首先突出地表现为一种抗议性理想，实际上是和自由一样杰出的抗议性理想。平等体现并刺激着人对宿命和命运、对偶然的差异、具体的特权和不公正的权力的反抗。"②蔡元培的平等主张显然有"抗议性理想"的面相。不过，在研究"平等"观念的动力学的过程中，也有一种保守主义的理论，他们通常坚持一种怀疑主义的眼光，认为"平等"意味着社会底层的人们出于"妒忌"，而意欲将社会精英拉低到与自己相同的水平。因而"平等"不仅和社会正义一样都是一种神话，是一种"卑劣的情感"，而且会因为妨碍"自由"而妨碍经济繁荣和社会进步。平等的嫉妒心理学解释是否有道理，是可以讨论的。但是，我们在蔡元培身上看到的，是一个身处社会上层、官居国民政府教育部长的文化精英，发出的对不平等的抗议和改变此类社会状况的真诚努力，它也许可成为对嫉妒心理学的一种反驳。因此，我们可以发现，"平等"观念在蔡元培身上表现出一种高贵的面相。因为真正的高贵恰恰能将身份感作"有而无之"的消弭。

我们前面说蔡元培的"平等"主张是一以贯之的，这里的"一以贯之"

---

① 蔡元培：《劳工神圣——在庆祝协约国胜利大会上的演说词》，载《蔡元培全集》第 3 卷，第 464 页。

② ［美］乔万尼·萨托利：《民主新论》，第 337 页。

不仅仅是言语的问题，更是实践的问题。当然，它有一个大的历史背景：在新文化运动中，在部分新型知识分子群体中，"平等"已经不再只是主观的价值诉求，而多少成为其生活实验的一部分。换言之，在这批教育背景、社会身份、经济地位、革新倾向大致相近的知识分子中间，"平等"观念具备了某种实践性。辛亥以降，"平等"为成文法所肯定，虽然对于民众来说，它是名存实亡的东西，但是对于知识精英而言，多少有了精神上的优势和某种程度的保护。就教育平等而言，"五四"期间，北京大学开始招收女生，最早实现了男女同校。在此背后，是现代教育的逐渐普及。除了大的社会环境，变化还涉及知识分子自身的生活方式。譬如《新青年》杂志的编辑和主要作者群体之间，就存在过一种比较平等的合作关系。《新青年》最初由陈独秀在上海创立，陈到北京大学后将编辑部迁至北京，陆续吸收了钱玄同、鲁迅等十多人参加编辑部工作。这样一种同人刊物的办法，决定了他们是自愿的组合，即使有实际的领袖（如陈独秀），同人之间还是平等的，并没有从属关系，更没有人身依附关系。这种学术同人关系，不要求大家的意见或对具体问题的观点完全一致；相反，刊物只是他们的公共空间，是他们从事社会活动和展开争论的场所。著名的"问题与主义"之争，就发生在胡适与李大钊之间，其载体正是他们共同编辑的《每周评论》。

　　这种平等的氛围也进入了北京大学，它与蔡元培任校长时实行的改革有关。蔡元培本人无疑是一个具有强烈的平等意识的改革家和教育家，他在担任北京大学校长期间，实行了许多实际的改革。最具有代表性的事情是，1918 年 1 月学校的 25 名学生联名给蔡元培写信，说一个门房自学得非常好，蔡元培就把他提升为职员，并且答复说，在学校教员和其他工友之间没有地位的差别。研究五四运动的专家周策纵评论说："以中国保守的社会等级模式来说，这当然是不同寻常的"，"大学内被灌输以一种平等的精神。以前学生和教授、学生和门房工友之间的障碍在一定程度上消除了"。[①] 另一件事也说明了蔡元培如何身体力行"平等"理念。蔡元培作为北大校长，上

---

① ［美］周策纵：《五四运动：现代中国的思想革命》，周子平等译，南京：江苏人民出版社，1996 年，第 65 页。

任第一天，校役们照例排列在校门口鞠躬行礼。蔡元培摘下礼帽，鞠躬还礼，使一向受人轻视的校役们大为惊诧。蔡元培平等待人的风范可见一斑。总之，在蔡元培那里，平等是一种文明的生活方式，生活中的待人接物需要体现出"礼让"的美德，它可以贯穿学术活动的是非之辩和实际生活的利害之争：

> 苟当讨论学术之时，是非之间，不能异立，又或于履行实事之际，利害之点，必得其是非之所在而后已。然亦宜平心以求学理事理之关系，而不得参以好胜立异之私意。至于日常交际，则他人言说虽与己意不合，何所容其攻诘，如其为之，亦徒彼此忿争，各无所得而已。温良谦恭，薄责于人，此不可不注意者。[①]

这样一个以儒家"温良谦恭"为准则的人，却又能勇敢地参与到为平等理想之实现而开展的政治斗争中。在20世纪30年代，面对国民党蒋介石的独裁和暴政，蔡元培与宋庆龄等一起发起成立了"中国民权保证同盟"，并且发表了系统的人权主张："我等所愿意保障的是人权。我等的对象就是人。既同是人，就有一种共同应受保障的普遍人权。"保障人权不仅仅不受党派、国别的局限，针对国民党的滥施暴政，蔡元培强调：

> 我等对于已定罪或未定罪的人，亦无区别。未定罪的人，若是冤的，其人权不应受人蹂躏，是当然的事；已定罪的人，若是冤的，亦当然有救济之必要。至于已定罪而并不冤的人，若依照嫉恶如仇的心理，似可不顾一切了；然人的罪过，在犯罪学家之归于生理之缺陷，在社会主义上归于社会的因缘，即在罚当其罪的根际上，本尚有考虑的余地。所以古人有"如得其情，哀矜勿喜"的箴言，又有略迹原情的观察，即使在法律制裁之下，对于当罚之罪，不能不认为当然，而不应在于当然

---

① 蔡元培：《中学修身教科书》，载《蔡元培全集》第2卷，杭州：浙江教育出版社，1997年，第131页。

之罚上再有所加——苟有所加，则亦有保障之必要，例如狱中私刑、虐待等是。所以我等对于无罪或有罪之人，亦无所歧视。①

简言之，蔡元培事实上已经意识到：自由、平等和民主，是一组互相关联的政治上稳定的组合。②

二

蔡元培先生一生积极从事社会、政治活动，但是也曾经专注于哲学理论研究和学术著述，除了主张"以美学代宗教"，对美学有独到的研究以外，他在伦理学和伦理学史的研究上，于近现代哲学史上也占据着前驱的位置。他不但著有中国第一部《中国伦理学史》，而且一直不遗余力地提倡道德建设，主张养成国民"完全人格"。他主张"尚公德，尊人权，贵贱平等，而无所谓骄谄。意志自由，而无所谓侥幸，不以法律所不及而自恣，不以势力所能达而妄行，是皆共和思想之要素，而人人所当自勉者也"③。所以，其"平等"观念的具体特点，在伦理学的论域中也许显现得更为清晰。他曾说过：

何谓公民道德？曰法兰西之革命也，所标揭者，曰自由、平等、亲爱，道德之要旨，尽于是也矣。孔子曰：匹夫不可夺志。孟子曰：大丈夫者，富贵不能淫，贫贱不能移，威武不能屈。自由之谓也。古者盖谓之义。孔子曰：己所不欲，勿施于人。子贡曰：我不欲人之加诸我也，吾亦欲毋加诸人。《礼记·大学》曰：所恶于前，毋以先后；所恶于后，毋以从前；所恶于右，毋以交于左；所恶于左，毋以交于右。平等之谓

---

① 蔡元培：《在中国民权保障同盟中外记者招待会致词》，载《蔡元培全集》第7卷，杭州：浙江教育出版社，1997年，第366—367页。
② ［美］罗伯特·道尔：《论政治平等》，张国书译，台北：五南图书出版股份有限公司，2009年，第1—23页。
③ 蔡元培：《社会改良会宣言》，载《蔡元培全集》第2卷，第137页。

也。古者盖谓之恕。自由者，就主观而言之也，然我欲自由，则亦当尊人之自由，故通于客观。平等者，就客观而言之也。然我不以不平等遇人，则亦不容人之以不平等遇我，故通于主观。二者相对而实在相成，要皆由消极一方面言之。苟不进之以积极之道德，则夫吾同胞中，固有以生禀之不齐，境遇之所迫，企自由而不遂，求与人平等而不能者。将一切恝置之，而所谓自由若平等之量，仍不能无缺陷。孟子曰：鳏寡孤独，天下之穷民而无告者也。张子曰：凡天下疲癃残疾茕独鳏寡，皆吾兄弟之颠连而无告者也，禹思天下有溺者，由己溺之。稷思天下有饥者，由己饥之。伊尹思天下之人，匹夫匹妇有不与被尧舜之泽者，若己推而纳之沟中。孔子曰：己欲立而立人，己欲达而达人。亲爱之谓也。古者盖谓之仁。三者诚一切道德之根源，而公民道德教育之所有事者也。[①]

我们不难发现，蔡元培在论述其平等（和自由）的价值时，处处以原始儒家（孔孟）为参照。在西方观察者看来，西方现代平等观念有其宗教的根源，《圣经》中所谓所有的人在上帝面前都平等的教义蕴含着如下的观念：在道德的重要性上，人类是平等的；最没有天赋、最少成就的人也是值得尊重的；每个人的幸福和痛苦有着同样的道德重要性。"中国的伦理则仅仅关系既是等级的又是互相补充的关系。"[②]但是，在蔡元培看来，孔子和孟子已经提供了平等的基本原理，而且已经扩展到对"鳏寡孤独，天下之穷民而无告者"的同情。在讨论"德育"问题时，以"人类本平等也"为预设，他将"己所不欲勿施于人"作为以平等为前提的修身原则之一，并做了中西融合的解释：

　　子贡问于孔子曰："有一言而可以终身行之者乎？"孔子曰："其书乎：己所不欲，勿施于人。"他日，子贡曰："我不欲人之加诸我也，我也欲无加诸人。"举孔子所告，而申言之也。西方哲学家之言曰："人各自由，而以他人之自由为界。"其义正同。例如我有思想及言论之自由，

---

①　蔡元培：《对于新教育之意见》，载《蔡元培全集》第 2 卷，第 10—11 页。
②　［法］谢和耐：《中国与基督教——中西文化的首次撞击》（增补本），第 143 页。

不欲受人之干涉也，则我亦勿干涉人之思想及言论；我有保卫身体之自由，不欲受人之毁伤也，则我亦勿毁伤人之身体；我有书信秘密之自由，不欲受人之窥探也，则我亦慎勿窥人之秘密；推而我不欲受人之欺诈也，则我慎勿欺诈人；我不欲受人之侮慢也，则我亦慎勿侮慢人。使无大小，一以贯之。①

基于平等的人际关系，"己所不欲勿施于人"，不但是一种"消极的戒律"，而且蕴含着"积极的行为"的意向。所谓"消极的戒律"，即意味着我们并不能从"己所不欲勿施于人"直接推论出"以己之所欲施于人"的绝对合理性；所谓"积极的行为"，即孔子所谓"己欲立而立人，己欲达而达人"。

立者，立身也；达者，道可行于人也。言所施必以立达为界，言所勿施则以己所不欲概括之，诚终身行之而无弊者也。②

蔡元培实际上已经将"平等"与"自由"视为现代价值观念的一套紧密的连锁，它同时又可以从"忠恕"之道中获得其深刻的植根性。或者说，如果人们真正进达"忠恕"之道，就不难实践平等的法则。这样的意思，在其《中国伦理学史》"忠恕"一节中已经有所表述：

孔子谓曾子曰："吾道一以贯之。"曾子释之曰："夫子之道，忠恕而已矣。"此非曾子一人之私言也，子贡问："有一言可以终身行之者乎？"孔子曰："其恕乎。"《礼记》《中庸》篇引孔子之言曰："忠恕违道不远。"皆其证也。孔子之言忠恕，有消极、积极两方面，施诸己而不愿，亦勿施于人。此消极之忠恕，揭以严格之命令者也。仁者，己欲立而立人，己欲达而达人。此积极之忠恕，行自由之理想也。③

---

① 蔡元培：《华工学校讲义》，载《蔡元培全集》第 2 卷，第 390 页。
② 同上。
③ 蔡元培：《中国伦理学史》，北京：中华书局，2014 年，第 9 页。

用"忠恕之道"来解释平等自由观念，体现了蔡元培融摄中西，要以本民族"固有之思想系统以相为衡准"的基本立场。[①] 不过，儒家在长达两千年的发展过程中，其义理已经是高度衍化了的，包括后来不但成为意识形态，而且制度化为"礼教"，因而以"吾族固有之思想系统以相为衡准"，就不能不对传统思想有所抉择，包括不能不正视在 20 世纪被广泛批评的"三纲五常"。蔡元培的策略是用"对等"（parity）来解释"平等"（equality），从而与"忠恕"之道这个道德黄金律统一起来。忠恕之道将"人"与"我"看作对等的关系，包含某种程度的"非特指的个人"的性质（impersonality），它表示我们的行为与具体的对象无关，因而可以远离我们的偏私。[②] 其积极的向度隐含着人应该普遍地得到尊重，因而和现代平等观念所意味的同一社会的人平等地享有人格尊严的要求，有某种内在的联系。

前文曾说及蔡元培在伦理学史上的成就，从平等观念史的角度看，蔡元培可能是第一个注意到道光年间儒者俞正燮[③] 的伦理思想之价值的人。他坦陈自己"崇拜"俞理初，首要的原因就是俞理初能"认识人权"，主张"男女皆人也。而我国习惯，寝床、寝地之诗，从夫、从子之礼，男子不禁再娶，而寡妇以再醮为耻，种种不平，从未有出而纠正之者。俞先生从各方面为下公平之判断"。作为一个传统的儒者，俞理初的杰出之处，在于其出于"嘉孺子而哀妇人"的人道情怀，揭示古代男女不平等的陋习（包括裹足之风俗，妾媵之设，妒在士君子为义德，谓女人妒为恶德；所谓"贞操"是专对妇女而言的礼教，

---

① 在写于 1910 年的《中国伦理学史》开头，蔡元培就表述："吾国夙重伦理学，而至今顾尚无伦理学史。迹际伦理界怀疑时代之托始，异方学说之分道而输入者，如樊如烛。几有互相冲突之势。苟不得吾族固有之思想系统以相为衡准，则益将旁皇于歧路。"

② 像蔡元培这样强调传统儒家伦理意味着人伦之间的"parity"关系，后来有著名的梁漱溟所谓"互以对方为重"的论式；而美国哲学家郝大维、安乐哲则认为传统儒家的平等观念可以作社群主义的解释，也是强调"parity"，而非"equality"。拙著《平等观念史论略》的第 2 章有所讨论。

③ 俞正燮（1775—1840 年），字理初，安徽黟县人，属于乾嘉考据学派后期学者之一，著有《癸巳类稿》和《癸巳存稿》。蔡元培之后，鲁迅、周作人等也相继推崇俞正燮对男女平等观念所做出的贡献。蔡元培晚年还说："自《易经》时代以至清儒朴学时代，都守着男尊女卑的陈见。即偶有一二文人，稍稍为女子鸣不平，总也含有玩弄的意味，俞先生作《女子称谓贵重》……等篇，从各方面证明男女平等的理想""我至今还觉得有表彰的必要"。蔡元培：《我青年时代的读书生活》，载《蔡元培全集》第 6 卷，杭州：浙江教育出版社，1997 年，第 550 页。

乃至有"饿死事小，失节事大"，等等）不合情理，同时又通过考证的方式，从古代经典中发掘资源，说明传统中亦有尊重女性的文化脉络，因此"是皆从理论说明女权者也"；他广征博引，"无一非以男女平等之立场发言者"。①

俞理初的论述大多是运用考证之学来批评假道学的伪善或陋儒的僵化，蔡元培在发现俞理初的同时，也引思想家平阳宋恕为同道，认为宋恕能复归孔孟之真精神：

> 他在《卑议》中说："儒家宗旨，一言以蔽之，曰'抑强扶弱'。法家宗旨，一言以蔽之，曰'抑弱扶强'。洛闽讲学，阳儒阴法。"（《贤隐》篇《洛闽章》第七）又说："洛闽祸世，不在谈理，而在谈理之大远乎公。不在讲学，而在讲学之大远乎实。"他的自叙说："儒术之亡，极于宋元之际。神州之祸，极于宋元之际。苟宋元阳儒阴之说一日尚炽，则孔孟忠恕仁义之教一日尚阻。"可见他也是反对宋元烦琐哲学，要在儒学里面做"文艺复兴"的运动。他在《变通》篇《救惨》章说："赤县极苦之民有四，而乞人不与焉。一曰童养媳，一曰娼，一曰妾，一曰婢。"他说娼的苦："民之无告于斯为极，而文人乃以宿娼为雅事，道学则斥难妇为淫贱。……故宿娼未为丧心，文人之丧心，在以为雅事也。若夫斥为淫贱，则道学之丧心也。"②

在蔡元培看来，真正出于孔孟的忠恕之道，一定会有一种抑强扶弱的人道主义正义感，其内里则是人的平等观念，因而对于男女不平等的陋习自然而起一种抗议。

蔡元培对俞理初、宋恕等的表彰并非只停留在著述中，而是用自己的生活实践来体现自己实在与他们是同道。早在他任中西学堂监督期间，妻子病故，"未期，媒者纷集。子民提出条件，曰：（一）女子须不缠足者。（二）须识字者。（三）男子不娶妾。（四）男死后，女可再嫁。（五）夫妇如不相合，

---

① 蔡元培：《〈俞理初先生年谱〉跋》，载《蔡元培全集》第7卷，第571—573页。
② 蔡元培：《五十年来中国之哲学》，载《蔡元培全集》第5卷，第123—124页。

可离婚。媒者无一合格,且以后两条为可骇"①。如果我们阅读过《癸巳类稿》《癸巳存稿》,不难发现蔡元培所奉行的择妻原则与俞理初、宋恕等的男女平权思想高度契合。因此,对于蔡元培本人而言,上述蔡元培对俞理初、宋恕伦理思想的发明,很大程度上为一个从前清翰林转变为新式知识分子的人物,提供了主张男女平等的心理支持。对于我们研究中国人的平等观念史,则提供了一个"异端翻为正统"和"边缘进入中心"的重要案例:俞理初和宋恕都并不为一般学者所重视,更何论普通民众?因此,今天在我们建设公民道德的过程中,如何更深入、广泛地发掘传统文化的丰富资源,并进一步做好传统的创造性转化,还需要我们继续努力。

三

倘若我们深入地考察蔡元培的平等观念,还可以发现它具有更深一层的哲学意蕴:在蔡元培看来,"平等"应该成为合理地解决认识论的"群己之辩"的前提或价值偏好。如果我们承认追求真理的过程就是通过对不同意见的讨论而进达知识的过程,那么首先就必须设定参与讨论的各方是平等的,意见的真理性并不因为主体的身份而改变,因而讨论就成为一种追求合理性的活动。正如普特南所说的那样,"我们关于平等、知识自由和合理性的价值观念深层地相关"②。合理性作为现代性的核心,其在学科建制上最大的体现是现代学院制度。而说到中国的现代学院制度的建设,我们首先想到的自然是蔡元培主持下的北京大学,它既是当时的"最高学府",同时也是新文化运动的发源地。陈独秀、李大钊、胡适、周作人等都在北京大学任教;刘师培、黄侃、辜鸿铭、梁漱溟等也在北京大学任教。这多半是由于蔡元培的办学宗旨相当开明:

----

① 黄世晖:《蔡孑民先生传略》,载蔡元培、陈独秀《蔡元培自述 实庵自传》,北京:中华书局,2015年,第48页。

② 〔美〕希拉里·普特南:《理性、历史与真理》,童世骏、李光程译,上海:上海译文出版社,2005年,第49页。

> 我对于各家学说，依各国大学通例，循思想自由原则，兼容并包。无论何种学派，苟言之成理，持之有故，尚不达自然淘汰之命运，即使彼此相反，也听他们自由发展。①

体制上"依各国大学通例"，表示新的北京大学应该建立现代学院制度；"循思想自由原则，兼容并包"，被人们广为称道。不过其内在精神是"学术独立"或为知识而知识的态度。它与王国维所云"学无新旧也，无中西也，无有用无用也"②本质上是相通的，对于现代大学中人而言，学者以学术研究为自己的职志，应该致力于专精之学，而不在意它是否"有用"。"大学为纯粹研究学问之机关，不可视为养成资格之所，亦不可视为贩卖知识之所。"③因此它又与"在真理面前人人平等"是内在一致的。

现在我们熟知某个说法：大学之谓大学，不是有大楼，是因为有大师。这话自然有一定的道理。但是常常见到的另一种情况是，少数所谓"大师"，其实早已沦为学阀。而学阀意识固然是知识在权力结构中的异化，在认识论的论域则陷入独断论的虚妄。不难发现，"大师"崇拜和蔡元培无缘，他说：

> 近代思想自由之公例，既被公认，能完全实现之者，却唯大学。大学教员所发表之思想，不但不受任何宗教与政党之拘束，亦不受任何著名学者之牵掣。苟其确有所见，而言之成理之，则虽在一校中，两相反对之说，不妨同时并行，而任学生比较而选择。此大学子所以为大也。④

在蔡元培看来，大学要有海纳百川的气魄。所以蔡元培说："大学者，'囊括大典，网罗众家'之学府也。"另一方面，我们现在有人喜欢讲学术民主，如果"民主"在这里意味着发挥论辩合理性，在学术研究过程中充分地对话，自然也有成立的理由，但是"民主"终究要有决断，所以还需要所

---

① 蔡元培：《答林琴南的诘难》，载《蔡元培全集》第 3 卷，第 576 页。
② 王国维：《论近年之学术界》，载《王国维全集》第 1 卷，第 122 页。
③ 蔡元培：《北京大学一九一八年开学式演说词》，载《蔡元培全集》第 3 卷，第 382 页。
④ 蔡元培：《大学教育》，载《蔡元培全集》第 6 卷，第 597 页。

谓"公共认可"来决定其取舍。在现代社会中，学术研究虽然是在科学知识共同体中进行的，但是不仅人文学中的创造性工作的主体一般是个体，而且在自然科学技术领域中那些最有创造性的发现，起决定性作用的多半还是少数杰出的个人。因此，在学术问题上，我们还应该更重视自由讨论和发表，它不能按照"少数服从多数"的法则行事。其实，无论是"民主"还是"自由"，其前提都是承认从事学术活动的主体是平等的，不能因为多数人的意见就否决少数人的意见，不能依靠现成的"权威"而限制年轻人的创造性，也不能用"正统"来排斥"异端"。这种认识主体的平等意识，不但表示蔡元培认为人作为理性的主体，有自由创造和理性选择的能力，学术活动就是要培养和促进这种能力，而且更蕴含着对人的易错性的深刻认识，即凡是人都可能犯错误，任何提出的观点，最初都只是"意见"，正是通过对不同意见的争论，人们才可以更接近真理。而任何出色的学术理论，它的有效性都有其限度。自由的发表、平等的对话，不但可以使善于在对话中获益者有所收获，或者改进自己的理论，或者更丰富自己的学说，而且有利于养成良好的学术生态，维护学术共同体的存在，它是社会团结的重要表征。

把"平等"作为认识论的"群己之辩"的预设或价值偏好，同时也就意味着反对单一"学科的傲慢"。蔡元培批评在学院制度内部，专业主义造成的学科之间的隔阂：

> 于是治文学者，恒蔑视科学，而不知近世文学，全以科学为基础；治一国文学者，恒不肯牵涉他国，不知文学之进步，亦有资于比较；治自然科学者，局守一门，而不肯稍涉哲学，而不知哲学即科学之归宿，其中如自然科学一部，尤为科学家所需要；治哲学者，以能读古书为足用，不耐烦于科学之实验，而不知哲学之基础不外科学，既最超然之玄学，亦不能与科学全无关系。①

针对"吾国承数千年学术专制之积习，常好以见闻所及，持一孔之论"

---

①　蔡元培：《〈北京大学月刊〉发刊词》，载《蔡元培全集》第 3 卷，第 451、451—452、450 页。

的倾向，蔡元培又说：

> 大学者，"囊括大典，网罗众家"之学府也。《礼记·中庸》曰："万物并育而不相害，道并行而不相悖。"足以形容之。如人身然，官体之有左右也，呼吸之有出入也，骨肉之有刚柔也，若相反而实相成。各国大学，哲学之唯心论与唯物论，文学、美术之理想派与写实派，计学之干涉论与放任论，伦理学之动机论与功利论，宇宙论之乐天观与厌世观，常樊然并峙其中，此思想自由之通则，而大学之所以为大也。①

从根本上说，蔡元培的办学理念，是要建设一个师生研究学术的共同体，来推动知识创新："所谓大学者，非仅为多数学生按时授课，造成一毕业生之资格而已也，实以是为共同研究学术之机关。"②《北京大学月刊》成为中国最早的大学学报，这一方针之实施，对于"高深之学问"的发展也起到了积极的作用，历史学家吕思勉后来说："北京大学的几种杂志一出，若干种的书籍一经印行，而全国的风气，为之幡然一变。从此以后，研究学术的人，才渐有开口的余地。专门的高深的研究，才不为众所讥评，而反为其所称道。后生小子，也知道专讲肤浅的记诵，混饭吃的技术，不足以语以学术，而慨然有志于上进了。这真是孑民先生不朽的功绩。"③ 我们研究中国哲学史的学者，一定不会忘记，蔡元培主持下的北京大学，不仅为陈独秀、胡适、鲁迅等新文化运动的推动者提供了最好的舞台，也为在当时被视为保守主义的学人保留了从事专业研究的阵地。正是在北京大学，没有多少正规学历、更没有留洋经历的梁漱溟、熊十力等开创了现代新儒家哲学。今天我们当然不能因为讲儒学已经成为潮流所趋，就忘记其最初实在不能脱离蔡元培先生所创造的不同学术派别平等对话的文化环境。

---

① 蔡元培：《〈北京大学月刊〉发刊词》，载《蔡元培全集》第 3 卷，第 451、451—452、450 页。
② 同上。
③ 转引自张晓唯《蔡元培评传》，南昌：百花洲文艺出版社，2010 年，第 71 页。

第七章 "平等"在现代嬗变中的佛教诠释

观念史研究可以揭示起源悠久的"平等"观念在中国经历了一场古今变迁。以最简化的方式说，作为现代社会基本的结构原则和价值理想的"平等"，其实质是"权利平等"，而不再只是古代社会关于"人的相同性"的各种抽象表述。这一主要指向政治学和社会学的新观念是 19 世纪中叶以后一系列社会革命的结果，也是古代思想不断获得各种不同程度的现代诠释后的产物。关于儒家，前文不但从其整个系统出发，讨论其四个解释向度，而且以蔡元培的思想与实践为例，讨论了儒家士大夫接受现代平等的现实性。关于道家，我亦另行具文论述过。^① 不过，古代儒释道等派别中，比较直接地论述"平等"的其实是佛教。在中国，"诸法皆是佛法"和"众生皆有佛性"等是人们耳熟能详的话头。最早从"等视有情"即"同等看待所有的人"，以及"毕竟平等"即包含了人的相同性的世界统一性原理这双重意义上讨论"平等"问题的，也是佛教。因此，断定佛教包含了"平等"观念，几乎是一般论者的共识。

不过，佛教是出世法，其"等视有情"的理论在转变为实践，特别是政治实践的原则时有其固有的限度。同时其世界统一性（"毕竟平等"）的理论，也有其宗教的特殊视角。在这里我们不能全面地讨论该问题，尤其是不能把佛教义理仅仅看成一种静态的结构，满足于从对其的现代性诠释中去追求当下的关

---

① 参见拙著《论〈庄子〉"物无贵贱"说之双重意蕴》，《社会科学》2010 年第 10 期。

怀，而主张在与社会史的结合中来考察观念及其历史。换言之，我的宗旨与某些论著不同，并不认为佛教先知早已经将现代平等的原则尽数阐明并实践之，现代人所需要做的只是将其发扬光大而已。观念永远是思想着的人类的观念，而不是什么永恒的实体。观念史并非观念自身的历史，而只是观念者的观念史。从古代抽象的"人的相同性"到现代以"权利平等"为中心的观念的嬗变，本质上包含了现代中国人与我们先人观念世界之间既连续又断裂的辩证法。因此，我将首先从近代思想家试图从佛教中发掘现代平等观念的传统资源这一现象出发，返观佛教的理论，说明与宗教实践之间的紧张，以及由此所凸显的"平等"观念的历史轮廓，反思它曾经发生过何等样的变形（如知识社会学所讨论的那样），从而提示观念嬗变的现代性条件不应被研究者忽略。

一

　　晚清以降，中国有过一个佛学复兴与佛教改革的潮流，它与近代中国的价值迷失及其重建的曲折过程有关，更与近代中国的社会变革有关。许多追随时代潮流的知识分子希望从佛教中寻觅思想出路。受基督教东传的刺激，近代追求社会变革的思想家，最初都从佛教中"发现"平等的观念。虽然他们自己也对于这种"以新知附益旧学"的理路有所自觉，但是古老的佛教被"附益"上何等"新知"？"旧学"何以能被"新知"所"附益"？这依然是值得研究的。

　　在《清代学术概论》中，梁启超将佛学视为"伏流"，从龚自珍、魏源开始，"今文学家"多兼治佛学；杨文会推动了佛学复兴，"学者渐敬信之。谭嗣同从之游一年，本其所得以著《仁学》，尤常鞭策其友梁启超，启超不能深造，顾亦好焉，其所著论，往往推挹佛教。康有为本好言宗教，往往以己意进退佛说。章炳麟亦好法相宗，有著述。本文晚清所谓新学家者，殆无一不与佛学有关系"[①]。我们且按梁描述的线索，检视"新学家"们的相关论述。

---

　　① 梁启超：《清代学术概论》，载《梁启超论清学史二种》，第 81 页。

康有为是戊戌运动的领袖，不但其《大同书》完全以激进的"平等"原则为纲领，《大同书》就是以佛教的"苦谛"为其阿基米德点，展开为求乐免苦而"破九界"，进而建立现代乌托邦的理论；而且其早期的著作中已经将佛教的"平等"直接等同于权利平等的现代观念：

> 中国之俗，尊君卑臣，重男轻女，崇良抑贱，所谓义也……习俗即既定以为义理，至于今日，臣下跪服畏威而不敢言，妇人卑抑不学而无所识。臣妇之道，抑之极矣，此恐非义理之至也，亦风气使然耳。物理抑之甚者必伸，吾谓百年之后必变三者，君不尊，臣不卑，男女轻重同，良贱齐一。呜呼！是佛氏平等之学矣！①

如果说，康有为有很大的原创性的话，梁启超则是绝好的宣传家。关于佛教，梁启超有不少著述，其中有一篇论文为《论佛教与群治之关系》，其第五节说的是"佛教之信仰乃平等而非差别"：

> 他教者，率众生以受治于一尊之下者也，惟佛不然。故曰"一切众生，皆有佛性"。又曰"一切众生，本来成佛，生死涅槃，皆如昨梦"。其立教之目的，则在使人人皆与佛平等而已。夫专制政体固使人服从也，立宪政体亦使人服从也。而其顺逆相反者，一则以我服从于他，使我由之而不使我知之；一则以我服从于我，吉凶与我同患也。故他教虽善，而不免为据乱世小康世之教。若佛教则兼三世而通之者也。故信仰他教或有流弊，而佛教决无流弊也。②

在戊戌诸人物中，持最激进的平等观念的是谭嗣同。他的平等观念的直接源头是杨文会对法相、华严西宗的研究和以净土宗为主要内容的佛教教学。

---

① 康有为撰，姜义华、张荣华编校：《康子内外篇·人我篇》，载《康有为全集》第一集，北京：中国人民大学出版社，2007年，第108页。
② 梁启超：《饮冰室合集》第二册，第49页。

梁启超说"谭嗣同从之游一年，本其所得以著《仁学》"①，他以为基督教、儒教和佛教虽然有差别，但三者还是有相同之处：

　　其变不平等教为平等则相同，三教殆皆源于婆罗门乎？以同一言天，而同受压于天也。天与人不平等，斯人与人愈不平等。中国自绝地天通，惟天子始得祭天。天子既挟一天以压制天下，天下遂望天子俨然一天，虽胥天下而残贼之，犹以为天之所命，不敢不受。民至此乃愚入膏肓，至不平等矣。孔出而变之，删《诗》《书》，订《礼》《乐》，考文字，改制度，而一寓其权于《春秋》。《春秋》恶君之专也，称天以治之，故天子诸侯，皆得施其褒贬，而自立为素王。又恶天之专也，称元以治之，故《易》《春秋》皆以元统天。……此孔之变教也。耶出而变之，大声疾呼，使人人皆为天父之子，使人人皆为天之一小分，使人人皆有自主之权，破有国有家者之私，而纠合同志别立天国，此耶之变教也。印度自喀私德之名立，分人为四等，上等者世为君卿大夫士，下等者世为贱庶奴虏，至不平等矣。佛出而变之，世法则曰平等，出世法竟愈出天之上，此佛之变教也。三教不同，同于变；变不同，同于平等。（《仁学》二十七）

　　惟佛独幸，其国土本无所称历代神圣之主，及摩西、约翰、禹、汤、文、武、周公之属，琢其天真，漓其本朴，而佛又自为世外出家之人，于世间无所避就，故得毕伸其大同之说于太平之世而为元统也。夫大同之治，不独父其父，不独子其子；父子平等，更何有于君臣？举凡独夫民贼所为一切钳制束缚之名，皆无得而加诸，而佛遂得以独高于群教之上。时然也，势不得不然也，要非可以揣测教主之法身也。（《仁学》二十八）

――――――――――

　　① 梁启超：《清代学术概论》，载《梁启超论清学史二种》，第81页。根据《谭嗣同年谱长编》记载，光绪二十二年（1896）六月，谭嗣同与杨文会相识于南京，"于金陵刻经处内从其研习佛学典籍，过从甚密"，称"吴雁舟先生嘉瑞为余学佛第一宗师，杨仁山先生会文为第二宗师"。是年即在金陵刻经处内开始撰写《仁学》，于次年春基本完成。见张维欣《谭嗣同年谱长编》，长沙：岳麓书社，2018年，第5页。

谭嗣同甚至从佛教经典中发掘男女平等的诉求：

> 佛书虽有"女转男身"之说，惟小乘法尔。若夫《华严》《维摩诘》诸大经，女身自为女身，无取乎转，自绝无重男轻女之意也。苟明男女同为天地之菁英，同有无量之盛德大业，平等相均，……去其粉黛服饰，与我何异？（《仁学》十）

革命党人章太炎则认为佛教完全可以用于中国人参与民主革命的政治动员：

> 今则不然，六道轮回、地狱变相之说，犹不足于取济，非说无生，则不能无畏死心，非破我所，则不能去渣滓心，非谈平等，则不能去奴隶心，非示众生皆佛，则不能去退屈心，非举三轮清净，则不能去德色心。①

大段地摘引戊戌前后引领中国思想潮流的人物的言论，并非要证明古代佛教正是他们所描写的包含着"平等"的观念，而是要说明，戊戌时期的一个突出现象是：佛教在19世纪末的中国，被"发现"为包含着某种"平等"观念。更重要的是我们要考察他们通过佛教经典讨论的是何种"平等"。

其实稍加考察，人们就不难发现，康有为等人并非在抽象地谈论佛理，泛论佛法平等或佛性平等，而是借诠释佛学来表达以权利平等为中心的现代平等诉求。梁启超曾批评康有为的佛学不够纯正，"往往以己意进退佛说"②，康的风格，于佛学而言也许是缺憾，而于思想创新而言则是其优长之处。在康有为那里就是以佛法来否定"三纲"；在梁启超那里就是借"一切众生，皆有佛性"来表达宪政民主下的平等关系；在谭嗣同那里就是复活原始佛教的精神，平等地行使政治权利。而章太炎似乎已经将佛教平等论可以直接运用

---

① 章太炎：《建立宗教论》，载《章太炎全集》四，第418页。
② 梁启超：《清代学术概论》，载《梁启超论清学史二种》，第81页。

于民主政治作为一条不言而喻的共识了。

如此，我们处理的实际上是平等观念在现代中国嬗变历史中的佛教义理解释的向度问题。需要进一步讨论的则是，康、梁、谭、章等人所发现的是否真实，以及在何种意义或程度上是真实的。假如他们依然是"以新知附益旧学"，那么佛教旧学如何开启被有关"权利平等"的新知附益的可能性？换言之，我们需要追溯佛教"平等"的观念原先处于怎样的学理脉络中，它本身包含怎样的不同向度，及其如何在古今展现为不同的面相。

二

其实，在康、梁、谭、章泛论佛教平等的时候，严复已指出佛教的观念与现代平等观念之间的根本差异，它们是两种平等：消极平等与积极平等。认为佛教的禅只是指道德平等，不同于卢梭社会革命指向的"积极平等"。[①]这当然和严复一贯的反卢梭立场有关，他对卢梭哲学的认识尚属粗浅，没有看到卢梭社会契约论的平等观的重要源头恰恰正是基督教的教义；当然，也与他后期的观念变化有关，但是严复创造出一个"积极平等"的概念，而宗教所有的是"消极平等"；他要表达的恰恰是现代社会以个人权利为中心的平等观念具备改变社会结构的动力性，而这一点是古代佛教观念所没有的。换言之，两种平等的区分表现在观念的实践性上，佛教"平等"与现代世俗的平等观念之间有巨大的差别。

按照一般佛教史的说法，佛教之产生，与古代印度不平等的社会制度有非常密切的关系，这种不平等的社会制度得到当时居于统治地位的婆罗门教的理论辩护。正如柏拉图《理想国》中的"建国神话"将社会等级归结为神创造人们时所使用的质料不同，婆罗门的经典《吠陀》将印度社会四大等级的产生和社会贵贱的种姓差别，归结为由于"梵"在不同的部位生出他们的缘故：从口中生出婆罗门、肩膀生出刹帝利、肚脐生出吠舍、脚下生出首陀

---

① 王栻主编：《严复集》第二册，第 338 页。

罗。所以祭司，武士，农民、手工业者和商人，以及最下等的奴隶，天然地构成四个不可改变的等级。佛教最初本是反对这种极端不平等的种姓制度及其理论的。释迦牟尼在他创立的僧团中间，打破了婆罗门教的种姓制度，实行的是"众生平等"，容纳了各种种姓出身的人，并且接受各种人的供养。与此相应，在原始佛教的宗教哲学中本来就有种姓平等的观念。根据《中阿含经》《长阿含经》等经典，佛教创始人提出了新的种姓说，种姓的区别不是因为他们出自"梵"的身体的不同部位，而是由于世界形成时，人们为了解决互相之间因争夺食物和田地而发生的争斗，推举"田主"维持秩序，"田主"就是刹帝利，是最高贵的种姓；从事"学禅""博闻"者则是婆罗门，从事农业的是吠舍，从事有关工艺技巧的就是首陀罗。①"他们把种姓看作后天的社会分工，从而也就驳斥了婆罗门教的神造理论。佛教的兴起不是一场社会革命运动，他们的种姓理论主要是为他们的宗教实践服务的，所宣扬的平等也主要是在宗教生活和精神生活中的平等。这正如他们自己所说的：'汝今当知，今我弟子，种姓不同，所出各异，于我法中出身修道。若有人问，姓谁种姓，当答彼言，我是沙门释种耶。'(《长含经·小缘经》) 又说：'四姓平等是出世间法的施设。'(南传《中部经典》)。"②

种姓平等的诉求一开始就需要佛教哲学宇宙论和人生论的辩护。因此，它在佛教理论中转变为"佛法平等"或"佛性平等"的教义。佛教的根本教义"四谛"说将世界解释为一个痛苦和解脱痛苦的过程，"八苦"是人生在世无法逃脱的痛苦。因此，"佛法平等"首先是在痛苦面前人人平等。它用缘起说来解释人生的痛苦。"十二因缘"起于"无明"：常人不懂缘起即因缘和合的真理，执着于"我"，引起贪瞋痴慢愚等烦恼，由此造成种种善业和恶业，这就是起惑、造业、受苦。四性平等即体现了因果报应是普遍的法则。

佛教作为宗教，最终关心的是"救赎"即人的解脱。大乘佛教以普度众生为目标：

---

① 任继愈主编：《中国佛教史》第二卷，北京：中国社会科学出版社，1985年，第315页。
② 黄心川：《印度佛教哲学》，载任继愈主编《中国佛教史》第一卷，第519—520页。

> 佛告须菩提："诸菩萨摩诃萨应如是降伏其心：所有一切众生之类，若卵生、若胎生、若湿生、若化生，若有色、若无色，若有想、若无想，若非有想、若非无想。我皆今入无余涅槃而灭度之。"（《金刚经·大乘正宗分第三》）

> 是故，如来说一切法皆是佛法。须菩提，所言一切法者，即非一切法，是故名一切法。（《金刚经·究竟无我分第十七》）

> 诸法本性与佛法等，是故诸法皆是佛法。（《大宝积经四》）

痛苦之解脱即"成佛"才是它的目标。成佛需要有其内在的根据，那就是"佛性"。大乘佛教与早期佛教不同，提出了"一切众生皆可成佛"的理论，这意味着"佛性平等"，所谓"一切众生皆有佛性，如来常住无有变异"（《涅槃经二十七》）。典型的印度佛教在这个问题上并不统一，某些宗派依然坚持所谓善根丧尽的人将不能成佛。

佛教在中国化的过程中，华严、天台、禅宗等典型的中国佛教，更是都主张人人能成佛，因为人人都有佛性。对以上诸宗派佛学思想曾经起过重要作用的《大乘起信论》倡言"真如平等"，认为"一切法真如平等不增不减故"。这个绝对的、真实的存在，是宇宙万物的本原，实际上就是"一心"：

> 是故一切法从本以来，离言说相，离名字相、离心缘相，毕竟平等，无有变异，不可破坏，唯是一心，故名真如。①

"一心"即"众生心"。《大乘起信论》有一心开二门之说，既开"心真如门"，又开"心生灭门"。因此，众生心本身不仅生出现象世界，而且也可以开出佛的境界的缘起，一切众生本来就具有无量成佛的功德。

简言之，儒家有性善论和"成圣"说；像道家追求得"道"那样，佛教说"四谛"，说"成佛"，说"佛性"，都包含某种"平等"的形上学。因为

---

① 真谛译，高振农校释：《大乘起信论校释》，第17页。

无论成圣，还是成佛、得道，都是追求绝对的存在，因此是泯除一切差别的超越境界。在这个意义上说"平等"，本质上没有超过"人的相同性"的抽象表达。因此，儒家的"人皆可以为尧舜"、道家的"以道观之，物无贵贱"与佛教的"佛性平等"，不仅意义相类似，而且几乎是同构的。因为，它们都属于高调的平等论，在讨论终极的意义上人为何是相同的时候，它们是以默认现实社会的不平等为前提的。显而易见的历史事实是，儒释道的成圣、成佛和得道理想，在古代的历史条件下，没有转变为改变不平等的社会制度的精神动力，更没有转化为平等社会的设计原则。对于实际生活中的种种不平等，儒道两家用"命"来解释；佛教则用因果报应来解释：现世的苦乐贵贱都是前世的行为决定的。结果，"平等"作为超越的境界，在儒佛道诸家都主要成为对不平等社会现实的观念论消解，它可以有两个走向：在比较特殊的语境中用以表达对不平等的精神抗议，更多地却是对不平等的适应、默认、逃避，甚至遮蔽。由于佛教本质上是出世的，后一个走向在佛教那里就更为彰显。

三

对于佛教"平等"观念的上述判断，只是在与作为启蒙的基本价值之一的"平等"相比较中得到的。要得到更为合理的理解，包括恰当地理解其之所以会如此的原因，避免过分简单化的结论，还必须放到历史的脉络中。只有回到历史的脉络中，才能展开其丰富性和复杂性。

首先，当我们说佛教"平等"观念依然属于古典的"平等"，而不是现代性的"平等"时，不等于我们完全否认其实践性。事实上，当它被用来表达对不平等现实的精神抗议的时候，已经多少指向了改变现实的目标。当初佛教讲"四性平等"，除了因果报应的平等，还指四种姓之人出家修行的平等，即在僧团内部实行平等的制度。佛祖是践行平等的楷模。而"佛法平等"对于虔信佛法的佛教徒来说，也可能变成通过个人修行来改变人际关系的道德律令。但是，佛教作为一种出世的宗教，其出离现实的指向从根本上限制了其改造现实的能动性。

其次，佛教作为最初产生于印度，在中国得到极大发展的宗教，其观念世界也在中国化的过程中发生了复杂的变化。这种变化，既体现在与儒学的关系上，也体现在与中国社会的关系中。集中到一点，是佛教逐渐与中国的伦理政治传统相融合。佛教东传，至魏晋时代获得大的发展。此时佛教的中国化倾向在慧远等名僧那里已经初现。任继愈先生认为下列论述是东晋名僧慧远的中心宗旨，它表明"慧远把佛教同中国传统的政治伦理观念完全糅合在一起"。

> 佛经所明，凡有二科，一者处俗弘教，二者出家修道。处俗则奉上之礼、尊亲之敬、忠孝之义表于经文，在三之训彰于圣典，斯与王制同命有若符契。此一条全是檀越所明，理不容异也。出家则是方外之宾，迹绝于物。其为教也，达患累缘于有身，不存身以息患；知生生由于禀化，不顺化以求宗。求宗不由于顺化，故不重运通之资；患息不由于存身，故不贵厚生之益。此理之与世乖，道之与俗反者也。①

在慧远看来，佛教徒"处俗弘教"就要尊崇儒家伦理，即"奉上之礼、尊亲之敬、忠孝之义"。换言之，佛教不仅不反对世俗的等级制度，而且原本就符合这种制度与理论。这就是所谓"与王制同命有若符契"。

佛教与儒学相结合，同时也与礼教相融合，这是一个长期的过程。所谓佛教的中国化，很大程度上是佛教儒学化，譬如禅宗的"六祖革命"把传统宗教对佛的崇拜，变成对"心"的崇拜，结果将一个"外在的宗教"变成"内在的宗教"。而宋元佛教的儒学化，突出地表现为佛教的伦理化，包括推崇"孝"道，把佛教的戒律与儒家的仁义忠孝统一起来。② 余英时先生判断佛教在北宋发生了一个新动向。"这个新动向，最简单地说，便是转而重视世间

---

① 慧远：《答桓太尉书》，转引自任继愈主编《中国佛教史》第二卷，第 634 页。
② 赖永海：《佛学与儒学》，杭州：浙江人民出版社，1992 年，第 64—66 页。

法，关怀人间秩序的重建。"① 所谓"佛学儒学化"，或者"秩序的重建"，具体的意义可能有所不同，但是其核心是相同的，即都在于对儒家伦理政治的认同。以宋代名僧契嵩的论述为例：

> 儒佛者，圣人之教也。其所出虽不同，而同归乎治。儒者，圣人之大有为者也；佛者，圣人之大无为者也。有为者以治世，无为者以治心。治心者不接于事，不接于事则善善恶恶之志不可得而用也；治世者宜接于事，宜接于事则赏善罚恶之礼不可不举也。其心既治，谓之性情真正，性情真正则与夫礼仪所导而至之者不亦会乎？（《寂子解》，《镡津文集》卷八）

> 佛之道岂一人之私为乎？抑亦有意于天下国家矣！何尝不存其君臣父子邪？岂妨人所生养之道邪？但其所出不自吏而张之，亦其化之理隐而难见，故世不得而尽信。（《辅教编上》，《镡津文集》卷一）

在契嵩看来，儒佛两家的政治宗旨是相同的，佛教虽然不像儒家那样直接治理世界，但是通过治心，结果和儒家的"礼仪"完全相合，与君臣父子、生养之道，丝毫不相矛盾。因此，无论是佛学的儒学化，还是秩序的重建，实质上都表达了佛教对于名教有保留的肯定。佛教在中国的传播和中国化的过程，某种意义上就是与一个高度入世的文化（包括中国固有伦理）结合的过程。但是它始终保持佛教的特点。譬如就儒家伦理最核心的"三纲五常"而言，佛教长期有"沙门不拜王者"的抗议，也有如契嵩那样用佛之五戒通儒家之五常的，即将儒家的"仁、义、礼、智、信"分别解释为佛教的"不杀、不盗、不淫邪、不饮酒、不妄语"②。

再次，佛教在中土传播和逐渐中国化的过程中，其宗教生活即丛林制度也处于历史变迁中，因而显示出某种异化。"佛教在中国并不是一种思想模式

---

① 余英时：《朱熹的历史世界——宋代士大夫政治文化的研究》，北京：生活·读书·新知三联书店，2004年，第82页。

② ［日］忽滑谷快天：《中国禅学思想史》，朱谦之译，上海：上海古籍出版社，2002年，第435页。

或哲学体系，而首先是一种生活方式，和一种高度纪律化的行为方式，它被认为能借此解脱生死轮回，适合于封闭而独立的宗教组织即僧伽的成员信受奉行。"①一方面，尽管佛教不像中世纪的天主教那样服从统一的教会组织，各个宗派或有不同，而且不同的历史时期丛林制度也有变化，但是佛教徒称为"出家人"，表示他们超脱了社会伦理关系。理论上，一般也应该超脱与社会等级有关的私人占有。佛教戒律允许寺院拥有的，只是僧团的公共财产。在寺庙中，佛教徒过着相对平等的团体生活。在各个宗派内部，遵守相同的戒律，包括相同的起居制度。比较典型的有临济宗的《百丈清规》所规定的僧人共同劳动即"普请"制度。余英时先生以临济宗的《百丈清规》和丛林制度所提倡的"一日不作，一日不食"为纲，说明"'节俭'和'勤劳'是禅宗新经济伦理的两大支柱"。如果从僧众之间的关系而论，他注意到的"普请之法，盖上下均力也。凡安众处，有合资众力而办者……并宜齐趋"，以及"师（怀海）凡作务，执劳必先于众"等历史记载，同时也可以说明在临济宗的丛林制度中，僧众的关系是相当平等的。②

　　另一方面，北魏以后，历代就都有僧官制度，包括中央的僧官和地方僧官，管理宗教事务。历史上曾经有过相当长期的"沙门不敬王者"的争论，但是六祖惠能的弟子令韬"在上疏中再次称'臣'，其后该称呼便成为一般的惯例，至宋代，在沙门的奏章中出现了'臣顿首'等字样"③。寺院或丛林制度的发展，也使得佛教与原始佛教的僧团组织有所不同。这里不仅有一般意义上团体生活的分工，还保留了等级的关系。即寺院里除了僧尼以外，还有童子、沙弥和奴婢。僧尼也是分等级的，一般说僧的地位要比尼高。而庙宇由于与朝廷的关系（譬如是否有敕赐匾额，或是否是功德坟寺）而享有不同的地位与特权。寺庙通常有庙产，即寺田和寺庄，它们不仅来自布

---

① ［荷兰］许里和：《佛教征服中国》，李四龙等译，南京：江苏人民出版社，1998年，第431页。在这本有社会史视角倾向的佛教史著作中，我们也没有发现更多关于早期佛教僧众团体生活的历史描写。

② 余英时：《士与中国文化》，上海：上海人民出版社，1987年，第452—461页。

③ ［日］镰田茂雄：《简明中国佛教史》，郑彭年译，上海：上海译文出版社，1986年，第185页。

施，在唐代等佛教繁盛的时期，也来自寺院僧侣的积极扩充活动。唐武宗废佛，《旧唐书》称收寺产上等田地数千万顷，将十五万原先庙宇中的奴婢转变为交纳地税户税的所谓"两税户"。[①] 寺田和寺庄大部分是由庄户即佃农耕种，所以也同样属于地主经济的范畴。在这样的基础上，受中国本土传统的影响，佛教在传入不久作为方便法门对儒家"孝"的赞同，成为佛教宗派自身带有家族色彩的先声："师徒视同父子，传授系统称作'血脉'等等，尤其是所谓'子孙寺'更是在社会上被当作一个家庭共同体。"[②] 总之，典型的中国佛教，不但在义理方面中国化了，譬如在佛性和成佛等基本信仰问题的理论上，与儒学有某种同构的倾向[③]，而且在制度和伦理上也或多或少地宗法化了。这一点，经过平等观念洗礼的近代思想家已经了然，认为佛教已经降伏于传统中国的家族制度之下。甚至著名佛教领袖太虚法师也说："佛教的僧伽制度，本为平等个人和合清众的集团，但到中国亦成中层家族的大寺院及下层家族的小庵堂；这有家族的派传，无复和合的清众。此可见家族化之普及与深入。"[④]

佛教对等级制度的肯定，甚至在寺院庙宇中殿堂的建筑和供奉佛像的装置中，都有某种直观的表现：通常在正殿中供奉的佛总是位置正中、形制最大，然后其弟子和其他菩萨再按照与佛的关系之远近或道行之深浅，在佛的两边排开，在距离与形制的大小上恰恰与其等级相应。它与《西游记》那样的神魔小说一样，反映的是类似的心理：神话世界同样是等级世界。

---

① ［日］镰田茂雄：《简明中国佛教史》，第 205—206 页。

② 严耀中：《佛教戒律与中国社会》，上海：上海古籍出版社，2007 年，第 450 页。

③ 与我们讨论的主题相关，佛教中国化过程中另一个值得注意的现象是：法相宗拒绝一切众生皆有佛性的学说，坚持所谓善根丧尽的人不能成佛，不但与天台、禅宗等中国佛教发生了争论，也与儒家"人皆可以为尧舜"的理论相冲突。这被认为是法相宗在中国未能长久流传的原因之一。

④ 转引自梁漱溟《中国文化要义》，载《梁漱溟全集》第三卷，山东人民出版社，1990 年，第 42 页。梁先生是为了论证中国社会是"伦理本位，职业分途"，应该有不同于西方的现代道路，但是他对佛教在传播过程中，其原先有的观念在中国化的过程中发生变形，作了真切的观察。该书还引用了历史学家雷海宗的论述，认为佛教中国化的结果之一是"把一种反家族的外来宗教，亦变成维持家族的一种助力"（同上书，第 42 页）。

四

把佛教有关"平等"的形上学理论,即"诸法皆是佛法"和"众生皆有佛性"等等,与佛教对于中国传统的儒家伦理和政治秩序的认同结合起来,人们就不难看到,中国佛教对于古代不平等的制度的理论抗议,远远不如他们对于现存制度的实际肯定。事实上,在现代民主政治被发明以前,各种不同形式的等级制度几乎是人类社会不可避免的宿命。换言之,古代无论什么高僧大德,都不可能设想出今天作为民主政治范畴的公正的平等,或权利平等的观念。更何况佛教作为出世的智慧,本来并不是一种政治哲学,即并不着意于辩明理想政治的原则。佛教出世的性格,决定他们走的是改变自己的观念世界,而非改变人间社会制度这样一个路径。一个追求出世的宗教,要在等级制度下的现实世界存在与发展,就不可能不与现实做某种妥协,包括寺院经济的出现,本身就与某些戒律相冲突。如果我们不犯时间错置的错误,就不会向古代佛教徒去追问现代平等观念。从这个意义上说,其关于"平等"的理论,也属于知识的变形,这一点与道家如庄子有极大的相似之处。

不过,这一切都没有妨碍 19 世纪末的中国思想家将佛教作为接纳现代平等观念的传统资源,正如他们还运用了儒家和道家等传统思想中相关的元素。更不能忽略的是,如果不是在此之前,至少也是与此同时,他们已经通过各种不同的方式接触到来自西方的观念。正是在这一过程中,古代"平等"的观念开始嬗变为现代观念。而它后面更大的力量却是正在发生的社会变革。现代化的进程所带来的"交换价值的交换"的扩展、社会结构的重组使得"人的依赖"逐渐转变为"物的依赖",提供了现代平等观念的存在论基础。所以马克思的论述依然有其意义:"我们不把世俗问题化为神学问题。我们要把神学问题化为世俗问题。"[①]

———————————

① 《论犹太人问题》,《马克思恩格斯全集》第 1 卷,北京:人民出版社,1956 年,第 425 页。

更进一步，从社会史或知识社会学的视野看，我们对于佛教对现实生活的意义可以有更深的理解。佛教所谓的佛法平等或佛性平等，与现代平等的另一个重要差别，在于"平等者"的不同。现代平等当然也有许多复杂的向度，但是首要的"权利平等"意味着处于平等关系之中的是独立的个体，即权利的主体是个人或个体。按照经典的契约论思想，"平等"意味着各自享有自由、生命和财产权利的个人之间，不会因为"神授"或血缘而产生互相隶属的关系，它与原子式的个人主义相偶合。而佛教三法印"诸行无常、诸法无我、涅槃清净"，根本否认个人是一种实在。尽管中国佛教的空有各宗，在形上学领域发展了繁复的学说，也进行了堪称烦琐的争论，但是现象世界是虚幻不实的，这一点在他们之间没有异议。启蒙主义所注重的以"个人权利"为中心的平等诉求，按照佛教的教义，大多应该以"我执""法执"而破除之。为了让人们了悟佛教的智慧，佛教各宗发展了自己的认识论和修行方法。因此，同样有某种"平等"的话语，佛教的"平等"论与现代权利平等的根本取向并不相同。

如此说来，佛教"平等"观念的意义似乎更多地在于：在"平等"观念于现代中国的嬗变过程中，"诸法皆是佛法"和"众生皆有佛性"等提供了一种论证权利平等的"言说"上的根据或叙事策略，类似庄子所谓的"重言"。形式上，仿佛千年以前就隐蔽在佛典中的"平等"观念一旦豁然呈现，随着时世的变化，还不断有新的发现。① 这说明观念史研究中，特定观念演化的社会历史背景或语境是需要认真勘明的。

---

① 譬如当代环境保护主义从佛教经典中寻找的是所谓"护生"的理论，后现代主义也认为佛教为反人类中心论提供了智慧。

第八章　何种"正义"？是否"平等"？

　　罗尔斯的《正义论》以及相关著作在政治哲学和伦理学界的广泛影响，波及中国学界，中国学者以中国的正义论，特别是发掘中国古代哲学中"正义"或"公正"的理论，来回应西方哲学提出的新议题。这一方面表明中西哲学的折冲与对话依然是中国知识创新的动力之一，而且直接把国人的正义观安置在中西哲学的跨文化比较的视野中。以对"平等"有持久关注的个人视角观之，则欲追问：何种"正义"？是否"平等"？

一

　　当代中国人在思考公正与平等及其关系的时候，总是背负着中西两个相互交织的思想传统，而这两个传统恰恰又都经历了古今的变迁，这给我们理解这对关系增添了困难。"正义"和"公正"以及意义相近的"公平"都是现代汉语二字词的古典词①，但是当代哲学中的"正义"却是英文 justice 的汉译（也有人将其译为"公正"），这种翻译可能掩盖了"正义"在古代与当代中国的意义差异与重复性的不同。与 justice 的译词"正义"语义最接近的古汉语

---

① 沈国威编著：《汉语近代二字词研究：语言接触与汉语的近代演化》，第 240—254 页。

是"义"字。而且更多的使用"公正"而非"正义"。搁置这些问题，我们承认公正或正义是政治哲学、伦理学的重要问题，在汉语著述中，现在一般将公正、公平和正义，做十分接近的理解，或者将"公正"理解成"正义"的形容词形式。对公正的语义分析可以说有很多，对平等的理解更是众说纷纭。中国人对公正的讲求由来已久，正如西方世界有源远流长的正义理论。但是，说到"平等"，情况就大为不同。"平等"这个语词的出现年代久远，但在两千年间主要只是在形上学或出世的方向上获得定义。现在得到人们广泛认可的"平等"（尤其是权利平等）的观念，是近代以来一系列社会革命的结果。古代中国的"公正"，如果不是完全排除"平等"的话，也是在相对狭窄和抽象的意义上包含"平等"。而现代人所说的正义或公正，必定内在地乃至具体地包含了"平等"的诉求。从这个意义上说，这是对于古典世界的一次颠覆。

我们都知道，柏拉图的《理想国》谈论的"正义"，包括了国家的正义和个人的正义。他把"正义"定义为"每个人在国家内做他自己分内的事情""正义就是有自己的东西干自己的事情"。① 但是每个人及其分内的事情是区分为严格的等级的，为此柏拉图创造了一个"建国神话"：哲学王、护卫者和工商业者，分别是由金子、银子和铜铁等不同的金属铸造的，因而先天就有不同的德性和能力，其"分内事"原本就迥然不同。且不说《理想国》早已把奴隶排除在"正义"的视域之外，即使在"公民"的三个等级之间，也保持着严格的区别，首先是政治权利的不平等，因而这是典型的精英主义、贵族政治。

在当今的"大众时代"谈论"公民"和"平等"或不平等时，常常会使人忽略希腊哲学家讨论政治哲学甚至伦理学的时候，诉说的对象并不包括奴隶。柏拉图如此，亚里士多德也是如此，所以黑格尔后来很明确地说，希腊人只知道少数人是自由的。不过，与他的老师不同，亚里士多德把平等引入了公正，认为公正包含了平等："公正的也就是守法的和平等的；不公正的也就是违法的和不平等的。"不过亚里士多德的"平等"与一般将平等绝对化的理解不同，它基本上是指个人之间在能力、贡献方面的大小之比，是否等于

---

① ［古希腊］柏拉图：《理想国》，郭斌和、张竹明译，北京：商务印书馆，1986 年，第155 页。

他们所得到的份额之比，它可以分析为算术比例的平等和几何比例的平等。这当然依然是精英主义的，并且与公正的另一要素"合法"相匹配："所有合法的行为就在某种意义上是公正的。因为这些行为是经立法者规定为合法的，这些规定都是公正的。"① 亚里士多德所说的立法者当然是贵族，这是把贵族或政治精英的政治意志及其共同体作为法律的根据和保护对象，与作为现代法律的基本精神所有人的权利是平等的，差距甚大。在平等观念史上，一个现代国家，不管是否实行代议制民主制度，都会将公民平等写入宪法，而不特意区分其阶级、性别、种族、教育、财产的差别。即使实际颇为不平等的国家，公开的法条很少公示这种不平等。平等话语的普遍性是人类社会在政治组织原则上获取历史性进步的表征。当然它的实现程度和形式，呈现出多样性；这种多样性和差异性，本身是历史文化限制的表现。

当然，许多人把"平等"价值的源头归结为犹太-基督教对文明世界的贡献。这不但指《圣经》提出了另一个神话，相比柏拉图的"建国神话"，《圣经》描述的则是"创世神话"：人作为创造者（造物主）的创造物既是一律平等的，又是同为一体的。而后来的宗教改革如何通过"因信称义"和"天职"（Calling）等信条的阐发，在宗教的外衣下为资本主义提出了其需要的"平等"的伦理辩护；按照基督新教的教义，每个人都可以手持圣经独对上帝，不再需要通过教会这个"中介"才能"得救"，人无论从事什么职业，身价百万的资本家还是劳苦穷困的清洁工，在精神生活中享有同等的尊严；启蒙思想家又如何从"创世神话"中发展出著名的自然平等或生而平等的观念。无论是温和的洛克撰写《政府论》，还是激进的卢梭写作《论人类不平等的起源和基础》《爱弥儿》，遵循的此类路径都是相似的。直到20世纪，在罗尔斯著名的《正义论》中，平等显然已经成为"正义"（公正）的要件。离开"平等"无法谈论"正义"，对"平等"的态度和解释不同，其正义观念也必定不同。甚至像怀特海那样的哲学家都意识到，尽管有许多限制，"自由和平等仍然构成了现代政治思想中的不可避免的预设前提"②。

---

① ［古希腊］亚里士多德：《尼各马可伦理学》，第129页。
② ［美］A. N. 怀特海：《观念的冒险》，第14页。

二

"古今中西"的复杂争论,给我们回望中国人的观念世界,平添了许多迷雾。有人说,在平等问题上,西方人的观念是"理性之形式表现",中国人的则是"理性之内容表现",这种委屈的说法,其实很有讨论的空间。而且一定坚持古代中国人在"平等"问题上比现代西方人更高明,也是在为某些现状曲为辩护。西方人引为自豪的古典文明,恰恰在罗马帝国的鼎盛时期,奴隶制也达到其顶峰。秦始皇统一六国,开创了中国政制大一统的传统,却因为其暴政二世而亡。当然,判断古代中国比中世纪欧洲更不平等,多少也是武断的。大致说来,近代以前的中国和西方,都不能算是平等的社会,而是各有各的不平等。即使是以平等为旗帜的现代国家,也依然在"平等"问题上有着种种严重的困境。以人人生而平等为独立宣言的美国,被严重的种族矛盾困扰,贫富悬殊更是这个资本主义国家的痼疾。后者甚至也成为经济起飞以后东方大国维持稳定的秩序和继续增长的一大威胁。但是,我们并不能因为先贤已经既有"公正"论又有"平等"论,就贸然断言"公正"与"平等"之间是天然契合的。

我们知道,"公正"作为一个语词,已经出现在先秦的若干文献中,如《荀子》一书用到"公正"一词的,如"故上者,下之本也,上宣明则下治辨矣,上端诚则下愿悫矣,上公正则下易直矣"(《正论》)。下面的逻辑是"易直则易知""易知则明",而相反的情况是"上偏则比周矣"。又见"故能处道而不贰,吐而不夺,利而不流,贵公正而不鄙争,是士君子之辩说也"(《正名》)。后面一条形式上似乎是认识论向度的,其实依然是为人之道,近乎德性的一个条目。但是一般说来,在古代语境中,汉语"公正"一词的基本特征是排斥"私",至少未曾正面肯定"私"的价值,无论是认识的还是伦理价值的都是如此。它意味着行为者不能从个人出发,不能偏向某个个人(尤其是自己),这与"公"的基本词义有密切的关系。公正与"天道"有关,天道无私是中国人的信仰。我们可以辩解说这不等于完全抹杀个人,一个公正的君主或官员，就是能从"公"出发，也就是做到"义"。能"义"，"利"就在其中了。所以在古汉语"义"或"公正"一词，个人及其利益似乎隐含在其中。但是，我们还是可以认真地追问：古人说的"公"，是谁的"公"？用现代人说的"社会共同体"来指称，是否过分抽象化了？要知道，理论问题，常常是差之毫厘、失之千里。用一种非常隐蔽、曲折的方式来表达的东西，如果不是外来的限制所导致的，通常可能是有意遮蔽了的某些东西，或者是在实践中容易被忽略的东西。所以，像荀子那样的古代儒家，在其尚未概念化的"正义"或"公正"观念中，并不包含现代人同样重视的"平等"价值，而是主张"明分使群"，既然是"明分使群"，即意味着人是分等的，在分工与分配上的位置是不同的；而"群"是被（君）"使"的。这个"群"并不是人们自发的平等的联合，而是因为身份而被管理、宰制。因而人们的关系是"维齐非齐"，这一点与柏拉图没有根本的区别。

与罗尔斯的《正义论》一比较就可以明白：正义的基本要义是如何实现个人（私人）的权利平等，或者消极地说，正义规定了什么方式和程度的不平等才是可以接受的。平等在他那里的意义是非常显豁的，甚至已经是《正义论》之所以成为系统哲学的前提："无知之幕"的设置之所以可能，是因为它建立在契约论的基础之上，公正的社会制度包括分配正义是建立在每个公民原则上都平等参与政治意志的建构这样一个预设上的；它的另一个预设是认识论的：每一个成年人都知道自己的利益所在，作为"理性的人"都可以做出自己的选择。政治平等优先，然后有所谓分配正义的讨论。分配正义也不仅仅是经济学的分配，而首先是分配公民的基本权利和义务，更何况近代以来无论中西方，都有大量关于平等主义的论述，在平等主义的脉络中，平等是正义的第一义。

三

旷日持久的"古今中西"之争，给我们以类型学或谱系学的方法描述中国人的观念世界以根据。像其他现代社会一样，20世纪中国是一个诸神纷争的时代，包含激进主义、保守主义和自由主义的三角关系。几乎可以非常肯定地说，这三个派别没有不承认"正义"的，但是在何种正义、是否包含平等，以及容纳什么样的平等诸问题上，三者分道扬镳。粗略地说，是激进主义与自由主义的联盟，给予平等观念在现代中国的嬗变以主要的推动，保守主义则主要对观念嬗变中传统的连续性给予了思辨的说明。激进主义与自由主义的联盟也时断时续，因为激进主义在价值排序中通常持平等优先的立场；而中国的自由主义者曾经以为"一碗饭"和"一张票"可以兼得，更多地还是坚持自由优先的价值排序，而其右翼或右转时则不忘平等对自由的妨碍，因而可以与保守主义结盟。保守主义尤其是极端的政治保守主义会公开拒绝平等，其余的则用强调秩序、权威、人民福祉等来代替谈论平等，所以常以传统主义的面相出现。

就最近三十年而言，罗尔斯的《正义论》在中国有广泛的影响，讨论它的文章和著述有许多，似乎是当代自由主义的主流话语。但是，事情有点奇怪，正是在这段时间，中国社会的贫富差距迅速拉大，与主流意识基本不谈"平等"，或者大批"平均主义"相伴随，实际上形成了大家十分担忧的结构性的深度不平等。有些人把这种情况的发生与当时中国发展的主导政策"效益优先，兼顾公平"联系在一起。在当时的条件下，为了打破"平均主义"的约束，"效益优先，兼顾公平"是合乎时宜的。但是，在实际执行中出现了"只要效益，罔顾公平"，并把它变成一个社会转型和秩序重建的固定路径，与思想理论界严重忽略"平等"的价值有密切的关系。中国的自由主义者，基本上持自由优先于平等的立场，在社会主义思潮流行的时代（如"二战"以后）也可以认可自由和平等兼容的立场。但是，20 世纪 90 年代"浮出水面"的自由主义，基本上不提"平等"。因为在学理上，不但市场原教旨主义有强大的压力，而且在思想上，伯林和海耶克取代拉斯基成为他们的旗帜。伯林将平等作为一个不予解释的设定，事实上是完全放弃对平等的证成。而海耶克则一贯鄙薄社会正义和平等。这一段时间里，在政治上，一些著名的"自由主义者"纷纷表白自己的精英主义立场，甚至认为已经是过多的平等。

围绕着平等的问题，激进主义一派主要分为无政府主义和社会主义两系。社会主义的主要标志之一，是主张平等优先的价值排序。中国最初的社会主义者大多有过信仰无政府主义的青春期；后期的社会主义实验又经历了一份曲折：不仅用批判的武器，而且用武器的批判坚持限制"资本主义法权"，结果使社会主义与平均主义挂了钩；但是用单一的"平均主义"来描述 20 世纪上半叶的中国社会，显然是不充分的。那段时期确实是平等主义的浪漫化实验，但是城乡二元结构和官本位、单位所有制和变相供给制导致的特权，是或多或少被"平均主义"的外衣所遮蔽的东西。到 20 世纪末，理论家们一起在"平等"问题上严重失语，无论是政治平等还是经济平等。"新左派"似乎想起而填补这里的空间，看来也并不成功。

保守主义可以分析为政治的和文化的两种保守主义，最初"保守"是指 19 世纪晚期反对社会改革的一派人物或态度，在 20 世纪 70 年代末，指的是坚持前三十年意识形态和既有体制的态度，这使"保守主义"一度声名不佳；但是后来流行的是文化保守主义，在学术形态上大约可以分为史学家和以现代新儒家为代表的哲学家两脉。史学中的保守主义潮流是倾向于论证中国古代社会有比西方中世纪更为平等的政治传统；哲学中的保守主义潮流是认为中国人的平等观念是所谓"互以对方为重"，胜过西方人以个人争权利的观念，这和西方社群主义的兴起形成某种呼应。新儒家的崛起与"启蒙反思"有密切的关联，隐含着对"平等"的另一种游移不定。

对于上述三大派别的争论，我在《平等观念史论略》一书中有比较详细的讨论，这里笼统地分析出平等观念的当代谱系，只是想说明，考察关于"平等"与"公正"的中国当代语境，要看到静水之下，藏着深流，乃至因方向不同而可能成为旋涡。党的十七大提出要"加强公民意识教育，树立社会主义民主法治、自由平等、公平正义理念"，而后"平等"又列入社会主义核心价值观，"共同富裕"的目标可谓是合理推论的结果。要达成此目标，理论家需要做的工作甚多，包括要谨慎地区别古今的正义理论，包括对中国人的平等观念的古今之变有正确的认识。

[附录]

与黄晓峰谈当代中国人的平等观念 *

黄晓峰：我国古代的农民起义者，往往会以"等贵贱、均贫富"为号召，而在奥威尔的小说《动物庄园》中有这么一句话："所有动物一律平等，但有些动物比其他动物更平等。"平等虽然是人们长期追求的理想，结果却总是不尽如人意。改革开放以来，我国经济高速发展，国民生产总值（GDP）屡创新高，可是另一方面，贫富差距却不断扩大。华东师范大学哲学系高瑞泉教授近几年一直在从事平等观念史的研究，在他看来，"平等"问题上的困境，既是价值观念变迁的历史曲折，也表现为制度配置中的某些缺陷，更与我们自身反思的不足有关。

古代的儒家有"人皆可以为尧舜"的观念，墨子讲"兼爱"，庄子有"齐物论"，这是否说明古代也有对平等的追求，这种古代的平等与现代社会的平等一样吗？

高瑞泉：百余年来，平等观念在中国经历了一场古今之变。"古"与"今"之间既有连续又有断裂，亦断亦常方成其"变"。古代人，无论是儒家还是道家、墨家，或者佛教，都说了许多与"平等"观念相似的话头。儒家不但说"人皆可以为尧舜"，更反对贫富两极分化，视"富者地连阡陌，穷者无立锥之

---

　　* 该文原系黄晓峰与高瑞泉的访谈实录，最初以《高瑞泉谈平等观念》（黄晓峰）刊于《东方早报·上海书评》，2011 年 3 月 13 日，被《新华月报》2011 年第 8 期转载。现以《与黄晓峰谈当代中国人的平等观念》为题作为附录收入本书，稍有修改。

地"为非正义的，是乱世之兆。儒家强调"民本"，老百姓都饿死了，还讲什么民本？道家对等级制度的批评更强烈，譬如庄子说"以道观之，物无贵贱"，后面隐蔽着对不平等的深沉抗议。佛教进入中国以后，"人人皆能成佛"之说大彰。近代以来，很多人试图把这些观念说成与现代平等观念接榫的东西。严格区分中西之别的人会认为这是附会，其实当初梁启超曾坦率地说，他们就是以"新知附益旧学"，把外来的新观念附加到旧学之释义上，旧学换了新面孔。这是古今之变的一种途径。第二种途径是"异端翻为正统"。比如对于"人皆可以为尧舜"，正统的经学家绝不会联想为人在现实中的平等，"等贵贱、均贫富"是叛逆者的口号，把它发展为"满街皆是圣人"的晚明人物，只是儒学中的异端，现在说他们代表中国的早期启蒙。第三种途径是"边缘进入中心"。比如"大同"出自《礼运》，但是《礼运》本来不是经学的核心文本，朱熹注"四书"，出自《礼记》的有《大学》和《中庸》两种，却没有《礼运》。"大同"掺杂了道家、墨家的东西，长期受冷落。许多人乐于谈论的"不患寡而患不均"，在朱熹等人看来与经济平等也并不相干。"大同"和"经济平等"这些边缘性的资源，只有进入 20 世纪，才一变而成为社会关注的中心。

　　尽管有某种连续性，但古人和今人的平等观念还是有总体性的区别。从内容来说，现代平等的核心是基于同为公民的身份平等而来的权利平等以及同样地享有人的尊严；古代人讲平等虽然也涉及方方面面，但基本上还是对人的相同性的形而上学讨论。从与社会生活的关系说，从"人的相同性"出发的古代观念发展出一些复杂的玄学理论，它们的重心不是改变不平等的世界，而是改变我们自身，改变对不平等世界的看法。现代平等观念同样从"人的相同性"出发，但重点在于发展为一套建构现代社会生活的规范性原理。古代人从"人的相同性"出发的心性论建构，讲究个人修养的功夫，包括成人（成圣）理论和教育思想，都有着久远的价值。但目标绝不是改变社会的不平等，不能因为人在成德的可能性上具有相同性，就提出参与或掌握政治权力的平等要求。儒家从来重在分君子小人，更不用说三纲五常、劳心劳力、男尊女卑。道家呢，虽然不满于不平等，但是像庄子那样的大智者，不能不洞察到等级制度就是他们的宿命。在发达的农耕社会，除了造反，你不可能设计出一个平等的政治社会。造反也造不出一个平等的社会。所以要认命，"知其不可奈何而安之若命"。现代人不肯认那个命，或者说平等观念让我们认为命中注定应该享有平等权利。现代人注重的是社会行动和制度变革，要变不平等为平等，把"平等"变成社会革命的纲领。正是在这个意义上，平等虽然包括了分配正义的意义，但是其基础不是分配，而是政治平等，即所有成年人都得到平等的对待。以此为核心，扩展到社会的经济的平等。用先贤曾经说过的话说，现代人重视的是"齐其非齐"，第一个"齐"是个动词，变不平等为平等；古代人则重在"不齐而齐"（庄子）或者"维齐非齐"（荀子），勉强可以说是把不平等视同平等。

黄晓峰：所有的现代观念都不可避免地会打上古代的烙印，就中国而言，我们现在一般认同的平等观念，在哪方面最能体现古代政治文化的影响？

高瑞泉：有一点要澄清，我们说的是现代人实际拥有的观念，而不是仅仅在哲学家、作家书本里的观念。它是生活世界的一部分，是人们在现实生活中所分享的观念。它是活的观念，会发为行动，体现为风俗、心理，反映在制度、政策上等，用章太炎的话来说"因政教则成风俗，因风俗则成心理"，而不仅仅表现为"口耳四寸之间"。

这样看，平等观念的连续性，就并非仅仅是词汇上的相似，而在于中国的政治文化有某些实质的连续性。政治文化其实是一个民族处理政治活动时的心理学。从这种深层的心理看，我们中许多人实际上持有的，主要不是自由人联合起来从事社会合作那样意义上的"平等"，而是被一个权威"平等"地对待——这个权威常常同时能自上而下地行使权力。墨子讲兼爱，也讲尚同。讲平等的人不大愿意讲法家，其实先秦法家已经提出"刑无等级"，不过君主除外。儒家同样有权威主义的面向，强调与垂直运用权力的结构相应的权威。"君子之德风，小人之德草。"如果被一个权威公平地对待，中国人认为这是可以接受的，但是似乎不太习惯在平等合作中自己管理自己。这样一种情况，梁漱溟先生很年轻的时候已经提出，20世纪80年代"文化热"中，很多人也对此提出过批评。费孝通先生提出"差序格局"，直到今天，依旧被一些社会学家解释为，不仅是横向的关系网络，还包括"纵向的刚性的"等级关系，它与"差序人格"有互为因果的关系。这样一些说法，在眼下有点不合时宜。但"差序人格"的概念对理解中国人平等观念的复杂性，是否有一定的解释力？我们认真反省一下，是可以回答的。

史华兹早就说"传统东亚社会毫不犹豫地接受等级、身份和权威观念"，这种"接受"有其特别的形式：官本位。阎步克的《从爵本位到官本位：秦汉官僚品位结构研究》，虽然捡的是秦砖汉瓦，补的其实是"文化热"的课。"官本位"，就是以行政级别为本位。所有的等级秩序，都和官位的级别相对应。我们觉得挺正常。否则，又怎么安排社会秩序呢？现在议论大学取消行政级别，校长们似乎也很无辜，说没有行政级别对他个人关系不大，但是出去办事会没人搭理。这些都说明政治文化的连续性，从一个向度描画了中国人平等观念的真实面貌。空洞地讲"平等"意义很有限，人们如何看待身份、地位、权威、特权，才真能体现他的平等观。

至于我们一般所谈论的现代平等观念，通常是所谓"民主的平等"，其中从契约论而来的一脉会特别强调平等与自由、民主的联合。社会生活的共同体的形成是所有人平等地订立契约，因此人们平等地享有参与和决定公共生活的权利，没有超越所有人之上的权威。这样的观念与个人主义联系在一起，我们不必急于申明两种平等观念究竟哪个更好，因为好不好另有标准，这个标准需要证明自身，说来话长。我们首先不妨看看其间的差别，同样的现代观念，存在着文化差别：在没有契约论传统的中国，是在权力垂直运用的体制中"被同等地对待"，还是超过视社会合作为平等的联合，认识到这种差别很重要。不是说中国人的平等观念没有实现现代转化，而是说这个转化过程具有中国的特点。毕竟我们现在都意识到平等是非常强烈、非常广泛的社会诉求，会用平等或不平等来评价社会，平等已经不再仅仅是玄学的题目，而是社会生活的规范和理想。社会不再会长久地安于严重的不平等，这是现代平等观念的力量。

黄晓峰：在我们的理解中，平等是具有多个向度的，如政治的平等、经济的平等、社会的平等……不仅这些不同的向度之间存在着矛盾冲突，而且不同的人群对平等的诉求也不同，那么这些不同向度的平等能否协调，或者说哪一个向度更重要？

高瑞泉：平等可以有不同的分类。这多半因为平等是一个历史的范畴，有人说，平等是"最不知足的一个理想"。它天生就有普遍主义的冲动，不断推扩它的诉求范围。一个社会在不同的历史条件下，对平等的评价也会有不同。非常贫困的条件下，可能分配问题更重要，否则就没法生存。20世纪四五十年代民众最关心的是人人有"一碗饭"，而不是人人有"一张（选）票"。对另一些人来说，可能自尊的平等更重要，"嗟来之食"是宁死也不吃的。就是说不同的思想派别，对于平等的分类或者优先性的排序，也不尽相同。但是就平等自身的逻辑来说，政治平等是最基本的：所有成年人都被平等对待，然后这个权利扩展到社会、经济诸多方面。有些自由主义者把平等分成法律-政治平等、社会平等、机会平等和经济相同性；机会平等又可以细分为"平等利用"和"平等起点"。坊间给幼童教外语的商家的标语是：不要让你的孩子在起跑线上落后！6岁同等的上学机会，不保证所有孩子有起点平等。自由主义最烦的经济平等，是马克思主义或社会主义本来看得最重的。

黄晓峰：在对"文革"的反思和批评中，有一条就是当时盲目追求平均主义，甘阳先生在《通三统》一书中，对此就有评述，是这样的吗？

高瑞泉：没有看过这本书，不好评论。不过，大致说来，近代以来，平等已经成为中国人的一条"共法"，在普通人的常识层面，平等好，不平等不好。依我的看法，平等是现代精神传统的重要部分。围绕着"平等"，有激进主义、自由主义、保守主义等不同态度或倾向。激进主义一翼，始于康有为、谭嗣同，《大同书》和《仁学》是他们的经典。"平等"则是这两本书的核心。康有为知道"大同"很激进，现在不能实行，只求"小康"。所以写好了迟迟不肯出版。不过，有些内容当时看来是奇谈怪论，不到一百年，多多少少地变成了现实。比如康有为讲男女平等，说男女交好不能以夫妇相称，只能订约，以一年为期。一年后如果觉得好，可以续约，如果不好就分手。现在的"闪婚闪离"中是不是有点它的影子？谭嗣同的平等观也很激进，他对"三纲五常"的批评为他招来许多骂名。尤其是他说传统的"五伦"，除了朋友一伦都应该取消，更是惊世骇俗。但是今天我们如果上下级、父子关系能如朋友，夫妇之间始终如朋友（假如离婚），难道不都是为社会所赞美的境界？张艺谋在北京奥运会开幕式上弄的"四海之内皆兄弟","兄弟"其实是朋友。

黄晓峰：我们改革开放的目标是"共同富裕"，在经济高速增长的同时，贫富差距却有越来越大的趋势，这是否说明改革最初提出的"效率优先、兼顾公平"的原则，很难避免不公正、不平等现象的加剧？

高瑞泉："效率优先、兼顾公平"本不是说兼顾平等。公平并不等于平等。公正、公平、平等，这些概念间有关系，但不完全相同。加之口号与现实之间有很多中间环节，现在的不平等现象不能说全是"效率优先、兼顾公平"的结果，但是两者之间肯定有关系。效率的概念后隐藏着繁荣、福祉、福利。效率说白了就是赚钱，就是 GDP。效率优先和现在说的 GDP 崇拜有一定的关系。但是，从研究观念史的角度看，这个方针的背后，社会的主流意识是批判平均主义和对平等的忽略甚至反感，把平等和效率对立起来，认为平等只会养懒汉。一讲平等，就联想到民粹主义、暴民专政。这段时期的学术明星不再是萨特和尼采，而是海耶克和伯克。海耶克认定"社会正义"根本上是个空洞的毫无意义的概念。伯克的《法国革命论》让我们联想到"文革"中的"平等"。市民社会是那时的一个热门话题，但是大家都忽略了，用黑格尔思辨的术语来说，市民社会是"特殊性的肯定"，一边是财富过剩，一边是贫困和贱民的产生。其实，最近几十年，经济不平等几乎像瘟疫一样在全世界迅速传播，美国早就不是托克维尔笔下的美国，"富可敌国"已经是小玩意了。比尔·盖茨等几个世界首富的财产是世界上几十个最穷的国家的财产的总和。连曾经以"只要努力就有办法的社会"为自豪的日本，也宣布告别"全民中产"社会。全球化把资本主义不平等的逻辑到处凸显出来了。

黄晓峰：自由主义强调自由，那么他们在自由和平等之间，选择何者优先呢？

高瑞泉："五四"以后，特别是自由主义与社会主义分离以后，谈自由主义的人就不太在意平等，从人权运动到 20 世纪 40 年代的自由主义高潮，都是如此。他们未必反对平等，但是摆在首要位置的是自由，尤其是知识分子的言论自由、批评政治的自由，后来更强调平等与自由之间的冲突，这种情况在最近三十年几乎再现了一周。自由主义主张自由优先，理论上是社会主义和自由主义分离的标尺，和"效率优先、兼顾公平"形成了某种共鸣。他们自然亦有所见，自由和平等确实有冲突的一面，但是也有互相匹配和互为条件的一面。如果不是所有人都平等，自由只能是少数人的自由，它不应该是社会的追求。马克思不是说，未来的社会应该是一切自由人的联合体吗？联合才是平等的关系。

黄晓峰：保守主义者往往强调维持既有的、稳定的社会秩序，这是否会损害我们对平等的追求？

高瑞泉：经典的保守主义首先是政治保守主义，当代政治保守主义者罗杰·斯克拉顿（Roger Scroton）就很公开地说："平等是一种很卑贱的感情。"曼海姆的《保守主义》直接指出其核心就是对平等的拒斥。在近代中国，比较典型的政治保守主义是张之洞的"中体西用"，他讲"明纲"——"三纲五常"，"三纲五常"是文化的根本，但是又把文化保守主义作为学理的支持。后来真正的政治保守主义者倒很少承认自己是保守主义。他们讲权威、秩序、繁荣和福祉了。

但是文化保守主义比较复杂，新近逝世的丹尼尔·贝尔就称自己是"政治上的自由主义、经济上的社会主义、文化上的保守主义"。第一代现代新儒家梁漱溟、熊十力，不但曾经严厉批评礼教的不平等，而且经济上主张社会主义。文化保守主义者未必反对平等，但从学理上说至少对平等比较忽略。还讲新儒家，与他们在心性形上学上的创造相比，他们在平等的研究上努力不多，理论建树乏善可陈。近来美国的社群主义者发现梁漱溟将等级伦理解释为"互以对方为重"，很符合他们用 parity 来取代 equality 的诠释策略，但是当初有人（好像是戴晴）反问过梁先生：假如我以对方为重，对方不以我为重，怎么办？老先生好像也没有办法。新儒家在思想气质上和平等主义相悖的是他们保留了很强的权威主义，这和我们前面讲的中国政治文化的连续性互相匹配。比较例外的是徐复观，他努力联合儒家和自由主义，所以意识到问题是民众没有成为政治主体，谁来保证权利平等？

黄晓峰： 如果真正的涵盖各个向度的平等只是一个乌托邦式的理想，那么是否可以说，在人类社会中，某些方面的不平等是无法避免的？

高瑞泉： 古文"齐"本是个象形字，禾麦随地之高下而高下，其实长短相似。所以中国人早就意识到平等和不平等始终纠缠的道理。世界上没有相同的人和事物，全面的平等是没有的。但是平等不是乌托邦，人类就是要用平等作为规范来改变社会，这是历史大势所趋，无法违拗。从历史趋势看，平等在总体上应该不断增长，至少现在还没有走到尽头。

不过，"平等"是个多面的神祇，甚至可以说平等是只九头鸟。各个面向之间会互相冲突。常常是一种平等会造成另一种不平等。大家都赞成的机会平等，恰恰是为了实质不平等。所以罗尔斯说："机会平等就是在个人影响和社会地位时把较不幸的人丢在后面的平等机会。"平等不同面向的冲突其实是平等与其他现代性价值（如自由）的冲突，也是平等和其他更恒久的价值的冲突，譬如福祉和秩序。平等观念的发展史，多少是不同价值的博弈史。

同时，在平等观念的背后，包含了人们太多的诉求，隐藏着人性的悖论。平等和经济增长一起，使人类的欲望获得空前的解放。阿兰·德波顿（Alian de Botton）有本书《身份的焦虑》（*Status Anxiety*），说富裕国家国民物质生活的水准不断提高，但是"地位焦虑"比经济发展的速度增长得更快，相对被剥夺感使不平等的现实更不能忍受。台湾人直接把此书翻译成《我爱身份地位》，倒是道破了人性的某些真相。所以伦理学家注意到人们追求平等有时是出于嫉妒——一种具有破坏性的情感，它已经在一些描写现代社会运动的作品中得到漫画式的呈现。但是我们同时也可以说，人有追求卓越的本性，追求卓越就意味着不满足于与人相同。即使涉及什么是"体面"的生活和被尊重的感受，也通常既与历史条件相关，又与我们如何认识自己有关。一个好的社会应该有一个相对合理的价值配置，能不断调整社会关系，但这种调整最需要所有人都能平等地参与社会生活，来决定社会生活的走向。当然这也有赖于我们的理性和德性。当平等意识成为德性，才会有真的宽容，平等的社会才会更加可欲。

（黄晓峰整理）

征引文献举要

一

［梁］真谛译，高振农校释：《大乘起信论校释》，中华书局，1992年。

［清］戴震：《孟子字义疏证》，载《戴震全书》第六册，黄山书社，1995年。

［清］皮锡瑞：《经学历史》，中华书局，2004年。

［清］宋恕：《宋恕集》，中华书局，1993年。

［清］王先谦：《荀子集解》，中华书局，1988年。

［清］俞正燮：《俞正燮全集》，于石、马君骅、诸伟奇校点，黄山书社，2005年。

［清］张之洞：《劝学篇》，上海书店出版社，2002年。

［清］章太炎：《章太炎全集》四，上海人民出版社，1985年。

［清］章学诚：《文史通义新编新注》，仓修良编注，浙江古籍出版社，2005年。

［宋］朱熹：《四书章句集注》，中华书局，1983年。

蔡尚思、方行编：《谭嗣同全集》，中华书局，1998年。

蔡元培：《蔡元培全集》，浙江教育出版社，1997年。

丁福保编：《佛学大辞典》，上海书店，1991年。

杜维明：《杜维明文集》，武汉出版社，2002年。

方立天：《佛教哲学》，中国人民大学出版社，1986年。

方行、汤志钧整理：《王韬日记》，中华书局，1987年。

冯契：《冯契文集》（增订版），华东师范大学出版社，2016 年。

冯友兰：《三松堂全集》第十卷，河南人民出版社，2001 年。

冯友兰：《贞元六书》，华东师范大学出版社，1996 年。

冯友兰：《中国哲学史》，《三松堂全集》第三卷，河南人民出版社，2001 年。

冯友兰：《中国哲学史新编》第五册，人民出版社，1988 年。

傅斯年：《性命古训辩证》，上海三联书店，2018 年。

何怀宏：《选举社会及其终结：秦汉至晚清的一种社会学阐释》，生活·读书·新知三联书店，1998 年。

黄世晖：《蔡孑民先生传略》，中华书局，2015 年。

黄心川：《印度佛教哲学》，载任继愈主编《中国佛教史》第一卷，人民出版社，1981 年。

金岳霖：《知识论》，商务印书馆，1983 年。

《康有为全集》第一集，中国人民大学出版社，2007 年。

瞿同祖：《中国法律与中国社会》，中华书局，2003 年。

赖永海：《佛学与儒学》，浙江人民出版社，1992 年，第 64—66 页。

李欧梵：《中国文化的六个面向》，中华书局，2017 年。

李世涛主编：《知识分子立场：激进与保守之间的动荡》，时代文艺出版社，2000 年。

李天纲编校：《万国公报文选》，生活·读书·新知三联书店，1998 年。

梁漱溟：《梁漱溟全集》，山东人民出版社，1998 年。

牟宗三：《中国哲学的特质》，上海古籍出版社，1997 年。

牟宗三：《中国哲学十九讲》，上海古籍出版社，1997 年。

牟宗三：《中西哲学之会通十四讲》，上海古籍出版社，1997 年。

潘光哲：《晚清士人的西学阅读史（一八三三～一八九八）》，凤凰出版社，2019 年。

任继愈主编：《中国佛教史》第二卷，中国社会科学出版社，1985 年。

孙中山：《孙中山全集》第六卷，中华书局，1981 年。

汤一介：《瞩望新轴心时代——在新世纪的哲学思考》，中央编译出版局，2014 年。

唐君毅：《人文精神之重建》，广西师范大学出版社，2005 年。

王国维著，谢维扬、房鑫亮主编：《王国维全集》，浙江教育出版社、广东教育出版社，2010 年。

王明：《太平经合校》，中华书局，1960 年。

王栻主编：《严复集》，中华书局，1985 年。

熊十力：《十力语要》，中华书局，1996 年。

徐复观：《中国人性论史·先秦篇》，载李维武编《徐复观文集》第三卷，湖北人民出
　　版社，2002 年。

许苏民：《李贽评传》，南京大学出版社，2006 年。

严耀中：《佛教戒律与中国社会》，上海古籍出版社，2007 年。

阎步克：《从爵本位到官本位：秦汉官僚品位结构研究》，生活·读书·新知三联书
　　店，2009 年。

杨伯峻译注：《论语译注》，中华书局，1980 年。

杨伯峻译注：《孟子译注》，中华书局，1960 年。

余英时：《士与中国文化》，上海人民出版社，1987 年。

余英时：《朱熹的历史世界——宋代士大夫政治文化的研究》，生活·读书·新知三联
　　书店，2004 年。

张岱年：《中国古典哲学概念范畴要论》，中国社会科学出版社，1987 年。

张岱年：《中国哲学方法论发凡》，载《张岱年全集》第四卷，河北人民出版社，
　　1996 年。

张灏：《烈士精神与批判意识——谭嗣同思想的分析》，崔志海、葛夫平译，新星出版
　　社，2006 年。

张晓唯：《蔡元培评传》，百花洲文艺出版社，2010 年。

朱维铮编：《周予同经学史论著选集》，上海人民出版社，1983 年。

朱维铮注：《康有为大同论二种》，生活·读书·新知三联书店，1998 年。

朱维铮校注：《梁启超论清学史二种》，复旦大学出版社，1985 年。

朱维铮主编：《利玛窦中文著译集》，复旦大学出版社，2001 年。

二

［清］段玉裁：《说文解字段注》，成都古籍书店，1981 年。

冯天瑜：《新语探源：中西日文化互动与近代汉字术语生成》，中华书局，2004 年。

蒋绍愚：《古汉语词汇纲要》，商务印书馆，2015 年。

金观涛、刘青峰：《观念史研究：中国现代重要政治术语的形成》，香港中文大学出版社，2008 年。

陆宗达：《说文解字通论》，中华书局，2015 年。

沈国威：《汉语近代二字词研究：语言接触与汉语的近代演化》，华东师范大学出版社，2019 年。

沈国威：《近代中日词汇交流研究：汉字新词的创制、容受与共享》，中华书局，2010 年。

王力：《汉语史稿》，中华书局，1980 年。

张永言：《词汇学简论》，华中工学院出版社，1982 年。

三

［德］埃德蒙德·胡塞尔：《生活世界现象学》，倪梁康、张廷国译，上海译文出版社，2005 年。

［德］恩格斯：《反杜林论》，吴黎平译，人民出版社，1956 年。

［德］黑格尔：《哲学史讲演录》，贺麟、王太庆译，商务印书馆，1983 年。

［德］卡尔·曼海姆：《保守主义》，李朝晖、牟建君译，译林出版社，2002 年。

［德］文德尔斑：《哲学史教程》（上），商务印书馆，1987 年。

［德］于尔根·哈贝马斯：《后形而上学思想》，曹卫东、付德根译，译林出版社，2012 年。

［法］古斯塔夫·勒庞：《乌合之众——大众心理研究》，冯克利译，中央编译出版局，2005 年。

［法］孟德斯鸠：《论法的精神》，许明龙译，商务印书馆，2009 年。

［法］谢和耐：《中国与基督教——中西文化的首次撞击》（增补本），耿昇译，上海古籍出版社，2003 年。

［荷兰］许里和：《佛教征服中国》，李四龙等译，江苏人民出版社，1998 年。

［加拿大］查尔斯·泰勒：《自我的根源：现代认同的形成》，韩震等译，译林出版社，
　　2000 年。

［美］A.N. 怀特海：《观念的冒险》，周邦宪译，陈维政校，人民出版社，2011 年。

［美］E. 希尔斯：《论传统》，傅铿、吕乐译，上海人民出版社，1991 年。

［美］阿瑟·O. 洛夫乔伊：《存在巨链：对一个观念的历史的研究》，张传友、高秉江
　　译，商务印书馆，2015 年。

［美］本杰明·史华兹：《古代中国的思想世界》，程钢译，江苏人民出版社，2004 年。

［美］波普尔：《通过知识获得解放》，范景中、李本正译，中国美术学院出版社，
　　1998 年。

［美］丹尼尔·贝尔：《资本主义文化矛盾》，赵一凡等译，生活·读书·新知三联书
　　店，1989 年。

［美］郝大维、安乐哲：《汉哲学思维的文化探源》，施忠连译，江苏人民出版社，
　　1999 年。

［美］郝大维、安乐哲：《先贤的民主：杜威、孔子与中国民主之希望》，何刚强译，
　　刘东校，江苏人民出版社，2004 年。

［美］吉尔伯特·罗兹曼主编：《中国的现代化》，江苏人民出版社，1988 年。

［美］克里福德·格尔茨：《文化的解释》，韩莉译，译林出版社，2014 年。

［美］里亚·格林菲尔德：《民族主义：走向现代的五条道路》，王春华等译，上海三
　　联书店，2010 年。

［美］罗伯特·道尔：《论政治平等》，张国书译，五南图书出版股份有限公司，2009 年。

［美］乔万尼·萨托利：《民主新论》，冯克利等译，上海人民出版社，2009 年。

［美］塞缪尔·P. 亨廷顿：《变动社会中的政治秩序》，王冠华等译，生活·读书·新
　　知三联书店，1989 年。

［美］托克维尔：《论美国的民主》，董果良译，商务印书馆，1996 年。

［美］希拉里·普特南：《理性、历史与真理》，童世骏、李光程译，上海译文出版社，
　　2005 年。

［美］亚历克斯·卡利尼克斯：《平等》，徐朝友译，江苏人民出版社，2003 年。

［美］约翰·罗尔斯：《正义论》，谢廷光译，上海译文出版社，1991 年。

［美］约翰·塞尔：《心灵、语言和社会——实在世界中的哲学》，李步楼译，上海译

文出版社，2001 年。

［美］约翰·塞尔：《心灵、语言和社会——实在世界中的哲学》，李步楼译，上海译文出版社，2001 年。

［美］周策纵：《五四运动：现代中国的思想革命》，周子平等译，江苏人民出版社，1996 年。

［日］忽滑谷快天：《中国禅学思想史》，朱谦之译，上海古籍出版社，2002 年。

［日］镰田茂雄：《简明中国佛教史》，郑彭年译，上海译文出版社，1986 年。

［瑞士］耿宁：《人生第一等事——王阳明及其后学论“致良知”》，倪梁康译，商务印书馆，2014 年。

［希腊］亚里士多德：《尼各马可伦理学》，廖申白译，商务印书馆，2003 年。

［英］A.N. 怀特海：《科学与近代世界》，何钦译，商务印书馆，1989 年。

［英］彼得·温奇：《社会科学的观念及其与哲学的关系》，张庆熊、张缨等译，上海人民出版社，2004 年。

［英］昆廷·斯金纳，李强、张新刚主编：《国家与自由——斯金纳访华演讲录》，北京大学出版社，2018 年。

［英］昆廷·斯金纳：《现代政治思想的基础》，奚瑞森、亚方译，译林出版社，2011 年。

［英］罗杰·史库顿：《保守主义》，王皖强译，立绪文化事业有限公司，2006 年。

［英］斯当东：《英使谒见乾隆纪实》，叶笃义译，上海书店出版社，1997 年。

［英］休谟：《人性论》，关文运译，商务印书馆，1994 年。

［英］以赛亚·伯林：《反潮流：观念史论文集》，冯克利译，译林出版社，2002 年。

［英］以赛亚·伯林：《观念的力量》，阿维赛·马加利特编，胡自信、魏钊凌译，译林出版社，2019 年。

［英］以赛亚·伯林：《现实感》，潘荣荣、林茂译，译林出版社，2004 年。

［英］约翰·伯瑞：《进步的观念》，范祥焘译，上海三联书店，2005 年。

［英］詹姆斯·斯蒂芬：《自由·平等·博爱——一个法学家对约翰·密尔的批判》，冯克利等译，广西师范大学出版社，2005 年。

罗素：《西方哲学史》（上卷），何兆武、李约瑟译，商务印书馆，1963 年。

《马克思恩格斯选集》第 3 卷，人民出版社，1995 年。

四

Benjamin I. Schwartz, Hierarchy, Status, and Authority in Chinese Culture (1991), *China and Other Matters*, Harvard University Press, 1996.

Donald J. Munro, *The Concept of Man in Early China*, Published by Center for Chinese Studies, Ann Arbor: The University of Michigan, 2001.

Donald J. Munro, *The Concept of Man in Contemporary China*, Ann Arbor, 1977.

Donald J. Munro, *The Concept of Man in Early China*, Stanford University, 1969.

Jean Jacques Rousseau, *The Social Contract*, trans. by Maurice Cranstion, London: Penguin, 1980.

John Locke, *Two Treatises of Government*, London: C. and J.Rivington, 1824.

Thomas A. Metzger, *The Ivory Tower and the Marble Citadel*, Hong Kong: The Chinese University Press, 2012.

Thomas Hobbes, *Leviathan*, London: Andrew Crooke, 1651.

W. & R. Chambers, *Political Economy*, Edinburgh: William and Robert Chambers, 1852.

金岳霖：Tao, Nature and Man，载《金岳霖全集》第五卷，人民出版社，2013 年。

五

［美］班雅明·艾尔曼：《中国文化史的新方向：一些有待讨论的意见》，载贺照田主编《学术思想评论》第三辑，辽宁大学出版社，1998 年。

陈少明：《为什么是思想史：徐复观的思想性格与学问取向》，载陈昭英编《徐复观的思想史研究》，台湾大学人文社科高等研究院、东亚儒学研究中心，2019 年。

戴卡琳：《"中国哲学"的正名之辩》，刘丰译，载复旦大学上海儒学院编《中国哲学合法性与儒学世界化》，商务印书馆，2020 年。

戴卡琳：《究竟有无"中国哲学"——隐含的争论中的观点》，杨民、李薇译，《中国哲学史》2006 年第 2 期。

圣凯、谢奇烨:《经典、观念、生活:佛教观念史的要素与维度》,《世界宗教文化》
　　2021 年第 5 期。

圣凯:《佛教观念史的方法论传统与建构意义》,《清华大学学报》(哲学社会科学版)
　　2021 年第 6 期。

信广来:《中国思想的哲学研究》, 马栋予译,《杭州师范大学学报》(社会科学版)
　　2015 年第 6 期。

后　记

这是一本写作过程过分绵长的书。几年的特殊生活，给拖延增加了几分理由。在它终将付印之时，作者觉得需要感谢诸多朋友，此书得以刊行，受惠于他们甚多。没有他们的帮助，书稿也许至今还躺在我的书桌上，至少不会比现在缺陷更少。

近几年我受邀在各个高校做过多场讲座，内容多半与这项研究有关。感谢万俊人、圣凯教授，邀请我2020年初冬，赴清华大学道德与宗教研究所，连续做了三次观念史研究的演讲，分别是"观念史的学科意识""语汇、风气与人物：观念史研究的可能进路""消极平等VS积极平等：以观念史为视角"，并与正在研究佛教观念史的圣凯教授有深度的交流。在清华期间，胡伟希教授到清华园甲所我的住处会面，我们一起散步穿过清华教职工宿舍区的小巷，到他府上聊天，在中关村西大街一家湖南小馆晚餐。没成想那是我们最后一次会面，伟希于今年初病逝，当初在清华讲学的那段记忆变得尤为珍贵，北国的冬天也似乎定格在灰色了。

行文至此，想到我们失去的另一位好朋友，南京大学的许苏民教授，他在《哲学分析》上发表的长篇书评，集中阐释了观念史研究如何求真等重大问题，文章像他的人那样犀利有激情，给我很大的鼓舞。今年春上，苏民兄突然走了，我得到消息太迟，未能去南京送他。令人沮丧的一天。

中山大学陈少明教授这些年用他的方式在"'做'中国哲学"，成绩斐然，但是始终关心我的工作。他和陈立胜教授总是以最大的宽容度允许我把尚属初步的意见在中山大学哲学系发表，包括 2022 年 12 月题为"语汇、风气与人物：观念史研究的若干进路"的演讲，和翌年所做的一次演讲"释'观念'"。

2021 年 3 月和同年 11 月，我为刘梁剑教授主持的中国近代哲学史慕课做了两次"'慕'后席明纳"线上讲座，题目分别是："消极平等 VS 积极平等：以近代中国价值观念史为视角"和"观念史的新兴趣及其学科分界"。7 月许纪霖教授召集"中国思想史研究的新问题和新方法"学术研讨会，我提交的论文是"观念史的学科定位"。此前，许纪霖教授曾于 2020 年秋邀请章清教授和我，在腾讯会议开过"思想史研究的新问题、新视域与新方法"的视频会讲。2021 年和 2022 年两个夏天，承柴文华教授的邀请，围绕观念史研究，我在黑龙江大学哲学学院演讲过两次。2023 年 6 月初，应吴根友教授之邀，在武汉大学文明对话高等研究院做过两次演讲，其中之一亦为观念史研究的学科自觉。

感谢刘广汉、黄晓峰在《动力与秩序》出版后组织了一场"圆桌沙龙"，让我和干春松、刘梁剑、晋荣东、鲍文欣诸君有了一场放松而不失深入的讨论，一面固然使我对自己的工作有更多的反思，一面也给我一个机会将观念史研究中随研究具体对象而生的作业方式，变成某些可以明言的方法论述。孔子教人"默而识之"，但是只有可以明言的才算"明 / 白"。

本书的诸多章节作为研究过程中陆续写出的阶段性成果，先前在多家刊物上发表过，最后在成书时，我对它们有程度不等的增删。先后发表我的文稿的刊物有《学术月刊》、《哲学分析》、《华东师范大学学报》(哲学社会科学版)、《中山大学学报》(社会科学版)、《社会科学》、《江苏社会科学》、《探索与争鸣》、《杭州师范大学学报》(社会科学版)、《上海文化》等期刊，以及《思想与文化》、《中国学》等集刊。它们发表后多有被文摘类刊物转摘的，包括《哲学分析》发表的两篇，即《在经典世界和生活世界之间：观念史研究的双重根据》和《中国观念史的学科自觉》，分别被《中国社会科学文摘》2014 年第 5 期、2022 年第 5 期转摘。

本项研究得到华东师范大学人文与社会科学研究院的支持，被列入中央高校基本科研经费华东师范大学精品力作培育项目（项目编号：2020ECNU-JP003）。

　　在这几年的写作中，晋荣东教授和我昔日的两位博士研究生胡岩、鲍文欣帮助我甚多，除了在与他们的讨论中获益以外，每当我查找资料有困难的时候，最先想到的总是他们中的某一位。他们也每次都总能在第一时间给我回应。和广西师范大学出版社编辑刘孝霞女士已经是第二次合作了，在最后编辑成书过程中，她给我提出过不少有益的建议；她的专业水平和敬业精神，也是令人敬佩的。在此一并致以诚挚的谢意。

高瑞泉

甲辰龙年小满后五日于沪上寓所